丝 绸 之 路

国家文物局　编

文物出版社

乌兰乌德

哈拉和林

布达佩斯

威尼斯

罗马

正蓝旗
朝阳
辽阳

大同
北京
平壤

雅典
银川
首尔

兰州
固原
洛阳
烟台
庆州

天水
西安
京都
奈良

地中

杭州
宁波
东海

太

福州
泉州

广州

河内

平

归仁

马尼拉

南
海
洋

斯里巴加湾

加坡

巴港

雅加达

泗水

大
西
洋

丝绸之路示意图

丝绸之路

主办单位

中华人民共和国文化部　　宁夏回族自治区人民政府
国家文物局　　　　　　　青海省人民政府
陕西省人民政府　　　　　新疆维吾尔自治区人民政府
甘肃省人民政府　　　　　河南省人民政府

承办单位

中国国家博物馆

参展单位

新疆维吾尔自治区博物馆　　庆城县博物馆
西安博物院　　　　　　　　昭陵博物馆
陕西历史博物馆　　　　　　广东省文物考古研究所
甘肃省博物馆　　　　　　　西安碑林博物馆
中国国家博物馆　　　　　　青海省文物考古研究所
宁夏固原博物馆　　　　　　新疆巴音郭楞蒙古自治州博物馆
张家川回族自治县博物馆　　徐州博物馆
广东省博物馆　　　　　　　成都博物馆
洛阳博物馆　　　　　　　　咸阳博物馆
上海博物馆　　　　　　　　巢湖市汉墓博物馆
新疆文物考古研究所　　　　喀什地区博物馆
上海市历史博物馆　　　　　和田地区博物馆
甘肃省文物考古研究所　　　新疆伊犁州博物馆
陕西省考古研究院　　　　　临洮县博物馆
湖南省博物馆　　　　　　　彭州市龙兴寺
青海省博物馆　　　　　　　临潼区博物馆
法门寺博物馆　　　　　　　乾陵博物馆
福建博物院　　　　　　　　河南博物院
敦煌研究院　　　　　　　　洛阳古代艺术博物馆
山西博物院　　　　　　　　山丹县艾黎捐赠文物陈列馆
大同市博物馆　　　　　　　宁夏回族自治区博物馆
青州市博物馆　　　　　　　吐鲁番博物馆

丝绸之路

致　辞

文 化 部 副 部 长
国 家 文 物 局 局 长　　励小捷

　　丝绸之路是古代中西方商贸和文化交流的重要通道。古代中国通过西部的交通廊道与世界其他地区的交流可追溯至史前。进入文明时代，交流更趋频繁，商代殷墟妇好墓出土的玉器和扶风西周宫殿基址出土的蚌雕胡人头像即是证明。这种早期的交流也让后人对《穆天子传》记载的周穆王西行之事充满了遐想。战国时期，中国的丝绸、铜镜和漆器经由草原已远播至西域和中亚地区。汉朝以来，中国的丝绸、铜镜、四大发明等经由丝绸之路传入西方，西方的珍奇珠宝、玻璃、金银器以及珍禽异兽等源源不断地输入中国，极大地促进了中西方文化的交流与融合，人类历史藉着这种物品交换、人群交往以及文化交流积累出灿烂的文明。而远在新石器时代，我们的沿海先民就开始用简单的航海工具，不断开辟着海上的航路。

　　两千余年来，丝绸之路作为中西交通的大动脉，承载着中国与世界的交往与对话，也见证了人类文明在交流融合中的辉煌发展。这一过程中，开放的中国以包容、平等、互惠的恢弘气度与世界通好，同时在开放与包容中创造了不朽的文明成果。今天，丝绸之路早已超越其作为交通线的定义，成为一种精神和象征，不仅为人类留下了诸多珍贵的文化遗产，也为当今世界的和平与发展提供了价值典范。"丝绸之路'长安－天山廊道'路网的文化遗产"成功申请世界文化遗产将更加促进这种精神和价值的传播。

　　当今世界已进入"地球村"时代，求和平、谋发展、促合作、图共赢，是当前世界发展的时代潮流。一年前，习近平总书记提出构建"丝绸之路经济带"和建设21世纪"海上丝绸之路"的战略构想，目的是通过各国在各领域务实合作、交流互鉴、优势互补、共享机遇、共迎挑战。坚持讲信修睦、不断巩固政治和战略互信，坚持合作共赢、实现共同发展、共同繁荣，坚持心心相印、扩大各领域的交流，坚持守望相助、倡导综合安全、共同安全、合作安全的新理念，坚持开放包容，实现相互学习、相互借鉴、相互促进，这些都是我们在新的世纪里，面对和平与发展的主题必须思考的一系列新课题。

　　"文明如水，润物无声"，把跨越时空、超越国度、富有永恒魅力、具有当代价值的文化精神弘扬起来，是我们文物工作者责无旁贷的使命。因此，通过举办"丝绸之路"文物展览，揭示古代丝绸之路的历史变迁与辉煌成就，见证中西方在经济、贸易、文化、社会发展之间的交流、对话与融合，这既是我们文物工作者自觉围绕中心、服务大局的一个具体举措，也是我们文博界弘扬中华民族优秀传统文化的职责所在。

　　由国家文物局、北京市人民政府、福建省人民政府共同主办的《直挂云帆济沧海——海上丝绸之路特展》已于今年4月在首都博物馆成功举办，取得了良好的社会反响。

由国家文物局与文化部、陕西省、甘肃省、宁夏回族自治区、青海省、新疆维吾尔自治区、河南省人民政府联合举办的《丝绸之路》展览也于今年11月APEC会议召开前夕在中国国家博物馆正式开展。

该展以西北五省（区）联展"丝绸之路——大西北遗珍"为基础，汇集了16个省（自治区、直辖市）44家文博单位的400余件文物珍品，是近年来丝绸之路方面规模最大、展品最为丰富、内容最为全面的一个专题展览。这些珍贵文物，是丝绸之路丰富悠久历史的直观反映，是真实的历史文化证据。通过这个展览，使我们更真切地了解古代文化贸易交流的意义。为此，我们特将展览中涉及的文物汇集成图录，使这一具有历史与现实双重意义的展览能够"永不落幕"，继续传播下去。

致 辞

中国国家博物馆馆长　吕章申

　　由国家文物局策划、文化部等单位联合主办、中国国家博物馆承办的"丝绸之路"大型文物展览，是中国国家博物馆迄今为止举办的综合反映丝绸之路悠久历史和伟大意义的最重要的一个展览。

　　根据考古与文献研究成果，东西方之间的文化交流至少可追溯至公元前1千年左右。公元前5世纪，中国的丝绸等已经远传到希腊等地中海沿岸国家。哈萨克斯坦巴泽雷克冢墓出土的战国花卉凤鸟纹织锦及山字纹铜镜证明了欧亚黄金草原与中国的早期文化交流。但这些交流尚属于临近地区之间的自然传布。公元前2世纪晚期，随着张骞凿空西域、丝绸之路的开通，这种情况得到改变，东西方之间的文化互动转变成在中原王朝经营下的自觉交流。

　　丝绸之路以长安或洛阳为起点，经河西走廊、新疆进入中亚、西亚地区，直达欧洲腹地，是当时世界上东西方之间最重要的贸易和文化交流通道。汉朝以降，各王朝都重视经营西域，确保了丝绸之路的畅通，丝路贸易和文化交流进一步发展和扩大，丝绸之路的内涵不断拓展，涵盖绿洲、草原和海上三大干线，形成了复杂的网状道路系统，并在唐代达到鼎盛。这一系统将当时的中国、印度、波斯、希腊、罗马、埃及等文明古国连接起来，成为世界各古代文明互相汲取文化营养的主动脉。各国使团、商旅、僧众、艺人、普通民众等往来于丝路沿线，有力地促进了各国之间的政治、经济和文化交流。

　　"文明因交流而多彩，文明因互鉴而丰富"。两千余年来，丝绸之路宛若一架金桥，把中国与世界紧紧联系在一起。中国以恢弘的气度和包容的胸襟与世界通好，互通有无，相互学习，共同发展，不断为古老深邃的中华文明注入新鲜血液，成就了世界东方巨人的地位。在这过程中，西方的植物、香料、珍奇珠宝、玻璃、金银器和一些珍禽异兽等陆续输入中国，而科学技术和佛教、伊斯兰教等宗教的传入，不仅拓宽了中国人的视野，也深刻影响了中国人的思维和生活。与此同时，中国的丝绸、铜镜、茶叶、瓷器、作物、药材、铁器以及四大发明等也经由丝绸之路传入西方，为世界文明灿烂辉煌的画卷绘上了浓墨重彩的篇章。现代实验科学的始祖——英国的弗兰西斯·培根曾赞颂中国的火药、指南针和印刷术"改变了整个世界的面貌和实物的状况"。

　　今天，丝绸之路早已超越其作为交通干线的定义，成为不同民族、不同文化相互交流与合作的精神象征，为当今世界的和平与发展提供了价值典范。"丝绸之路经济带"和21世纪海上丝绸之路——"一带一路"的提出和"丝绸之路：长安—天山廊道路网的文化遗产"的成功申遗，正是丝绸之路精神和价值在今天的重要体现，也是"丝绸之路"这个展览举办的特殊意义所在。

中国国家博物馆是向世界展示中华文化的重要窗口，肩负着展示和传承中华民族悠久历史和灿烂文明的伟大使命。在文化部、国家文物局的领导下，在各兄弟博物馆的大力支持下，本展览汇集了精选的400余件丝绸之路留下的宝贵遗产，构建丝绸之路的时空框架，多层面地向世人展示了丝绸之路的历史过往与灿烂成就，传达了以史为鉴，不同种族、不同信仰、不同文化背景的国家之间开展平等对话、包容、交流与互惠，共享和平，共同发展的理念。

　　展览图录的编撰以展览内容的设计为基础，凝聚了各参展单位、文物出版社以及国家博物馆设计、编写人员的智慧和辛劳，在此谨向他们表示衷心的感谢！

目　录

碧波中的帆影

唐代外销瓷上的异域色彩

鼎盛的宋代海外贸易

盛开在丝路上的元青花

明清外销品上的中国风与异国情调

中国记忆中的丝绸之路

——中国国家博物馆《丝绸之路》展览总述

葛承雍（文物出版社　教授）

"丝绸之路"是古代欧亚大陆之间进行长距离贸易的交通古道，也是人类历史上线路式文明交流的脐带，与世界历史发展主轴密切相关，它以中国长安与意大利罗马为双向起始点，横跨欧亚大陆东西万里，犹如一条大动脉将古代中国、印度、波斯——阿拉伯、希腊——罗马以及中亚和中古时代诸多文明联系在一起，沟通了欧亚大陆上草原游牧民族与农业定居民族的交流，促成了多元文化的文明史泱泱发展。

探幽涉远，沧桑巨变，丝绸之路的起止点一直是人们关注的焦点。

仅从起点说，西京长安还是东都洛阳，众说纷纭，争执不休。笔者始终不赞成"满天星斗多个起点"的观点，那样会造成无中心的认识混乱[1]，引起国际学术界质疑。历史文献开宗明义指出长安是通往西域的起点，唐代诗人元稹《西凉伎》写道"开远门前万里堠，今韦蘷到行原州"。唐人《明皇杂录》说"天宝中，承平岁久，自开远门至藩界一万二千里，居人满野，桑麻如织"。《南部新书》"平时开远门外立堠，云西去安西九千九百里，以示成人不畏万里之行"[2]，《资治通鉴》记载唐天宝"是时中国强盛，自安远门西尽唐境万二千里，闾阎相望，桑麻翳野"。开远门外烽堠是唐长安具体起点，安西大都护府在龟兹，这是载入史册的。洛阳、邺城、大同以及韩国庆州、日本奈良、京都等等都是延伸点，它们在一个王朝或某一时段成为中外交往的终点、起点或中转点，但作为丝路消费大城市远不能和长安相比，尽管西方的奢侈品到达长安后，其中一部分还会分销或赐予各地，造成全国风行的印象，实际上时间最长、影响最大、文物最多的还是长安。

在另一端最符合丝绸之路止点条件的城市是罗马，罗马帝国不仅有覆盖欧亚非驿道网与波斯帝国交通网连成一体，而且只有在强大繁荣的罗马才能够找到丝绸足够的市场和最大的主顾，罗马有专门销售丝绸的多斯克斯市场（Vicus Tuscus），公元前46年，恺撒将丝绸幕帷置于罗马剧场坐席上使观众免遭阳光暴晒。此后罗马人纷纷以穿丝绸为时髦，而女人们穿着轻薄柔软十分贴身又凸显肌肤的衣服更体现华

贵，丝绸成为罗马显示身份的一种表现。2世纪后，丝绸也受到罗马平民的喜爱，罗马帝国对中国丝绸需求量越来越大[3]，丝织品成为中国与罗马相互交往的桥梁。

根据近年考古新收获，中西古道沟通的东西方交流早在先秦时期就已存在，但是由于当时贸易路线非常不稳定，民族部落之间的争斗和国家政权之间的变迁又非常频繁，所以东西方交往时隐时现。甘肃灵台白草坡西周墓葬、张家川马家塬战国时期古墓群均出土一些玻璃制品以及西亚风格的金银物品，证明早在公元前300年双方就有了接触。而公元前8世纪的斯基泰文化中的马具、武器和动物纹已在欧亚草原上广泛流传，公元前4世纪又与西戎贸易商道交往，从而留下许多异域外来的遗物，包括戴尖顶帽的胡人形象[4]。

西汉张骞"凿空西域"促进了与中亚各国互信与交往，他是第一个代表国家出使的使节，将原来不稳定的民间贸易路线定型成为政府官方积极利用的外交大通道。此后汉晋隋唐之间，它成为承载着贯通中西物质和文化交流的古道。1877年德国地理学家、东方学家李希霍芬首次冠名为"丝绸之路"，德国东亚史专家赫尔曼与其他汉学家又进一步阐发，丰富了丝绸之路的内容，随着一个世纪来考古文物的不断出土，已经确立了国家对丝绸之路的鲜活记忆，并得到了全世界对它在历史长河里作用的肯定。

一、商道与驿站

丝绸之路首先关注的是线路问题，古代交通线路最重要的标志是驿站，横跨欧亚大陆的线路历经2000多年的变化许多已成为研究盲区。但是具有档案性质的简牍提供了汉代烽燧、驿站的资料。1974年出土的甘肃居延里程简和1990年出土的悬泉汉简，列出34个地名，分别记录了7个路段所经过的县、置之间的驿站里程[5]，清晰地描述了长安到敦煌的主干道路线与走向。从而使人们知道，中国境内分为官方控制的主线与遭遇战乱或政权更迭时使用的辅线，主线从长安出发沿泾河河道到固原，通过靖远、景泰、武威到张掖、酒泉、敦煌，辅线则是从长安出发沿渭河河道经宝鸡、天水、临洮进

入青海，最后从索尔果到若羌。并可经青海扁都口到张掖。

敦煌悬泉置位于河西走廊西端，是公元前2世纪至公元3世纪的国家驿站与邮驿枢纽（图1：甘肃敦煌西汉悬泉置遗址），其遗址出土了35000多枚简牍文书，记载驿站内常驻400余人，官吏82人，常备驿马120匹左右和50余辆车，日接待过往使节、商人一千余人。悬泉驿站从西汉昭帝时使用到魏晋时被废弃，前后使用了四百多年。唐代时又重新使用直到宋代彻底荒废。悬泉出土汉简保留了300多条与西域各国往来的记录，涉及楼兰（鄯善）、于阗、大宛、疏勒、乌孙、龟兹、车师等24国，尤其是与罽宾、康居、大月氏、乌弋山离、祭越、均耆、披垣等中亚国家的关系，提供了丝绸之路上邮驿特殊见证的新材料[6]。

甘肃玉门关遗址、锁阳城遗址都出土了与丝绸之路商贸活动关联的文物。北宋《南部新书》乙卷记录唐代"西蕃诸国通唐使处，置铜鱼雄雌相合十二只，皆铭其国名第一至十二，雄者留内，雌者付本国"。外国境界"蕃中飞鸟使，中国之驿骑也"。由于胡商沿着丝绸之路驿站往来不断，唐代长安附近滋水驿（长乐驿之东）大厅西壁上专门画有胡人头像，唐睿宗未即位时路过驿站题诗"唤出眼何用苦深藏，缩却鼻何畏不闻香"[7]，调侃胡人深目高鼻的怪异容貌。2005年发现的洛阳唐安国相王孺人唐氏壁画墓，一组大型胡人牵驼载物匆匆赶路图[8]，再次证实了当时驿道繁忙景象（图2：神龙二年安国相王孺人唐氏墓西壁）。

新疆托克逊县阿拉沟被发掘的唐代烽燧遗址，出土文书记载烽、铺、镇、所、折冲府以及戍守将士姓名，反映当时唐军一整套戍守系统能有效地控制与管理，保障着东西交通路线的畅通。隋唐政治、经济和文化的进步繁荣为中外商贸主轴线提供了稳定环境，形成了敦煌至拂菻、西海（地中海）的北道，敦煌至波斯湾的中道，敦煌至婆罗门海（印度洋）的南道，比勘唐德宗贞元年间（785-805年）宰相贾耽所撰《皇华四达记》与阿拉伯地理学家所记的呼罗珊大道，甚至能将唐朝安西（库车）至阿拔斯首都巴格达的路程一站站计算出来。文献与文物的互证，充分说明古代东西方由道路、驿站、绿洲城邦构成的交流网络一直延绵不断。

二、商人与贡使

中亚绿洲的粟特人是活跃在丝绸之路上最显著的商人，他们以"善贾"闻名，被誉为"亚洲内陆的腓尼基人"。粟特人兼营半农半牧，很早就活动在东西贸易交通线上。由于汉代重农抑商，魏晋至隋唐之间又制约一些汉地商品随意输出，包括各种精致的丝织品不得度边关贸易，所以被称为"兴胡"、"兴生胡"的粟特人就成为转贩买卖的商人[9]，起到了操纵着国际贸易的中介作用。

被古人称为"华戎交会"的敦煌，至迟在4世纪初，就有来自康国的千人左右规模的商人及其眷属、奴仆。《后汉

图1：甘肃敦煌西汉悬泉置遗址

图2：神龙二年安国相王孺人唐氏墓西壁

书·孔奋传》说"姑臧称为富邑，通货羌胡，市日四合"。1907年，斯坦因在敦煌西部古烽燧下发现的粟特语古信札，断代为4世纪初期，其中数封信内容是粟特商人从敦煌、姑臧（武威）向故国撒马尔罕（康国）与布哈拉（安国）汇报经商的艰难情况[10]，并提到了黄金、麝香、胡椒、亚麻、羊毛织物等等商品。

汉唐时期商胡贩客的贡使化，是当时习以为常的历史现象。粟特、波斯等国胡商通过"贡献"礼品实现"赐予"的商品转化，他们结成商侣积聚远至拂菻的珍宝，然后络绎不绝冒充"贡使"进入中国。《魏书·西域传》记载5世纪中期粟特"其国商人先多诣凉土贩货"。唐初玄奘《大慈恩寺三藏法师传》说"凉州为河西都会，襟带西蕃、葱右诸国，商侣往来，无有停绝"。吐鲁番出土文书有咸亨四年（673年）"康国兴生胡康乌破延"在西州卖驼的市契，以及另一兴生胡康纥槎等向西州申请"将家口入京"的过所案卷。《大唐西域记》卷一记载碎叶（吉尔吉斯斯坦）是一个"诸国商胡杂居"的商队城市，西域商胡在此积聚珍宝转运各地。历史文献和出土资料都证明武威、高昌、库车、碎叶都是当时入贡的必经重镇。

《洛阳伽蓝记》卷三城南宣阳门条："自葱岭以西，至于大秦，百国千城，莫不欢附，商胡贩客，日奔塞下，所谓近天地之区已"。商人都是成群结队行止同步，《周书·吐谷浑传》记载魏废帝二年（533年）北齐与吐谷浑通使贸易，

遭到凉州刺史史宁觇袭击，一次俘获"其仆射乞伏触板、将军翟潘密、商胡二百四十人、驼骡六百头、杂彩丝绢以万计"。开元十年（722年）一批人数达四百人的毕国商人从中国负货归来被大食督抚赦免。敦煌第45窟唐代观音普门品壁画描绘的"商胡遇盗"（图3-1：新疆吐鲁番柏孜克里克20号洞窟胡商供奉菩萨图），具有以图证史的价值。北朝隋唐墓葬中出土的背囊负包的胡商陶俑很多，但都是个体贩客。尤其是近年来出土入华粟特人墓葬，山东青州北齐傅家、太原隋虞弘墓、西安北周安伽墓、史君墓、登封安备墓等等石棺浮雕画，描绘了当时商人成群结队、骆驼载物的往来场景（图3-2：西安北周安伽墓中野宴商旅图），给人们提供了粟特商队首领"萨保"活动的形象材料[11]。令人疑惑的是，4世纪到5世纪整个粟特本土艺术未见商人题材，甚至没有一个表现商旅驼队的文物出土，而在中国境内发现这么多粟特商队图案，充分说明中古时期粟特商人对丝绸之路的贸易控制。

三、运输与工具

首先是良马。汉唐之间引进西域良马是当时统治者倍感兴趣的动议，汉朝打败匈奴需要大宛汗血马作为种马配备军队，汉武帝更喜欢"西极天马"作为自己骑乘宝驹；唐朝反击突厥亦需要大量西域优种骏马装备骑兵，从唐太宗的"昭陵六骏"到唐玄宗的"照夜白"无不是最高统治者喜爱的坐骑[12]。所以仿造良种骏马形象的陶马、三彩马大量出现，栩栩如生，胡人马夫手牵侍立几乎固化为模式，成为陵墓中陪葬的重要艺术品（图4：1931年洛阳出土唐代三彩牵马俑）。唐代绘画中的骏马嘶鸣欲动，西域于阗的"五花马"常常是画匠们表现的题材。可以说，丝绸之路与"良马之路"紧密相连，绢马贸易甚至是中唐之后长安中央政府与回鹘汗庭之间的经济生命线。

其次是骆驼。骆驼是丝绸之路上遥远路途所负载重物的运输工具，也是穿越茫茫沙漠戈壁的主力之舟，驼帮们由各色人物组成，既有贵人也有奴婢，既有使节也有商人，他们在东西交通线上源源不断地来回奔波。汉代墓葬出土的各类材质骆驼艺术品还是少量的，从北朝到隋唐的骆驼造型艺术品则是大量的，不仅有陶骆驼、三彩釉骆驼，还有冶铸的金属骆驼。骆驼的驮载物往往是东西方商品的缩影（图5：唐代骆驼牵驼俑，1948年长安裴氏小娘子墓出土），主要有驼囊

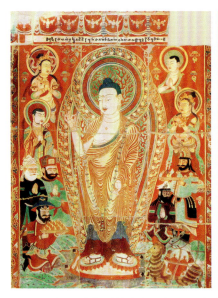

图3-1：新疆吐鲁番柏孜克里克20号洞窟胡商供奉菩萨图（左）

图3-2：西安北周安伽墓中野宴商旅图（右）

货包、丝捆、长颈瓶、金银盘、水囊、钱袋、织物、毡毯、帐篷支架以及干肉等，在驼背上还出现活的小狗、猴子与悬挂的死兔子、野鸡等，最典型的特征是以一束丝作为驼队运载的标志，反映了丝绸之路上商人外出经商时的商品丰富情景[13]。至于骆驼背上还有琵琶乐器和胡汉乐队的出现，吹奏演唱，虽有夸张，但还是漫漫路途上商人们边行边娱的生活写照。

四、丝绸与织物

丝绸是连接东西方古代文明最重要的物品，公元前1世纪至8世纪形成了从产丝地中国到消费地罗马的跨文明独特链条，公元2世纪以前罗马人衣料主要是动物纤维的羊毛和植物纤维的亚麻，所以织物毛粗麻硬，而中国丝绸轻柔飘逸、色泽多样，作为王公贵族享用的奢侈品成为至尊之物，也成为贸易首选之物。20世纪40年代在俄罗斯戈尔诺阿尔泰地区巴泽雷克墓地发现的战国凤纹刺绣，说明早在秦汉之前丝绸已传至外国。在罗马东方行省帕尔米拉和罗马克里米亚也出土发现汉绮，据说公元前6世纪欧洲哈尔斯塔文化凯尔特人的墓葬就发现中国丝绸[14]。希腊公元前5世纪雅典神庙命运女神像也都穿有蚕丝衣料，所以西方学者大胆推测春秋战国时期中国丝绸通过中亚流入希腊。

汉唐时期纺织品发现主要集中在新疆、甘肃、青海、陕西、内蒙等境内，在吐鲁番出土的庸调布或绢，上面写明来自中原地区州县，布绢纱绫罗锦绮 等等反映了中原有规模的织作、色染，以及官营作坊生产。从魏晋到隋唐几百年间，产品有大小博山、大小茱萸、大小交龙、大小明光、凤凰锦、朱雀锦、韬纹锦等，随着丝绸之路大量贸易的发展，异域的外来影响也极大改变了内地的艺术风格，出土的毛织物明显带有西方题材的图案。高昌时期的双兽对鸟纹锦、瑞兽纹锦、对狮纹锦、鸟兽树木纹锦、胡王牵驼锦等各种图案新颖、色彩绚丽。唐西州时期的绿纱地狩猎纹缬、狩猎印花绢、联珠戴胜鹿纹锦等等精致织品，皆是精彩纷呈，不仅显示了当时纺织技术的高超水平，而且联珠纹、猪头纹、孔雀、狮子、骆驼、翼马、胡商、骑士等西亚织造纹样栩栩如生，胡人对饮、对舞、对戏的图案极为生动（图6：1964年吐鲁番阿斯塔纳十八号墓出土联珠胡王锦、新疆出土对羊织物），反映了东西文化的交流影响[15]。

在丝绸之路"青海路""吐谷浑道"上，都兰吐蕃墓出

土北朝至中唐的丝绸品种非常丰富，既有占总数85%中国产的织金锦、花绫、素绫、绯锦等，又有占14%的中亚、西亚织锦，独具异域风格的粟特锦和波斯锦图案精美，并有一件8世纪中古波斯钵罗婆文字锦[16]。尤其是红地簇四珠日神锦，是

图4：1931年洛阳出土唐代三彩牵马俑

图5：唐代骆驼牵驼俑，1948年长安裴氏小娘子墓出土

图6：1964年吐鲁番阿斯塔纳十八号墓出土联珠胡王锦（左）
　　　新疆出土对羊织物（右）

中国境内所出日神锦中最典型的希腊题材，太阳神赫利奥斯在六匹带翼神马驾车下于空中奔驰，联珠纹又有萨珊波斯风格，还有中国文字"吉""昌"，证明是中国产地综合了各种文化因素的纹样锦[17]。

五、金银与钱币

如果说"丝绸西输"是震动西方世界贸易消费的大事，那么"黄金东来"似乎没有引起中国王朝的巨大反响。公元初年古罗马著名人物老普里尼（Pliny the Elder，23－79年）曾经记载罗马帝国与东方贸易中支付了大量的黄金，因为与东方国家贸易中交换物远不如黄金贵重，罗马人为购进丝绸不得不付出东西方都能接受的黄金硬通货。多年来，沿丝绸之路考古发现了许多波斯银币和罗马金币，但是西方学者多注意的是前苏联中亚共和国地区出土的一些金币，自从1953年底在陕西咸阳隋独孤罗墓出土东罗马金币后，经夏鼐先生考证为拜占庭皇帝查士丁二世（566－578年）时期金币[18]，引起了海内外考古界关注，截止目前中国境内已经出土拜占庭金币及仿制币约为50余枚，它包括6世纪至7世纪初制作精美的拜占庭金币（又称索里得，Solidus），6世纪中叶至8世纪中叶仿制的索里得，以及钱形金片。这些金币绝大部分出土于墓葬，全部都在北方地区，宁夏固原北周田弘墓一次出土5枚拜占庭金币（图7：宁夏固原1996年田弘墓出土拜占庭金币），史氏家族墓地出土4枚仿制金币[19]。虽然关于墓葬中出现东罗马金币的习俗还有不同看法，但是原产于地中海

东岸的拜占庭金币竟在万里之遥的中国内地安身，不能不使人感到东西方交流的力量。

波斯萨珊银币除了在新疆地区集中出土外，还在陕西、甘肃、河南、山西等地都陆续发现，6世纪甚至还在河西地区通用，在中国境内延续了350年左右，多是萨珊波斯卑路斯（Peroz459－484年）以后至库萨和二世（Chosroes Ⅱ，590－628年）式样[20]，说明北魏至隋唐时期波斯与中国往来非常密切（图8：波斯萨珊王朝银币正面，1959年新疆乌恰县出土）。8世纪后，阿拉伯金币也传入唐朝。

丝路贸易的扩大促使贸易交换的货币作用愈发重要，许多绿洲城邦政权自铸货币，例如和田"汉佉二体钱"，造型上吸取汉五铢与希腊——贵霜钱币特点，塑造马纹或驼纹图案，被称为和田马钱。还有古龟兹国铸造的"汉龟二体钱"，仿汉五铢圆形方孔，钱币铭文用汉文与龟兹文合璧。

遗憾的是，古代中国没有流通外国货币的市场，中原人亦没有使用外国金币的习惯，无论是罗马金币还是波斯银币，除了被皇家作为珍稀物品收藏或是被达官贵人埋进墓葬作为口含，估计大量可支付的金银币都被销熔铸造成赏玩的金银器了，这不能不说是东西方交流中的一种理念的不同。

六、玻璃器皿

公元前11世纪西周早期墓葬中就发现了人造彩珠、管，因而传统观点认为中国很早就能烧制玻璃。但从玻璃成分上分析无论外观或质量均有别于西方玻璃。在古代中国人眼

图7：宁夏固原1996年田弘墓出土拜占庭金币

里，精美的玻璃是一种出产在遥远的贵重奢侈品，是上层贵族最喜欢的贸易品，所以草原之路或丝绸之路都以玻璃品作为昂贵商品贩卖，从西亚、中亚几条线路上都发现了罗马、萨珊波斯、伊斯兰等三种风格的玻璃器，贯穿东西方许多国家，因而也被称为"玻璃之路"[21]。

20世纪20年代阿富汗喀布尔贝格拉姆遗址就出土了公元前1世纪贵霜帝国时期的玻璃器皿，还有腓尼基的玻璃器。实际上汉魏精美的玻璃制品均来自罗马，玻璃业是罗马帝国最主要手工业之一，广州汉墓出土有我国最早的罗马玻璃碗，洛阳东汉墓出土缠丝玻璃瓶属于地中海沿岸常见的罗马产品[22]。魏晋南北朝时人们已经充分认识玻璃器的艺术价值，西晋诗人潘尼《琉璃碗赋》赞颂清澈透明的玻璃为宝物。辽宁北票北燕冯素弗墓出土5件玻璃器，其中鸭型玻璃器与1－2世纪地中海流行的鸟形玻璃器造型上相似（图9：1965年辽宁北票市西官营子北燕冯素弗墓出土鸭形玻璃注）。河北景县北朝封氏墓出土4只玻璃碗，其中一只精致的淡绿色波纹碗与黑海北岸5世纪罗马遗址出土波纹玻璃器类似。

伊朗的萨珊玻璃在3－7世纪时期也大量进入中国，其凸起的凹球面在玻璃器上形成一个个小凹透镜，很有磨花玻璃的特色。1988年山西大同北魏墓出土外壁35个圆形凹面白玻璃碗异常精美，1983年宁夏固原李贤墓出土的凹形球面玻璃碗，质地纯净，有晶莹透彻之感。1970年西安何家村唐代窖藏出土侈口直壁平底玻璃杯，也有24个凸圈（图10：西安何家村出土唐代凸纹玻璃杯）。可见萨珊波斯玻璃器长期流

图9：1965年辽宁北票市西官营子北燕冯素弗墓出土鸭形玻璃注

图10：西安何家村出土唐代凸纹玻璃杯

图8：波斯萨珊王朝银币正面，1959年新疆乌恰县出土

图11：辽代哲盟奈曼旗陈国公主墓乳丁纹高颈玻璃瓶（9—10世纪）

传，为世人所爱。

8世纪以后，西方玻璃生产中心转向阿拉伯国家，工艺技巧又有新的发展，1987年陕西扶风法门寺塔地宫出土的17件伊斯兰玻璃器，是唐朝皇家用品，刻划描金盘、涂釉彩绘盘、缠丝贴花瓶、模吹印花筒形杯等，都是罕见的玻璃精品，被认为产于伊朗高原的内沙布尔[23]。1986年内蒙古哲盟奈曼旗辽代陈国公主墓出土的6件伊斯兰玻璃器，虽然生产于10世纪末至11世纪初，但带长把手的高杯、刻花瓶、刻花玻璃盘以及花丝堆砌成把手的乳钉纹瓶（图11：辽代哲盟奈曼旗陈国公主墓乳丁纹高颈玻璃瓶），都是来自埃及、叙利亚或

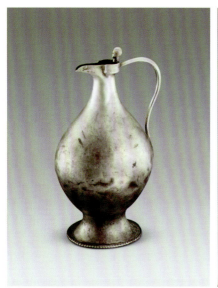

图12：赤峰敖汉旗李家营子唐西域商人墓出土波斯银壶（左）
赤峰敖汉旗李家营子唐墓波斯银壶胡人头像（右）

图13：西安何家村出土鎏金双狐纹双桃形银盘

拜占庭的艺术珍品。

七、金银器

与地中海沿岸和西亚、中亚相比，中国早期金银器制作不是很发达，金银器皿类出现较晚。虽然春秋战国墓葬中出现了一些金饰品，但很少是独立器物，而目前所知一批金器均是采用铸造传统工艺，与西方锤鍱技术凸起浮雕纹样不一样。

汉代及早期输入中国的金银器主要有凸瓣纹银器与水波纹银器，这种锤鍱技法源自古波斯阿契米德王朝，广州西汉南越王墓出土的凸瓣纹银盒，山东淄博西汉齐王墓随葬坑银盒，都是西亚波斯流行的装饰手法。3—7世纪的波斯萨珊王朝是金银器兴盛时代，传入中国的金银器陆续被考古发现，1981年山西大同北魏封和突墓（504年）出土萨珊银盘，装饰题材为皇家狩猎者在芦苇沼泽地执矛刺杀两头野猪[24]。近年刻有粟特文铭记的银器不断出土，西安鹿纹银碗、内蒙猞猁纹银盘、河北银胡瓶均有波斯风格的纹饰[25]。与此同时，西方的金银器也传入中国，1988年甘肃靖远出土的希腊罗马风格银盘，周围为宙斯十二神，盘中间酒神巴卡斯持杖倚坐在雄狮背上，人物非常突出醒目。1983年宁夏固原李贤墓（569年）出土的银壶瓶，瓶腹部锤鍱出三组男女人物，表现的是希腊神话中帕里斯审判、掠夺海伦及回归的故事，有人说属于具有萨珊风格的中亚制品[26]，但考虑敦煌遗书P.2613号文书中称为"弗临银盏"，弗临即拂菻，即来自罗马拜占庭的银杯，这就指明西方金银器的输入。

唐代是中国金银器皿迅猛发展的时代，这与当时吸收外来文化有密切关系，西方的锤鍱技术、半浮雕嵌贴技术等，都有启发中国工匠学习的做法，所以不仅有外国的输入品，还有中土仿制品，"胡汉交融"非常明显。1970年山西大同出土的海兽纹八曲银洗，1975年内蒙古敖汉旗出土胡人头银壶，都是萨珊波斯造型与纹饰（图12：赤峰敖汉旗李家营子唐西域商人墓出土波斯银壶、赤峰敖汉旗李家营子唐墓波斯银壶胡人头像）。尤其是1970年西安何家村出土的唐代金银器窖藏[27]，鎏金浮雕乐人八棱银杯的西方艺术风格异常明确，而受萨珊波斯——拜占庭式金银器物形制的影响而制作的各种外来纹样，例如海兽水波纹碗、鎏金双狮纹碗、鎏金飞狮纹银盒、双翼马首独角神兽银盒、灵芝角翼鹿银盒、独角异兽银盒等等，顶部和底部中心均有猞猁、狮子、双狐、角鹿、对雁、衔枝对孔雀等（图13：西安何家村出土鎏金双狐

纹双桃形银盘），周围绕以麦穗纹圆框为代表的"徽章式纹样"，兼收了粟特、萨珊波斯、拜占庭的艺术风格。

八、宗教与传播

绵延万里的丝绸之路上，随着商人、僧侣增多传入中国的宗教分不同时期有佛教、景教、祆教、摩尼教等等。1989年在阿富汗发现的阿育王法敕铭文证明阿育王时代佛教传教线路已经向中亚延伸，最早信仰佛教的西域胡人与印度南亚接壤，他们为主导奉佛向外传播，东渐传入中原后也是以胡族为僧侣。上世纪20年代汉魏故城遗址就出土的佉卢文（贵霜帝国官方文字，被定名为犍陀罗语）题记井阑石，铭刻的题记记载着公元179至190年东汉末期佛教僧团在洛阳聚集受人敬重的状况。1907年敦煌出土粟特文信札第2号记录了西晋末年"有一百名来自撒马尔罕的粟特贵族，现居黎阳（今河南浚县），他们远离家乡，孤独在外。在□有四十二人"。虽然不知是否胡商，但聚落以西域礼俗会使奉佛胡人建立佛寺。梁释僧祐《弘明集》卷十二记载晋人不奉佛事，"沙门徒众，皆是诸胡"。所以早期佛教在中国的传播，主要是在胡人聚居的市邑，高僧沙门也是外国人，而且他们与商人阶层存在深刻联系[28]。佛教对中国的影响是多方面的，中国境内丝绸之路沿线留下了诸多石窟与寺院遗址（图14：新疆拜城克孜尔石窟、新疆库车库木土拉穹窿顶上的南北朝菩萨群像），深刻反映了南亚、中亚宗教文化的印痕。

祆教是公元前6世纪琐罗亚斯德在波斯东部创立的善恶二元论宗教，后被定为波斯国教，传入中国称为祆教。4世纪以后随着入华粟特人增多和汉化，北魏时祆教已经在中土流传，北齐时在各地设置"萨甫"官职管理祆教祭祀等活动。敦煌唐写本残卷《沙州伊州地志》记载了当地祆教绘有壁画

的寺庙。西安发现的北周安伽墓、史君墓[29]，山西太原发现的隋虞弘墓[30]，河南登封发现的隋安备墓[31]，都以浅浮雕刻绘了火坛以及人头鸟身祭司点燃圣火的祭祀场景（图15：西安北周史君墓人身鹰足祭司像）。

公元5世纪在东罗马帝国境内形成的基督教聂思脱里派，于431年在以弗所会议上被斥为异端后流亡波斯，贞观九年（635年）经中亚传入唐长安，初称大秦教或波斯教，后称为景教。20世纪初发现的敦煌文书中有汉文景教经典和10世纪前基督画像，吐鲁番也发现有叙利亚语、婆罗钵语（中古波斯语）、粟特语和突厥语的福音书，景教寺院还残存有宗教壁画。除了最著名的建中二年（781年）立于长安《大秦景教流行中国碑》，2006年又在洛阳发现了镌刻十字架和景教经典的石头经幢（图16：洛阳景教经幢正面浮雕）[32]。

波斯人摩尼于公元3世纪创始的摩尼教，糅合了琐罗亚斯德教、基督教、佛教几种说教。武周延载元年（694年）摩尼教正式传入中国，19世纪末至20世纪初摩尼教大量遗址遗物先后在吐鲁番、敦煌以及欧亚其他地区出土，柏林博物馆收藏的8－9世纪高昌回鹘旧址壁画残片和残卷插图，显示了摩尼教善于借用各种形象来表达自己的教义，尤其是用日月象征其追求的光明王国，戴着装饰华丽高帽的摩尼像作为顶礼膜拜的宣传画，也成为透视摩尼教传播的证据。1981年吐鲁番柏孜克里克千佛洞发

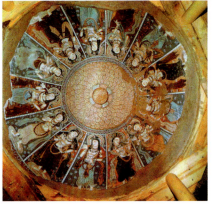

图14：新疆拜城克孜尔石窟（左）新疆库车库木土拉穹窿顶上的南北朝菩萨群像（右）

图15：西安北周史君墓人身鹰足祭司像

图16：洛阳景教经幢正面浮雕

掘出用粟特文写成的摩尼教经典写本[33]，其中精美插图已被国际学术界认可为重要史料（图17：摩尼教壁画公元9世纪中1964年吐鲁番柏孜克里克石窟第38窟、吐鲁番柏孜克里克千佛洞出土回鹘文书信）。

从波斯传入的"三夷教"曾在中国流传[34]，虽经唐朝廷打击突然消失，但在中亚西域及各地仍存活演变，其残迹遗痕和各种语言文献的补正，使我们了解中西文化交流中宗教的影响之大，确是人类社会不可忽视的重要内容。

九、语言与文书

百余年来丝绸之路沿线出土的用各种不同语言和文字书写的文献，记录了各种不同族群和不同文化相遇交流，也使古代世界通过语言信息互相传递，仅就从目前吐鲁番出土的文物来看，当时至少使用过18种文字、25种语言，多民族、多宗教的文化在这里汇聚交融。19世纪末至20世纪初，西方考古探险家在新疆发现用吐火罗语与婆罗谜文约为公元400年以前至公元1000年，从宗教文学作品到世俗文书涉及种种史地难题。公元4-10世纪的于阗语文献，证实了说东伊朗语的塞人部族曾在和田绿洲定居，建立了于阗王国。公元2-5世纪时，用佉卢文书写的俗语成为鄯善国的官方语言，和田、尼雅、楼兰、巴楚、库车、吐鲁番等古遗址都发现有佉卢文写本及残片[35]。

自汉代以来新疆历代长期使用汉语，现存大量汉语文书、经卷、碑铭等均为物证，还有汉语与其他语文合璧的文书，证明语言的双向交流绝非虚言。公元7-8世纪吐蕃一度统治西域，大批藏文纸本文书存世，若羌、和田还有数量颇多的吐蕃简牍出土。说突厥语的回鹘人从9世纪中期分三支从蒙古高原西迁进入新疆，建立的高昌回鹘王国（约850-1250年）留下了很多回鹘语文的书面文献，不仅说明回鹘文成为当时西域广泛通行的语言之一，而且可知回鹘人当时掌握有多种语言文字。11世纪信仰伊斯兰教的喀喇汗上层流行阿拉伯文，为了减少民间使用的障碍，于是采用阿拉伯字母拼写回鹘语形成维吾尔文，为当地居民使用。

有些外来的语言曾在丝绸之路风行一时，西域寺院佛教经典多使用的属印度——雅利安语的梵语。往来于塔里木盆地各绿洲城邦的粟特人，他们以经商为主，留下了属东伊朗语的粟特语文献，包括信件往来以及佛教、景教、摩尼教内容的文书。在高昌古遗址出土不少中古波斯语（钵罗婆语）和安息帕提亚语（Parthian）文书，以摩尼教文献为主（图18：新疆高昌出土摩尼教书籍扉页，9-10世纪）。用希腊字母书写的巴克特里亚语（Bactrian大夏语）文献也有发现。被称为"基督教图书馆"的近千件景教文献在吐鲁番盆地的葡萄沟出土，使用了粟特语、中古波斯语、叙利亚语等。甚至以希伯来文字书写波斯语的文献也有发现[36]。最近克孜尔石窟发现的古代龟兹语韵文题记，有被视为短诗的文学作品。所

图17：摩尼教壁画公元9世纪中1964年吐鲁番柏孜克里克石窟第38窟（左）吐鲁番柏孜克里克千佛洞出土回鹘文书信（右）

图18：新疆高昌出土摩尼教书籍扉页（9-10世纪）

以，中古时期来往于丝绸之路上商人、僧侣、居民、武士等等人物面临着语言信息接触的多种影响，是研究多语言古代文献的宝贵文化遗产。

十、艺术与歌舞

丝绸之路上各种艺术互为交汇，门类繁多，一个世纪前由西方探险家在新疆、甘肃等地考古大发现，掠走了众多艺术珍品，涉及石雕、彩陶、金银铜器、壁画、泥塑、木雕、木板画等等，因而在海内外引起轰动。随着中国学者对西域艺术研究的推动，察吾呼史前彩陶，康家石门子岩画，草原动物纹样，尼雅木雕艺术造型，草原突厥石人与鹿石，龟兹乐舞舍利盒等等出土文物都有了深入的探讨[37]。

宗教石窟以佛教壁画、彩塑为代表，既有健陀罗的希腊风，也有世俗的汉风，"梵相胡式"和"西域样式"深受外来艺术影响，于阗、龟兹、高昌、北庭、敦煌、麦积山、龙门等主要石窟寺院都留下了珍贵艺术遗产，从汉代到唐代壁画的"游丝描"、"铁线描"层出不穷，飞天的创新更是成为天国的景象。汉魏隋唐的墓葬壁画随着近年的不断出土，已是异军突起的艺术研究领域，著名的韦贵妃"胡人献马图"、章怀太子"蕃客使节图"、懿德太子"驯豹架鹰图"等[38]，以及"胡汉打马球图"、"胡人乐舞图"等等都是反映中外文化交流的杰作（图19：唐三彩骆驼载舞俑，1957年西安鲜于庭诲墓）。太原北齐娄睿墓出土壁画"商旅驼运图"、洛阳唐墓"胡商驼队图"都是丝绸之路上真实记录。

张骞通西域后，沿丝绸之路进入中国的杂技幻人开辟了新的世界，史书记载了眩人、幻人表演的西域各种幻术，《魏略·西戎传》记录：大秦国"俗多奇幻，口中出火，自缚自解，跳十二丸，巧妙非常"。河南新野和山东嘉祥的汉代画像砖上都有高鼻深目戴尖顶帽的胡人口吐火焰的形象。甘肃庆城唐穆泰墓出土的胡人杂戏俑，清晰地展现了当时的外来艺人表演状况[39]。

西域乐舞对中国文化的影响非常广泛，汉代传入的《摩诃兜勒》和"胡角横吹"促进汉乐府更造新声，隋唐"胡乐新声"越发融会，不仅有白明达、康昆仑、曹妙达、安叱奴、米嘉荣等昭武九姓世代乐工，而且最著名的龟兹乐从4世纪晚期传入后凉、北魏后，在北方各地广泛流行。隋代九部乐中有五部属于西域乐，唐代十部乐中天竺、西凉、龟兹、安国、疏勒、高昌、康国等占了七部，苏摩遮、狮子舞、胡

腾舞、胡旋舞等西域舞蹈异常流行。敦煌壁画中有大量乐舞伎艺术形象[40]，宁夏出土的胡旋舞门石，西安出土胡旋舞壁画，都从图像、遗物、诗歌几个角度印证了丝绸之路上曾流行的乐舞文化。

十一、天文与医学

天文算学是丝绸之路上传入中国最重要的科技成果之一，唐代历法深受天竺瞿昙、矩摩罗、迦叶三家的影响，印度天文学家瞿昙罗、瞿昙悉达、瞿昙撰世代曾任司天监太史令，在唐司天台工作一百多年。唐朝几度修历基本不脱离印度天文历法，瞿昙罗于唐高宗时进《经纬历法》9卷，武则天时又作《光宅历》。特别是开元九年（718年）瞿昙悉达译出《九执历》（九曜历），对唐代以及后世天文历算影响深远[41]。《隋书·经籍志》著录的印度天文类《婆罗门天文经》等及历算类《婆罗门算法》等甚至影响到民间占星术，胡名、波斯名、梵名的混合使用反映了天文历算交流的广阔天地。

图19：唐三彩骆驼载舞俑（1957年西安鲜于庭诲墓出土）

1970年西安何家村出土的唐代窖藏中，有丹砂、钟乳石、紫石英、白石英、琥珀、颇黎（玻璃）、金屑、密陀僧、珊瑚等9种医药，多与贵族养生有关，但其中的舶来品说明当时外来药物传入与流行[42]。据美国学者谢弗研究，中古时代外来药物在中国大量出现，印度传入的质汗药、乾陀木皮、郁金等，拂菻传入的底也迦，西亚传入的胡桐树脂、安息香等，波斯传入的芦荟、皂荚、胡黄连等，阿拉伯传入的没药、乳香、阿勃参等。因而唐朝出现郑虔《胡本草》、李珣《海药本草》、印度《龙树菩萨药方》、《婆罗门药方》等专门介绍外来医药著作，对隋唐"药王"孙思邈产生过很大影响。

外来医学中最著名的还有眼科医术，杜环《经行记》记录大秦医生善医眼疾。唐高宗晚年"目不能视"，给他医治眼疾的秦鹤鸣就是来自大秦的景教医师[43]。《全唐文》卷703记载太和四年（830年）李德裕在成都时被南诏俘掠走"眼医大秦僧一人"。给唐玄宗兄李宪疗疾的僧崇一、为鉴真和尚治疗眼疾的"胡医"，都是外来医生。印度的外科手术治疗在5世纪时已经相当成熟，眼科学《龙树眼论》译介传入中国，介绍了722种医治眼疾的方法，对唐代《治目方》影响很大，唐诗中有不少反映印度以金箆术治疗白内障的赞美诗句，白居易《眼病》、刘禹锡《赠眼医婆罗门僧》等都印证了印度医师在华活动的轨迹。

十二、动物与植物

丝绸之路上外来贡品五光十色，有的虽不算商品贸易，但"异方宝货"引人注目。史书记载中亚诸国多次进贡狮子、名马、骆驼、名犬、鸵鸟、猎豹等等珍禽异兽，反映了特殊贡品的复杂性与多样性。

汉唐之际狩猎广泛流行于上层贵族阶级，是身份、地位和荣誉的象征之一，鹰隼猎豹猞猁等驯化动物帮助贵族狩猎成为一项重要活动（图20：骑马狩猎俑，唐金乡县主墓1991年西安东郊新筑乡出土），我们在西安金乡县主墓出土的整套陶俑上可看到胡人猎师携带猎豹、手举猎隼的形象[44]。张广达先生提供了唐代贵族使用中亚引入猎豹的文化传播实例[45]。《旧唐书·西戎传》记载唐武德七年（624）高昌王麴文泰贡献一对雌雄高六寸、长尺余的小狗，"性甚慧，能曳马衔烛，云本出拂菻国。中国有拂菻狗，自此始也"。这种聪慧可爱的拂菻狗曾是希腊妓女和罗马贵妇的宠物，引入唐朝后

也倍受王公贵妇宠爱。1972年吐鲁番阿斯塔纳唐代高昌古墓出土的黑色拂菻狗残画，描绘了两个孩童抱狗嬉戏的场景。传世的唐代周昉《簪花仕女图》也描绘了拂菻狗在升平气象下"拂地行"形象。蔡鸿生先生的《哈巴狗源流》解读了这种西域引进新物种的演变[46]。

沿丝绸之路传来的外来植物中，肉桂、胡椒、苜蓿、安石榴等奇花异果名目繁多，其中影响最大的是葡萄，《史记·大宛列传》记载葡萄"汉使取其实来，于是天子始种苜蓿葡萄肥饶地。及天马多，外国使来众，则离宫别馆尽种葡萄，苜蓿极望"。汉唐文物中有许多葡萄纹样装饰的精品，新疆民丰尼雅出土夹缬蓝印花棉布上，有手持盛满葡萄丰饶角的希腊女神；大同出土的北魏葡萄纹鎏金高足杯，北朝隋唐葡萄藤蔓纹饰石刻遍及各地，唐代的锦绫采用葡萄纹饰很普遍，海兽葡萄样式铜镜更是众人皆知。其他像新疆营盘出土东汉石榴纹饰锦劚袍，唐代椰枣树对狮纹锦，长沙窑流行

图20：骑马狩猎俑（唐金乡县主墓1991年西安东郊新筑乡出土）

的椰枣树贴塑装饰，都是西来植物深入中国的影响。

唐代海上贸易交通日益频繁，宋代进入高潮，目前南海已出水的瓷器、石雕、铜钱等文物，时间涵盖了南朝、唐、宋、元、明清，印证了早期文献关于南海航路的记载。

在阿拉伯帝国阿拔斯朝（黑衣大食，750－1258年）取代倭玛亚王朝（白衣大食，661－750年）之后，哈里发宣称要展开贸易活动与遥远的中国接触。巴格达市场充满了来自东方的货物，阿拉伯学者贾希兹（al－Jahiz，776－868年）编纂的《商务观察》所列中国输出到巴格达的有丝绸、瓷器、纸墨、马鞍、剑、香料、麝香、貂皮、肉桂以及孔雀等等，丝绸中的高档锦缎尤受欢迎。

盛唐天宝年间，广州"江中有婆罗门、波斯、昆仑等船，不知其数；并载香药、珍宝，积载如山。其舶深六、七丈。师子国、大石国、骨唐国、白蛮、赤蛮等往来居住，种类极多"[47]。波斯、阿拉伯商人从东南沿海深入长安，贩卖香料、象牙、珠宝、药材等，长沙窑瓷器一跃而上占领了外销市场的份额，1998年在印度尼西亚海域发现的黑石号沉船，出水中国瓷器和金银器多达6万余件。在印度、波斯湾、埃及等古港口都发现了中国的外销瓷，是古代先民到达南海诸岛以及转手阿拉伯世界的明证，反映了当时海上贸易的多样性。

多年来，丝绸之路的经典形象早已留驻在各国人民的脑海中，在中国记忆中，从汉代以来"胡人"的外来民族形象已经遍及石刻、陶俑、壁画、铜塑等等艺术品中[48]，一直到宋元仍不断涌现[49]，大漠孤烟中驼铃声声，长河落日下商旅呜呜，使我们不由想到唐朝诗人张籍《凉州词》："边城暮雨雁飞低，芦笋初生渐欲齐。无数铃声遥过碛，应驮白练到安西"[50]。随着丝路沿线考古新发现不断面世，提供和举办一次大型丝绸之路展览无疑是非常必要的，人们可以从各类文物中体悟古代东西交通的交流，也从不同角度关注从历史到现实的包容精神。

2014年6月22日由中国、哈萨克斯坦和吉尔吉斯斯坦联合申报的"丝绸之路：起始段和天山廊道的路网"被第38届世界遗产大会宣布列入世界遗产名录，但是33处遗产点（中国境内22处）远远不能代表整个丝绸之路沿线所呈现的文明，例如波斯人既喜欢希腊的艺术创作，又引进中国的独特技术，没有伊朗汇入丝绸之路文化遗产显然有缺环。又例如土耳其是欧亚大陆交汇地区和丝绸之路重要节点，穿越时空缺少它的遗产联合申报也不完善。作为中外文明交流历来是两种趋势：有冲突、矛盾、疑惑、拒绝；更多是学习、消化、融合、创新。前者以政治、民族为主，后者以文化、生活为主。

从更广阔的背景看，在丝绸之路交流史上，中国境内无疑是一个以世界文明交汇为坐标、以民族多元文化为本位的地域，是一个文明共存之地。二千多年来，驿站网络畅通，商人积极转输，商品种类丰富，宗教信仰传入，移民聚落增多，互通婚姻融化，可以说最初的商业世界早已变成了各民族文明延伸的长廊，经过碰撞、交锋、包容最后走向融合、多彩，这是人类文明的基本框架和理想样貌，人类一切文明都因交流互通而共融，因包容互鉴才有转化发展的动力。

丝绸之路带来的多元文明，启迪人类世界只有互动交流，汇聚辐射，才能延绵不断，百川归海，进入更高的文明时代。

注释：

1.葛承雍：《谈汉唐丝绸之路的起点》，《华夏文化》1995年第1期。收入《唐韵胡音与外来文明》第36－42页，中华书局，2005年。

2.(宋)钱易：《南部新书》己卷第90页，中华书局，2002年。

3.杨共乐：《古代罗马与中国的交往》，见《早期丝绸之路探微》第64－66页，北京师范大学出版社，2011年。

4.王辉：《甘肃发现的两周时期的"胡人"形象》，《考古与文物》2013年第6期。

5.《居延汉简·甲渠候关》上册，174页上栏，下册，图版389页，中华书局，1994年。

6.张德芳、胡平生：《敦煌悬泉汉简释粹》，上海古籍出版社，2001年。

7.(宋)钱易：《南部新书》戊卷第72页，中华书局，2002年。

8.洛阳古代艺术博物馆：《洛阳古代墓葬壁画》下卷，图十三，图二十三，中州古籍出版社。

9.蔡鸿生：《唐代九姓胡与突厥文化》第36页，中华书局，1998年。

10.辛姆斯·威廉姆斯：《粟特文古信札新刊本的进展》，见《粟特人在中国——历史、考古、语言的新探索》第72页，中华书局，2005年。

11.荣新江：《萨保与萨薄：佛教石窟壁画中的粟特商队首领》，

见《粟特人在中国——历史、考古、语言的新探索》第49页，中华书局，2005年。《丝绸之路上的粟特商人与粟特文化》，见《西域中外文明交流的中转站》第75页，香港城市大学出版社，2009年。

12.葛承雍：《唐昭陵六骏与突厥葬俗研究》，见《唐韵胡音与外来文明》第158页，中华书局，2005年。

13.山西省考古研究所等：《北齐东安王娄睿墓》第31页线描图，彩图十六驼队图，彩图一二九陶卧驼，文物出版社，2006年。

14.林梅村：《丝绸之路十五讲》第8－10页，北京大学出版社，2006年。

15.新疆维吾尔自治区博物馆出土文物展览工作组：《丝绸之路——汉唐织物》，文物出版社，1972年。

16.许新国：《都兰吐蕃墓发掘和研究》，见《7－8世纪东亚地区历史与考古论文集》第29页，科学出版社，2001年。

17.赵丰：《中国丝绸艺术史》第140页，文物出版社，2005年。

18.夏鼐：《西安土门村唐墓出土的拜占庭金币》，《考古》1961年第8期。

19.宁夏固原博物馆编：《固原文物精品图集》中册第164－166页，第247－249页，宁夏人民出版社，2012年。

20.夏鼐：《综述中国出土的波斯萨珊银币》，《考古学报》1974年第1期。

21.由水常雄：《玻璃传来之路》（上、下），均见《东亚的古代文化》1988秋·57号、1989冬·58号。

22.安家瑶：《玻璃器史话》第74页，社会科学文献出版社，2011年。

23.齐东方：《伊斯兰玻璃与丝绸之路》，见《伊朗学在中国论文集》第三辑，北京大学出版社，2003年。

24.马玉基：《大同市小站村花圪塔台北魏墓清理简报》，《文物》1983年第8期。

25.孙机：《建国以来西方古器物在我国的发现与研究》，《仰观集》第443页，文物出版社，2012年。

26.罗丰：《北朝、隋唐时期的原州墓葬》，见《原州古墓集成》第19页，文物出版社，1999年。

27.陕西历史博物馆：《花舞大唐春——何家村遗宝精粹》，文物出版社，2003年。

28.季羡林：《商人与佛教》第177－197页，见《季羡林文集》第7卷，江西教育出版社，1998年。

29.陕西省考古研究所：《西安北周安伽墓》图版一五门额火坛，文物出版社，2003年。西安市文物保护考古研究院：《北周史君墓》第88页祭司浮雕摹绘图，文物出版社，2014年。

30.山西省考古研究所等：《太原隋虞弘墓》第134页椁座前壁浮雕下栏第三幅，文物出版社，2005年。

31.葛承雍：《祆教圣火艺术的新发现——隋代安备墓文物新探》，《美术研究》2009年第3期。《隋安备墓新出石刻图像的粟特艺术》，《艺术史研究》第12辑，中山大学出版社，2010年。

32.葛承雍主编：《景教遗珍——洛阳新出景教经幢》，文物出版社，2009年。

33.柳洪亮主编：《吐鲁番新出摩尼教文献研究》彩色图版，文物出版社，2000年。

34.林悟殊：《唐代三夷教的社会走向》，见《中古三夷教辨证》，中华书局，2005年。

35.徐文堪：《略论古代西域的语言和文字》，见《语言背后的历史——西域古典语言学高峰论坛论文集》第229页，上海古籍出版社，2012年。

36.伊斯拉菲尔·玉苏甫、安尼瓦尔·哈斯木：《新疆发现的古文字》，《丝路考古珍品》，上海译文出版社，1998年。

37.周菁保：《丝绸之路艺术研究》，新疆人民出版社，1994年。仲高：《丝绸之路艺术研究》，新疆人民出版社，2008年。

38.《章怀太子墓壁画》第42页，《懿德太子墓壁画》第31页，文物出版社，2002年。

39.庆阳市博物馆、庆城县博物馆：《甘肃庆城唐代游击将军穆泰墓》，《文物》2008年第3期。

40.史苇湘：《敦煌历史与莫高窟艺术研究》，甘肃教育出版社，2002年。

41.耿鉴庭：《西安南郊唐代窖藏里的医药文物》，《文物》1972年第6期。

42.谢弗著、吴玉贵译：《唐代的外来文明》第11章药物，中国社会科学出版社，1995年。

43.黄兰兰：《唐代秦鸣鹤为景医考》，《中山大学学报》2002年第5期。

44.西安市文物保护考古所：《唐金乡县主墓》图版75－80，文物出版社，2002年。

45.张广达：《唐代的猎豹——一个文化传播的实例》，《唐研究》第七卷，北京大学出版社，2001年。

46.蔡鸿生：《哈巴狗源流》，见《中外交流史事考述》第163页，大象出版社，2007年。

47. 真人元开撰、汪向荣校注：《唐大和上东征传》，中华书局，
   1979年。

48. 郑岩：《汉代艺术中的胡人形象》，《艺术史研究》第1辑，中
   山大学出版社，1999年。

49. 葛承雍：《元代出土胡人形象俑研究》，《文物》2014年第10
   期。

50. 张籍：《凉州词三首》，《全唐诗》卷三八六第4357页，中华
   书局，1960年。

丝绸之路与金银玻璃

齐东方（北京大学考古文博学院　教授）

文物多是"哑巴"资料，获取信息要通过对其材质、制作工艺、造型特征、纹样装饰、色彩等进行分析，还必然涉及广阔的历史背景。文献史学研究证明，汉唐文化具有"胡汉"相融的特色，这在出土文物上展示得更加直观、具体。以往对汉唐文物进行追根溯源的研究时，发现了有些可能来自异国他乡，把这些物品考定出来至关重要。在初步解决了输入的品有哪些，它们来自哪些国家和地区之后，又提出这样的问题：中国制造的器物中有哪些是外来风格？为什么会接受了那些外来文化的因素？外来文化与中国文化是怎样重新搭配组合的？

汉唐文化形成的背景之一，是"丝绸之路"的畅通。这条从中国腹地一直到达欧洲的国际路线，有主线、支线，并随时代而变迁。总体上看主线有三条：1、经河西走廊，沿黄褐色土地上的点点绿洲西进的"绿洲路丝绸之路"，或称为"沙漠丝绸之路"。2、北部绿色草原地带的"草原丝绸之路"。3、东南蔚蓝色海洋中的"海上丝绸之路"。

与丝绸之路有关的文物，给人印象强烈的是那些千姿百态的胡人牵骆驼，骆驼载货的塑像，它们兴盛于汉唐，再现了通往西方必经浩瀚的沙漠和茫茫的戈壁，旅程漫长而艰苦。对"深目高鼻，多须髯"的胡人牵引满载货物的骆驼的刻画，显现了艺术家高超的技艺，可没有繁荣的对外交往，不可能创造出这些生动的形象。

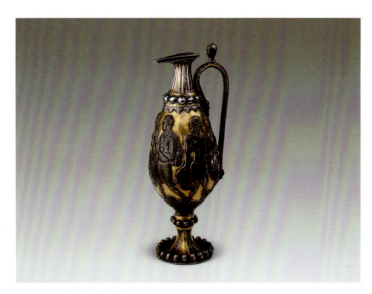

图1：固原胡瓶（展品）

胡人与载货骆驼的搭配，有坚实的历史依据，可以说是丝绸之路的象征符号[1]。观察细节还会发现，骆驼除了驮载丝绸，有的还悬挂着造型奇特的扁壶、胡瓶，也许是商旅途中的生活用具。如何判定这些塑造的器物原本可能的质地？有幸的是宁夏固原、河北宽城、内蒙古李家营子、西安南郊何家村出土了几乎一样的银胡瓶、扁壶[2]。固原的胡瓶出在北周李贤墓中（图1：固原胡瓶），环绕壶腹部有六个人物，表现了希腊故事中帕里斯审判、略夺海伦及回归的场面，制作地点可能中亚[3]。李家营子的胡瓶还伴出有带把杯、盘、长杯（图2：李家营子银壶、银杯、折肩錾耳银壶），是一组来自中亚粟特的遗物[4]，说明西方人除了经商往来，从自4世纪起还逐渐向东移居，一直迁徙到辽宁朝阳地区。

中国出现金银器皿并不晚，湖北随州战国曾侯乙墓就有金盏、金杯，山东临淄汉代齐王墓随葬坑有鎏金银盘[5]，不过与同时期的欧洲、西亚、中亚相比，当时中国的金银器制作不算发达。齐王墓随葬坑还有一件银盒，是用银片锤出器型和凸起的水滴纹样，犹如立体浮雕，这一技术在战国汉代未曾见到，却与波斯铜器、金银器完全一致，无疑是输入品[6]。同样的器物在广东广州象冈西汉南越王墓，山东青州西汉初年墓、巢湖市北山头一号汉墓中也有出土[7]（图3：南越王墓、巢湖北山头一号汉墓水波纹银盒）。它们尺寸接近，年代相当，均出自汉代贵族墓中，似乎是同一批产品进入中国，有可能原属于皇室，后来分赐于贵族。

南越王墓还有掐丝焊坠金珠的花饰，江苏邗江东汉广陵王刘荆墓，广西汉墓也出土制作技术相似的金球[8]等，也非中国传统工艺，是输入品[9]。不必再举更多的实例就可以看出，早期中国与西方互通有无的交流中，向外主要运送了美丽的丝绸，向内输入的金银器是一朵奇葩。

晚些时候外来金银器增多。新疆波马、焉耆分别出土了整批的金银器[10]，年代约在5世纪到7世纪，器皿多带把柄，有的镶嵌宝石，纹样有鸵鸟、豹、浅棱纹等，有的还錾刻中古波斯文的文字（图4：焉耆银碗）。山西大同北魏遗迹中也发现不少外来器物，其中有银多曲长杯、银圜底碗、铜高足杯等[11]（图5：北魏大同圜底银碗），传入中国的时代下限不晚于6世纪初。大同北魏景明二年（501年）封和突墓还出土十分明确的萨珊银盘[12]（图6：北魏大同封和突墓银盘）。

新疆波马、焉耆地处丝绸之路要冲，大同是北魏前期的都城，也是对外交往的中心，西亚、中亚传入的物品落脚于这里并不奇怪。在南北朝时期与西方频繁交往的背景下，外来物品发现的很广泛，河北赞皇县东魏武平六年（575年）李希宗墓中出土曲线水波纹银碗、广东遂溪窖藏银碗、甘肃靖远银盘等，都是来自西方的器物[13]。

西汉张骞凿空，建立了与西方国家政府之间的往来，东汉班超再次深度开拓，东西交通更加通畅，罗马、波斯、粟特等地区往来的使者、商人把自己的金银器纷纷带到了中国。这些外来金银器学术价值很高，罗马、萨珊、粟特当地的金银器出土地点清楚的不多，年代也不明确，中国的外来金银器多经科学发掘获得，有准确的出土地点，出土于墓葬、遗址或窖藏中。3世纪以后的中国，墓葬有放置墓志的习俗，记述着被葬者的名字、生平、埋葬时间。遗址和窖藏出土的器物，经常有其他伴出遗物，年代也可比定。因此中国的外来金银器甚至可作为研究西方金银器的标尺，如果纳入到西方器物的年代序列，还可以发现多是国外的新产品，暗示出当时中外交往的密切。

中国古代金银器的演进复杂，原因之一是不断输入的外来器物注入了活力，隋唐金银器发展高潮的到来，更与外来器物的影响关系密切。值得赞叹的是，唐代对外来器物还进行仿制，并融汇创新。早在汉代就能看到一些有趣的现象，

图2：李家营子银壶、银杯、折肩鋬耳银壶

图3：南越王墓、巢湖北山头一号汉墓水波纹银盒

齐王墓随葬坑出土的银盒，看上去象"豆"的器型，而下面有高足，盖面上有纽用青铜制作，与器身材质不同，是后来安装的。南越王墓的银盒，也用青铜后配制了圈足。对原有器形改造后，符合了中国人的审美和使用习惯。还有汉代发现有金灶、金龙这类纯粹中国式的器物，采用了传统不见的掐丝焊金珠技术，应是接受了西方金银工艺技术。晚些的封和突墓、李贤墓出土的银耳杯，器耳的边缘出现了西方流行的联珠纹装饰，是中国传统的器物造型与外来装饰的结合。

汉代到南北朝直接仿制外来器物的现象极少，唐代不同了，金银器中出现传统器物中没有的造型，如带把杯，特征是有圆环形把，上部有指垫，指垫上面刻人物头像，把的下部还带指扳，器体有鼓腹、束腰、八棱形，这是粟特银器的仿制品[14]。唐代有西方工匠来到中国，按自己的设计及技术制造器物完全可能，唐人工匠也可以学习模仿，相互切磋，最终使金银器出现了突飞猛进的发展。然而器物的造型和与生活习俗有关，直接仿制外国很难流行，仿制这种最初的行为逐渐变化，带把杯演变成器体作成花瓣形，再刻上仕女游乐和骑士狩猎的场面，显示了浓郁的新风（图7：何家村鎏金仕女狩猎纹八瓣银杯）。

萨珊器物中形制奇特的多曲长杯，使用功能不符合中国人的习惯。唐人学习后的创新，开始是保留了富与变化的多曲形（图8：日本白鹤美术馆藏银多曲长杯），接下来不断改造调整，有的加高圈足，有的减少曲线的深度，最终成为花朵般形态，并作为创新产品，在后来的金银器、陶瓷器中一

图4：焉耆银碗

图5：北魏大同圆底银碗

图6：北魏大同封和突墓银盘

图7：何家村鎏金仕女狩猎纹八瓣银杯

直流行[15]。

吸收外来文化因素，与中国传统结合，重新搭配和改造创新，是唐人的追求。不仅在器物的造型上，与人的思想意识联系更密切的纹样也有吸收，尽管比较朦胧，但变化的路径仍可追寻。从宏观上看，中国纹样有几次大变化，商周时期神秘的怪兽到汉代让步于禽龙、云气，南北朝兴起的植物纹到唐代多样化，动物纹也由怪异逐渐写实。唐代纹样比较彻底的改变，可以看到外来文化的渗透。例如萨珊艺术中常见的颈上系丝带、嘴上叼珠饰的立鸟纹传入中国后，开始有惟妙惟肖的模仿，很快就舍弃嘴上叼珠饰的特征，颈上系丝带的做法也逐渐减少。唐代金银器纹样中周围绕以圆框，圆框内饰带翼的狮子、鹿等一些较特别装饰，显然是接受了萨珊"徽章式纹样"的风格。还有一些器物只装饰一个动物，其他部分空白，这种单点动物的表现手法，也源于西方，只是动物变成中国式的选择。外来艺术到中国后，经过改造或者拆散后重组，扬弃原来的特殊意义，生成了唐人喜闻乐见的新纹样。

金银器生动地体现了中外文化的交流，还有另一类器物反映的同样现象，那就是玻璃。令人惊奇的是，中国古代早期玻璃的发现，外国玻璃的数量远超中国自产玻璃。如果以由硅石、碱和石灰等原料，经过熔融、冷却、固化的非结晶的无机物来定义玻璃，中国玻璃的发明晚于地中海沿岸等地。文献最早的可能与玻璃有关的文字出现在《穆天子传》中，说穆王经过重雍氏之地，"于是取采石焉。天子使重雍之民铸以成器于黑水之上，器服物佩好无疆"[16]。所谓采石铸器，可理解为是利用矿石为原料人工合成的物品，考订为玻璃并无不可，解释成是冶炼金属也说得通。稍晚与玻璃有关的记录有"璧琉璃"、"璆琳"、"陆离"、"流离"、"琉璃"、"瑠璃"、"颇璃"、"玻瓈"、"颇黎"、"硝子"、"料"等，纷繁复杂的名词被研究者反复考证，使这些本来就容易误解的名词，理解时更增加了混乱[17]。其实古人对玻璃没有严格、统一的科学定义，描述时似是而非，经常自相矛盾。现代考古学兴起后，大可不必费尽心机猜测古人的话的真正含义或是否可信，与其让古文献牵着现代人去考证，不如直接观察研究地下出土遗物。

河南洛阳中州路、庞家沟、陕县上村岭，陕西长安县沣西张家坡、宝鸡、周原，山东曲阜鲁故城等地的西周墓中都出土一些半透明的圆珠、管珠等，被认为是中国最早的玻璃[18]，

或者叫做含有少量玻璃相的多晶石英珠[19]。可以肯定它们是合成的物质，至少可暂称为"原始玻璃"。战国至汉代，出土的玻璃珠中有的带色环，被叫做蜻蜓眼玻璃珠，这种玻璃

图8：日本白鹤美术馆藏银多曲长杯

图9：广州横子岗玻璃碗（上）、洛阳东汉墓玻璃瓶（下）

珠在公元前15世纪美索不达米亚和埃及就有，公元前13、12世纪遍布于中亚、西亚、北非各地，成分主要是钠、钙。中国出土的蜻蜓眼玻璃珠经检测，有的成分是钠、钙，有的是铅、钡，国内外研究者普遍认为，钠钙玻璃是外来的，铅钡玻璃为中国所独有，属于两个系统[20]。

中国西周有了"原始玻璃"，至少到战国又出现了无可争议的铅、钡玻璃。汉代以后出现了玻璃容器，如河北满城西汉中山靖王刘胜墓有玻璃耳杯、盘[21]，广州西汉墓有玻璃碗，洛阳市东郊东汉墓有玻璃瓶（图9：广州横子岗玻璃碗、洛阳东汉墓玻璃瓶）[22]。刘胜墓的玻璃耳杯、盘，主要成分是硅和铅，制作方法是铸造成型，产于中国。广州西汉墓玻璃碗和洛阳市东郊东汉墓玻璃瓶，采用模压、吹制成型，产于罗马。罗马玻璃生产的历史悠久，公元前4世纪以后的产品著名于世，远销各地，这与中国古文献中提到"琉璃"时常与大秦等国联系在一起相吻合，大秦即罗马帝国，罗马玻璃在汉代已经通过南海丝绸之路登陆中国。晚些时候的辽宁北燕冯素弗墓、南京六朝墓出土的吹制成型，采用堆贴玻璃条、磨花等装饰技法的玻璃都是罗马玻璃[23]。

西方继罗马玻璃之后兴起的波斯萨珊玻璃，擅长在器物表面用挑勾和磨琢的工艺制出乳钉或凹凸圆形的装饰。这类器物在新疆楼兰5至6世纪墓、宁夏李贤墓、大同北魏墓、北京西晋王浚妻华芳墓、湖北鄂城西晋墓、西安隋代开皇九年（589年）的舍利塔都有出土（图10：北周李贤墓出土玻璃碗、大同南郊北魏墓107玻璃碗、西晋华芳玻璃碗），广泛分布在中国的新疆、宁夏、陕西、北京、河南、湖北等地[24]。

再后来伊斯兰玻璃兴盛，继承了罗马、萨珊玻璃无模自由吹制成型的技法，纹样以几何、花卉刻纹多见。陕西扶风县法门寺唐代地宫、内蒙辽代陈国公主墓、辽宁朝阳塔基出土的器物是代表作。这些玻璃器皿保存完好，制作精美，是伊斯兰玻璃中罕见的珍品[25]。

罗马、萨珊、伊斯兰玻璃经过成分测定的主要为硅、钠、钙，有的含较多的钾，从器物形制和纹样装饰上也容易区分。中国出土外来玻璃的种类与西方玻璃兴衰史相同，早期输入的是罗马玻璃，以后是萨珊玻璃，再后是伊斯兰玻璃。

凭借考古发现，可以看到中国发明玻璃并不晚，但唐以前自产玻璃较少，外来玻璃所占比例很大。中国自产玻璃发展缓慢，其原因可能是中国有发达的青铜、玉、陶瓷、漆木制造业，满足了日常生活中对器具的需求，易碎的玻璃未显示出实用中的优越。另一个原因是汉代中国玻璃器皿的制作，采用自己熟悉的铸造法，达不到精细的效果。刘胜墓的玻璃耳杯、盘就是铸造成型，胎体粗糙厚重，几乎不透明，与西方吹制技术制造的胎薄透明度很高的玻璃不同。中国早期玻璃器皿在器物形态、原料成分、装饰手法上的缺陷，也影响了玻璃制造业的发展。

可以透光、反光的玻璃，对古人来说很神奇。中国玻璃制造尚未发达时，这种奢侈品在文献记载中大都视为宝器，宋代以前它的价值甚至比金、银还高，而且经常与外来事物联系在一起。中国早期文献有四条引人注意，其一是西晋诗人潘尼的《琉璃碗赋》："览方贡之彼珍，玮兹碗之独奇，济流沙之绝险，越葱岭之峻危，其由来阻远"。赞美西

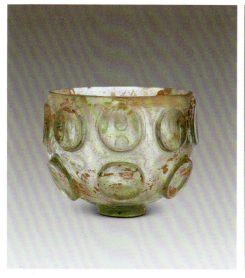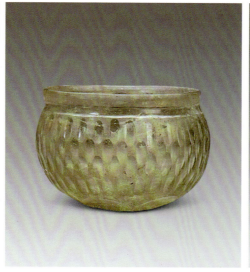

图10：北周李贤墓出土玻璃碗（左）、大同南郊北魏墓107玻璃碗（中）、西晋华芳玻璃碗（右）

方玻璃器的同时，表露出其传入的艰辛。其二是东晋葛洪《抱朴子·内篇·论仙》："外国作水精碗，实是合五种灰以作之，今交广多得其法而铸作之者"。显然"水精碗"不是指天然的水晶制品，而是用"五种灰"调配而制，人们已经初步了解了外国玻璃的原料组成，并尝试用铸造技术来制作。其三是《太平御览》引《南州异物志》云："琉璃本质是石，以自然灰治之，自然灰状如黄灰，生南海滨，亦可浣衣，用之比须淋，但投之水中，滑如苔石，不得此灰，则不可释。"[26]是说原料属自然碱类，从草木灰中也能得之，与现代意义上的玻璃原料基本相同。其四是《北史·大月氏传》中谈到，北魏武帝时有"月氏人来到京师，自云能作五色琉璃，并采矿铸之。自此，国中琉璃遂贱，人不复珍之"。四条记载透露了中国对玻璃由新奇到学习制造的过程。不过《北史》中所谓"国中琉璃遂贱，人不复珍之"一语，在考古学上还没有证据，大量实物表明，北魏之前中国自产玻璃器很少，玻璃制作未出现兴旺时期。

隋以后玻璃制造业出现了转折。李静训墓出土玻璃杯、无颈瓶、绿扁瓶，测试成分为钠钙，造型却是中国传统，表明已经掌握了西方钠钙玻璃的制法[27]。文献记载也发生了变化，早期常把天然宝石和玻璃等其他人工制品混为一谈，唐代能够加以区分，特别是琉璃就是指玻璃[28]。这时除了西安南郊何家村的凸纹玻璃杯（图11：何家村凸圈纹琉璃碗）、陕西临潼县庆山寺网格纹绿玻璃瓶、法门寺地宫的一批外来玻璃等[29]，还有一些果、珠、花饰以及器皿，与外来玻璃相差很大。温绰墓、金乡县主墓、李寿墓、李徽和阎婉墓、李凤墓、房陵大长公主墓、新城长公主墓、李爽墓、李文暕墓、冉仁才墓、史诃耽墓、陕西临潼县庆山寺、宁夏盐池唐墓、吉林六顶山渤海贵族[30]都出土了果、珠、管、花类的玻璃，大约是其他器物上的装饰或服饰、首饰、佩饰。这些玻璃饰件，大都没有成分测定，样式繁多、分布地区很广，不可能都来自外国。《新唐书·车服志》载"庶人女嫁有花钗，以金银琉璃涂饰之"[31]。西安韩森寨出土的玻璃梳背[32]，虽经浸蚀，花纹依旧。陕西唐僖宗靖陵出土一组玉璧形玻璃佩饰（图12：唐僖宗靖陵玉佩），在风化层下仍能辨认出流畅的龙凤纹样[33]，这些首饰和佩饰当年光亮透明，精美名贵，而梳背、玉璧形玻璃只能是中国制造。

器皿类也能说明唐代自产玻璃增多，陕西临潼庆山寺、甘肃泾川唐代塔基、陕西西安东郊塔基、黑龙江宁安县渤海

图11：何家村凸圈纹琉璃碗

图12：唐僖宗靖陵玉佩

图13：98号南坟玻璃杯（左）、韩国瑞凤冢绿杯（右）

图 14：98 号北坟玻璃碗

图 15：营盘 M9：1

图 16：庆州松林玻璃杯

遗址、湖北郧县李泰墓、陕西三原县李寿墓都出土中国式的瓶，经过测定的是高铅玻璃[34]。可见，几起几落的中国古玻璃制作终于发生了变化。

唐代出土的玻璃不少是在佛教寺院，有些是人们为信仰而贡献的财宝，还有的用作盛放圣物佛舍利。还出土于皇族、高官的墓葬中，说明主要是上层社会占有。从唐代文献记载、玻璃器的发现、器物用途和逐渐增多的状况看，人们对玻璃原料的认识加深，制作成熟，还采用了无模吹制成型、缠贴装饰等外来技术。产品的种类多样，使用范围扩大，逐渐应用于人们的日常生活之中。

西方玻璃不仅传入中国，还转输到海东地区。相当于唐朝及以前，日本与朝鲜半岛没有与中亚、西亚直接交往的记录，却也发现一些西方的玻璃。朝鲜半岛仅庆州地区的皇南大冢南坟、皇南大冢北坟、金冠冢、天马冢、金铃冢、瑞凤冢等就出土18件玻璃器皿，年代在5世纪中期到6世纪初期[35]。皇南洞98号墓南坟和瑞凤冢出土的粘玻璃条的波纹碗（图13：98号南坟玻璃杯、韩国瑞凤冢绿杯）[36]，在中国河北景县祖氏墓[37]、陕西庆山寺也出土同一制作技法的器物。皇南洞98号墓北坟的敞口玻璃碗（图14：98号北坟玻璃碗），与中国新疆营盘9号墓的玻璃碗（图15：营盘M9：1）、大同北魏墓的玻璃碗的造技术相同。韩国庆尚北道漆谷郡松林寺出土的环形贴饰的玻璃杯（图16：庆州松林玻璃杯），与何家村凸纹玻璃杯相同。日本正仓院的龟背纹磨花玻璃碗[38]、蓝玻璃高足杯[39]、淡绿色带把玻璃瓶[40]，是采用吹制技术制造的钠钙玻璃，中国也有类似的器物。这些玻璃可能是经中国转入的。

韩国松林寺还出土一件细长颈瓶[41]，含铅量较高，日本正仓院的十二曲绿玻璃长杯（图17：十二曲绿玻璃长杯），含铅高达55%，这些器物中国制造可能性很大[42]。日本正仓院还收藏有玻璃高足盘[43]，虽然是钠钙玻璃，但制造技术不算精湛，气泡较多，另一件蓝色玻璃唾壶[44]，是用钴发色的钠钙玻璃。高足盘在隋唐时代陶瓷器中屡见不鲜，唾壶几乎是中国独有的器物，应该是中国输入的产品。日本和朝鲜半岛的发现，见证了丝绸之路横跨欧亚的交流。

考古发现表明，中国早期的外来器物主要发现在南方，南北朝隋唐时北方的数量超过南方。虽然外来物品在中国内地也有转送，但总体上看，汉代主要通过海上丝绸之路传入，数量不多，主要发现在东南沿海。其后，多从北方陆路

图17：十二曲绿玻璃长杯

传入，地点扩大到新疆、甘肃、宁夏、山西、河北、山东等。这与丝绸之路主干线由最初南海丝绸之路的间接接触，转向草原、绿洲丝绸之路的直接往来，此后即便在战乱的十六国时期，丝绸之路也未断绝。唐代后期、辽代绿洲丝绸之路消沉后，草原丝绸之路仍很兴盛。交通的变迁，在外来金银、玻璃器的输入上显示得十分清楚，打开人们了解外来文化的一个窗口。

没有外来文化的参照，我们很难看清楚自身，认识外来文化的影响，也是为了更好地认识我们自身文化。公元前2世纪汉武帝聆听了张骞通西域的见闻后，促成了君臣的共识，制定了沟通欧亚的宏图伟略，丝绸之路从此兴盛。7世纪前半，富有开放胸怀的唐太宗，反对"非我族类，其心必异"的观念，把中西交流推向高潮。尽管外来文化没有根本改变中国文化的整体，却促使中国自我革新，主动选择吸收，"胡汉"相融，重新搭配组合，让外来文化服从特殊方式的按排，演变为中国文化的一部分。忽视外来文化的影响，很难理解中国历史上汉、唐盛世的出现，作为商业贸易之路，东西对话之路，友好往来之路，文化交流之路的丝绸之路，突破时空限制，沟通欧亚大陆，缩小了世界的差距，改变了人与人、国与国之间的关系，促进了人类文明的共同发展，所创造出的物质、精神文明，已成为人类共同的财富。

注释：

1. 齐东方：《丝绸之路上的象征符号——骆驼》，《故宫博物院院刊》2004年6期。

2. 宁夏回族自治区博物馆等：《宁夏固原北周李贤夫妇墓发掘简报》，《文物》1985年11期。宽城县文物保护管理所：《河北宽城出土两件唐代银器》，《考古》1985年9期。敖汉旗文化

馆：《敖汉旗李家营子出土的金银器》，《考古》1978年2期。陕西省博物馆、文管会革委会写作小组：《西安南郊何家村发现唐代窖藏文物》，《文物》1972年1期。

3. B.L.パルツャク、穴泽咊光：《北周李贤夫とその妻银制水瓶について》，《古代文化》41卷4号，1989年。

4. 齐东方：《李家营子出土的粟特银器与草原丝绸之路》，《北京大学学报》（哲学社会科学版）1992年2期。

5. 湖北省博物馆：《曾侯乙墓》，文物出版社，1989年。山东省淄博市博物馆：《西汉齐王墓随葬器物坑》，《考古学报》1985年2期。

6. 齐东方：《唐以前外国输入的金银器》，《唐代金银器研究》，中国社会科学出版社，1999年。孙机：《凸瓣纹银器与水波纹银器》，《中国圣火》，辽宁教育出版社，1996年。

7. 广州市文物管理委员会等：《西汉南越王墓》，文物出版社，1991年。中国文物报社编：《发现中国2005年100个重要考古新发现》，学苑出版社，2006年。

8. 南京博物院：《江苏邗江甘泉二号汉墓》，《文物》1981年11期。广西壮族自治区文物工作队、合浦县博物馆：《合浦风门岭汉墓》彩版44，科学出版社，2006年。

9. 岑蕊：《试论东汉魏晋墓葬中的多面金珠用途及其源流》，《考古与文物》1990年3期。

10. 安英新：《新疆伊犁昭苏县古墓葬出土金银器等珍贵文物》，《文物》1999年9期。朝日新闻社文化企画局东京企画第一部编：《楼兰王国と悠久の美女》，（东京）朝日新闻社，1988年。曾布川宽监修：《中国美の十字路》，株式会社东京印书馆，2005年。

11. 山西考古研究所等：《大同南郊北魏墓群发掘简报》，《文物》1992年8期。

12. 大同市博物馆马玉基：《大同市小站村花圪塔台北魏墓清理简报》，《文物》1983年8期。

13. 参见齐东方：《唐代以前外国输入的金银器》，《唐代金银器研究》，中国社会科学出版社，1999年。

14. 齐东方：《唐代粟特式金银带把杯研究》，《考古学报》1998年2期。

15. 齐东方、张静：《萨珊式金银多曲长杯在中国的流传与演变》，《考古》1998年6期。

16. 王贻梁：《我国先秦文献中关于原始玻璃唯一记载的考察》，《考古与文物》1995年4期。

17. 齐东方：《玉润莹净话玻璃》，《历史文物》第九卷，1999年1期。

18. 杨伯达：《西周玻璃的初步研究》，《故宫博物院院刊》1980年2期。

19. 张福康等：《中国古琉璃的研究》，《硅酸盐学报》1983年3期。

20. 安家瑶：《中国的早期玻璃器皿》，《考古学报》1984年4期。张临生：《试探我国琉璃工艺发展史上的问题》，《故宫学术季刊》第三卷第四期。

21. 中国社会科学院考古研究所、河北省文物管理处：《满城汉墓发掘报告》，文物出版社，1980年。

22. 洛阳文物工作队：《洛阳出土文物集粹》，朝华出版社，1990年。

23. 安家瑶：《中国的早期玻璃器皿》，《考古学报》1984年4期。

24. 齐东方：《略论中国新出土的罗马、萨珊玻璃器》，（台北）《历史文物》第九卷第一期，1999年。

25. 齐东方：《伊斯兰玻璃与丝绸之路》，《伊朗学在中国论文集》，北京大学出版社，2003年。

26. 《太平御览》卷八〇八《珍宝部七》"琉璃"条，中华书局，1960年。

27. 参见齐东方：《隋代玻璃》，《故宫文物月刊》第十六卷，1998年6期。

28. 齐东方：《唐代玻璃及其东来西传》，《西域文史》第一辑，科学出版社，2006年。

29. 陕西省博物馆、文管会革委会写作小组：《西安南郊何家村发现唐代窖藏文物》，《文物》1972年1期。临潼县博物馆：《临潼唐庆山寺舍利塔基精室清理记》，《文博》1985年5期。陕西省法门寺考古队：《扶风法门寺塔唐代地宫发掘简报》，《文物》1988年10期。

30. 西安市文物保护考古所：《西安东郊唐温绰、温思暕墓发掘简报》，《文物》2002年12期。西安市文物保护考古所王自立、孙福喜编著：《唐金乡县主墓》，文物出版社，2002年，80页。陕西省博物馆、文管会：《唐李寿墓发掘简报》，《文物》1974年9期。湖北省博物馆、郧县博物馆：《湖北郧县唐李徽、阎婉墓发掘简报》，《文物》1987年8期。全锦云：《试论郧县唐李泰家族墓地》，《江汉考古》1986年3期。富平县文化馆、陕西省博物馆、文物管理委员会：《唐李凤墓发掘简报》，《考古》1977年5期。安峥地：《唐房陵大长公主墓清理

简报》，《文博》1990年1期。陕西省考古研究所、陕西历史博物馆、昭陵博物馆：《唐昭陵新城长公主墓发掘简报》，《考古与文物》1997年3期。郑州市文物考古研究所：《郑州西郊唐墓发掘简报》，《文物》1999年12期。四川省博物馆：《四川万县唐墓》，《考古学报》1980年4期。临潼县博物馆：《临潼唐庆山寺舍利塔基精室清理记》，《文博》1985年5期。宁夏回族自治区博物馆：《宁夏盐池唐墓发掘简报》，《文物》1988年9期。中国社会科学院考古研究所：《六顶山与渤海镇》，中国大百科全书出版社，1997年。

31. 《新唐书》卷二四《车服志》，中华书局，1975年。

32. 陕西历史博物馆：《寻觅散落的瑰宝》，三秦出版社，2001年。

33. 东京国立博物馆：《宫廷の荣华》149－150页，大冢巧艺社，1998年。

34. 参见安家瑶：《中国的早期玻璃器皿》，《考古学报》1984年4期。

35. 菅谷文则：《从玻璃容器的传入途径所见南北朝时代的东西方交流》，"北京论坛（2004）——文明的和谐与共同繁荣"考古分会论文或提要集《东亚古代文化的交流》。

36. 小泉显夫：《庆州瑞凤冢の发掘》，《史学杂志》38卷1号，1927年。别册太阳 N0.42 《ガラス》，平凡社，1983年。

37. 张季：《河北封氏墓群调查记》，《考古通讯》1957年3期。

38. 东京国立博物馆：《特别展正仓院宝物》图60，东京国立博物馆，1981年。

39. 奈良国立博物馆：平成六年《正仓院展》图68，株式会社便利堂，1994年。玻璃杯下面的鎏金银高足座，是明治时代发现的，上有鱼子地上刻双龙纹，中间有凸带，为中国风格。

40. 奈良国立博物馆：昭和五十九年《正仓院展》图65，株式会社便利堂，1984年。

41. 奈良国立博物馆：《仏舍利と宝珠——迦を慕う心》，2001年。

42. 松本保：《正仓院とシルクロード》，平凡社，1981年。东京国立博物馆：《特别展正仓院宝物》图61，东京国立博物馆，1981年。

43. 奈良国立博物馆：平成五年《正仓院展》图49，株式会社便利堂，1993年。

44. 奈良国立博物馆：平成六年《正仓院展》图69，株式会社便利堂，1994年。

一位粟特首领的丝路生涯

——史君石椁图像素描

荣新江（北京大学历史系　教授）

2003年在北周都城长安东郊（今西安市未央区井上村东），发现了一座大型斜坡土洞墓，墓主人是北周凉州萨保史君，出土一套刻画图像丰富多彩的石，另外还有金戒指、金币和金耳坠等带有明显西方特色的珍贵文物。在石椁门楣的上方，镶嵌着一块长方形的石板，上面用粟特文和汉文刻写着史君的双语墓志铭，据铭文可以清楚地知道，史君出身粟特史国（Kish），入华后为凉州聚落首领——萨保，卒于大象元年（579年），葬于大象二年[1]。

长安东郊的史君墓并非孤立的存在，在其周边，考古工作者还发现了北周保定四年（564年）的罽宾人赠甘州刺史李诞墓[2]、天和六年（571年）的粟特康国（Samarkand）人大天主康业墓[3]，以及与史君同年入葬的粟特安国（Bukhara）人同州萨保安伽墓[4]。这些北周时去世的胡人首领墓的集中埋葬，恐怕不是偶然的，而是北周末年的一种国家政策，即笼络胡人首领，以期利用胡人聚落的武装力量，来增强国力。

这些胡人首领身份不同，入华年代也不一样，因此反映在各自的墓葬葬具及其图像的内容上，也不一致。最早的李诞墓采用中国传统的石棺，上面的刻画内容主要是伏羲、女娲和四灵，是比较传统的中国葬具形式。康业墓内是一套围屏石榻，围屏上刻画的图像也主要是中国传统所具有的宴饮、出行图，技法与中国传统石棺床上的围屏孝子图像颇为类似。到了580年入葬的史君和安伽，采用的虽然是中国北朝以来传统所用的葬具——石椁和围屏石榻，但上面的图像则几乎描绘的都是胡人的形象，与李诞、康业完全不同。或许胡人首领在刚刚接受汉地的传统葬具时，还没有太多的自我文化表现意识，可能也还没有如何表现胡人丧葬观念的图像粉本，因此基本上接受了汉地的传统图像模式。但经过一段时间后，两位萨保级的人物史君和安伽，则在石质葬具上刻绘了胡人生活和丧葬的情景，表现出胡人自己的文化面相。即使是同一年入葬的史君和安伽，图像也不完全一样，虽然都有宴饮、狩猎、歌舞、出行等场面，但史君图像上的游牧族首领是嚈哒王，而安伽的则是披发的突厥可汗，表明史君

的历史记忆年代要比安伽的更早一些。史君出自更为西面的凉州，除了胡人首领萨保的职衔外没有像安伽那样拥有北周官僚系统中的"大都督"一类的职称，而且其墓志还保有粟特文的部分，都说明史君的"胡味"更为浓厚一些，反映在他的石椁图像上，也更加"胡化"。

自史君墓发现以来，国内外研究粟特学、考古学、美术史、中外关系史等方面的学者，都从各自不同的角度探讨过史君石椁的图像，使得这些图像的内涵日益彰显出来。杨军凯《入华粟特聚落首领墓葬的新发现——北周凉州萨保史君墓石椁图像初释》，有对一些关键图像的初步比定[5]。吉田丰（Y. Yoshida）在考释粟特语史君墓铭时，简要提示了石椁西壁、北壁顺时针描绘着史君夫妇及其三个儿子的生活场景，并指出毡帐中的游牧首领是嚈哒王[6]。拙文《北周史君墓石椁所见之粟特商队》，结合其他资料讨论了粟特商队的构成[7]。丁爱博（A. E. Dien）《关于史君墓的考察》，认为石椁上从W2到N5几栏图像描绘着史君一生的行历[8]。葛乐耐（F. Grenet）和黎北岚（P. Riboud）合撰《一幅嚈哒帝国景象图：萨保史君墓葬浮雕上的生平叙事》，指出史君石椁图像描绘的是嚈哒帝国晚期粟特首领史君的生平叙事，他们就一些图像的时代和地域特征做了详细考察，指出史君图像同时表现了粟特和嚈哒的文化[9]。丁爱博对两位法国学者的一些细节解说有不同看法，又发表《粟特人史君墓：萨宝生活管窥》加以商榷[10]。至于石椁南壁和东壁的图像，葛乐耐、黎北岚与杨军凯合撰《中国北方西安新发现的粟特墓葬中的祆教画面》，指出这是最具琐罗亚斯德教内涵的丧葬图像[11]。虽然各家的观点并不一致，有些还非常相左，但这是学术研究中必然经历的过程。

这些研究给我们以很大的启发，特别是对于史君图像表现其人生经历和丧葬过程的解说，应当是史君石椁图像的最为基本的内容，是一条主线，沿着这条主线来看待相关的具体图像，一些问题可以通解。但由于这类粟特首领墓葬的图像比中国传统的图像和佛教图像要少得多，因此还有一些画面目前无法解说，这也同样是学术研究中的正常现象，我

们与其用与主体图像不相关的传统或佛教的个体图像去解释它，还不如存之待考。

本文就是想综合前人的研究成果和笔者的一些看法，对史君石椁所表现的凉州萨保史君一生的行事加以素描式的解说，以期还原一个粟特人从粟特本土到中国内地的生活经历。从出生、成长，经过东来兴贩贸易，到建立聚落，受命为萨保，最后享受晚年的安逸生活，以及去世后经过钦瓦特桥而升入天堂，史君的图像是许许多多丝绸之路上奔波的粟特商人的现实生活场景，它帮助我们把古代丝路上商贸及其他活动的点串成一条线。粟特人是中古时期丝绸之路上的贸易承担者，他们在丝路上建立了完善的贸易网络，史君石椁给了我们认识丝路粟特商人的一个非常形象的个案。

图像从西壁开始，由右向左读，编号从W1到E3，我们依次展开史君生涯的完整画卷。

一、授记与诞生

《史君墓志》粟特文部分称："此石制坟墓（即神之居所）是由毗黎沙漫盘陁（Vrēshmanvandak）、射勿盘陁（Zhematvandak）和拂卤吐盘陁（Parōtvandak）为了他们的父母的安全而在合适的地方建造的。"因为是三个儿子为其父母所建，因此描述的内容应当是墓主人史君夫妇的事迹，即图像的主人公是史君，而不是别人。（图1：史君石椁西壁图像）

研究者一般都从西壁W2的孩童说起，但从图像的顺序

图1：史君石椁西壁图像

来说，W1应当是整个故事的开头。但W1的画面是目前最难解释的一幅，其上部有一形体稍大的神祇，有背光，坐莲座上，像是说法的样子，前面是一对夫妇作供养状，旁边有三人一组计三组听法的信徒，装扮各异。下部有七只动物和五个人物，分列两侧，作听法状。一对狮子与人在一列，雄鹿、羚羊、绵羊、野猪与人相向在另一列。神像交脚盘坐，头挽小髻，面有髭须，右肩袒露，左肩披帛，既像释迦，又似老君。

魏义天（É. de la Vaissière）在《公元六世纪中国的摩尼》中认为，上部的主神是光明之神——摩尼，其下有三个带着高帽的摩尼教僧，他们正主持史君夫妇的忏悔仪式，史君等在面对着各种狩猎过的动物忏悔。他还联系到东壁钦瓦特桥图像有肉体堕落，认为是摩尼教教义所说的"身体残渣、黑暗部分将坠入地底"[12]。这种看法得到吉田丰的支持，他对比大和文华馆所藏摩尼教《六道图》，指出动物对面是史君夫妇和他们的三个儿子；又根据公元6世纪嚈哒统治下的巴克特里亚地区有摩尼教流行，而史君与嚈哒首领有过交往，因此推测他可能在巴克特里亚从事贸易时皈依了摩尼教[13]。但这些看法尚难定论，如果说北周时摩尼教图像已经进入中国，似乎还缺少必要的旁证材料。

我们与其说是摩尼教的忏悔图，不如说是一个未知神祇对史君出生的授记，6世纪末叶长安地区应当已有"老君化胡"的说法，这个画面更像是老君说法，预示一个新的胡王的诞生，而神祇前面的夫妇，则是史君的父母；周边的三种教徒和世俗人物以及动物，都在等待一个伟大人物的诞生。

据《史君墓志》，他原本是西域粟特地区的史国人，名字的汉文部分残损，粟特文作Wirkak（尉各伽）。579年史君去世时86岁，推测他出生在494年。《墓志》说："祖阿史盘陁（Rashtvantak），为本国萨保；父阿奴伽（Wanūk），并怀瑾握瑜（瑜），重规迭矩。秀杰不群，立功立事。"这里虽然没有直说史君父为萨保，但从一般的情形来看，萨保都是世袭担任，而且这里说"重规迭矩"，"立功立事"，就是说其父按其祖父的规矩办事，立有功勋。这里说他祖父任职本国，而也没说其父来到中国[14]，所以应当都是在史国的情形，而史君也是生在史国。W2的图像上，应当表现的是史君的父母坐在一个亭子中间，戴着有翼王冠的父亲怀抱一个孩童，当即史君，旁边有两个伺候的仆人。亭子是粟特式的，顶上有日月形图案，亭子的台阶前蹲着一条具有琐罗亚斯德教守护意义的狗。以上图像的上半表

现的是史君的出生。下半主要是一幅备马图，一匹没有人骑乘的马，前面有侍者伺候，后面有一人撑着华盖，等待着长大后的史君乘骑出行。前面是山石和流水，流水与下一幅图像联通，预示着史君将踏上征程。

二、狩猎与出行经商

W3描述史君长大成人后的狩猎、经商活动。上半部的狩猎图上，中心人物是作王子装束的年轻史君，他戴着有翼王冠，骑马飞奔，弯弓射箭，前面的五只动物，一只已中箭倒地，其余的雄鹿、羚羊、野猪和兔子正拼命奔逃。主人身后跟随一位披发的嚈哒或突厥人，手臂驾狩猎用的隼。画面前面有一只面对主人的护卫犬。

画面的下半部表现一个行进中的商队，有驮载货物的马、驴和骆驼。一个首领模样的人骑行在商队中央，手握望筒，正在眺望远方；外围三人，两位在前面像是护卫着商队，一位在后持鞭驱赶着牲口；商队的前面还有一只护卫的犬。有的学者把这三位看作是史君的三个儿子，但Miho美术馆藏粟特围屏上也有一幅商队图，骆驼的前面和右侧各有一胡人随行，左侧是三个披发的嚈哒或突厥人骑马护行[15]。因此，这三人未必就是史君的儿子，我们不知道史君分别在哪一年得子，而这幅图像应当表现的是史君早年随商队出行的样子，商队首领也不一定是史君。

W3上半的狩猎和下半的商队图似乎有个先后的关系，

但实际生活中狩猎和经商往往是同时进行的，因为狩猎不仅仅可以解决商队行进中的食物供给，也可以把猎得的皮毛作为贡品给游牧族首领，或者作为商品出售。狩猎和商队的图像，或许可以和《史君墓志》的下述文字呼应："少挺〔口〕石，又擅英声。而君乘灵山岳，〔口口口〕志。"表明是史君成长过程中的一幕。（图2：史君石椁北壁图像）

转到N1的画面，上半部图像的中心位置是一顶帐篷，里面盘腿坐一头戴日月宝冠的王者，着翻领窄袖长袍，手握一长杯，脚穿长靴。帐篷前铺设一椭圆形毯子，上面跪坐一位头戴毡帽的长者，有长长的胡须，身穿翻领窄袖长袍，悬挂腰刀，右手握长杯，与帐内人物对饮；帐篷两侧有三位侍者。有的学者认为长胡须者可能是史君的父亲或祖父，其左侧是史君。这或许有一定道理，即这里表现的仍是史君随同一个年长的商队首领（也可能就是他的父祖）拜访北方游牧汗国嚈哒首领的情形。

画面下半部描绘一个商队正在休息，中间有两个男子正在交谈，一人肩上还背着钱袋子。有一人牵着驮载货物的马，一人照料着两匹骆驼卧地休息，后面还有两头驮载包裹的驴子。这样的场景可以让人们想到一个粟特商队到达了一个丝路城市旁的胡人聚落，或可以和《史君墓志》的"大统之初（535年），乡闾推挹，出身为萨保[府]判事曹主"的记载相对应，表明这时史君不是首领萨保，而是一个聚落中萨保府的下层官吏。

图2：史君石椁北壁图像

可以说，从W3到N1，表现的是史君青年时的经历，包括狩猎、出行，以及拜访游牧族首领，获得他们对于丝路上行进的粟特商队的保护。而史君所跟随的商队到了一个聚落后，史君停留下来，并担任了萨保府的官吏。

三、结婚与担任凉州萨保

下一幅N2的场景比较宽阔，表现的一定是一个重要的场景，有的学者认为是565年史君被任命为凉州萨保的情形。应当考虑到的是，这幅图是第一次出现夫妇的形象，因此把它看作是史君与康氏婚礼的场景可能更为合适。《史君墓志》粟特文部分特别强调这场婚姻："他的妻子生于Senpen，名叫维耶尉思（Wiyusī）的女人。尉各伽与其妻在Senpen于亥（猪）年第六月第七日（兔日）结为连理。"据史君的年龄推算，他与这位康国出身的女子结婚的年份是519年，时年26岁。画面的正中是史君坐在粟特式的亭子中间，正举长杯与妻子共饮，两边是伎乐，庭前还有一个舞者和两个乐人。史君夫人一侧的后面，还有三位女子和一个男子，手中都拿着礼物样的东西，是否为陪嫁的嫁妆。这种粟特式场景表示婚礼是在粟特聚落的环境中举行的，也即墓志所述的Senpen（如果是西平，即鄯州，今西宁）粟特聚落。

随后的N3是男女主人出行图。上半部的中心人物是骑马而行的史君，后面有人为他撑着华盖，前后有三名骑马男子前呼后拥，有人认为是他的三个儿子。下半中央应当是史君夫人康氏骑马而行，头上有华盖，后有三名女性，一位像是贴身的侍者，两位是随行女眷；另外，还有一名武士骑行在最前面，作为警卫。这幅图或许表现的是史君从一个聚落迁徙到另一个聚落的场景，也可能表现的就是从西平到凉州。有的学者把这幅图看作是史君从凉州入居长安，或表现史君被任命为凉州萨保，恐怕都难圆其说。

N4的上半部刻画五个男人在庭院中宴饮，下部是他们的五位夫人宴饮图。说者有的认为这是史君在长安隐退后的情形，有的认为表现的可能是粟特新年节庆。从史君的生平来看，这种欢庆的场景，更像是祝贺史君获得北周皇帝的任命，担任凉州（姑臧）胡人聚落的首领——萨保。画面上方有胡须的人物，应当就是有了一定年纪的史君。《史君墓志》汉文部分称："〔口口〕五年，诏授凉州萨保。"粟特语部分说："有一位出身史氏家族的人，〔定居？〕在一个（叫）姑臧（的城市），他从皇帝那里〔得到？〕凉州萨保

的〔称号？〕，（并且是）粟特地区的一个显贵（？）。"学者推测，他担任凉州萨保的时间当为北周武帝保定五年（565年），史君其时已经72岁了。对比安阳粟特石屏上的图像，这里也可以说是表现的粟特人新年的场景，他们也可以选择这一天来庆贺史君担任萨保这一重要职务。

四、逝世

按《史君墓志》汉文部分称："本居西域，土〔口口口口口口〕及延（派？），迁居长安。"中有残缺，不知其迁居长安的时间。粟特文部分在叙述完史君的婚姻后说："后来，在亥（猪）年第五月第七日（＝579年6月16日），在胡姆丹（Khumtan＝长安）这里，他本人去世。"似表明史君夫妇迁居长安，是在去世之前不久。结合墓志标题和内容所示史君的最后称号仍是"凉州萨保"，说明他迁居长安至少在任职萨保的565年以后。入居长安这一点在史君的生涯上并不是那么重要，所以图像上恐怕没有直接的表现。

去世是人生的最重要一幕，所以N5应当就是去世场景的表现，其上半是一位老人在山中隐修的样子，墓志说史君去世时，享年八十六；下半则是三位天使从湍急的河流中拯救史君夫妇，墓志强调史君和他的妻子是先后一个月内的同一日去世的，因此把天使的拯救绘制在一起。《史君墓志》汉文称："而天道芒芒（茫茫），沉芳永岁。大象元年〔五〕月七日，薨于家，年八十六。妻康氏，其〔口口口口口〕（同年六月七）日薨。以其二年 次庚子正月丁亥朔廿三日己酉，合葬永年（？）县堺（界）。"粟特语部分说："后来，在亥（猪）年第五月第七日（＝579年6月16日），在胡姆丹（Khumtan＝长安）这里，他本人去世。此后在第六月的第七日（兔日），他的妻子也去世，就在此年此月此日（＝579年7月15日）。"在表现史君在世的最后一块石刻图像上表现墓志的这一重要内容，应当是合乎逻辑的。

五、丧葬仪式与升入天国

图像转到东壁，描绘了史君夫妇的丧葬和升天的仪式，葛乐耐、黎北岚与杨军凯合撰的《中国北方西安新发现的粟特墓葬中的祆教画面》一文对此已经有详细的解说，我们没有太多的补充，现转述如下，并增添个别参考图像。（图3：史君石椁东壁图像）

E1和E2两幅的下方绘制一座钦瓦特桥（Chinwad），

图3：史君石椁东壁图像

这是信奉琐罗亚斯德教的死者灵魂必须经过的筛选之桥。在钦瓦特桥的桥头站着两位祭司，他们在那里为亡者举行送别灵魂的仪式[16]；桥旁的圣火帮助灵魂越过黑暗；在桥头山石的后面有两只护桥的犬。同样的场景可以在Miho美术馆藏的一幅粟特石屏画像上看到，那里是一个祭司，还有一些送葬的人员[17]。史君夫妇率领驼队和表示家产的动物行走在桥上，主人已经走过张着血盆大口的桥下怪兽的位置，表明即将进入天界。E1的上部是粟特人崇拜的主神——风神（粟特文作Wsprkr，Wesparkar），样子很像佛教的摩醯首罗天（Maheśvara），因此常常被误解为佛像。其下是两个侍者簇拥的女神Dēn（Daenā，妲厄娜）在接引跪在前面的史君夫妇，她代替最高神阿胡拉·马兹达审视人的行为奥秘，让善人的灵魂走过宽阔的筛选之桥而进如"中界"（天堂）[18]。E2描绘天使带着两匹戴翼的天马来迎接史君夫妇，其中有个从天国坠落的人物没有得到完满的解答，摩尼教教义中有"身体残渣、黑暗部分将坠入地底"，或许是从琐罗亚斯德教而来。E3是整个图像的最后一幅，上下一体，上面是史君夫妇乘骑着有翼天马前往天国，周边是伎乐天神伴随而行；下面是一些有翼的动物也随史君夫妇奔向天国，他们是史君财产的象征。东壁描绘的死者灵魂之旅，和琐罗亚斯德教的文献记载一一相符。（图4：史君石椁南壁图像）

在作为被墓志称作"石堂"的石椁正面，即南壁。中间是两扇石扉构成的石门，史君夫妇的遗骨从这里被送进这座石堂；门楣上是长条石板，上面刻写着粟特文和汉文的双语墓志铭，记载着史君的出身、履历和去世的时间。门两边对

称刻画着脚踏小鬼的四臂守护神；再外是窗户，窗户上面是伎乐人物，下面是半人半鸟的祭司护持着火坛。根据琐罗亚斯德教教义，这种人面鸟身的祭司应当是斯洛沙（Sroš）神的象征，他在死者去世后的"第四天"早上帮助其灵魂通过钦瓦特桥。整体来看，南壁是典型的琐罗亚斯德教送葬时的祭祀场景。

由此可见，史君的三个儿子在埋葬他们的父母时，大概由于是北周皇帝赐予了长安城东的高贵墓地，因此没有采用琐罗亚斯德教的天葬形式，而是用中国传统的斜坡土洞墓和石椁形式，但又充分利用石椁提供的壁面，采取浅浮雕的形式，刻画了史君一生的事迹和死后的归属，以及按照琐罗亚斯德教举行的丧葬仪式。

近年来，有关丝绸之路研究的一项重要的成果，就是对丝路上粟特人的研究。根据考古、出土文献和传世材料，我们基本上可以描绘出他们从粟特本土到中国的迁徙路线、聚落分布以及在此基础上建立的贸易网络。我们也可以从大量

图4：史君石椁南壁图像

公布的石刻史料中，看到这些粟特商队首领入仕中国，变成乡团首领、军府统帅、王府宫廷侍卫，以及译语人、互市牙郎等。从粟特到中国，一个粟特首领如何从商人转变为聚落首领，最后落地生根，成为土著的中国臣民，北朝末到唐朝初年是最为关键的时代，而史君石椁所描述的史君一生，正是丝路上一个入华粟特商队首领的典型事例。

注释：

1.西安市文物保护考古所：《西安北周凉州萨保史君墓发掘简报》，

《文物》2005年第3期；西安市文物保护考古研究院：《北周史君墓》，文物出版社，2014年。以下引《史君墓志》汉文部分均据此，并依笔者看法略有改订。

2.程林泉、张翔宇、张小丽：《西安北周李诞墓初探》，《艺术史研究》第8辑，2005年。

3.西安市文物保护考古所：《西安北周康业墓发掘简报》，《文物》2008年第6期。

4.陕西省考古研究所：《西安发现的北周安伽墓》，《文物》2001年第1期；又《西安北周安伽墓》，文物出版社，2003年。

5.荣新江、张志清编：《从撒马尔干到长安——粟特人在中国的文化遗迹》，北京图书馆出版社，2004年，第17－26页。

6.吉田丰：《西安新出史君墓志的粟特文部分考释》，荣新江等编《粟特人在中国——历史·考古·语言的新探索》，中华书局，2005年，第32页。以下引《史君墓志》粟特文部分，均据此文。

7.荣新江：《北周史君墓石椁所见之粟特商队》，《文物》2005年第3期。

8.A. E. Dien, "Observations Concerning the Tomb of Master Shi", *Bulletin of the Asia Institute*, new series, 17, 2003 (2007), pp. 105－115.

9.F. Grenet and P. Riboud, "A Reflection of the Hephtalite Empire：The Biographical Narrative in the Reliefs of the Tomb of the Sabao Wirkak (494 579)", Bulletin of the Asia Institute, new series, 17, 2003 (2007), pp. 133－143.

10.A. E. Dien, "The Tomb of the Sogdian Master Shi：Insights into the Life of a Sabao", *The Silk Road*, VII, 2009, pp. 42－50. 以下提示的学者不同看法，基本上来自上述三篇文章，为节省篇幅，不一一对应出注。

11.F. Grenet, P. Riboud, and Yang Junkai, "Zoroastrian Scenes on a Newly Discovered Sogdian Tomb in Xi'an, Northern China", *Studia Iranica*, XXXIII/2, 2004, pp. 273－284.

12.È. de la Vaissière, "Mani en Chine au VIe siècle", *Journal Asiatique*, 293.1, 2005, pp. 357－378.

13.吉田丰：《宁波のマニ教画：いわゆる〈六道图〉の解释をめぐって》，《大和文华》第119号，2009年，第10－12页。

14.石见清裕：《西安出土北周〈史君墓志〉汉文部分 注·考察》认为这里的"本国"之北魏不可取。其文载森安孝夫编《ソグドからウイグルへ——シルクロ ド东部的民族と文化的交流》，（东京）：汲古书院，2011年，第67－92页。

15.参看荣新江：《Miho美术馆粟特石棺屏风的图像及其组合》，《艺术史研究》第4辑，中山大学出版社，2002年12月（2003年7月），第213－214页，图8a。

16.关于袄教祭司，参看F. Grenet, "Where Are the Sogdian Magi?", *Bulletin of the Asia Institute*, new series, 21, 2007, pp.159－177.

17.参看J. A. Lerner, "Central Asians in Sixth－Century China：A Zoroastrian Funerary Rite", *Iranica Antiqua*, XXX, 1995, pp.179－190.

18.参看张广达：《唐代袄教图像再考——敦煌汉文写卷伯希和编号P.4518之附件24表现的形象是否袄教神祇妲厄娜（Daêna）和妲厄娲（Daêva）?》，荣新江编《唐研究》第3卷，北京大学出版社，1997年，第6－7页。

西北汉简与丝绸之路

张德芳（甘肃省文物考古研究所　研究员）

本文所谓"丝绸之路"，是指汉武帝时期张骞出使西域而开通的中国中原王朝与中亚、西亚、南亚以及地中海沿岸北非、欧洲各国之间的经济文化交流和军事外交行为。不包括在此之前周边民族之间的中转贸易和文化交往。严格地说，只要没有高山大河和难以通行的广漠戈壁，东西南北，四面八方，天下都是路，脚下都是路。正如鲁迅先生所说"天下本没有路，走得人多了，自然就是路。"再加上一句，"走得人少了，同样也是路。"只不过大路小路而已。西方名言"条条道路通罗马"也是这个意思。因此在一个比较小的空间范围内，或者即使在一个比较大的空间而没有上述高山大河沙漠戈壁阻隔的范围来讨论某地到某地的路，实际上是没有意义的。我们所说的"丝绸之路"，是一个由一系列馆舍邸店、邮驿站点组成的交通设施体系。它能给长途跋涉的行旅提供停歇、食宿以及其他方面的便利。而这种机构一般都由政府开办或者有法律许可、政府保护。当然，没有这些条件之前，张骞不是也了西域吗？可张骞去了十三年，临走时一百多号人马和大群牛羊，回来时除了半路带回一个堂邑父之外，就只剩孤身一人了。至于他行走过的路线，至今还是个谜。这属于另外探讨的问题，不是本文意义上的丝绸之路。

从上世纪初到现在的一百多年里，甘肃河西走廊先后出土了大量汉代简牍，其大宗者，有居延汉简、敦煌汉简（包括悬泉汉简）等等。青海的上孙家寨、新疆的土垠、楼兰、尼雅等地也都出土了数量不等的汉晋简牍，总数在70000多枚以上。总体上说，西北地区的70000多枚汉简，无一不与当年的丝绸之路有着直接或间接的各种关系，是研究丝绸之路的原始文献，是丝绸之路的全景式画卷。本文根据汉简记载，就两汉丝绸之路的路线、走向和沿途站点作以介绍，供有兴趣者参考。

一、两关以东的丝绸之路

两汉时期的丝绸之路，两关以西到葱岭以东（一般被划为丝绸之路的中段），由于南有昆仑，北有天山，中间是难以通行的塔克拉玛干大沙漠。所以它的通行只能沿塔克拉玛干沙漠边缘，南道从昆仑山北麓行进，北道从天山南麓通过。这在《汉书》上有明确记载，后来《三国志》裴注所引鱼豢的《西戎传》也有更详细的交待。但是从长安出发到两关以东（即丝绸之路东段）这条路段的走法，却在过去的史籍中没有具体记载。原因就是因为自然山川的分布，从长安到敦煌的路线可以有多种选择。大体说来有南、中、北三线。其中一条就是我们今天所走的道路，从西安出发沿渭河流域西行，经宝鸡、天水、秦安、通渭，翻越华家岭，经定西、榆中过河口，然后进入312国道，穿越乌鞘岭，进入河西走廊。这就是上面所说南、中、北三道中的中道。李约瑟的《中国科学技术史》第一卷记述："从甘肃省会兰州西北行是甘肃走廊，通过这条走廊，现在的省界显示出最古老最著名的古代通商之路——古代丝绸之路的轮廓。这条商路通过南山或祁连山的融雪所形成的许多绿州，而使中国和中亚相沟通。"[1]显然，他是认为，丝绸之路是经过兰州进入河西走廊的。

夏鼐先生以西宁出土成批萨珊银币为根据，认为除上述中道以外还存在通往青海的南道。"'丝绸之路'在中国境内的路线，从前我们一般认为是由兰州经过河西走廊而进入今日新疆的。"[2]1956年，青海省粮食厅在西宁城内城隍庙街开挖地基时挖出波斯萨珊朝卑路斯（457－483年）时期的银币76枚。这是迄今为止除新疆乌恰、吐鲁番、河南洛阳以外，发现萨珊银币最多的地方。因此夏鼐先生认为："尤其是一大批在一起发现的场合下，是作为商品的等价物携带或窖藏着。所以，它们发现的地点常可表示当时贸易和交通的线路。"[3]因此认为："第4世纪末至第7世纪初，西宁是在中西交通的孔道上的。这条比较稍南的交通路线，它的重要性有一时期（第5世纪）可能不下于河西走廊。"[4]从长安到河西要经过西宁的这条丝绸之路南道一说，最早由夏鼐先生提出，[5]后来有学者把它称之为"羌中道。"[6]

严耕望《唐代交通图考》论述长安至凉州的交通最为详密。他认为："长安西北至凉州主要道路有南北两线，南线经凤翔府及陇、秦、渭、临、兰五州，渡河至凉州。北线经邠、泾、原、会四州，渡河至凉州。"[7]两道各州之间都有详尽的驿站和途经小地名排列。他说的南道，就是我们上面说的中道，即兰州道；他说的北道，即泾河道，我们下文还要详加论述。但是，夏鼐先生所讲的西宁这条线是4至7世纪的情况，而严耕望先生细密考证的是唐代的情况。至于两汉的具体路线，只有汉简才给我们提供了确切的记录。

居延汉简和悬泉汉简中的道路里程简[8]，给我们提供了从长安到敦煌的基本路线、走向、里程以及停靠站体系，使两汉时期丝路东段的主干道。它的走向可以分为六段：

第一段，京畿段："長安至茂陵七十里，茂陵至茯置卅五里，茯置至好止（畤）七十五里，好止至義置七十五里。"这五个站点中，长安、茂陵、好畤是著名的历史地名，至今有遗址留存（好畤在今陕西乾县东郊的好畤村）。茯置在茂陵与好畤之间，义置在今永寿县以北。这一段路程全长255汉里，合今106千米[9]。也就是从长安出发，经今兴平县境之茂陵、过乾县、永寿、彬县进入泾水流域，而后经长武进入今甘肃东部的泾川、平凉。

第二段，安定段："月氏至烏氏五十里，烏氏至涇陽五十里，涇陽至平林置六十里，平林置至高平八十里。"这一段从月氏到乌氏、泾阳、平林、高平，240汉里，近100千米。高平是汉代安定郡首县，遗址在今固原市原州区。泾阳古城在今平凉市西北安国乡油坊庄村北，大体位置在东径106°30'41.17"，北纬35°39'15.66"左右。里程简所记从泾阳到高平140汉里，合58千米左右。中间有一个平林置，当是泾阳和高平之间的一个驿置。位置在中间偏南。泾阳县以南的两个地名乌氏和月氏、分别相隔20千米，因此按里程简的记载，乌氏的位置当在今崆峒区、月氏的位置当在今崆峒区以东四十里铺。总之，这一段路线是从平凉东部往西北到固原。然后绕过六盘山经靖远渡河（北周曾置乌兰关）到甘肃景泰。

第三段，武威段："媼圍至居延置九十里，居延置至？裹九十里，？裹至揟次九十里，揟次至小張掖六十里，小張掖去姑臧六十七里，姑臧去顯美七十五里。"媼围、居延置、？里、揟次、小张掖、姑臧、显美七个站点472里，196千米。这是横贯武威郡的路线。汉代的媪围，即今景泰县芦阳镇响水村北的 沟城遗址，东经104°13'7.50"，北纬37°7'37.51"。现在尚有1—2米的城墙遗址留存。？里的大体位置在今古浪县大靖镇，揟次在今古浪土门镇西3千米左右[10]。小张掖在今凉州区以南20多公里的武家寨子一带[11]。小

张掖即汉之张掖县，前面冠以"小"者，以示区别于同名的"张掖郡"。由于汉代武威郡是在张掖郡设置若干年后从后者分离出来的，所以早先已经设立的张掖县在武威郡分设时由于地理位置的原因就划归了武威郡，这就造成了张掖县不在张掖郡而在武威郡的状况。姑臧即今天的凉州区，显美在今天凉州区西北32公里的丰乐堡。

第四段，张掖段："刪丹至日勒八十七里，日勒至鈞耆置五十里，鈞耆置至屋蘭五十里，屋 至9池五十里，氏池去鸞得五十四里，鸞得去昭武六十二里府下，昭武去祁連置六十一里，祁連置去表是七十里。"这一段有九个站点，484汉里，200千米。是横贯张掖境内的东西大道。其中删丹、日勒、屋兰、氏池、鸞得、昭武、表是七地是当时的县城所在地，而钧耆置、祁连置是两个驿置。

第五段，酒泉段："玉門去沙頭九十九里，沙頭去乾齊八十五里，乾齊去淵泉五十八里。右酒泉郡縣置十一·六百九十四里。"这一段只有西半段四个地名玉门、沙头、干齐、渊泉（属敦煌郡），而东面的七个站点尚不得而知。不过简文后面一句总括的记载"右酒泉郡县置十一，六百九十四里"，可知横跨酒泉停靠站点的数目和过境里程，总共11个站点，694汉里，288千米，每个站点相距28.8千米。横跨酒泉郡的路段大致如此。

第六段，敦煌段：进入敦煌郡以后，再没有具体里程的记载。但敦煌郡六县在汉代的县城遗址基本确定，再加上悬泉置遗址中出土的大量汉简，敦煌郡境内从东面的渊泉到最西面的广武隧，东西横跨300千米，汉简中有"郡当西域空道，案廠置九所，傳馬員三百六十匹"的记载。这九所廠置中，渊泉置、冥安置、广至置、龙勒置四置设在当时的县城。玉门置、鱼离置、悬泉置、遮要置是交通线上的驿站（还有一置尚不得而知）。进入敦煌后，通过这些县城和驿站专设的传舍邸店，行旅商客可以西南出阳关，西北出玉门。

这六段路线，从陕西彬县到甘肃泾川将近90千米、从宁夏固原到甘肃景泰200千米，因简牍残缺而有所中断，其余都是连在一起的。河西四郡有35个站点，安定和京畿有记载的站点10个。从今天的西安到敦煌近2000千米的距离，除上述两段空白300千米外，其余1700千米的路段上，分布着45个停靠站点，平均每个站点相距约38千米。这就是汉简给我们提供的丝绸之路东段明确具体的行程路线。也就是严耕望先生所考定的唐代丝路东段的北道。这是两汉时期丝路东段的主

干道。至于经过兰州的中道以及途经西宁的南道，两汉时期的情形，尚不清楚。

二、两关以西至葱岭以东的道路

今天的新疆即天山南北，为丝绸之路中段。《汉书·西域传》说："西域以孝武时始通，本三十六国，其后稍分至五十余，皆在匈奴之西，乌孙之南。南北有大山，中央有河，东西六千余里，南北千余里。东则接汉，以玉门、阳关，西则限以葱岭。"[12]可见这里所说的"西域"主要指南疆地区，即塔里木盆地。按今天的地理知识，塔里木盆地东西长1500千米，南北宽约600千米，总共50多万平方千米。"自玉门、阳关出西域有两道：从鄯善傍南山北，波河西行至莎车，为南道；南道西逾葱岭则出大月氏、安息。自车师前王廷随北山，波河西行至疏勒，为北道；北道西逾葱岭则出大宛、康居、奄蔡焉。"[13]按照《汉书》的记载，汉代时期的西域之路只有两条，分列在塔克拉玛干沙漠的南北边缘。但是到西汉末年，从玉门关以西至吐鲁番高昌地区，又开了一条新道。"元始中，车师后王国有新道，出五船北，通玉门关，往来差近，戊己校尉徐普欲开以省道里半，避白龙堆之阨。"[14]东汉的情况，三国时鱼豢所修《魏略·西戎传》有记载："从敦煌玉门关入西域，前有二道，今有三道。从玉门关西出，经羌转西，越葱领，经县度，入大月氏，为南道。从玉门关西出，发都护井，回三陇沙北头，经居卢仓，从沙西井转西北，过龙堆，到故楼兰，转西诣龟兹，至葱领，为中道。从玉门关西北出，经横坑，辟三陇沙及龙堆，出五船北，到车师界戊己校尉所治高昌，转西与中道合龟兹，为新道。"[15]从鱼豢的记载中，从玉门关西北到高昌，主要是避开了白龙堆大沙漠，但最后还是汇入龟兹，进入天山以南《汉书》中所说西域北道，是局部路段的改变。但鱼豢继续写道："北新道西行，至东且弥国、西且弥国、单桓国、毕（卑）陆国、蒲陆国、乌贪国，皆并属车师后部王。王治于赖城，魏赐其王壹多杂守魏侍中，号大都尉，受魏王印。转西北则乌孙、康居。"[16]这又告诉我们，北新道在高昌可以分岔，西行可汇入中道，西北行可直接进入乌孙、康居。说明，天山以北这条线，在东汉才开通。

综合起来说，两汉时期的丝路中段（即新疆段），亦有三条道。南道沿昆仑山北麓走，中道（《汉书》中的西域北道）沿天山南麓走，两条道都沿塔克拉玛干沙漠南北边缘穿

行。北道即天山以北，从玉门关西北行，经吐鲁番一带及天山东部诸多小国，直达乌孙，进入康居。西汉时大多走南、中两道，东汉时南、中、北三道都已通行。

西汉末年，西域由早先的三十六国分为五十五国，除难兜、罽宾、乌弋山离、安息、大月氏、康居、奄蔡七国外，其余四十八个国家属西域都护府管辖。其中南道十七国，中道十五国，北道十六国。南、中、北三道中诸多国家在丝绸之路上的来往活动情况，汉简有具体生动的记载。

1. 西域南道

南道十七国中，从西到东，楼兰（鄯善）、且末、小宛、精绝、扜弥、渠勒、于阗、皮山、莎车、蒲犁等十国。而十国中，有些地处昆仑山山谷，不当道。沿途最重要者是楼兰（鄯善）、且末、精绝、扜弥、于阗、皮山、莎车。

> 樓蘭王以下二百六十人當東傳車馬皆當柱
> 敦（Ⅱ90DXT0115②：47）

意思是楼兰王及其所属260人要东来汉地，人员和随行车马要经过敦煌或住宿在敦煌某地。

> ……斗六升。二月甲午，以食質子一人，
> 鄯善使者二人，且末使者二人，莎車使者二人，
> 扜闐使者二人，皮山使者一人，踈勒使者二人，
> 渠勒使者一人，精絶使者一人，使一人，拘彌使
> 者一人。
> 乙未，食渠勒副使二人；扜闐副使二人，
> 貴人三人；拘彌副使一人，貴人一人；車副使一
> 人，貴人一人；皮山副使一人，貴人一人；精絶
> 副使一人。
> 乙未以食踈勒副使者一人，貴三人。凡卅
> 四人。（Ⅱ90DXT0213③：122）

此简文字细密，多有讹夺。每一段之间用横线隔开。第一段"质子"之前未交待是哪一国质子。于阗的"于"写作"扜"。疏勒的"疏"写作"踈"。"精绝使者一人"后，又有"使一人"，漏写了国名和"者"字。第二段，"车副使"之前可能脱一"莎"字。

简文中记载的西域国家有鄯善、且末、精绝、渠勒、拘弥、于阗、皮山、莎车、疏勒以及可能漏写名字的国家。这

些国家包括了上面提到的南道诸国。各国所派三十四人中，有质子、有使者、有副使、有贵人。他们所到时间是甲午、乙未前后两天之内。从今天的公路里程来看，从若羌（即当时的鄯善）到疏勒有1447千米，从若羌到敦煌的直线距离是650多千米。也就是说，从最远的疏勒到敦煌悬泉要有2000多千米的路程。南道诸国的相互距离，最远者如若羌到且末是345千米，且末到民丰是307千米（精绝在民丰北）。这些国家，处在漫长的将近1500千米距离的不同位置上，且在同一时间的先后两天内到达敦煌悬泉置，没有平时的频繁交流和事先的统一组织是不可能的。南道诸国能联络在一起，统一进京朝拜，说明他们在汉朝的管理下，相互之间是融洽和睦的。正是这种和睦相处，为丝路南道的畅通作出了贡献。

汉朝为保障南道交通的安全，采取的重大措施之一就是在伊循（在今若羌县东北之米兰一带）屯田。元凤四年（前77）傅介子刺杀楼兰王，另立在汉为质子的王弟尉屠耆为新王。"更名其国为鄯善，为刻印章，赐以宫女为夫人，备车骑辎重，丞相将军率百官送至横门外，祖而遣之。王自请天子曰：'身在汉久，今归，单弱，而前王有子在，恐为所杀。国中有伊循城，其地肥美，愿汉遣一将屯田积谷，令臣得依其威重。'于是汉遣司马一人、吏士四十人，田伊循以填抚之。其后更置都尉。伊循官置始此矣。"[17]现在在米兰发现的古渠道，即是当时及其以后屯田的遗迹。根据第三次文物普查资料，古渠道除南部被沙漠埋没者外还剩一段4千米左右的干渠，干渠北端分成枝杈，有七条支渠和若干毛渠、斗渠。分杈之处的坐标是东经88°57′20.3″，北纬39°12′51.1″。西北距新疆建设兵团36团团部6千米左右，至今仍是一片可以耕种的平衍沃野。[18]汉简中有大量伊循屯田的记录。比如：

> 甘露三年四月甲寅朔庚辰，金城大守
> 贤、丞文，谓过所县道官：遣浩亹亭长㹟贺以
> 诏书送施刑伊循。当舍传舍，从者如律令。
> （Ⅱ90DXT0114④: 338）

这是公元前51年6月1日金城太守派亭长 贺送弛刑徒到伊循屯戍的记载。汉王朝不光发刑徒到敦煌，还派发往伊循。在伊循的屯田戍卒中，相当一部分可能就是流放的犯人。这是在汉简中得知的情况。

> 敦煌伊循都尉臣大仓上书一封。甘露四年
> 六月庚子上。（Ⅱ90DXT0216③: 111）

这是伊循都尉给朝廷上书的记载，时在公元前50年8月15日。"伊循都尉"前冠以"敦煌"，可能是因为当时的伊循都尉受敦煌太守的节制。

> 四月庚辰以食伊循候傀君从者二人
> （Ⅱ90DXT0215③：267）

这是伊循屯田吏卒过往敦煌悬泉置停留食宿的记录。"候"，都尉下属之官员。

> 七月乙丑，敦煌大守千秋、长史奉憙、守
> 部候脩仁行丞事，下当用者小府、伊循城都尉、
> 守部司马、司马、官候、移县置、广校候、郡
> 库、承书从事下，当用者如诏书。掾平、卒史
> 敞、府佐寿宗。（Ⅴ92DXT1312③: 44）

这是敦煌太守转发皇帝诏书和朝廷公文的文件。罗列的转发对象中，有"伊循城都尉"。说明朝廷和地方对伊循的屯田机构十分重视。

总之，伊循屯田在丝路南道具有重要的政治、经济和军事意义。为保障南道诸国的社会稳定，为后来西域都护府的设立，为丝绸之路的畅通，发挥了重要作用。

2．西域中道

中道十五国中，汉简记载其具体活动者有山国、危须、焉耆、尉犁、渠犁、龟兹、姑墨、温宿、尉头、疏勒等十国[19]。这些国家都是分布在天山以南、塔里木盆地北缘的城郭之国。他们在丝绸之路上的活动情况，汉简中有具体生动的记载。比如：

> 右使者到县置，共舍弟一传。大县异传舍
> 如式。
> 龟兹王夫人舍次使者传。
> 堂上置八尺床卧一张，卓若青帷。
> □内共上四卧，皆张帷帐内□
> 舍门内张帷，可为贵人坐者。
> 吏二人道。（Ⅰ90DXT0114①:112）

此简文字残泐，但基本内容清楚。三栏文字，每栏两行。主要讲龟兹王夫人路过敦煌悬泉置的接待规格、居室摆设以及相关仪式。从行文口气看，这种接待规格还要通知到龟兹王夫人沿途所有下榻之处。简中"县置"当为并列关系，"县"指县治所在地，犹今天的县城。"置"指类似悬泉置这样兼具邮驿接待功能的机构。"弟"的本义即次第之义。两字在汉代本可混用。"弟一传"可能指当地最好的宾馆。"如式"，即按有关规定必须达到一定规格和条件的传舍。"舍次"两动词连用，下榻住宿之意。"帷"乃宿帷。"道"与"导"通，指接待人员在前开路导引。悬泉置地处戈壁，土房一院。来往客人就地将息，尊卑贵贱已难有上下。但是，贵为汉朝公主、龟兹王夫人路过此地，尽其所能以示尊贵，也不失汉地对王和夫人的一种隆重礼遇。

龟兹在城郭诸国中最为大国。在西汉末年的人口统计中，有户6970，有口81317人，胜兵21076人。其它国家人口最多者如焉耆，有户4000，有口32100人，胜兵6000人。所以龟兹在西域城郭诸国以及在丝绸之路上的地位十分重要，汉唐时期以龟兹为中心形成的龟兹文化就是中西文化交流的典型成果。汉与龟兹在公元前1世纪的关系大致可分为两个阶段。第一阶段，"龟兹先是受匈奴控制、掠杀汉使，后是受汉朝武力进攻，结城下之盟，和亲通好，归服汉朝。第二阶段，随着汉匈关系、汉乌关系、汉与西域其他诸国关系的发展，龟兹成为归属汉王朝领属下的一个地方民族政权，而且来往频繁，深受汉文化影响，对西域其他诸小国的依违向背具有带动作用。"[20]

太初四年（前101年）李广利伐大宛回返路过龟兹时发现，扞弥太子赖丹为质于此。李广利当场质问龟兹国王："外国皆臣属于汉，龟兹何以得受扞（扞）弥质？"遂将赖丹带回汉朝。昭帝时（前86－前74）"乃用桑弘羊前议，以扞弥太子赖丹为校尉，将军田轮台，轮台与渠犁地皆相连也。龟兹贵人姑翼谓其王曰：'赖丹本臣属吾国，今佩汉印绶来，迫吾国而田，必为害。'王即杀赖丹，而上书谢汉，汉未能征。"[21]本始二年（前72年），长罗侯常惠出使乌孙回返，"惠与吏士五百人俱至乌孙，还过，发西国兵二万人，令副使发龟兹东国二万人，乌孙兵七千人，从三面攻龟兹，兵未合，先遣人责其王以前杀汉使状。王谢曰：'乃我先王时为贵人姑翼所误耳，我无罪。'惠曰：'即如此，缚姑翼来，吾置王。'王执姑翼诣惠，惠斩之而还。"[22]这就是

第一阶段的情况。地节四年（前66年），"时乌孙公主遣女来至京师学鼓琴，汉遣侍郎乐奉送主女，过龟兹。龟兹前遣人至乌孙求公主女，未还。会女过龟兹，龟兹王留不遣，复使使报公主，主许之。后公主上书愿令女比宗室入朝，而龟兹王绛宾亦爱其夫人，上书言得尚汉外孙为昆弟，愿与公主女俱入朝。"[23]从此后，龟兹亲汉，来往不绝，开始了龟兹与汉朝关系的新篇章。"元康元年（前65年），遂来朝贺。王及夫人皆赐印绶。夫人号称公主，赐以车骑旗鼓，歌吹数十人，绮绣杂缯琦珍凡数千万。留且一年，厚赠送之。后数来朝贺，乐汉衣服制度，归其国，治宫室，作徼道周卫，出入传呼，撞钟鼓，如汉家仪。外国胡人皆曰：'驴非驴，马非马，若龟兹王，所谓骡也。'绛宾死，其子丞德自谓汉外孙，成、哀帝时往来尤数，汉遇之亦甚亲密。"[24]

上引汉简，就是其时龟兹王夫人来汉时路敦煌悬泉置的记载。除此以外，楼兰汉简、敦煌马圈湾汉简和悬泉汉简中还有若干关于龟兹来汉的记载，是后一阶段龟兹与汉朝关系的实录。

山国：

> 鸿嘉三年正月壬辰，遣守属田忠送自来鄯善王副使姑羀、山王副使乌不勝奉献诣行在所。为驾一乘传。敦煌长史充国行大守事、丞晏谓敦煌：为驾。当舍传舍、郡邸，如律令。六月辛酉西。（Ⅱ90DXT0214②：78）

这是一封为西域使者提供食宿乘车的传信，类同于后世的官方介绍信。不是原件，只是抄录了主要内容。公元前18年2月20日，鄯善王副使姑丽、山王副使乌不胜到京师朝贡回国，朝庭派守属田忠护送，驾一乘传，即用四匹马拉的车。敦煌太守不在署，而以长史充国和丞晏的名义签发文件，要求境内传舍和郡邸，按规定安排食宿。公元前18年7月19日西去，前后五个月时间。山国是一个只有450户，5000人口的小国家，地当在今托克逊南部山区。

焉耆、危须：

> 永光元年二月癸亥，敦煌大守守属漢刚、送客移过所县置，自来焉耆、危须、鄯善王副使

匹牛牛車七兩，即日發敦煌。檄到，豫

自辦給，法所當得。都尉以下逢迎客縣界相

（Ⅴ92DXT1310③：162）

这是一份敦煌太守派员迎送西域使者的过所抄件。时在
公元前43年4月3日。三国使者及马若干匹，牛车七辆，从敦
煌出发，沿途所需自行采买，都尉以下要在县界迎接。从行
文看，三国使者由西向东，刚刚入境，前往京师途中。

尉犁：

尉梨貴人烏丹。丹三裹過，毋致，没入。

（Ⅱ90DXT0215③：133）

这是尉犁贵人来汉的记载，可是不幸，他好像没有正规
的身份证明（毋致）。

渠犁：

使送于闐王、渠犁、踈勒諸國客，為駕二封

軺傳，載從者一人。（节引）（Ⅰ91DXT0309③：

19）

这是朝廷派官员护送渠犁等诸国客人开具的传信。根
据《汉书·西域传》记载，渠犁有户130，口1480人，胜兵
50人。但此地地处西域中心，战略地位极为重要。早在太初
（前104－前101年）年间李广利伐大宛之后，汉朝就派使者
校尉在渠犁屯田，常驻屯田戍卒500人左右。是汉朝在丝路
中道建立的一处重要的军事堡垒。"地节二年（前68年），
汉遣侍郎郑吉、校尉司马憙将免刑罪人田渠犁，积谷，欲以
攻车师。"[25]此时的屯田戍卒已增加至三校，1500人。后来
汉与匈奴"五争车师"的战役中，渠犁屯田戍卒多次出征，
与匈奴展开拉锯战，其至往往迁车师的家属老弱到渠犁临时
安置。正是以此为据点，后来才建立了西域都护府。河西汉
简中记载渠犁屯田士卒过往的材料很多。如"五鳳四年九月
己巳朔己卯，县泉置丞可置敢言之：廷移府書到效谷，移傳
馬病死爰書。縣泉傳馬一匹，驪，乘，齒十八歲，高五尺九
寸，送渠犁軍司令史。（Ⅱ90DXT0115③：98）""屯田渠犁＞
候丞王常、趙忠更終罷，詣北軍。詔為駕一封軺傳，二人共

載，有請。甘露四年五月□□□庚子，使都護西域……□候
謂敦煌以……（Ⅱ90DXT0214③：67）"可以说，渠犁屯田，
在丝路中道的政治、经济、军事意义是十分重要的。

姑墨：

河平元年十二月癸巳大守使□

姑墨王使者福奉獻詣在所以令為駕一乘傳

□（Ⅱ90DXT0214②：341）

这是公元前27年2月8日，姑墨王使者来汉的记载。

温宿：

温宿王使者革□□二人來□□□□□□當

舍傳舍如律令。

以令為駕，人一乘，載從者各一人，至敦

煌郡。願十月戊寅西。從者三食，凡五人已得

酒。（Ⅴ92DXT1311③：157）

这是温宿王使者来汉情况。温宿国，都城在今新疆乌什
县。[26]有户2200，有口8400人，胜兵1500人。西至尉头300汉
里（125千米）。建昭三年（前36年）陈汤伐郅支时，曾发温
宿国兵进入康居。王莽时，被姑墨所灭，并其国。

尉头：

尉頭蒲離匿皆奉獻詣

行在所以令為駕四乘傳（Ⅴ92DXT1311③：

146）

这是尉头使者来汉奉献的记录。尉头国，王治尉头谷，
有户300，口2300人，胜兵800人。都城当在今阿合县城以西
50千米处。田畜随水草，衣服类乌孙。是游牧在天山南部沟
谷地带的一个游牧部落。

疏勒：

甘露元年二月丁酉朔己未，縣泉廄佐富昌

敢言之。爰書：使者段君所將踈勒王子囊佗三

匹，其一匹黃，牝；二匹黃，乘。皆不能行，

罢呕死。即與假佐開、御田遂、陳⋯⋯ 復作李
則、耿癸等六人，襍診橐佗丞可置前。橐佗罢
呕死，審它如爱書，敢言之。（Ⅱ90DXT0216③：
137）

这是公元前52年，疏勒王子来汉奉献，所带三峰骆驼由
于疲劳过度而死在敦煌悬泉置。悬泉置佐富昌和其他五人一
起案验，证明确为疲劳而死所出具的法律文书。

西域中道的畅通除了如汉简所记上述国家始终同汉朝保
持密切关系外，还有一个重要原因，就是西域都护的所在地
就设在乌垒城（其地在今轮台县野云沟）。而西域都护府的
设立是汉朝在西域对匈奴的决定性胜利，是丝路交通史上的
划时代事件。汉简中关于匈奴日逐王降汉以及西域都护府的
相关活动，都有准确而生动的记载。

神爵二年八月甲戌朔□□，車騎將軍臣
□□謂御史□□
制詔御史□□侯□□敦煌酒泉迎日逐王
為 駕 一 乘 傳 别 □ 載 ⋯⋯ （節引）
（Ⅱ90DXT0313③：5）

廣至移十一月穀簿，出粟六斗三升。以食
縣泉廄佐廣德所將助御效穀廣利里郭市等七人送
日逐王，往來三食，食三升。校廣德所將御，故
稟食縣泉而出食，解何？（Ⅰ91DXT0309③：167
－168）

前简是车骑将军韩增下达的朝廷公文，大意是要敦煌、
酒泉等地一路迎接前来京师的匈奴日逐王。后简是悬泉厩佐
广德等七人迎送日逐王时，在广至吃饭一次，用粟六斗三
升。按规定他们应在悬泉置就餐，为何要在广至吃饭，应作
出解释。《汉书·西域传》："匈奴西边日逐王置僮仆都
尉，使领西域，常居焉耆、危须、尉黎间，赋税诸国，取富
给焉。""其后日逐王畔单于，将众来降，护鄯善以西使者
郑吉迎之。既至汉，封日逐王为归德侯，吉为安远侯。是
岁，神爵三年也（《宣帝纪》记为神爵二年秋）。乃因使吉
并护北道，故号曰都护。都护之起，自吉置矣。僮仆都尉由
此罢，匈奴益弱，不得近西域。"[27]上引汉简，就具体记述了
日逐王降汉后一路进入汉地的情况。

关于西域都护在汉简中的反映：

二人使都護西域騎都尉安遠侯吉謂敦煌
駕當舍傳舍如律令三月甲寅過東
（Ⅱ90DXT0213③：135）

五鳳三年二月辛亥，使都護西域騎都尉安
遠侯吉，謂敦煌以次為駕，當舍傳舍，如律令
（節引）（Ⅱ90DXT0214③：197）

出粟五斗二升。以食安遠侯副衛司馬
遣假千人尊，所將送匈奴歸義搥類王使十一
人，質子三人，凡十三人，人一食四升，東。
（Ⅱ90DXT0115④：39）

天山南麓、塔里木盆地南缘的西域中道，地处西域中
心，不仅如《汉书》所言，"北道西逾葱岭则出大宛、康
居、奄蔡焉"，就连到天山以北的乌孙赤谷城，整个西汉时
都是走的这条路。当年出使乌孙的使者都是从这条路西行到
疏勒，再往北在今乌恰县的吐噜噶尔特山口翻越天山到达伊
塞克湖以西。汉朝公主和亲、常惠多次出使乌孙都是走的这
条路。所以匈奴控制西域、汉朝选择都护府驻地，都是看中
了这条通道的重要。

3. 西域北道

西汉时期的北道十六国，乌孙最为大国，有户12万，有
口63万，游牧于伊犁河谷和天山北部草原。其它十五国都是
后来分割的一些小国，从东到西有：两蒲类（蒲类、蒲类后
国）、四车师（车师前国、车师都尉国、车师后国、车师后
城长国）、两卑陆（卑陆、卑陆后国）、两且弥（东且弥、
西且弥）以及胡狐、郁立师、劫国、单桓、乌贪訾离。这些
小国除车师前国和车师都尉国在今吐鲁番高昌故城一带外，
其余都在东天山北部和东部，即乌鲁木齐以东到巴里坤。
十五国在西汉末年的总人口只有24251人。最多的车师前国有
户700，有口6050人。最少的如单桓有户27，有口194人。乌
贪訾离有户41，有口231人。根据史书的记载，丝路北道的正
式开通当在东汉以后。一是避开白龙堆和三陇沙的北新道直

到元始中（公元以后）才得以开通；二是东汉以后，上述天山以北的诸小国都被兼并于车师后国。所以北新道从敦煌玉门关西北行，到高昌故城向西可并入天山以南中道，向北穿越车师古道到今吉木萨尔车师后国，可前往乌孙，西达唐居。

尽管西汉时期丝绸之路的重点在天山以南的中道，但西汉王朝始终未曾放弃对丝路北道的经营。其战略重点有两个：一是对车师的争夺和驻屯，二是同乌孙的频繁交往。

车师（即今吐鲁番地区）地处西域东部，是进入天山以南城郭诸国的门户，是匈奴和汉朝掌控西域的必争之地。开始"五争车师"，后来元帝初元元年（前48年）干脆置戊己校尉屯田车师。汉简中有大量车师屯田的记载，引数例：

> 五月壬辰，敦煌大守彊、长史章、丞敞
> 下使都护西域骑都尉、将田车师戊己校尉、部
> 都尉、小府、官县、承书从事下，当用者。
> 书到白大扁书乡亭市里高显处，令亡人命者尽
> 知之，上赦者人数，大守府别之，如诏书。
> （Ⅱ90DXT0115②: 16）

这是通过敦煌太守下发的一份大赦诏书，除在发往西域都护骑都尉等部门的同时，还专门发往"将田车师戊己校尉"。

> 出粟二斗四升。以食车师司马丞原成、孟
> 定，从者二人，凡四人，人再食，食三升，束。
> （Ⅱ90DXT0115③: 6）

这是四位曾在车师的屯田吏士东往京师时，路过悬泉置用餐两顿，用粟二斗四升的记录。

> 九月甲戌，效谷守长光、丞立，谓遮要、
> 县泉置，写移书到，趣移车师戊己校尉以下乘传
> 传副。会月三日。如丞相史府书律令。掾昌、啬
> 夫辅。（Ⅴ92DXT1812②: 120）

这是效谷县廷发给悬泉置和遮要置的文件，要他们将车师戊己校尉路过所用车马的通行文件上报县廷。

乌孙在西域，东接匈奴，"最为强国"。与乌孙交好，是汉朝对抗匈奴，保障丝路通行的一贯战略。张骞二使西域时就曾许诺乌孙"汉遣公主为夫人，结为昆弟，共距匈奴。"但其时昆莫中子大?势强，与太子之子岑陬争夺昆莫王位。"昆莫年老国分，不能专制。"不过，张骞回国后（前115年）不几年，乌孙就"使使献马，愿得尚汉公主，为昆弟。"汉朝先后送细君公主和解忧公主与乌孙和亲。宣帝本始二年（前73年），汉朝十五万骑五将军分道击匈奴，而常惠使持节护乌孙兵五万骑从西面入，"获单于父行及嫂、居次、名王、污都尉、千长、骑将以下四万级，马牛羊驴橐驼七十余万头。"取得了对匈奴的毁灭性打击。[28]元康二年（前64年），乌孙昆弥通过常惠给朝廷上书："愿以汉外孙元贵靡为嗣，得令复尚汉公主，结婚重亲，畔绝匈奴。""昆弥及太子、左右大将、都尉皆遣使，凡三百余人，入汉迎取少主。上乃以乌孙主解忧弟子相夫为公主，置官属侍御百余人，舍上林中，学乌孙言。天子自临平乐观，会匈奴使者、外国君长大角抵，设乐而遣之。使长罗侯光禄大夫惠为副，凡持节者四人，送少主至敦煌。未出塞，闻乌孙昆弥翁归靡死，"汉朝"征还少主"。甘露年间（前53－前50年），翁归靡胡妇子（匈奴妻子所生）乌就屠袭杀狂王后自立，汉遣破羌将军辛武贤发大军五万集结敦煌准备讨伐。楚主侍者冯夫人锦车持节，招乌就屠赴赤谷城常惠帐下受封，表示"愿得小号"。从此，汉立元贵靡为大昆弥，乌就屠为小昆弥，皆赐印绶。复遣长罗侯常惠将三校屯田赤谷城，分别其人民地界，大昆弥户六万余，小昆弥户四万余。

汉简中公主和亲、少主出塞、常惠使乌孙、辛武贤穿渠积谷以及大、小昆弥来汉朝贡的材料都极为丰富。比如：

> 入糜小石二石。本始五年二月乙卯，县
> 泉厩佐广意受敦煌仓啬夫过，送长罗令史。
> （Ⅰ90DXT0209⑤:17）

此简为公元前69年4月11日，敦煌仓啬夫过（人名）为悬泉置下拨糜子小石二石，悬泉厩佐广意为经手人。此事可能与接待长罗侯的属吏有关。

> 神爵二年正月丁未朔己酉，县泉置啬夫弘
> 敢言之：遣佐长富将传迎长罗侯敦煌，禀小石九
> 石六斗。簿入十月。今敦煌音言不簿入。谨问佐
> 长富，禀小石九石六斗，今移券致敦煌□□。
> （Ⅰ91DXT0309③: 215）

此简是公元前60年2月17日，悬泉置啬夫弘上报的一份文件。事由是派悬泉置佐长富用传车送长罗侯到敦煌，用粮九石六斗。按规定应在十月将用粮的账簿汇报到敦煌，结果未能按时报上。敦煌来文敦促此事，悬泉置啬夫上报文件以说明情况。

> 上書二封。其一封長羅侯，一烏孫公主。
> 甘露二年二月辛未日夕時，受平望譯騎當富，縣泉譯騎朱定付萬年譯騎。（Ⅱ90DXT0113④：65）

这是公元前52年3月29日传递重要公文的实时记录。长罗侯常惠和乌孙公主分别给朝廷上书一份，日夕之时，由平望驿骑传递给悬泉驿骑，再由悬泉驿骑传递给万年驿骑。如此重大军务，不仅在时间上有严格规定，而且传递时要有详细记录。延误军机，要受到追查。简中"译"通"驿"。

> 使烏孫長羅侯惠遣>侯恭上書，詣行在所。
> 以令為駕一乘傳。甘露二年二月甲戌，敦煌騎司馬充行大守事、庫令賀兼行丞事，謂敦煌：以次為當，舍傳舍，如律令。（Ⅴ92DXT1311③：315）

此简记录的是长罗侯亲自派专人，诣行在所，给皇帝上书。敦煌太守府于公元前52年4月1日通令所属沿途各地，按规定为上书人员提供住宿和车辆。这与前简所记，将长罗侯和乌孙公主的上书一站一站通过驿骑传递的情况是不同的。

> 甘露二年二月庚申朔丙戌，魚離置啬夫禹移縣泉置，遣佐光持傳馬十匹為馮夫人柱，糜穅麥小石卅二石七斗，又茭廿五石二鈞，今寫券墨移書到，受簿入三月報，毋令繆如律令。
> （Ⅱ90DXT0115③：96）

这是公元前52年4月13日鱼离置啬夫给悬泉置的移文，言冯夫人路过时，用传马十匹，用 麦卅二石七斗，用茭廿五石二钧。现将有关凭据送来，在三月一总汇报。简中"柱"通"住"。"住、驻、柱，皆取止而不动之意。"《汉书·西域传》"宣帝征冯夫人，自问状。遣谒者竺次、期门甘延寿为副，送冯夫人。冯夫人锦车持节，诏乌就屠诣长罗侯赤谷城，立元贵靡为大昆弥，乌就屠为小昆弥，皆赐印绶。"此简内容当与此有关。

> 甘露二年四月庚申朔丁丑，樂官（涫）令充敢言之：詔書以騎馬助傳馬，送破羌將軍、穿渠校尉、使者馮夫人。軍吏遠至敦煌郡。軍吏晨夜行，吏御逐馬，前後不相及，馬罷呕，或道棄，逐索未得，謹遣騎士張世等以物定逐各如牒。唯府告部、縣官、旁郡，有得此馬者，以與世等。敢言之。（Ⅴ92DXT1311④：82）

这是公元前52年6月3日酒泉郡乐涫县（在今高台西北）县令给敦煌郡的一件公文。言当时破羌将军、穿渠校尉以及冯夫人路过时，朝廷有诏书，以骑马助传马。由于军情紧急，日夜兼程，一些马匹在半路上失散了，现在派骑士张世沿途寻找，请通告所属各地，有得此马者，交给张世等人。此简记录冯夫人等路过时，沿途郡县的护送和繁忙。

> 甘露三年九月壬午朔甲辰，上郡大守信、丞欣謂過所：遣守屬趙稱逢迎吏、騎士從軍烏孫罷者敦煌郡。當舍傳舍，從者如律令。十月。再食。（Ⅱ90DXT0115③：99）

这是前51年10月23日上郡太守府开具的一份过所，言派守属赵称等人到敦煌郡，迎候曾在乌孙屯田更尽回返的吏士，要沿途各地给予食宿方便。《汉书·西域传》载："汉复遣长罗侯惠将三校屯赤谷，因为分别其人民地界，大昆弥户六万余，小昆弥户四万余。"简中所言"从军乌孙罢者"当为跟随长罗侯屯田赤谷的上郡吏士。

> 甘露三年十月辛亥，丞相屬王彭護烏孫公主及將軍貴人從者道上，傳車馬為駕二封軺傳，有請詔。御史大夫萬年下謂成（渭城），以次為駕，當舍傳舍，如律令。（Ⅴ92DXT1412③：100）

> 甘露三年十月辛亥朔，淵泉丞賀移廣至、魚離、縣泉、遮要、龍勒廄啬夫昌持傳馬送公主以下，過糜穅麥各如牒，今寫券墨移書到，受簿入十一月報，毋令繆如律令。（Ⅱ90DXT0114③：522）

以上两简是公元前51年10月30日在同一时间发自不同机关的两份文件。前者是御史大夫陈万年签发的一份传信，言丞相属王彭护送乌孙公主、将军贵人，一路上要提供食宿和车辆。后者是渊泉县丞贺给五所厩置移送的文件，言公主路过时各厩置提供草料账目凭单要在十一月汇总上报。《汉书·西域传》云："公主上书言年老土思，愿得归骸骨，葬汉地。天子闵而迎之，公主与乌孙男女三人俱来至京师。是岁，甘露三年也。时年且七十，赐以公主田宅奴婢，奉养甚厚，朝见仪比公主。后二岁卒，三孙因留守坟墓云。"简中所言，当为解忧公主回返汉地时途经河西各地之记载。

> 出粟三石，馬十匹。送大昆彌使者都吏張
> 掾。陽朔四年二月戊申，縣泉嗇夫定付遮要廄佐
> 常。（Ⅴ92DXT1812②: 58）

> 鴻嘉三年三月癸酉，遣守屬單彭送自來烏
> 孫大昆彌副使者簿游、左大將□使□□，皆奉獻
> 詣行在所。以令為駕一乘傳。敦煌長史充國行大
> 以次為駕如律令。凡二人。三月戊寅東。六月
> （Ⅱ90DXT0214②:385）

以上两简，分别是公元前21年3月23日和公元前18年4月2日，大昆弥派使者来汉朝贡，而朝廷派官员一路接送留在敦煌悬泉置的记录。

> 出粟六升。以食守屬高博送自來烏孫小昆
> 彌使，再食，東。（Ⅰ90DXT0110②:33）

> 出粟二斗四升。以食烏孫大昆彌使者三
> 人，人再食，食四升，西。（Ⅴ92DXT1611③:
> 118）

以上两简是乌孙小昆弥派使者来汉朝贡及其汉朝官员护送，在悬泉置的食宿记录。

总之，西汉时到达乌孙的道路尽管还是走天山以南，到疏勒后再北行翻越吐噜噶尔特山口到达乌孙王都赤谷城，但从乌孙到唐居的道路是通达的。西汉时汉帝国同乌孙的频繁来往和从盟国到属国的发展，为后来天山北路的开通创造了条件，奠定了基础。

二、葱岭以西的丝绸之路

在张骞到达中亚之前的公元前2世纪中后期，后来丝绸之路的西段（自帕米尔以西）实际上已经开通，而且此时距亚历山大东征已经两个世纪之久，东部希腊化世界的政治格局和文化面貌也发生了巨大变化。"当时的东西方商路主要有三条。北路连接印度、巴克特里亚与黑海。来自印度的货物可经巴克特里亚沿阿姆河（the Oxus）而下，进入里海（当为咸海），再转运至黑海。中路连接印度与小亚，有两条支路：一条先走水路，从印度由海上到波斯湾，溯底格里斯河而上，抵达曾为塞琉古王国都城之一的塞琉西亚（Seleucia on Tigris）；一条全部走陆路，从印度经兴都库什山、阿富汗的巴克特拉（Bactra）、伊朗高原到塞琉西亚城，至此，水陆两路会合，由此跨过底格里斯河和幼发拉底河，西达塞琉古王国的另一都城，即叙利亚的安条克（Antioch on the Orontes），由此转向西北到达小亚的以弗所。南路主要通过海路连接印度与埃及，从印度沿海到南阿拉伯，经陆路到佩特拉（Petra），再向北转到大马士革（Damascus）、安条克，或向西到埃及的苏伊士（Suez）、亚历山大里亚等地。"[29]

按照汉文文献的记载，翻越葱岭以后向南向西的走向主要有三条：南道，从皮山西南翻越悬度到罽宾（克什尔），进入印度等南亚次大陆，同时可从罽宾西到乌弋山离（今伊朗东部和阿富汗西部的锡斯坦地方）即所谓"罽宾、乌弋山离道"；中道，从大月氏（今阿富汗）进入马什哈德、哈马丹、巴格达、大马士革；北道，从大宛（今费尔干纳）、康居（今锡尔河东北部哈萨克草原）进入咸海、里海和黑河北部，然后南转君士坦丁堡。

关于南道，汉简中关于罽宾、乌弋山离、祭越等国的记载，记述了从西域南道进入南亚印度半岛丝绸之路的畅通。[30]

关于中道，汉简中大量大月氏与中原王朝来往的记录，不仅为研究大月氏到贵霜帝国建立前这段"黑暗时代"的历史提供了重要资料，而且为帕米尔以西，经阿富汗到地中海以东地区丝路交通的畅通提供了生动记载。[31]

关于北道，汉简中关于大宛、康居的记载，是研究汉王朝与中亚各国和地中海北岸地区丝路交通的重要资料。[32]

总之，西北地区尤其是甘肃河西走廊出土的70000多枚汉代简牍无一不与两汉时期的丝绸之路密切相关，是研究中西文化交流以及丝路沿途各国历史的重要资料。

注释：

1. 李约瑟著、孙燕明等译：《中国科学技术史》（第一卷导论），科学出版社、上海古籍出版社，1990年，第57页。

2. 夏鼐：《综述中国出土的波斯萨珊朝银币》，《考古学报》1974年第1期。

3. 夏鼐：《青海西宁出土的波斯萨珊朝银币》，《考古学报》1958年第1期。

4. 夏鼐：《综述中国出土的波斯萨珊朝银币》，《考古学报》1974年第1期。

5. 当然，有人认为霍去病远征河西，就是从青海湖以北穿越扁都口进入河西的。赵充国进军湟中，也曾进入青海。但这跟我们所说的丝路交通不是一回事。

6. 初师宾：《丝路羌中道开辟小议》，《西北师大学报》1982年第2期；吴礽骧：《也谈羌中道》，《敦煌学辑刊》1984年第2期。

7. 严耕望：《唐代交通图考》（第二卷河陇碛西区），（台北）《中研院史语所专刊》之八十三，1985年5月，第416页。

8. 简号是：EPT59.582；Ⅱ90DXT0214①:130。

9. 1汉里＝415.8米。

10. 李并成：《河西走廊历史地理》，甘肃人民出版社，1995年9月，第39页。

11. 郝树声：《敦煌悬泉里程简地理考述》，《敦煌研究》2000年第3期。

12. 《汉书·西域传》，中华书局标点本，1962年，第3871页。

13. 同上。

14. 《汉书·西域传》，中华书局标点本，1962年，第3924页。

15. 《三国志》，中华书局标点本，1959年，第858页。

16. 《三国志》，中华书局标点本，1959年，第858－862页。

17. 《汉书·西域传上》，中华书局标点本，1962年，第3878页。

18. 新疆维吾尔自治区第三次文物普查成果集成《巴音郭楞蒙古自治州卷》，科学出版社，2011年，第77页。

19. 这些国家，如果按人口的多少排列，依次是：龟兹，81317；焉耆，32100；姑墨，24500；疏勒，18647；莎车，16373；尉犁，9600；温宿，8400；山国，5000；危须，4900；尉头，2300。

20. 张德芳：《简论西汉和新莽时期龟兹的历史地位及其与汉王朝的关系》，朱玉麒主编《西域文史》第五辑，科学出版社，2010年，第21页。

21. 《汉书·西域传》，中华书局标点本，1962年，第3916页。

22. 《汉书·常惠传》，中华书局标点本，1962年，第3004页。

23. 《汉书·西域传》，中华书局标点本，1962年，第3916页。

24. 《汉书·西域传》，中华书局标点本，1962年，第3916－3917页。

25. 《汉书·西域传》，中华书局标点本，1962年，第3922页。

26. 冯志文：《西域地名词典》，乌鲁木齐，新疆人民出版社，2002年，第483页。另，钟兴麒《西域地名考录》第965页认为在今"新疆阿克苏地区库玛拉克河及阿克苏河区域。"

27. 《汉书·西域传》，中华书局标点本，1962年，第3872－3873页。

28. 《汉书·西域传》，中华书局标点本，1962年，第3905页。

29. 杨巨平：《亚历山大东征与丝绸之路开通》，《历史研究》2007年第4期。

30. 汉简有："以給都吏董卿所送罽賓使者□（Ⅱ90DXT0213②：37）"；"出錢百六十，沽酒一石六斗，以食守屬董壵✓葉賀所送沙車使者一人、罽賓使者二人、祭越使者一人。凡四人，人四食，食一斗。（Ⅱ90DXT0113②：24）"；"遮要第一傳車為烏弋山離使者（Ⅱ90DXT0115②：95）"等。论文有：罗帅《悬泉汉简所见折垣与祭越二国考》《西域研究》2012年第2期。

31. 大月氏西迁后征服大夏，其中五翕侯之一的贵霜翕侯逐步强盛，在公元1世纪左右统一各部建立了贵霜帝国。在贵霜帝国建立前，即公元前1世纪的历史，由于缺乏资料而被历史学家称之为"黑暗时代"。而河西汉简中关于大月氏的材料，正是弥补了这方面的空白，为研究这段历史提供了第一手资料。关于这方面的文章有：张德芳《河西汉简中的大月氏》，见宁夏考古研究所、北京大学中国古代史研究中心"第二届丝绸之路国际学术研讨会"论文集，2014年。

32. 郝树声：《简论敦煌悬泉汉简〈康居王使者册〉及西汉与康居的关系》，《敦煌研究》2009年第1期；郝树声《汉简中的大宛和康居——中西交往的新资料》，见《丝绸之路——中西文化交流的永恒通途》太湖文化论坛巴黎峰会论文，2014年。

万里锦程

——丝绸之路出土织锦及其织造技术交流

赵丰（中国丝绸博物馆 研究员）

丝绸之路以丝绸为名，但丝绸之中又以锦为著。锦字从金从帛，意为其价如金，是丝绸中最为名贵者。所谓前程似锦，就是一条东西方之间输送织锦的丝绸之路。

但是，汉唐绿洲丝路上所发现的织锦，主要是属于暗夹型的重组织，其中最为重要的是平纹经锦、平纹纬锦和斜纹纬锦三个种类（图1：平纹经锦、平纹纬锦和斜纹纬锦三种锦组织）。平纹经锦是将经线分成两组或更多组，使用夹纬及明纬将其中一组现于织物正面显花而其余沉于背面的组织，出现于西周，流行于战国秦汉一直到北朝迄初唐；平纹纬锦称为taquete，是将纬线分成两组或更多组，使用夹经及明经将其中一组现于织物正面显花而其余沉于背面的组织，这类组织是对平纹经锦的模仿，先于公元前后出现在地中海沿岸，魏晋南北朝时期流行于丝绸之路上的中亚及中国西北地区；斜纹纬锦，又称samite或samit，其显花原理与平纹纬锦相同，只是地组织采用三枚斜纹而已。这一类型先出现于中亚或西亚地区，到隋唐之际，中国开始采用这一组织结构，后来又演化为半明型斜纹纬重（又称辽式织锦）以及缎纹纬锦、妆花纬锦、浮纹纬锦等不同种类。

中国学者对汉唐这一时期织锦的研究首推夏鼐先生，他于1972年发表的《新疆新发现的古代丝织品：绮、锦、刺绣》一文，对当时织锦的种类、交流及发展进行了深入的探讨[1]。我也曾在美国大都会艺术博物馆举办的《走向盛唐》展览图录中写过专文介绍平纹经锦、平纹纬锦和斜纹纬锦这三类织锦在丝绸之路交流过程中的变化与发展[2]。在此，我将更具体说明这三类织锦的重要遗存情况及其技术交流特别是织造技术交流的过程。

一、汉式织锦在早期丝路上的遗存

织彩为文曰锦，锦就是把染色之后的丝线通过组织结构的变化织出丰富图案的织物。中国的织锦最早出现在周代，但早期的织锦都是平纹经锦，以经线显花而称为经锦。辽宁朝阳魏营子西周早期墓中出现了平纹经重组织的实例，可惜色彩已失，纹样不全[3]。春秋战国时期墓葬中已能见到大量平纹经重织物，而且色彩鲜艳，最为突出的实例是湖北荆州马山一号墓[4]、湖南长沙左家塘楚墓[5]、江西靖安李洲坳东周墓[6]等，这说明经锦的兴盛期在战国之时已经来到。但经锦更为丰富的发现则是在西北地区的丝绸之路沿途，可知其流行到唐初。

丝绸之路沿途所发现的最早的经锦出自阿尔泰北侧、俄罗斯境内的巴泽雷克石棺墓。墓中发现的平纹经锦是二色经锦（1685/23），色彩都已褪成烟灰色，图案为打散构成的几何纹，可以看到有磬纹、杯纹、三角纹[7]等（图2：巴泽雷克出

图1a：平纹经锦组织

图1b：平纹纬锦组织

图1c：斜纹纬锦组织

土的几何纹锦）。从织造风格来看，这件织锦与两湖地区出土的几何纹锦完全一致，所以这些织物无疑是来自中国的产品，但无法确切知道是产自中原还是两湖地区。除了织锦之外，巴泽雷克还出土了蔓草花鸟纹刺绣以及其他丝织物，这与新疆乌鲁木齐附近鱼儿沟战国墓中发现的刺绣凤鸟纹残片

图2：巴泽雷克出土的几何纹锦

图3：诺因乌拉出土的山石鸟树纹锦

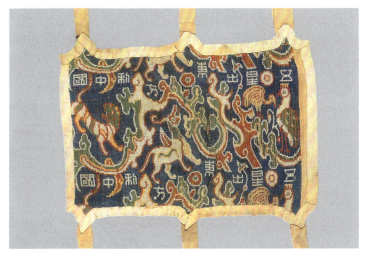

图4："五星出东方利中国"锦

类似[8]。这些织物在这一地区的发现为研究早期丝绸之路特别是草原丝绸之路提供了极好的材料。

西汉初年，汉与匈奴对峙于北方，武帝派张骞出使西域，丝绸之路正式凿空。因此，甘肃和新疆等丝绸之路沿途，有不少遗址和墓葬均出有西汉丝绸。斯坦因早年就曾在甘肃敦煌境内的汉代烽燧遗址中发现了少量织锦，初定为西汉织物[9]。1979年，甘肃省博物馆文物队又在附近的马圈湾烽燧遗址发现了不少属于西汉时期的织物，其中包括带有菱纹与云纹相结合的云气菱纹锦残片和大量绢织物[10]。而较大规模的发现是在甘肃武威磨咀子，出土有自西汉晚期到东汉中期的纺织品，其中属于西汉晚期的48号墓和属于王莽时期的62号墓等均出土了丝织品，与长沙马王堆汉墓比较可知，后者出土的绒圈锦是极为典型的西汉织物[11]。

属于这一时期最为重要的发现是蒙古诺因乌拉匈奴墓出土的织物。诺因乌拉位于蒙古人民共和国中央省色楞格河畔，山上有一个属于公元前1世纪到公元后1世纪的墓葬群，1924－1925年首先由俄国考古学家科兹洛夫发掘。其中发现了一座大型的匈奴贵族墓，出土有大量来自中原地区的织锦。而最为著名的是山石鸟树纹锦（MP－1330），这件织锦曾被多名学者反复研究，最新的研究表明这很有可能是一件蜀锦[12]（图3：诺因乌拉出土的山石鸟树纹锦）。此外，大量的云气动物纹锦也出现在墓中，其中包括"新神灵广"锦、"颂昌万岁宜子孙"锦、"威山"锦、"游成君时于意"锦、菱形鸟纹锦、草样花纹锦、双鱼纹锦等。从种类来看，大多数为中原常见的二色及三色锦，但是也有几何纹的绒圈锦等种类。从墓中出土有汉建平五年（公元前2年）的漆器及大多数织物风格来看，墓中所出织物当属西汉末年[13]。

时至东汉，丝绸之路沿途的中国织锦出土更多。首先是在西北地区的新疆境内，有着大量时属汉晋时期的墓葬发现，其中都有汉式经锦出土。最为著名的墓地有民丰尼雅、若羌楼兰、洛浦山普拉、且末扎滚鲁克、吐鲁番胜金店、尉犁营盘等地。如尼雅遗址1号墓出土的"王侯合昏千秋万岁宜子孙"锦被和8号墓出土的"五星出东方利中国"锦护膊（图4："五星出东方利中国"锦），据俞伟超研究，这两件均应为汉代皇家作坊产品，当为中原统治者给尼雅当地统治者的赐物，因此，这两件织物应为东汉织锦[14]。再如楼兰遗址出土织锦中的双鱼纹锦在诺因乌拉也有出土，而其"广山"锦，则与诺因乌拉所出"威山"锦如出一辙，因此可以推论，楼

兰遗址出土织锦中也有相当一部分为东汉织锦[15]。但由于楼兰和尼雅遗址的废弃年代是在西晋时期，因此确实非常难以区分东汉织锦与魏晋织锦。

东汉织锦在境外从俄罗斯到地中海沿岸也均有发现。在Ilmovaya Padi墓地，就出土了公元前后的汉式卷云纹的三色锦（1354/149－151）[16]。在Minusinsk盆地的Golahtisky墓地，也出土了3－4世纪以汉式锦实物镶边的箭囊，上面可以清楚地看到"为"等织入的汉字[17]。东汉织锦最远的发现地是在叙利亚的帕尔米拉遗址。其中发现的经锦种类约有3－4种，一种是方格连璧龙纹锦，一种是"明"字云气动物纹锦，很有可能是长乐大明光锦的局部，还有一种是葡萄纹锦，其中可以看到有采葡萄人物的场面，据研究这一图案是典型的帕尔米拉风格，说明很有可能当时已有专为西亚地区定制的平纹经锦[18]（图5：帕尔米拉出土的葡萄人物纹锦）。此外，还有若干种不可识别的汉锦残片。

平纹经锦更为大量的发现可以持续到魏晋至北朝时期，这其中最为大量的出土是在吐鲁番、都兰、敦煌等地。此外，新疆营盘和以色列的马萨达（Masada）也有加有强捻的平纹经锦发现，很有可能说明这是其他地区对平纹经锦的模仿[19]。

以上这些平纹经锦的总体特点是：其经纬丝线一般均为无捻，组织结构为平纹经重组织，但其经线常有多种色彩，多时可以达到一个区域中五种色彩，少时也有两种。五色织锦是当时最为华丽和贵重的织锦，其经密可以达到220根/厘米左右，极为紧密。但是，其他采用三色或是四色经重组织的织锦也会在不同区域进行色彩变换，形成色带，以达到整件织锦总体五色的效果。织物的图案大量采用云气动物加汉字吉语，但在汉晋之后有较大变化。不过，其图案规律则永远是在经向有尺寸较小的循环，通常约在10厘米之内，而在纬向没有循环，即其纬向图案通幅可达50厘米左右。

二、从西亚到中亚的平纹纬锦

平纹纬锦的组织结构原理其实是与平纹经锦完全相同，只是经纬线互换而已。所以，平纹纬锦是转了90度的平纹经锦[20]。不过，在丝路上发现的平纹纬锦其纤维既有丝也有毛。

迄今所知，目前世界上所存最早的平纹纬锦出土于以色列的马萨达（Masada）遗址。马萨达是犹太人的一处圣地，公元前30年代，希律王在此进行了大规模的建设。公元

70年，Eleazar率领犹太人起义反抗罗马统治失败后逃到这里并把马萨达作为最后据点。公元73年，马萨达被罗马军队攻

图5：帕尔米拉出土的葡萄人物纹锦

图6：杜拉欧罗巴出土的带勾纹锦 正面

图6：杜拉欧罗巴出土的带勾纹锦 反面

图7: 花海出土的红地云气兽雁纹锦

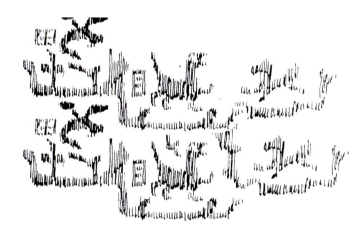

图7: 花海出土的红地云气兽雁纹锦图样

图8: 营盘出土的灯树兽面人物锦（左）
营盘出土的灯树兽面人物锦图样（右）

陷，所有城内的960余名犹太人均在城破前自杀。这一遗址自上个世纪开始被发掘，其中出土了大量的纺织品，包括部分毛质的平纹经锦和平纹纬锦。这一发现说明，丝绸中的平纹经锦应该于公元前后到达地中海沿岸，并为当地织工所仿制。而且，当地织工还据此创新了毛质的平纹纬锦。

另一件极为著名的平纹纬锦出自地中海沿岸叙利亚的杜拉欧罗波（Dura－Europos）遗址。杜拉欧罗波建于公元前3世纪，是希腊、罗马、帕提亚之间的边境城市。杜拉欧罗波最后于公元256－257年被萨珊波斯毁灭。杜拉欧罗波出土的纺织品主要藏于美国耶鲁大学博物馆，已有相关报告面世[21]，但其遗址出土的呈带勾纹的平纹纬锦经日本纤维考古学家布目顺郎鉴定是蚕丝织物[22]（图6：杜拉欧罗巴出土的带勾纹锦），因此，这应该是迄今为止最早的丝质平纹纬锦。

平纹纬锦在公元3－4世纪起显著增多，特别是在中国境内的西北地区。目前所知最早有明确纪年的平纹纬锦是甘肃

花海毕家滩墓地M26中出土的"大女孙狗女"丝绸服饰。据出土衣物疏记载，墓主人死于升平十四年（377年）。其中的"碧裤"档部由碧绢与红色云气鸟兽纹纬锦拼接而成。织锦图案为较规矩的云气纹带，可以看到每一空间中各有一种动物，一兽右行如虎，一兽左行，一雁飞翔，每一空间中均有田、目之类的方格装饰[23]（图7：花海出土的红地云气兽雁纹锦）。

此外，在新疆境内也有较多同类织物的发现。斯文·赫定和斯坦因也可能发现过同类织物。斯文·赫定在楼兰地区曾发现过一些织物残片，从图案和组织结构来看与平纹纬锦都十分相似[24]。稍后，斯坦因在吐鲁番也发现了类似的织物。他在楼兰L.M.发现有两件类似的织物，其中L.M.1.026则有较局部的放大照片，可以基本确定为绵经绵纬的平纹纬锦[25]。

营盘墓地发现的平纹纬锦数量较多。其中8号墓出土的棉袍上的龙纹锦缘，是以绵线为经纬线的平纹纬锦，以红色为地，浅褐和白作花，1:2的平纹纬二重，其中可以看到有翼应龙的形象，以及田字形和云纹骨架[26]。另有一件为人物兽

面鸟树纹锦，纹样构成更为复杂，由上而下为一伞盖状物，盖下悬有灯或钟状物，两伞柄之间为一人物，两脚之侧各有一只小鸟，鸟下为一大树，两树之间为一兽面。由于采用对称连续布局，整体纹样仍显得比较规整（图8：营盘出土的灯树兽面人物锦）。营盘墓地另外值得一提的是毛质的平纹纬锦也有不少出土。其中最为有名的是与那件红地对人对兽纹罽接拼的一块对波小花纹妆花罽。此外还有一件鹰蛇纹罽，也是毛质的平纹纬锦[27]（图9：营盘出土的对波小花纹妆花罽）。这类纬锦在吐鲁番有葡萄纹罽出土，在尼雅有龟背小花纹罽出土，说明当时毛质平纹纬锦的流行。

新疆另一处汉晋时期的重要墓地扎滚鲁克也有大量平纹纬锦出土。可惜的是图案大多不完整，暂时能分出六种：白地红花草纹锦、白地红几何纹锦、白地红条纹锦、胭脂红地植物纹锦、胭脂红地狩猎纹锦和胭脂红地龙纹锦等[28]。

吐鲁番阿斯塔那墓地有较多的6世纪前后的丝质平纹纬锦出土。如TAM313号墓出土的红地瑞兽纹锦，由于同墓出土有《高昌章和十八年缺名衣物疏》，说明这件锦可能生产于公元548年前后[29]。阿斯塔那TAM170墓（6世纪中叶）中出土的合蠡纹锦裤也属于此类[30]。

平纹纬锦的另一处重要发现是乌兹别克斯坦境内的蒙恰特佩（Munchak tepa）墓地。蒙恰特佩位于费尔干纳盆地锡尔河边上的帕卜城郊，那里有巴兰特佩、蒙恰特佩、克瑞克胡兹拉以及朗伽勃勃特佩等遗址，其中巴兰特佩是古城，城中发现了中国五铢钱和开元通宝，可知帕卜遗址年代上限为公元1－8世纪间，蒙恰特佩是其墓地，其中发掘的1号、3号、9号墓以及5号墓中，发现了大量的丝织品。其中用作衣服领缘的，就是与营盘墓地发现十分接近的绵线平纹纬锦，此外还有一件长丝织造的联珠纹平纹纬锦[31]（图10：蒙恰特佩出土的联珠纹平纹纬锦）。

上述平纹纬锦基本都出自公元4世纪晚期至6世纪早期，主要集中在4、5世纪。而从技术和图案来看，则有以下几个特点：这类织物的组织结构都是平纹纬锦，但其经纬线不少是由手工纺成的丝绵线承担，但到5、6世纪前后，则大量出现长丝的平纹纬锦。从TAM170的文书来看，这类织锦都被看作是波斯锦，即从西方来的织锦。另外，从图案来看，平纹纬锦一般也有两类：一类是仿汉式织锦的图案，一般有简化了的云气纹或是波纹作基本骨架，上面布置飞禽瑞兽纹样和仿汉字的装饰纹样；第二类图案较为复杂，题材有人物、

动物、各种树和树叶，甚至还有器物等造型，纹样的方向一般与经线方向相同，但经常出现左右对称的情况。少量可以复原其织物规格，可知这些平纹纬锦的规格应为张。据吐鲁番出土文书，其中地毯、波斯锦、丘慈锦等新疆当地织锦均以"张"作单位。《义熙五年（公元409年）道人弘度举锦

图9：营盘出土的对波小花纹妆花罽

图10：蒙恰特佩出土的联珠纹平纹纬锦

图10：蒙恰特佩出土的联珠纹平纹纬锦图样

图11：安底诺出土的联珠翼马纹锦

券》[32]和《承平五年（公元447年）道人法安弟阿奴举锦券》[33]中，均记载了这一规格。由文书可见，当时一张的规格为长180.4－216.1厘米、宽95.2－107.1厘米，其长约为宽的一倍。

三、中亚和大唐两个系统的斜纹纬锦

现在无法明确最早的斜纹纬锦出自何处，但乌兹别克斯坦的蒙恰特佩墓地中出土了一小块斜纹纬锦[34]。虽然只是一块失去色彩和图案的锦带，但经碳14测年为3－4世纪，加上蒙恰特佩墓地出土的不少纳骨瓮来看，这有可能是来自粟特地区的粟特锦。

斜纹纬锦的最西出土地是地中海沿岸，到目前为止，其明确的出土地主要是安底诺（Antinoe）墓地。安底诺位于埃及尼罗河边，原是罗马人建立的城市，并有其相应的墓地，

图12：吐鲁番出土的花鸟纹锦

图13：都兰出土的瓣窠五色鸟锦

其兴盛期在公元3、4世纪，到6世纪衰落，到10世纪废弃。其墓地出土的实物中有大量早期基督时期到科普特时期的织物，在5－7世纪之间，其中有大量斜纹纬锦。安底诺出土的织物被分散收藏于世界各地的博物馆中，美国大都会艺术博物馆，英国维多利亚阿尔伯特博物馆，法国卢浮宫、里昂织物博物馆等均有收藏，其中最为著名的是大角羊锦、联珠翼马纹锦等[35]（图11：安底诺出土的联珠翼马纹锦）。

可惜的是，最为人们看好可能是斜纹纬锦产地的西亚和中亚却缺少实物的出土。不过，从萨珊波斯的伊朗到昭武九姓的粟特地区，都有大量的浮雕或壁画遗存下来，其中华丽的人物服饰图案，都明确显示这些应该是斜纹纬锦的风格。如Taq－I Bostan，如Varakhsha、Afrasiab、Penjikent等[36]，甚至太原北齐徐显秀墓壁画中的联珠人物锦纹和敦煌隋代壁画上的联珠狩猎锦纹，无疑也是斜纹纬锦。这些图案的存在，都说明斜纹纬锦在公元3、4世纪之后一直就非常流行。

但是，比较完整的斜纹纬锦最早出现在新疆地区的初唐墓葬中，那主要是吐鲁番阿斯塔那墓地的出土。其中可以分成几个类型。一是纯中亚的产品，二是仿制中亚的产品。前者出现是在7世纪中叶，相当于贞观后期。其特点是：其显花丝线较粗、平整，色彩数量一般较多，一般可达五种，纬锦的门幅一般都有特大的幅宽，约100厘米左右；从织物的图案来看，这类纬锦大量都带有联珠团窠图案，如联珠大鹿、联珠猪头、联珠骑士等。后者则具有明显的东方特色。除了与西方纬锦有一些共性外，从细节来看，其最为重要的特点是经线加捻的捻向为S向，与西方纬锦恰恰相反；其图案则以宝相花或花鸟等题材为主，如吐鲁番出土的宝相花纹锦和花鸟纹锦等（图12：吐鲁番出土的花鸟纹锦）。这一类纬锦主要产自中原。

除新疆吐鲁番之外，青海都兰是另一个出土斜纹纬锦的重地，其最具特色的是大量的瓣窠含绶鸟锦，亦即敦煌文书中所说的"五色鸟锦"[37]（图13：都兰出土的瓣窠五色鸟锦）。这类织锦的经线通常用紫色并加有Z捻，表面特别平整，背面还出现抛梭现象，亦即有部分纬线在局部地区不织入织物而沉浮在织物背面[38]。这种锦无论从图案还是织造技术来看都是西域地区的产物，但从名称上来看却与宋代所谓的"绒（茸）背锦"较吻合。但相较于吐鲁番，都兰墓地缺少明确的纪年，其中一件织有中古波斯文的斜纹纬锦，被认作为是公元7世纪的产品[39]。

都兰之外，还有敦煌。敦煌纬锦也有几类，其中一类属于中亚系统，文书中称其为番锦，其实例有共约9种。团窠尖瓣对狮纹锦（MAS858，EO.1199）、红地联珠对羊对鸟纹锦（MAS.862，EO.1203/E）、淡红地团窠对鸭纹锦（MAS.863）、黄地小花中窠对鹰纹锦（EO.1193）、黄地联珠对兽纹锦（EO.1207）、红地宝花纹锦（MAS865，L:S.642）等都是[40]。但敦煌也有中原系统的纬锦。

斜纹纬锦在丝绸之路东端的日本正仓院和法隆寺也有保存，其中最为重要的是四天王狩狮锦和犀圆纹锦[41]。由于正仓院藏品的年代十分明确，这些织锦都是8世纪之前到达日本的。但所有这些织锦，都属于唐朝生产的中原纬锦，与当时的中亚系统纬锦已有不同。

此外，公元7、8世纪的斜纹纬锦在欧洲也有广泛收藏。特别是在中世纪早期的教堂里，无论在梵蒂冈，还是在德国、意大利、法国等，都有类似的收藏。梵蒂冈博物馆所收藏的翼马纹锦、对狮子锦、立鸟纹锦等，都被认为是萨珊波斯或是中亚粟特织造体系的产物。

到唐代晚期公元9世纪前后，中国本土生产的斜纹纬锦已发生了较大的变化，出现并流行的是辽式纬锦，与早期的斜纹纬锦有着极大的区别。但在中亚地区，这类纬锦却依然大量存在，没有改变基本织法。在俄罗斯的北高索地区的Mochevaya和Arhis河谷，这类存在最为明显，大量被认为是粟特地区生产的或是来自拜占廷、中国的斜纹纬锦在那里被发现[42]，说明中亚地区的织锦技术特别是织锦组织在很长时间内一直没有改变。青海阿拉尔出土的10-11世纪的灵鹫纹锦袍以及孔雀对羊纹锦袍上的织锦，采用的还是典型的唐式斜纹纹锦[43]。直到公元12、13世纪，蒙元时期的织锦中，还可以找到这类斜纹纬锦。

四、伴随织锦的提花技术传播与交流

在丝绸织造技术中，其实最为复杂的提花技术，在丝绸之路沿途，曾经出现过的织花方法或是提花方法有多种类型，但其中最为重要的是三种，即多综式提花、束综式挑花和束综式提花。所谓的挑花，是指每次图案的织造规律都得重新挑起，而所谓的提花，是指在整个织造过程中，只需要一次制作花纹程序，反复利用，循环织出同一图案。

第一种类型是多综式提花机，可以有踏板，也可以没有踏板。根据《西京杂记》的记载，汉昭帝时期（公元前94-

前74年），霍光的妻子召陈宝光妻子用有120镊的织机织造了25匹散花绫。这里的镊可能是一种金属杆，其织机有可能是多综式提花机，只是不清楚其提综的动力来源是什么。幸运的是，2013年在四川成都北郊的老官山墓中出土了四台汉代提花织机模型（以1：6的尺寸微缩的立体织机），明确属于多综式提花机，其动力来源十分特别[44]。不过，史料中提到的另外一类多综式提花机可以称为多综多蹑提花机，这在《三国志·杜夔传》裴松之注中有所记载，说有用五十蹑控制五十综、六十蹑控制六十综的绫织机。这类织机也一直流传到近代，民间的腰带织机是其遗绪。这类多综多蹑提花织机仍然在中国西南四川成都和云南德宏、琳琅、附近的乡村里使用[45]。

兹鲁（Zilu）织机是一种使用挑花方法的织花机，目前在伊朗乡村仍然被用来织造图案在纬向上进行循环的大型织物。我们认为，这种兹鲁织机也可以作为织造中亚织锦或粟特锦的织机原型[46]。这种织机有两个关键的机构。其一是直立或斜立的框架，所有经线都被固定在两根卷轴上，一根是经轴，另一根是织轴。织工站在经线前面，投梭织造。其二是一套挑花装置，显花时所需要提升的经线必须在这里被选择相应的综线并由一位助手进行提升。在这挑花装置和织机框架之间，必须再有一个多把吊的提综装置（我称其为1-N提综系统）来连接综线和经线，这样，一个图案单元才能在纬向得到循环。由于这一织花方法只能控制图案的纬向循环而无法控制其经向循环，所以这适合平纹纬锦和中亚风格的斜纹纬锦上的图案结构。可以说，1-N提综系统是丝绸之路沿线的西域织工的一项非常重要的织花技术发明。

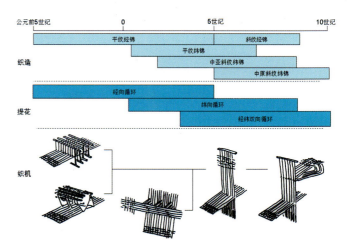

图14：丝绸之路织锦技术交流与发展系谱图

最后一种提花技术类型是能够使纹样在经向和纬向上都得到循环而将以上两种提花方法相结合的束综提花机，又称花楼机。这种提花织机不仅使用由花工操作的名副其实的提花花本（程序），也采用了1－N的提综系统，形成了真正的束综提花机。因此束综提花机的发明也证明了中国人在经历一段漫长的传播和思考过程之后，终于在公元6世纪左右完善了提花机。这种提花机的存在可以由北朝晚期的绯地大王锦、吉字羊树锦（平纹经锦），以及隋代何稠完成的大窠联珠纹锦（斜纹纬锦）等得到证实，唐代晚期敦煌文书中大量出现的楼机䌰可以算作是文献上的佐证，而关于束综提花机的最早图像则应该出现在传为南宋时的《耕织图》或《蚕织图》中[47]。

通过丝路之锦的遗存及其对这些织锦的研究，我们可以得出一个结论，锦的织造技术、图案的挑花与提花技术以及织机机械的发展并不完全是同步发生的，迄今为止我们还不能完全断定它们各自确切的发展过程（图14：丝绸之路织锦技术交流与发展系谱图）。不过，总体而言，最早出现的是中国平纹经锦及生产经锦的多综式的提花机，随着早期丝绸之路上织锦的传播（战国到西汉之间），这些经锦已经传播到地中海沿岸，其组织结构已为当地织工所效仿，成为平纹纬锦，其后再发展到斜纹纬锦，并出现了兹鲁织机一类的挑花、显花和图案循环等都旋转90度之后的装置。这种技术后来又被中国织工所学习，诞生了同时能产生经向和纬向循环的束综提花机，并流行生产效果更好、效率更高的斜纹纬锦。所以，在丝绸之路上，特别是从织锦技术的传播和交流来看，任何技术都不是单向传播的，其发展得益于各国、各地区织工在丝绸之路上产品和技术的内在交流。

注释：

1. 夏鼐：《新疆新发现的古代丝织品——绮、锦和刺绣》，《考古学报》1963年第1期。

2. Zhao Feng, The Evolution of Textiles along the Silk Road, *China: Dawn of a Golden Age, 200－750 AD*, 2004, PP.67－77.

3. 辽宁省博物馆文物工作队：《辽宁朝阳魏营子西周墓和古遗址》，《考古》1977年第5期。

4. 湖北省荆州地区博物馆：《江陵马山一号楚墓》，文物出版社，1985年。

5. 湖南省博物馆等：《长沙楚墓》，文物出版社，2000年。

6. 江西省文物考古研究所、靖安县博物馆：《江西靖安李洲坳东周墓发掘简报》，《文物》2009年第2期。赵丰等：《成是贝锦——东周纺织织造技术研究》，上海古籍出版社，2012年。

7. S. I. Rudenko, *Der Zweite Kurgan von Pasyryk*, Verlag Kultur und Fortschritt, Berlin, 1951.

8. 新疆文物局等：《新疆文物古迹大观》，新疆美术摄影出版社，1999年。

9. M.A.Stein, *Innermost Asia: detailed report of exploration in Central Asia*, Kansu and Eastern Iran, Clarendon Press, Oxford, 1928.

10. 赵丰：《敦煌马圈湾汉代烽燧遗址出土纺织品》，《敦煌马圈湾汉代烽燧遗址发掘报告》，甘肃文化出版社，1999年，第98－107页。

11. 甘肃省博物馆：《武威磨咀子三座汉墓发掘简报》，《文物》1972年第12期。

12. Maria Menshikova, Figured Silk with Rocks, Tree, Birds and mushrooms from Noin－Ula, a Possible Interpretation of the Subject, *Reports of the State Hermitage Museum*, LXIX, 2011, pp.30－35.

13. 鲁金科著，孙危译，马健校注：《匈奴文化与诺彦乌拉巨冢》，中华书局，2012年。

14. 俞伟超：《两代精绝王》，《沙漠王子遗宝》，香港艺纱堂/服饰出版，2000年，第18－21页。

15. 新疆楼兰考古队：《楼兰古城址调查与试掘简报》，《文物》1988年第7期。

16. E. Lubo－Lesnichenko, Ancient Chinese Silk Textiles and Embroideries, 5th to 3rd Century AD in the State Hermitage Museum (in Russia), Leningrad, 1961.

17. 俄罗斯艾尔米塔什博物馆考古学家Svetlana Pankova曾对我展示这批文物。

18. Andreas Schmidt－Colinet, and Annemarie Stauffer etc, *Die Textilien aus Palmyra*, Verlag Philipp von Zabern, Mainz am Rhein, 2000, kat 521, 223, 240.

19. 赵丰：《新疆地产绵线织锦研究》，《西域研究》2005年第1期。

20. *Masada: the Yigael Yadin excavations 1963 1965, final reports*. Israel Exploration Society; Hebrew University of Jerusalem, Jerusalem, 1989.

21. Lisa R. Brody and Gail Hoffman, eds., *Dura-Europos: Crossroads of Antiquity*, exh. cat. McMullen Museum of Art, 2011.

22. 布目顺郎：《目で見る纤维の考古学：纤维遗物资料集成》，染织と生活社，1992年。

23. 赵丰、王辉、万芳：《甘肃花海毕家滩26号墓出土的丝绸服饰》，《西北风格——汉晋织物》，香港艺纱堂/服饰出版，2008年，第94-113页。

24. Vivi Sylwan: *Investigation of Silk from Edson-Gol and Lop-Nor*, Stockholm, 1949, pp.147-154.

25. Krishna Riboud, Further Indication of Changing Techniques in Figured Silk of the Past-Han Period (AD4th to 6th century), *Bulletin de Liaison du CIETA*, no.41-42, 1975-II, pp.13-40.

26. 赵丰主编：《纺织品考古新发现》，香港艺纱堂/服饰出版，2002年，第58-61页。

27. 李文瑛、周金玲：《营盘墓葬考古收获及相关问题》，《新疆维吾尔自治区丝绸考古珍品》，上海译文出版社，1998年，第61-75页。又见李文瑛：《营盘95BYYM15号墓出土织物与服饰》，《西北风格——汉晋织物》，香港艺纱堂/服饰出版，2008年，第18-39页。

28. 王明芳：《三至六世纪扎滚鲁克织锦和刺绣》，《西北风格——汉晋织物》，香港艺纱堂/服饰出版，2008年，第56-75页。

29. 贾应逸：《新疆丝织技艺的起源及其特点》，《考古》1985年第2期。

30. 王乐：《合蠡纹锦裤复原研究》，《西域异服：丝绸之路出土古代服饰复原研究》，东华大学出版社，2007年，第109-115页。

31. 马特巴巴伊夫、赵丰主编：《大宛遗锦：乌兹别克斯坦费尔干纳蒙恰特佩出土的纺织品研究》，上海古籍出版社，2010年。

32. 《吐鲁番出土文书》第一册，文物出版社，1981年，第189页。

33. 《吐鲁番出土文书》第一册，文物出版社，1981年，第181页。

34. 马特巴巴伊夫、赵丰主编：《大宛遗锦：乌兹别克斯坦费尔干纳蒙恰特佩出土的纺织品研究》，上海古籍出版社，2010年。

35. The Textile Museum Lyons, ELAH, 2001, pp.44-49.

36. Guitty Azarpay, *Sogdian painting: The pictorial epic in Oriental art*. University of California Press, Berkeley CA 1981.

37. 赵丰、王乐：《敦煌的胡锦与番锦》，《敦煌研究》2009年第4期。

38. 许新国、赵丰：《都兰出土丝织品初探》，《中国历史博物馆馆刊》1991年第15、16期合刊。

39. 许新国：《都兰吐蕃墓出土含绶鸟织锦研究》，《中国藏学》1996年第1期。

40. 赵丰、王乐：《敦煌的胡锦与番锦》，《敦煌研究》2009年第4期。

41. 松本包夫：『正仓院裂と飞鸟天平の染 』，紫红社，1984年。

42. Anna A. Ierusalimskaja, *Die Graber der Moscevaja Balka: Frühmittelalterliche Funde an der Nordkaukasischen Seidenstrasse*, Editio Maris, Munich, 1996.

43. 赵丰、王乐、王明芳：《论青海阿拉尔出土的两件锦袍》，《文物》2008年第8期。

44. 《四川成都老官山西汉木椁墓》，中国考古网，2014年4月12日。

45. 胡玉端：《丁桥看蜀锦织机的发展：关于多综多蹑机的调查报告》，《中国纺织科学技术史资料》第1卷，1980年，第50-62页。

46. Zhao Feng, Weaving Methods for Western-style Samit from the Silk Road in Northwestern China, Central Asian Textiles and Their Contexts in the Early Middle Ages, *Riggisberger Berichte*, 9, Abegg-Stiftung, 2006, pp.189-210.

47. 赵丰：《蚕织图的版本及所见南宋蚕织技术》，《农业考古》1986年第1期。

公元前1000年之前早期丝绸之路上的中国西北和欧亚草原及西方的文化交流

王辉（甘肃省文物考古研究所　研究员）

丝绸之路是德国地理学家李希霍芬于1877年在其所著的《历史》一书中提出的。在该书中，首次将汉代中国至中亚南部、西部及印度之间以丝绸贸易为主的交通路线称之为"丝绸之路"。一般认为丝绸之路的开通时间始于张骞开通西域。其实，张骞的两次出使目的是联合月氏和乌孙在军事上夹击匈奴，与开拓商路并无多大关系。但在客观上，张骞出使西域确实强化了中西文化的交流，在汉代以后，这条道路上商队和使团络绎不绝，成为中西交通的一条主要通道。

事实上，中西文化交流开始的年代远早于汉代张骞出使西域，现有的考古材料证明，早在新石器时代晚期双方就存在着一定程度的文化交流。早期丝绸之路是指从欧亚草原西部、西亚至中亚经过欧亚草原中部进入新疆和中国西北的古代交通路线，这条路线还可以从欧亚草原中部进入欧亚草原东部至中国北方地区，与汉代丝绸之路的路线有所不同。

欧亚草原是指东从中国东北地区大兴安岭开始，经过蒙古高原、巴尔喀什湖、叶尼塞河中上游、鄂毕河和额尔齐斯河中上游、阿尔泰山地和北麓的草原、西西伯利亚低地、咸海、里海、黑海直至多瑙河流域的一条带状地带。欧亚草原东西长7500公里左右，南北宽400－500公里。在欧亚草原及附近区域，有许多古代民族和文化交流的重要地区和区域

文化中心，如蒙古高原、米努辛斯克盆地、阿尔泰地区、七河地区、高加索、帕米尔等。这条道路是草原游牧民族的迁徙之路，也是汉代以前中西文化交流的主要通道。按照地势和文化等方面的差异可，欧亚草原以分为东、中、西三个区域，西部区域西起喀尔巴阡山东麓，东至乌拉尔山南部的草原地带，以伏尔加河、顿河和乌拉尔山为中心；中部自乌拉尔山东麓至阿尔泰地区、叶尼塞河和萨颜岭西侧，以阿尔泰山为中心；东部自阿尔泰东达松花江和辽河流域，以蒙古草原为中心[1]。欧亚草原地带的地貌多样，包括了草原、森林草原、森林、戈壁沙漠、山地等多种景观。

欧亚草原与世界早期文明均有密切的关系，在欧亚草原的东部南侧是古老的中华文明，西端与希腊文明相接，欧亚草原西部向南是两河流域文明，欧亚草原经过中亚又和古印度文明产生了联系。

即使在汉代丝绸之路开通之后，匈奴、突厥、蒙古等草原上的游牧民族仍然沿这条通道纵横驰骋在欧亚草原上。通过这条道路，他们到达西亚和欧洲。

早期丝绸之路上公元前1000年之前中国西北地区和欧亚草原及西方的文化交流可分为公元前2000年之前和公元前20世纪初至11世纪两个时期。

一、公元前2000年之前的线索

对于20世纪之前的中西文化交流目前所知道线索很少。安特生在《中华远古之文化》中，通过对仰韶文化、马家窑文化的彩陶和中亚阿什哈巴德安诺文化及乌克兰特里波列文化的彩陶比较后，认为中国的陶器制作技术是从中亚传入的，进而认为中国文化也有可能是从中亚传入的[2]。中国文化西来说很快被新的考古发现所提供的证据否定。

的确，在中国的彩陶中可以找到与西方文化相似的地方。如公元前5500－4300年之间，伊拉克北部的哈拉夫文化中有发达的彩陶，其中可以发现有一部分图案和庙底沟及马家窑类型的彩陶图案很相似，如彩陶钵内的弧线三角组成的花瓣文与庙底沟文化彩陶接近（图1）；高领彩陶罐与马家窑

图1：哈拉夫文化彩陶

图2：哈拉夫文化彩陶

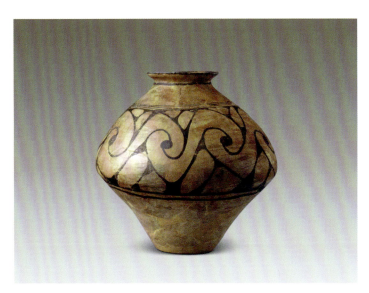

图3：特里波列文化的彩陶

文化晚期的彩陶也很相近（图2）[3]。同样，在乌克兰的特里波列文化（4000－3500B.C）中的彩陶图案也与庙底沟类型的回旋勾连纹相似（图3）[4]。虽然现在还不能确定在他们和中国彩陶之间之间存在着交流，但这种相似性仍然是令人吃惊的，其中的原因还需要深入探讨。

在西亚萨迈拉文化（公元前5000年左右）发现的彩陶上的人面纹和半山文化彩陶的器盖上的陶塑人像在构图和形象也有相似之处（图4、图5）。萨迈拉文化的年代远远早于半山类型的年代，二者虽然很形似，但我们还是无法找到他们之间的联系。

虽然在陶器上不能肯定公元前2000年之前中西文化交流的存在。但在技术上还是可以看到文化的传播。古印欧人群在公元前3000年晚期也进入了新疆。

中国最早的青铜器出现在马家窑文化时期（公元前3300－2650年），在东乡林家遗址中出土了青铜刀和数块冶炼的铜渣[5]。半山、马厂文化（公元前2650－2000年）时，也在永登连城蒋家坪，酒泉照壁滩和高苜蓿地发现有铜刀、铜锥和冶炼铜块各1件[6]。材质既有红铜也有青铜。张掖黑水国西城驿遗址出土了马厂晚期冶炼铜器的炉渣。

世界上最早的红铜在公元前8－7千纪出现在安拉托利亚，真正开始锻造或铸造物品始于公元前5千年初，中心在东南欧、南高加索和土库曼斯坦等地[7]。公元前4千纪时，铜在伊朗高原广泛传播，用来制作装饰品。铜最初的地位较高的人才使用的金属，铜的价值在于其所带来的社会威望。而最初的青铜合金出现在迈科普文化当中（公元前3750－前3500

图4：半山类型陶塑人面器盖，现藏甘肃省文物考古研究所

图5：萨迈拉文化陶器，约公元前5000年，伊拉克巴格达国家博物馆

年）[8]。尽管在甘青地区铜器的数量目前还发现很少，种类也仅限于工具，但可以说明这一地区的人们在距今5000前后已经掌握了金属冶炼技术。虽然目前学术界对中国铜器的起源问题还存在着争论，但可以肯定的是中国西北早期冶铜技术和西方存在着联系。

公元前2000之前，西方的欧罗巴人就已经进入了新疆塔里木盆地。韩康信通过对孔雀河墓地人骨的研究，提出阿凡纳谢沃文化的人群可能南下进入了塔里木盆地[9]。俄罗斯学者库兹米娜（Elera F.Kuzimina）也认为孔雀河古墓沟在许多文化特征上与阿凡纳谢沃文化相近，二者间应该存在某种联系[10]。Jerry H.Bentley甚至认为早在在公元前4千纪操印欧语系的移民就已经进入了西伯利亚和塔里木盆地[11]。

山羊和绵羊最早可能是在伊朗的扎格罗斯及周边地区驯化的，时间为距今10000年前。青海民和核桃庄马家窑文化的墓葬中发现有随葬羊下颌骨或骨架的现象[12]。这些羊应该是绵羊，山羊的传入是在稍晚的齐家文化阶段。

黄牛是在距今1万年左右的东非和西亚驯化的。牛在中国西北的出现也很早，在甘肃天水西山坪遗址属于北首岭下层（公元前5300－前4900年）的文化层中就出土有牛。其后，在天水西山坪马家窑文化和齐家文化地层中以及师赵村的齐家文化地层中都发现有牛，且均为驯化的牛[13]。

人类对马的驯化大约在公元前4300年左右，公元前4000年前后在乌克兰的斯列德尼.斯铎格（SrednyStog）文化的居民开始了马匹的骑乘。马在西亚和欧亚草原上的驯化和使用远远早于中国，目前在西北地区发现的最早的马是甘肃天水西山坪遗址和临潭磨沟遗址马家窑文化遗存中发现的马牙和马的趾骨[14]。

西北地区在新石器时代文化中发现的马和羊被认为可能是由西方传入的，牛也不能排除是从西面传入的可能，但也有可能来自于邻近地区[15]。

二、公元前2000年至公元前1000前

从公元前2000年开始，中国文明开始进入国家时期，马和马车在欧亚草原上得到了广泛使用，在欧亚草原和中国西北地区畜牧经济和游牧经济有了很大发展，铜器的使用也更加普遍，铁器也开始在这一地区出现。随着人们流动性的增强，使远距离和更广大的范围的贸易和文化交流成为可能。这一时期西北地区的早期中西文化交流呈现出两种形态。在

新疆是古印欧人的大批进入，西北地区的青铜文化也进入了新疆东部，二者在新疆发生了直接的碰撞和交融；在甘青地区则表现为大量欧亚草原文化因素通过新疆进入河西走廊并不断扩散造成的影响。这一时期文化交流的深度进一步加深，范围扩大。

欧亚草原青铜时代文化的东进对新疆及周围地区的影响重大。青铜时代早期，在北疆阿尔泰地区和准格尔盆地周缘形成了切木尔切克文化，该文化的居民属于原始印欧人种。从器物群的特征看，切木尔切克文化的形成可能受到阿凡纳谢沃文化和奥库涅夫文化的影响[16]。在切木尔切克文化中还出现了双轮马车。

塔里木盆地及周边地区产生了小河为代表的一支文化，在小河墓地中可以见到来自于甘青地区青铜文化、鄂毕河流域的萨姆斯文化、南西伯利亚奥库涅夫文化、安德罗诺沃文化共同体中的卡拉库尔文化、费德罗沃文化以及外贝加尔地区格拉兹科沃文化的影响[17]。小河墓地的人骨和DNA分析的结果表明，小河墓地早期的人群是东西方混合人群，晚期则以古印欧人群为主，同时南亚和东亚的成分也逐渐增多[18]。

天山东部地区形成的是天山北路一期遗存，在天山北路一期遗存中既有来自于河西走廊过渡类型和四坝文化的因素[19]，也有来自安德罗诺沃文化共同体中文化因素的影响。

在安德罗诺沃文化共同体晚期，安德罗诺沃文化共同体从北疆西部的塔城、阿拉山口、伊犁和喀什等地大规模进入新疆，沿天山廊道深入到新疆腹地。在新疆的分布主要集中在塔城、温泉、伊犁及塔什干等新疆西部地区。进入天山北部的和安德罗诺沃文化共同体中的费德罗沃文化接近；进入天山南部的具有七河类型的特点[20]。其影响远播天山东部、甘青地区。

在安德罗诺沃文化共同体之后，卡拉苏克文化的影响也进入了新疆。新疆的克拉苏克文化具有多元的特点，保留了安德罗诺沃文化共同体的一些特点[21]。卡拉苏阿克文化沿着安德罗诺沃文化前进的路线继续前进，其锋芒到达了新疆东部。

在新疆的青铜时代文化中，具体在文化因素上所表现的西方文化因素主要有以下几个方面。

封堆和石围。墓上起封堆的做法主要是南俄草原西部起源的传统，石围和石室则是西伯利亚青铜时代文化的特色，在西伯利亚从阿凡纳谢沃、奥库涅夫、安德罗诺沃到卡拉苏

图6：齐家文化铜耳环（临潭磨沟）　　　　　　图7：齐家文化铜斧（广河齐家坪遗址）　　　　　　图8：齐家文化铜斧（临潭磨沟）

克文化都一直保持着这个传统，新疆地区墓葬中的封堆和石围也是接受这些文化影响的结果。甘青地区齐家文化晚期墓葬上出现的坟丘，尤其是以碎石堆成的坟丘[22]应当是欧亚草原西部传统传入新疆后扩散的结果。

陶器群。新疆的陶器群可分为尖圆底罐系统、缸形平底罐系统和圆底釜（钵）系统和带耳罐等四个系统[23]。尖圆底罐系统是阿凡纳谢沃文化的主要陶器群；缸形平底罐系统树安德罗诺沃文化；圆底釜系统属卡拉苏克；带耳罐系统则来源于河西走廊的青铜文化中。在陶器的装饰纹样上，口沿下部戳印窝纹和以密集的刻划线装饰陶器的作风和连续三角纹、连续波折纹和连续填斜线的三角纹等是受欧亚草原文化影响的结果；彩陶则是接受了甘青地区青铜文化的影响。

金属器。新疆青铜时代文化中出土的一端呈马蹄口的耳环、弓背刀、穿銎斧、管銎斧、短剑、兽首刀、折背刀、镰刀等在型制上也表现出了和安德罗诺沃和卡拉苏克文化的密切关系。

进入新疆的古代青铜文化的创造者除奥库涅夫、"过渡类型"和四坝文化为蒙古人种外，其它的都属于古代印欧人。

甘青地区青铜时代文化中迄今为止虽然还没有发现古代印欧人种进入的迹象，但仍然可以看到许多欧亚草原和西方文化影响的因素。主要表现在以下方面：

首先表现在冶铜技术和铜器的器形上。公元前2000之后的甘青地区诸青铜文化中铜器得到了较为普遍的使用。但与中原地区不同，西北地区的铜器主要是工具和装饰品，有少量的兵器和表示权力的威信物，不同于中原地区以铜容器作

为礼器的传统，而与欧亚草原地带的传统相同。在冶炼技术上也可能受到了欧亚草原冶炼技术的影响，在张掖西城驿黑水国遗址出土的鼓风管就与俄罗斯南部草原地带青铜文化中的鼓风管相同[24]。

铜器的化学成分上也显示出相似的倾向，四坝文化和天山北路墓地的铜器主要两类材质为锡青铜和砷铜。齐家文化铜器的主要材质是红铜、锡青铜，有一部分砷铜。据契尔耐赫统计，在塞伊玛－图尔宾诺文化的铜器中，锡青铜占47%，砷铜占46%；安德罗诺沃文化则主要为锡青铜，仅有个别砷铜[25]。在欧亚草原上，乌拉尔以东主要为锡青铜，有少量的砷铜；乌拉尔以西则以砷铜为主，锡青铜也占有相当的比例[26]。

不仅冶炼技术、使用传统和材质上在中国西北地区和欧亚草原的青铜时代文化中呈现了相当大的相似性，在铜器中也存在相同或相近的器形。齐家文化中发现的扁马蹄口的耳环（图6）、双耳和单耳穿銎斧（图7、图8），寺洼文化中发现的单耳直銎斧（图9），青海西宁沈那遗址出土的阔叶倒勾矛（图10）等和塞伊玛－图尔宾诺文化和安德罗诺沃文化共同体中的同类器物相同，也是这两支文化中的典型器类。菲兹杰拉尔德－胡柏（Louisa G. Feizgerald－Huber）还认为齐家文化中的有柄弓背刀、武威皇娘娘台出土的有三角纹的残刀柄、骨柄铜刀和骨柄铜锥等在形制上都与塞伊玛－图尔宾诺文化的同类器物有相似之处[27]。四坝文化的环首弓背刀、穿銎斧（图11）、骨柄铜锥、一端呈喇叭口状的耳环以及联珠饰都呈现出安德罗诺沃文化的风格[28]。而卡约文化铜器中的

图9：寺洼文化铜斧（岷县占旗）　　　　图10：阔叶倒勾矛（青海沈那）　　　　图11：四坝文化铜斧（玉门火烧沟）

鸟形杆头饰、上有立兽的杆头饰（图12）、啄形器[29]等和塞伊玛——图尔宾诺及卡拉苏克文化的影响有关。卡约文化的管銎斧（图13）有可能是受西亚影响并经过改造的产物，管銎钺（图14）也可以在西亚地区的∈形钺上找到相似之处[30]。

二是冶铁技术。大约在公元前6至4千纪，西亚两河流域、地中海沿岸和古埃及就使用了陨铁。在公元前2500年左右赫梯人墓葬中出土的铜柄铁刃匕首，经检测为人工冶铁制品。公元前1500年前后，在美索不达米亚、安拉托利亚等地出土的人工冶铁冶制品逐渐增多。在公元前1500年至前1000年间之间，冶铁技术通过欧洲、亚洲及北非的部分地区向外传播。中国已经发现的铁器在年代上要晚于西亚和中亚，目前最早的人工冶铁制品发现在陈旗磨沟墓地[31]，年代在公元前14世纪左右。早期铁器出土最多的地区也在中国西部。中国的冶铁技术究竟是来源于西方，还是在本土起源，学术界目前还存在较大的争议。但目前发现的青铜时代至早期铁器时代中西文化交流的种种迹象表明，中国的早期块炼铁技术来源于西亚和中亚地区的可能性很大，新疆和甘肃正是这一技术传播的通道。

三是金器制作工艺和金饰品的传入。金器作为装饰品使用是西方的传统，考古发现表明，黄金在西方使用开始于铜石并用时代。世界上最早的黄金制品是在保加利亚发现的瓦尔纳黄金宝藏，时间在公元前4000年。公元前3500年左右，里海——黑海北岸的印欧人开始向东方迁徙，进入了米努辛斯克盆地，形成了阿凡纳谢沃文化，并进入新疆。随着古代印欧人的东迁，黄金制作工艺首先传入了米努辛斯克盆地，

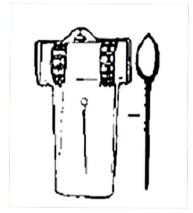

图12：卡约文化杆头饰　　　图13：卡约文化管銎斧（湟中下河西）

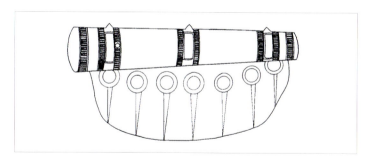

图14：卡约文化铜钺（湟中下河西）

在阿凡纳谢沃文化的墓葬中就出土了用黄金打制的耳环手镯等物[32]。其后的安德罗诺沃文化中也出土有黄金饰品，其中有以锻打方法制作三角纹管状金手镯、管状金耳环和喇叭口金耳环等。随着这些文化进入新疆并和西进的甘青地区青铜文化的人们的接触，在公元前2000年之后，金器也出现在中国西北地区的早期青铜文化当中，在小河墓地、天山北路墓地、四坝文化、齐家文化和卡约文化中均出土了金饰品。金

器的器形主要有两端呈扁马蹄口的金耳环、螺旋状金耳环、圆环形金耳环、金贝（图15－18）等，虽然没有见到月牙形金项饰，但在齐家文化磨沟墓地中出土了青铜月牙形项饰。这些器形在阿巴舍沃文化（图19）、阿凡纳谢沃文化、切木尔切克文化（图20）和安德罗诺沃文化中都可以找到原型。从文化传统上看，中国传统文化中以玉表示等级和地位，西方则使用黄金。西北的地区青铜时代使用金器的传统也应该是受到了西亚和欧亚草原文化传统的影响。使用金饰的传统还沿着中国北方草原扩展到了中国北方，并进入中国西南。

四是马在西北区使用范围的扩大和山羊的传入。随着使用马和马车的欧亚草原青铜文化的深入，在西北地区，马的使用范围也不断扩大，在甘肃永靖秦魏家文化墓葬中也发现随葬有马下颌骨[33]，火烧沟四坝文化的墓葬中也埋葬有祭祀用的马骨[34]。山羊在齐家文化时期传入西北[35]。

五是麦类作物的传入。尽管对麦类作物出入西北地区的

时间还有争议，但至少在在公元前2000年左右，在河西走廊出现就了麦类作物[36]。麦类作物的驯化起源于西亚，两河流域早在公元前23000年前就开始食用野生的大麦和小麦。在叙利

图17：齐家文化金耳环（临潭磨沟）

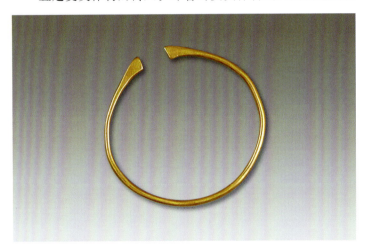
图15：四坝文化金耳环（玉门火烧沟）

图18：齐家文化金耳环（临潭磨沟）

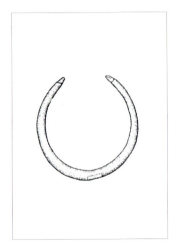
图19：阿巴舍沃文化铜项饰

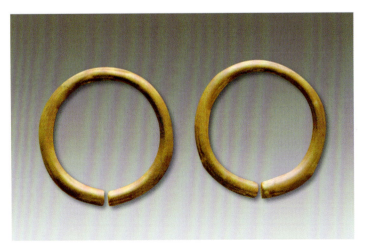
图16：天山北路墓地金耳环

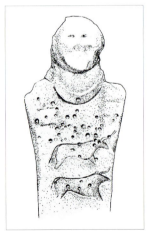

图20：切木尔切克文化戴项饰的石人像（左）
图21：公元前3200年埃及蝎子王权杖（右）

亚阿布胡赖拉遗址,人们在公元前10000年开始有意种植黑麦和一粒小麦。从公元前9000年开始,这一地区的人们开始种植二粒小麦和大麦[37]。公元前2000之后,在西北地区的齐家文化、卡约文化、四坝文化和小河墓地中普遍发现了麦类作物。

六是代表权力和身份、地位的威信物的出现。权杖作为一种昭示权利、身份和地位的威信物在美索不达米亚和古埃及文明中有悠久的历史。最早的权杖出现在安拉托利亚高原,在土耳其的哈兰——切米遗址出土有前陶新石器时代的石质权杖头,其年代早到公元前9500－8800年之间,在近东的黎凡特和两河流域,权杖作为标志权利、身份的威信物有悠久的使用传统。权杖在近东出现后,不断向四周扩散,其中向东的一支进过伊朗进入东亚,继而影响了中国[38]。在西

北青铜时代的齐家文化、四坝文化和小河出土了石权杖和四羊铜权杖。这些权杖的形制明显可以看出是对西亚和埃及权杖的模仿(图21－28)。而且,从文化传统上看,中国中原传统文化中多使用斧、钺作为威信物。可见西北地区青铜文化中更多威信物系统上是接受了西方文化的影响。

七是在陶器装饰风格上产生的影响。齐家文化晚期在陶器上的出现的连续填斜线的刻划三角纹,寺洼文化中出现的刻划连续波折线纹[39]的作风是安德罗诺沃和卡拉苏克文化中的传统装饰风格。这些纹样在齐家文化和寺洼文化中的出现是受了这两支文化的影响所致。

三、结语

大量的考古发现证明,在公元前2000年之前,中西方文化

图22:埃及纳迈尔调色板(公元前3000年)

图25:四坝文化石权杖(玉门火烧沟)(左)

图26:齐家文化石权杖(临潭磨沟)(右)

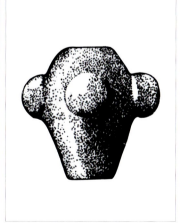

图23:马里科(Marlik)文化(公元前3000年左右)青铜权杖(左)

图24:洞室墓文化(公元前3000－2200年)权杖(右)

图27:新疆尼雅北方遗址石权杖

图28：四坝文化四羊铜权杖（玉门火烧沟）

就存在着交流。公元前两千年之前的交流，目前证据还不是十分充分，但古印欧人群已经扩散到了新疆，马、绵羊和黄牛已经传入了西北地区。公元前2000年之后，中西文化交流的内容更加丰富，交流的范围向更远距离扩展。麦类作物和山羊在这一时期传入西北；铜器从冶炼技术、成分和器形上也明确显示出了来自于诸西伯利亚青铜文化的影响；这一时期出现在西北地区的金器制作工艺也是受欧亚草原文化的影响发生的，金器风格上同样也显示了欧亚草原文化的影响；铁器也在这一时期的晚段进入了中国西北。除了家畜、农作物和冶金技术外，在西北地区青铜文化中出现的昭示权力的象征物——权杖也是来源于西方的传统。在陶器装饰纹样的变化上也可以看到西伯利亚青铜文化的影响。古印欧人群在这一时期开始大举进入新疆，并向东扩散。

史前时期的文化交流与人群的迁徙和远距离贸易有着密切的关系。尤其是人类驯化了马、发明了马车之后。马车的发明堪称人类技术史上的一次革命，它极大的拓展了人类的活动空间和范围，人们可以借助马和马车实现快速迁徙，也使更远距离的贸易交换成为可能。伴随着古印欧人群的移动，在欧亚草原上出现了也出现了民族迁徙的浪潮。阿凡纳谢沃文化的居民属古欧罗巴人种。在阿凡纳谢沃文化末期，一支蒙古人群进入了南西伯利亚，他们创造了奥库涅夫文化。青铜时代的安德罗诺沃文化则可能是新一批东迁而来的印欧人群的文化，在青铜时代晚期被卡拉苏克文化取代。这些文化先后进入了新疆西部，并逐渐向西扩展。大体同时，第二波由东向西发展甘青地区的青铜文化也通过河西走廊进入了新疆东部，在新疆和上述文化发生了碰撞和交流。

因此产生了大范围的甘青地区的青铜文化和欧亚草原中西部青铜文化的交流。

早期中西文化交流的渠道部分和汉代丝绸之路重合，来自于欧亚草原和西方的文化因素首先通过阿尔泰、额尔齐斯河和伊犁河通道进入新疆，沿天山廊道和塔里木盆地向东发展，并进入河西走廊，和西北地区的青铜文化发生密切接触。与中国北方其它地区的文化交流则有可能是从南俄草原进入蒙古草原，再扩散到中国北方各地。

早期中西文化交流的势态呈现出西强东弱的状况，欧亚草原对中国早期青铜文化，尤其是西北地区的青铜文化产生了比较大的影响，而东方对西方的影响总体较小。

注释：

1. 藤川繁彦编：《中央ユ一ヲツアの考古学》，同城社，1999年。
2. [瑞典]安特生著，袁复礼译：《中华远古之文化》，文物出版社，2011年。
3. [美]布赖恩·费根（Brian w·Fagan）著，方辉等译：《地球人——世界史前史导论》（第十三版）352页，山东画报出版社，2014年。
4. ChristophBaumer, The History of Central Asia-The Age of the Steppe Warriors, p78 , Published in 2012 by I.B.Tauris&Co.Ltd.
5. 甘肃省博物馆文物工作队等：《甘肃东乡林家遗址发掘报告》，《考古学集刊（4）》第111-116页，中国社会科学出版社1984年。
6. 甘肃省博物馆：《甘肃文物考古工作三十年》，《文物考古工作三十年（1949-1979）》第139-153年，文物出版社，1979年。甘肃省文物考古研究所、北京大学考古系：《河西走廊史前考古调查报告》，文物出版社，2012年。
7. 同注4，58-60页。
8. 同注4，58-60页。
9. 韩康信：《新疆古墓沟墓地人骨研究》，《考古学报》1986年3期。
10. Elena E. Kuzimina. Cultural connections of the Tarim Basin people and the Andronovocultrul: Shepherds of the Asia Steppes during the Bronze Age, in Victor Mair (el.) .The Bronze Age and Early Iron Age People of Easten Central Asia (Washington : Institute for the Study of Man , 1998) ,pp.68-70.

11.Jerry H.Bentley. Cross－Culture Interaction and Periodization in World History, *The American Historical Review*, Vol. 101, No. 3. (Jun,1996), pp.749－770.

12.中国社会科学院考古研究所：《师赵村与西山坪》，中国大百科全书出版社，1999年。青海省考古队：《青海民和核桃庄马家窑类型一号墓葬》，《文物》1979年9期。

13.周本雄：《师赵与西山坪遗址的动物遗存》，中国社会科学院考古研究所编著《师赵与西山坪》，中国大百科全书出版社，1999年。

14.同注12。

15.傅罗文、袁靖、李水城：《论中国甘青地区新石器时代家养动物的来源及特征》，《考古》2009年5期。

16.郭物：《新疆史前晚期社会的考古学研究》第258－262页，上海古籍出版社，2012年。

17.同注16，第264－271页。

18.李春香：《小河墓地古代生物遗骸的分子生物遗传学研究》，吉林大学博士论文，2010年。

19.李水城：《天山北路墓地一期遗存分析》，载《俞伟超先生纪念文集》第193－202页，文物出版社，2009年。

20.同注16，第275页。

21.同注16，第279页。

22.甘肃省文物考古研究所、西北大学丝绸之路文化遗产保护与考古学研究中心：《甘肃临潭磨沟墓地齐家文化墓葬2009年发掘简报》，《文物》2014年第6期。

23.同注16。韩建业：《新疆的青铜时代和早期铁器时代文化》，文物出版社，2007年。

24.陈建立：《中国古代金属冶铸文明新探》，科学出版社，2014年。

25.[俄]E.H.切尔内赫、[俄]C.B.库兹内明赫著，王博、李明华译：《欧亚大陆北部的古代冶金：塞伊玛——图尔宾诺现象》，中华书局，2010年。

26.梅建军、高浜秀：《塞伊玛－图尔宾诺现象和中国西北地区的早期青铜文化——兼评帕尔青格教授"塞伊玛－图尔宾诺现象和西伯利亚动物纹的起源问题》，《新疆文物》2003年1期。

27.胡博：《齐家与二里头：远距离文化互动的讨论》，载夏含夷主编《远方的时习——〈古代中国〉精选集》第3－54页，上海古籍出版社，2008年。

28.李水城、水涛：《四坝文化铜器研究》，《文物》2000年3期。

29.三宅俊彦：《卡约文化青铜器初步研究》，《考古》2005年5期。

30.李刚：《中国北方青铜器的欧亚草原文化因素》，第115页，文物出版社，2011年。

31.陈建立、毛瑞林、王辉等：《甘肃临潭磨沟寺洼文化墓葬出土铁器与中国冶铁技术的起源》，《文物》2012年3期。

32.林梅村：《黄金艺术所见中外文化交流》，载《金曜风华　苍狼白鹿——梦蝶轩藏中国古代金饰》，香港中文大学出版社，2013年。

33.中国科学院考古研究所甘肃工作队：《甘肃永靖秦魏家齐家文化墓地》，《考古学报》1975年2期。

34.甘肃省博物馆：《甘肃省文物考古工作三十年》，《文物考古工作三十年》，文物出版社，1975年。

35.同注13。

36.李水城、王辉：《东灰山遗址碳化小麦再议》，《考古学研究》（十），科学出版社，2012年。

37.同注3。

38.李水城：《赤峰周边地区所见权杖头及潜在意义》，《赤峰学院学报　第五届红山文化高峰论坛专辑》。

39.中国社会科学院考古研究所编著：《徐家碾寺洼文化墓地——1980年甘肃庄浪徐家碾考古发掘报告》，科学出版社，2006年。

黄金草原与中国内地的早期交流

丝绸之路开通以前，中原与欧亚草原之间就存在着密切的文化交流。中原青铜器、车器、兵器等常常出现在中国北方地区草原民族的墓葬中。战国时期中原的丝绸、漆器、铜镜等经由草原民族远播至新疆、哈萨克斯坦阿尔泰地区以及更遥远的希腊，欧亚草原流行的动物纹样由西至东传入中国北方地区，被包括秦国工匠在内的中国工匠的借鉴和创新，形成一种全新的具有浓郁草原风情的神兽纹样。这种神兽纹样受到中原国家的青睐，被用来装饰马具、漆器、饰贝腰带的腰饰牌等，甚至在西汉早期还形成一种贵族时尚流行于西汉王朝。同时，西方的玻璃制品、金银器等也经由草原地区传入中国。

青铜武士像

战国（公元前 403 – 前 221 年）
高 40 厘米
1983 年新疆新源县巩乃斯河南岸出土
新疆维吾尔自治区博物馆藏

　　合模浇铸而成，中空。武士深目高鼻，头戴高高的弯钩尖顶宽檐大圆帽，上身赤裸，单膝跪地，双手原应握有兵器，表情端庄，双目凝视前方，呈准备投入战斗状态。从形象判断，其很可能是生活在新疆地区的塞人。塞人属于欧罗人种，希腊、罗马人称其为"Saka"，波斯人称之为释迦、烁迦，印度人称之为释种，《史记》和《汉书》中称之为"塞人"。塞人公元前 3 世纪以前生活在美丽富饶的伊犁河流域及伊塞克湖附近一带，以游牧为主，后被大月氏所败，迁徙至今中亚地区，与当地民族逐步融合。他们分为三大支系，其中一支以头戴尖帽为特征，被称作"尖帽塞人"。该武士像表现的应当是尖帽塞人。作为游牧民族，塞人在早期东西方文化交流中起到了重要的桥梁作用。战国时期中原丝绸、铜镜等的西传应当就有塞人的贡献。（撰文：单月英、李达 供图：丁禹）

青铜翼兽环

战国（公元前 403 — 前 221 年）
直径 42.5 厘米
1983 年新疆新源县巩乃斯河南岸出土
新疆维吾尔自治区博物馆藏

　　铸造成型，环体中空，内侧有一条开口，表面起凸棱纹，
上铸有两只相对的带翼神兽，神兽头生卷曲后伸的双角。从造
型和功能看，该环应为宗教仪式中使用的器物。带翼神兽早在
公元前三千纪就已出现在两河流域，并向世界各地广泛传
播。这件青铜环具有明显的西亚风格，当是文化交流的结果。
（撰文：单月英、牟新慧　供图：丁禹）

虎形金饰

战国（公元前 403 － 前 221 年）
长 20.7、宽 10.2 厘米
1977 年新疆阿拉沟墓地 M30 出土
新疆维吾尔自治区博物馆藏

　　金饰捶揲成虎形，虎后肢朝上翻转，肩部和臀部饰有螺旋纹。这件金饰与虎纹金牌饰、对虎纹金箔带同出于阿拉沟墓地 M30，该墓为竖穴木椁墓，地表用石块封堆，四周用卵石围砌成长方形石垣。根据墓葬中的出土物品判断，墓主为当地草原民族的上层人士。考古出土材料显示，后肢翻转的动物纹样是早期铁器时代欧亚草原上广泛流行的特色纹样，黑海北岸地区、南乌拉尔地区、哈萨克斯坦、俄罗斯萨彦－阿尔泰地区、图瓦地区等都发现有后肢翻转的动物纹样。这件虎形金饰明显是欧亚草原文化风格的饰物，显示了当时新疆地区与欧亚草原之间的文化联系。（撰文：单月英、宋敏　供图：丁禹）

虎纹金牌饰

战国（公元前 403 – 前 221 年）
直径 5.2 厘米
1977 年新疆阿拉沟墓地 M30 出土
新疆维吾尔自治区博物馆藏

　　圆形金牌饰内随形捶揲出一只后肢朝上翻转的老虎，老虎的肩部和臀部装饰螺旋纹，属于典型的欧亚草原风格的纹样。从目前的出土资料看，欧亚草原动物身上装饰螺旋纹的做法大约出现于公元前 5 – 前 4 世纪，在图瓦乌尤克文化的艾梅尔雷格墓地和萨格利·巴支墓地 13 号库尔干、阿尔泰地区巴沙达尔 2 号墓、南乌拉尔地区伏尔加河南岸菲利波夫卡 1 号库尔干和 4 号库尔干、哈萨克斯坦伊塞克库尔干等都有出土，表明萨彦—阿尔泰地区很可能是在动物纹样身上装饰螺旋纹做法的发源地。阿拉沟墓地 M30 金牌饰上的虎纹装饰应源于此。（撰文：单月英、宋敏 供图：丁禹）

虎噬鹿金扣饰

战国（公元前 403 – 前 221 年）
直径 3.1 厘米
1981 年宁夏头营乡坪乐村出土
宁夏固原博物馆藏

　　扣饰整体呈半圆球形，铸造成型，背面有一固定用钮。正面浮雕出两虎两鹿，构成两组相同的虎噬鹿图案。两虎分别咬住两鹿的颈部，两鹿双眼圆睁，后肢朝上翻转，相互交缠，生动而艺术地再现了自然界动物咬斗的场景。后肢翻转的动物纹样是欧亚草原的特色纹样，约于战国中期自西向东传入中国北方地区，成为当地流行的动物纹样。（撰文：单月英、石磊 供图：严钟义、程云霞）

对虎纹金箔带形饰

战国（公元前 403 - 前 221 年）
长 25.6、宽 3.3 厘米
1977 年新疆阿拉沟墓地 M30 出土
新疆维吾尔自治区博物馆藏

　　金箔带上模压捶揲出两只相对的老虎，二虎张口怒视，双耳竖立，匍匐在地，尾巴上翘，作决斗前的备战状。虎后肢朝上翻转，肩部和臀部装饰螺旋纹，与伊塞克库尔干出土的金饰上装饰的虎纹很相似，属欧亚草原当时流行的动物纹样。带饰上有小孔，可能是缀于其他物品上的装饰品。（撰文：单月英、宋敏　供图：丁禹）

神兽噬鹿青铜腰饰牌

战国（公元前 403 – 前 221 年）
长 12.4、宽 6.5 厘米
1987 年宁夏西吉县陈阳川村出土
宁夏固原博物馆藏

　　此饰牌是中国北方地区草原民族的腰带组件，整体为透雕神兽噬鹿图案，神兽咬着一只鹿的胸部，鹿四肢蜷曲，作惊恐挣扎状，神兽右前爪下踩着一只四肢蜷曲的幼鹿。带扣背面尾端有一固定用钮。神兽头生末端带勾喙猛禽头的大角，尾巴翘起紧贴背部，末端为一勾喙猛禽头，身上装饰有联珠、圆点、弧线等纹样。该神兽纹样与白杨林村出土的青铜腰饰牌上的神兽纹样类似，但其造型和装饰要更繁复，可以看出这类神兽纹样自欧亚草原传播到中国北方地区后，在当地进行了借鉴与创新。（撰文：单月英、肖婷　供图：严钟义、程云霞）

神兽噬鹿青铜腰饰牌

战国（公元前 403 － 前 221 年）
长 8、宽 4.5 厘米
1984 年宁夏彭阳县白杨林村出土
宁夏固原博物馆藏

　　此饰牌是中国北方地区草原民族的腰带组件，整体为透雕神兽噬鹿图案，具有浓郁的草原文化特色。神兽虎身，背上有一勾喙带猛禽头，尾部装饰有连锁纹，末端为勾喙朝上的猛禽头，勾喙猛禽头生两尖耳。神兽噬咬着小鹿的脖颈，小鹿四肢蜷曲作挣扎状。在神兽下颚上有一凸起的扣舌，皮带可通过扣舌得以固定。这种造型的神兽在中国北方地区战国晚期的遗存中有较多的发现，尤其以甘肃和宁夏地区为多。较早的该类型神兽纹样出土于黑海北岸库班河流域艾里扎维托夫斯卡 16 号库尔干，时间为公元前 5 世纪晚期－前 4 世纪早期，该库尔干属于斯基泰人的墓葬。中国北方地区的这种神兽纹样应是对欧亚草原上流行的这类神兽纹样的吸收与借鉴。（撰文：单月英、肖婷 供图：严钟义、程云霞）

人面形金饰

战国晚期（公元前 3 世纪初－前 221 年）
高 1.6 厘米
2007 － 2008 年甘肃省马家塬墓地 M6 出土
张家川回族自治县博物馆藏

　　以薄金片捶揲成人面形。人面高眉骨、深圆眼、高鼻，以黑褐色颜料绘出眉毛和上翘的胡须，头戴尖顶帽。人面特征具有欧罗巴人种特点。人面形金饰出土于马家塬墓地 M6 中，M6 位于墓地的中心，墓葬为中间斜坡墓道、两侧阶梯式墓道的竖穴土坑木椁墓，是该墓地规模最大的墓葬，随葬物品规格很高，推测为战国晚期一支西戎首领的墓葬。人面形金饰表现的不是当地人的形象，同出的玻璃珠、蜻蜓眼、费昂斯珠、白玛瑙环等也是西方的输入品，充分体现了草原人群在早期文化交流中所起的重要的媒介作用。（撰文：单月英、谢焱 供图：谢焱）

金臂钏

战国晚期（公元前 3 世纪初－前 221 年）
长 9.5、直径 4.8 － 6.6 厘米
2008 － 2009 年甘肃省马家塬墓地 M16 出土
甘肃省文物考古研究所藏

　　出土于墓主右臂肘部外侧。由长方形金片捶揲出 5 道凸起的瓦楞纹后卷成扁圆筒形。瓦棱纹两侧焊接由金丝编织而成的麦穗纹，两组麦穗纹间焊饰 11 朵金丝圆蕊花瓣纹，花瓣面嵌饰肉红石髓，花瓣间嵌饰绿松石。臂钏对接边缘各为 2 道竖向麦穗纹间 6 朵金丝圆蕊花瓣纹。大部分肉红石髓及绿松石脱落。M16 在马家塬墓地中属于中型墓，为 9 级阶梯式竖穴偏洞室墓，墓主为 40 岁左右的男性，随葬有车 4 辆，除金臂钏外，还随葬有丰富的其他金银物品，表明死者生前拥有较高的社会地位。（撰文：单月英、谢焱 供图：谢焱）

金带钩（2件）

战国晚期（公元前 3 世纪初－前 221 年）
长 9、宽 3.25、厚 1 厘米
长 6.3、宽 3.47、厚 1 厘米
2007－2008 年甘肃省马家塬墓地 M14 出土
甘肃省文物考古研究所藏

　　铸造成型，为墓主手握之物。出土时短带钩握于墓主左手，长带钩握于墓主右手。

　　短带钩为长颈龙首，凸目、隆鼻、牛吻、卷须、弯角，钩身方形，正面高浮雕兽面，兽面有球形凸眼、眉、鼻、嘴呈卷云纹状，额、耳及面部轮廓边缘饰联珠纹，四角勾起的尾部饰羽纹，背面残存锡块，钩、身连接处开裂，身面局部微残。长带钩为长颈兽首，造型似熊首，钩身椭圆形，正面高浮雕雌雄双龙缠绕图案，上端龙首圆大，双耳高竖，环眼圆凸，两眉对称斜弯呈八字形，方鼻，吻高凸，两侧卷须上翘，口

部咬噬龙身，双爪扣锁龙身；下端龙首较小，呈三角形，圆耳，高凸目，额心圆珠纹，短鼻，椭圆形吻部，卷须，口噬龙身，双爪扣锁龙身，双龙身躯缠绕，饰云雷纹、联排珠纹、凹窝纹、卷云纹等，背面残存大量锡块，颈部包裹条形弯钩铁胎，锈蚀膨胀后致使钩首金面开裂。带钩是中原文化特有的腰带组件，马家塬墓地出土的带钩体现了中国北方地区草原文化与以秦文化为代表的中原文化之间的交流与融合。（撰文：谢焱、单月英　供图：谢焱）

蓝釉陶杯

战国晚期（公元前 3 世纪初－前 221 年）
通高 11.6、口径 6.6 厘米
2006 年甘肃省马家塬墓地 M1 出土
张家川回族自治县博物馆藏

    海蓝色，圆唇，斜壁，深腹，腹下部有 7 周联珠纹，小平底，底部较厚。类似的杯子在该墓地 M19 M S 也有出土。有学者认为马家塬墓地出土的蓝釉陶杯属于早期玻璃器，具有明显的西方文化特征，当是来自西方的输入品。这件杯子应是被当作珍贵物品随葬的。（撰文：单月英、谢焱　供图：谢焱）

金腰带组件（17 件）

战国晚期（公元前 3 世纪初－前 221 年）
腰饰牌长 9.7、宽 6.1 厘米
带饰长 6.3、宽 4.2 厘米
2007 － 2008 年甘肃省马家塬墓地 M14 出土
张家川回族自治县博物馆藏

　　出土于墓主人腰间。金腰带由 2 件不规则形状腰饰牌和 15 件对鸟形饰片组成。腰饰牌透雕，造型纹样与宁夏西吉县陈阳川村出土的青铜腰饰牌相似，整体为透雕神兽噬鹿图案，神兽咬着一只鹿的胸部，鹿四肢蜷曲，作惊恐挣扎状，神兽右前爪下踩着一只四肢蜷曲的幼鹿。神兽头生尾端带勾喙猛禽头的大角，尾巴上翘贴在背上，尾巴末端带有勾喙猛禽头。这种造型的神兽纹样源于欧亚草原流行的神兽纹样。鸟形金饰片以薄金片捶揲成型，通过模压、錾刻、抛光、钻孔、镶嵌等工艺制作，四角有固定用的穿孔，中心为圆珠纹，鸟首大嘴、圆目，四翼展开，上压印有曲线形羽纹，有圆形和月牙形凹槽，月牙形凹槽内嵌肉红石髓。这种腰带是中国北方地区早期铁器时代常见的腰带形式，腰饰牌和带饰多为青铜质地，黄金质地的比较少见。（撰文：单月英、谢焱　供图：谢焱）

鸟形金饰片

战国（公元前 403 － 前 221 年）
长 6.5、宽 5.2 厘米
征集
甘肃省博物馆藏

　　以薄金片捶揲成鸟形。鸟勾喙，长尾上扬，双足巨大，一前一后抵于胸前腹下。颈、胸、腹以凸起的三组圆点纹装饰。腹、足部有四个小钉孔，应是钉在其他器物上的装饰物品。（撰文：刘光煜　供图：赵广田、高蓊生）

神兽形金饰片

战国（公元前 403 － 前 221 年）
长 11.2、宽 6.1 厘米
征集
甘肃省博物馆藏

　　以薄金片捶揲成神兽形。神兽作站立状，头部微低，大嘴张开，背部隆起，尾巴上翘。腹部中空，内圈一侧为一勾喙鸟首形象。背、尾部共六个钉孔，应为钉在器物上的装饰物品。（撰文：刘光煜　供图：赵广田、高蓊生）

三角形鸟纹银饰片

战国（公元前 403 – 前 221 年）
边长 9.2 厘米
征集
甘肃省博物馆藏

　　以薄银片捶揲而成。饰片呈等边三角形。三角形边框内饰镂空的鸟形纹饰。鸟纹纠结在一起，鸟勾喙，头生有双耳，是北方地区战国晚期常见的装饰纹样。这种头生双耳的勾喙鸟首与陕西神木纳林高兔出土的神兽金饰的首部相同，常用来装饰虎身神兽或蹄足神兽的尾端及大角的末端。银饰片三角形边框顶端各有一个钉孔。从甘肃张家川县马家塬墓地出土的类似物品看，这类三角形银饰片应为车轮上的装饰品。（撰文：单月英、刘光煜　供图：赵广田、高蕊生）

三角形虎纹银饰片

战国（公元前 403 – 前 221 年）
边长 10.6 – 16.1 厘米
征集
甘肃省博物馆藏

　　以薄银片捶揲而成。饰片呈三角形，边框顶端各有一个钉孔。三角形边框内中部饰两只虎，两只虎的头部与一只前后爪腿相抵。虎的后肢朝上翻转，是欧亚草原后肢翻转动物纹样向中国北方地区传播的结果。从甘肃张家川县马家塬墓地出土的类似物品看，此银饰片应为车轮上的装饰品。（撰文：单月英、刘光煜　供图：赵广田、高蕊生）

虎形金饰片（2 件）

战国晚期（公元前 3 世纪初–前 221 年）
高 5.2、长 7.6 厘米
高 5、长 7.6 厘米
2006 年甘肃省马家塬墓地 M3 出土
张家川回族自治县博物馆藏

　　以薄金片捶揲成虎形。虎尖耳上翘，大嘴张开，鬃毛卷曲上翘，尾前卷于背部与鬃毛相连，四足着地做行走状。虎身表面依身体形状压印数道曲线纹。虎形金饰片是马家塬墓地 M3 后室出土车辆车厢侧板上的装饰物。M3 是该墓地带有 9 级阶梯式墓道的双洞室墓，共随葬车辆 5 辆，其中前室随葬 4 辆，后室随葬 1 辆。后室随葬的车乘以错金银铁为车厢骨干，箱体侧板以金、银饰片、包金铜泡、铜、锡等制作的动物对其进行装饰，出土时仅残存西边车厢侧板和车轮的部分装饰。

车厢侧板的两侧各有 2 只虎形金饰，中间夹着青铜铸造的大角羊，侧板中间部分以错金银铁条分割成方块，方块中心以卷云纹银花饰进行装饰。可辨的同样的方块共有 5 组，在方块的十字交叉点上装饰有包金铜泡，车厢侧板边缘部分贴饰汉紫和汉蓝陶珠。整辆车非常豪华，虽不具备实用功能，但充分体现了墓主人的身份和社会地位。（撰文：单月英、谢焱 供图：谢焱）

神兽纹腰饰牌陶模具

战国晚期至秦（公元前 3 世纪）
长 9.4、宽 7 厘米
1999 年陕西省西安北郊乐百氏工地 M34 出土
陕西省考古研究院藏

出土于一位秦国名"苍"的铸铜工匠墓葬中，同出的还有其他类型的陶模具。为长方形腰饰牌的模具，上有 3 个长方形小凹槽，背面附有草拌泥。以该模具铸出的腰饰牌带有绳索纹边框，内装饰一后肢朝上翻转的蹄足神兽，神兽头生大角，角上装饰有带耳的勾喙鸟首，尾端也装饰有带耳的勾喙鸟首，神兽肩部和臀部装饰有螺旋纹。在神兽鼻部有一椭圆形孔，是腰饰牌的系结用穿孔。用这件模具铸造的腰饰牌与宁夏固原三营乡出土的长方形神兽纹金腰饰牌基本相同，区别只在于三营乡出土的腰饰牌神兽嘴部还能看出是勾喙，这件陶模具上的神兽勾喙基本消失，表明这件陶模具的年代比三营乡出土的腰饰牌年代稍晚。到西汉时期，这种头生大角、后肢朝上翻转的蹄足神兽变成马身，头上的大角也变得难以辨认，表明西汉时期的工匠已经不能很好地理解和把握这种神兽纹样原本的特征与含义，只是把其当作一种装饰纹样来对待，因此，有角蹄足神兽原本具有的神性等宗教内涵被忽略。西汉时期，这种具有草原风情的蹄足神兽纹样除了用来装饰长方形腰饰牌外，还用来装饰漆盒、当卢等物品。（撰文：单月英、秦造垣 供图：张明惠）

双羊纹陶模具

战国晚期至秦（公元前 3 世纪）
长 7.7 － 7.9、宽 6.2 － 6.7 厘米
1999 年陕西省西安北郊乐百氏工地 M34 出土
陕西省考古研究院藏

出土于一位秦国名"苍"的铸铜工匠墓葬中，为一种饰牌的模具。底板为不规则形状，上有竖长形浇铸槽和 3 个长方形小凹槽。图案为浅浮雕，带有绳索纹边框，边框内装饰两只相对的大角绵羊，绵羊的后肢朝上翻转。图案纹样带有浓郁的草原文化风情。（撰文：单月英、秦造垣 供图：张明惠）

神兽纹金腰饰牌

战国（公元前 403 – 前 221 年）
长 6.2，宽 4.7 厘米
1996 年宁夏原州区中河乡征集
宁夏固原博物馆藏

　　为腰带组件，模铸成型，背面有一固定用钮。神兽的身子为大型猫科动物，头部似狼，上唇朝上翻卷，露出锋利的尖牙，鬃毛由头部延伸至背部，长尾下垂，上有凹陷孔，原来应镶嵌有装饰物。神兽面颊、肩部、臀部等装饰螺旋纹，是战国晚期中国北方地区常见的装饰纹样。（撰文：单月英、石磊　供图：严钟义、程云霞）

神兽纹金腰饰牌

战国晚期至秦（公元前 3 世纪）
长 6.9，宽 4.5 厘米
1980 年宁夏原州区三营乡出土
宁夏固原博物馆藏

　　为腰带的带头，模铸成型。长方形，带有绳索纹边框，边框内浅浮雕有一神兽。神兽勾喙蹄足，头生枝杈状大角，大角末端装饰有带耳的勾喙鸟首，尾端分成两杈，末端装饰有带耳的勾喙鸟首，神兽后肢朝上翻转，肩部、臀部等装饰螺旋纹。类似纹饰和造型的长方形腰饰牌模具在陕西省西安北郊乐百氏工地秦墓 M34 有出土，另外，内蒙古伊克昭盟准格尔旗西沟畔 M2 出土有一对装饰虎和野猪搏斗纹样的长方形金腰饰牌，腰饰牌背面刻有秦篆文字，年代被推断为战国晚期至秦。研究表明，这类带绳索纹边框、框内装饰动物咬斗纹样、背面有固定用钮的长方形腰饰牌并不是草原文化特色的物品，金腰饰牌铸造成型，与草原上流行的捶揲成型工艺不同，应当是以秦国工匠为代表的中原工匠吸收借鉴草原文化因素的新创作。这类长方形腰饰牌出现于战国晚期，当时主要流行于中国北方地区，佩戴者多是草原部族的首领，应是秦国为代表的中原国家为其统治下的草原上层人士颁发的身份标识物，而不是作为与北方草原部族进行贸易的商品。因此，战国晚期的中国北方出土的黄金长方形腰饰牌应是秦国为代表的中原国家官府作坊的作品。这类长方形腰饰牌历经秦朝，盛行于西汉早期，在西汉王朝的版图内有较多的出土，成为饰贝腰带的重要组成部分。（撰文：单月英、石磊　供图：严钟义、程云霞）

神兽金饰

战国（公元前 403－前 221 年）
高 11.5 厘米
1957 年陕西省神木县纳林高兔村出土
陕西历史博物馆藏

　　造型为一神兽站立在一四瓣花形的托座上。托座的花瓣上有固定穿孔。神兽圆雕，勾喙，双耳竖立、环眼、蹄足，头生装饰带耳的勾喙鸟首，与神兽头部类似，尾端也装饰有一个带耳的勾喙鸟首。神兽身及四肢上部饰云纹。这种勾喙蹄足神兽是战国晚期中国北方地区常见的装饰纹样，圆雕的勾喙蹄足神兽目前只发现这一例，其他的均作为装饰纹样浅浮雕于相关器物表面，而且常常后肢朝上翻转。该金饰出土于一墓葬中，同出的还有银虎、金虎、银鹿、错金银剑柄等贵重物品，墓主应是北方草原部族的首领。（撰文：单月英、翟晓兰、王建玲　供图：翟晓兰、王建玲）

金腰饰牌与穿针

西汉早期（公元前 2 世纪）
腰饰牌长 13.3、宽 6 厘米；穿针长 3.3 厘米
1994 – 1995 年江苏省徐州狮子山楚王陵出土
徐州博物馆藏

　　饰贝腰带的组件。狮子山楚王陵出土两副饰贝腰带，腰带两端为金腰饰牌，带体丝质，上面缀有 3 排海贝，海贝中夹缀了数朵金片做成的花饰。两腰饰牌通过带穿针的细丝带系结。金腰饰牌模铸成型，背面有麻布印痕，上有两个固定用钮，正面纹饰采用浅浮雕，主体为两只猛兽噬咬有角蹄足神兽的场景。两只猛兽分别咬住蹄足神兽的肩部和后肢。蹄足神兽头生大角，角上装饰 5 个勾喙猛禽头，前肢跪卧，后肢朝上翻转，尾巴下端装饰有 3 个勾喙猛禽头，脖颈、肩部和臀部装饰有螺旋纹。其中一块腰饰牌侧面錾刻"一斤一两十八铢"，另一块侧面錾刻"一斤一两十四铢"。狮子山楚王陵出土的饰贝腰带应当就是文献记载中的"黄金饰贝带"，腰带丝质，区别于草原民族惯用的皮带，腰饰牌上没有草原文化带扣上常见的凸起的扣舌（其系结方式可参见北洞山楚王墓出土陶俑身上饰贝腰带的系法），模铸，上刻汉字，表明其是中原内地的制品。但是腰饰牌上装饰的动物纹样具有浓郁的草原文化特色，尤其是有角蹄足神兽的造型明显是继承战国晚期中国北方地区流行的有角蹄足神兽，表明它们是汉朝工匠吸收借鉴草原文化因素的创新作品。西汉时期，类似的长方形腰饰牌在陕西西安三店村"王许"墓、安徽阜阳双古堆汝阴侯墓、江苏徐州簸箕山宛朐侯墓、重庆秀峰村墓地 M3"臣后"墓、成都石羊木椁墓、广西平乐银山岭墓地 M94、河东高寨墓地 M4、广东广州汉墓及南越王墓等都有出土。这种汉地制造带有草原风情的长方形腰饰牌大约于公元前 2 世纪晚期左右西传到欧亚草原，南乌拉尔山区博克罗夫卡墓地 17 号库尔干出土一件与狮子山楚王陵出土的腰饰牌造型纹样基本一致的腰饰牌，该库尔干年代为公元前 2 世纪晚期－前 1 世纪，晚于中国境内出土同类腰饰牌的墓葬。这表明人类文化之间的交流是双向的。（撰文：单月英、宗时珍 供图：严钟义、陈钊）

彩绘陶俑

西汉早期（公元前 2 世纪）
高 50.5 厘米
1986 年江苏省徐州北洞山楚王墓出土
徐州博物馆藏

　　头戴帽，身着曲裾深衣，外罩双襟袍。腰束红色饰贝腰带，腰带两端为带绳索纹边框的长方形腰饰牌，带体上镶缀单排海贝和白珠。腹部下垂有组带，右腿外侧悬带有"郎中"二字的绶带。胸前斜插有长剑，背负红色箭箙，箭箙正面绘褐色云气纹和山峰纹，侧面为双菱纹。该陶俑出土于北洞山楚王墓墓道壁龛内，属于仪卫陶俑，其身份是位置重要但品秩不高的郎中。饰贝腰带流行于西汉早期，主要出土于王侯及贵族墓葬中，腰带上装饰的海贝有单排、双排、三排之分。等级最高的是装饰三排海贝的腰带，目前只见于狮子山楚王陵，佩戴者应为帝王、皇室成员及地位较高的诸侯王；其次是装饰双排海贝的腰带，重庆秀峰村墓地 M3"臣后"墓有出土，另外，汉景帝阳陵第 20 号陪葬坑出土的彩绘陶俑腰间系有饰双排海贝的腰带，佩戴者应为一般诸侯王和地位较高的贵族；装饰单排海贝的饰贝腰带等级最低，是低等级贵族的佩戴物。
（撰文：单月英、宗时珍　供图：陈钊）

神兽纹碗形漆盒

西汉早期（公元前 2 世纪）
通高 9.6、口径 13.7 厘米
1997 年安徽省巢湖市北山头 M1 出土
巢湖市汉墓博物馆藏

　　碗形带盖，盖上有一捉纽，铜圈足。铜圈足上的花纹已锈蚀不清。外底部刻"大官"二字。盖上绘有两两相对的四只蹄足神兽，蹄足神兽为马身，头生大角，后肢朝上翻转，尾巴末端装饰有鸟首，蹄足神兽身上装饰螺旋纹。盒腹壁上装饰两两相对的四只蹄足神兽，神兽与盖上的基本相同，区别在于腹壁上的神兽大角的末端装饰有勾喙鸟首。北山头 M1 的墓主是居巢县的最高地方长官，墓葬年代为西汉初年，该墓出土的漆盒上面装饰的蹄足神兽纹样是对战国晚期北方地区流行的蹄足神兽纹样的继承，虽然具有草原风情，无疑为汉地制品。漆盒的纹样采用线描、双勾、平涂和堆漆等技法绘制，细线如同发丝，堆漆具有较强的立体感，再现了汉朝工匠高超的技艺。蹄足神兽纹样在西汉早期比较流行，山东洛庄汉墓 9 号陪葬坑出土的鎏金铜当卢、河南陕县西汉早期墓葬 M2011 出土的铜熏炉盖上、河南保安山 2 号墓 1 号陪葬坑出土的鎏金铜当卢、江苏徐州狮子山楚王陵出土的长方形金腰饰牌等器物上都装饰有该纹样。具有草原风情的动物纹样虽然在西汉早期比较流行，但西汉中期以后基本不见。（撰文：单月英、窦念胜　供图：窦念胜）

银盒

西汉早期（公元前 2 世纪）
通高 11.4、口径 11.2、腹径 12.3 厘米
1997 年安徽省巢湖市北山头 M1 出土
巢湖市汉墓博物馆藏

　　盖器相合略呈扁球形。盖面微弧，顶部有一道凹弦纹和一周连弧纹。盖的弧面上有相对交错的凸起的水滴纹，下缘内收，刻划一周平行斜线纹。器作子母直口，外口沿亦刻有平行斜线纹，与盖边缘线纹组成叶脉状纹带。器腹自肩以下亦有一组同样的水滴纹。水滴纹是模压捶揲而成，均外凸内凹。银盒圈底，喇叭形铁圈足已脱落，可以看到在盒外底部留有密密麻麻的锥刺痕和焊接时的斑块点。盒顶与盒底均刻有铭文。盒顶刻"十三两十二朱"，盒底部环圈足刻有铭文："□□两十二朱二□十两□朱曰不"。相同风格的银盒还发现于广州南越王墓和山东淄博齐王墓。另外，江苏盱眙大云山江都王陵出土的银盘上也装饰有同样风格的水滴纹。这种用银片捶揲出器形和凸起的水滴纹样的技术不见于中原文化，却与波斯铜器、金银器完全相同。因此，西汉墓葬中出土的装饰凸起的水滴纹样的银器无疑是输入品。考古出土资料表明，装饰水滴纹银盒输入进来后，汉朝工匠对其进行了加工改造，通常会给银盒增加非银质的圈足，有的在盒顶部增加有钮，以适合汉朝人的审美和使用习惯。（撰文：单月英、寰念胜 供图：寰念胜）

鎏金青铜壶

战国晚期（公元前 3 世纪初－前 221 年）
通高 27.3、口径 9.9、腹径 19.2 厘米
2006 年甘肃省马家塬墓地 M1 出土
甘肃省文物考古研究所藏

侈口，方唇，长束颈，肩部有衔环铺首一对，鼓腹上饰凸弦文 3 道，高圈足。带盖，盖上有 3 个鸟形捉手。共出土 2 件。鎏金青铜壶是中原文化特色的酒器，与壶同出的中原文化器物还有鎏金青铜鼎、青铜戈、错金银铁车軎、青铜盖弓帽等。M1 位于马家塬墓地的中心位置，距离该墓地最大规模的 M6 很近，为带有 9 级阶梯式墓道的竖穴洞室墓，随葬有 5 辆装饰豪华的礼仪车辆、数量较多的中原文化的青铜礼器，以及来自西方文化的物品，说明墓主生前拥有很高的社会地位。战国中晚期之前，马家塬地区不见以车乘和中原青铜礼器随葬的墓例。战国晚期，该地已被纳入秦国的势力范围，开始流行以车乘或车器及中原青铜礼器随葬。以随葬车乘和青铜礼器来标识死者身份等级的做法是中原文化的传统，马家塬墓地以随葬车乘和中原文化的青铜礼器来标识墓主身份等级的做法应是受中原文化影响的结果。（撰文：单月英、谢焱 供图：谢焱）

青铜鼎

战国晚期（公元前 3 世纪初 – 前 221 年）
通高 15.1、口径 14.6、腹径 18.1 厘米
2010 – 2011 年甘肃省马家塬墓地 M19MS 出土
甘肃省文物考古研究所藏

　　由盖和器身两部分组成，合模铸造。盖沿窄平、向内出沿、弧面，上有 3 个带小凸起的环形钮。器身敛口，双附耳，弧腹，腹中部饰凸弦纹一周，圜底、蹄足。圜底中部及三足面上有范痕。鼎是中原文化中重要的青铜礼器，是所有者身份地位的重要标识物，马家塬墓地以鼎随葬当是对中原文化的认同。
（撰文：谢焱 供图：谢焱）

青铜甗

战国晚期（公元前 3 世纪初 – 前 221 年）
通高 19.4 厘米
2010 – 2011 年甘肃省马家塬墓地 M18MS 出土
甘肃省文物考古研究所藏

　　由甑和鬲两部分组成。甑口微敛，窄平沿，弧腹，腹部铸有铺首衔环一对，环为铁质，已残。甑箅带有十字形和条状向心形箅孔，高圈足套于鬲口外侧。鬲平肩，肩部铸有一对环形耳，其下有一道合范铸凸棱，连裆，低弧裆，尖足，底部正中有两道范线。该甗出土于墓主棺右侧，属于中原青铜礼器。考古发掘资料显示，以陇山为中心的今甘肃秦安县、张家川回族自治县、庆阳地区在战国早期以前属于欧亚草原的有机组成部分，与中原地区的文化交流较少，鲜见中原青铜礼器。战国中期晚段以后，随着中原国家北拓疆土，该地大部分地区被秦国占领，中原文化北上。受中原文化的影响，该地区草原部族开始用中原青铜礼器随葬，这种状况在战国晚期至秦代更为普遍，马家塬墓地出土的中原青铜礼器即是证据。M18 M S 是带有 8 级阶梯式竖穴墓道的偏洞室木椁墓，在整个墓地中属于等级较高的中型墓葬，该墓随葬的中原文化特色的青铜器除了甗之外，还有云纹敦、匜、盆、车軎等。
（撰文：单月英、谢焱 供图：谢焱）

青铜戈

战国晚期（公元前 3 世纪初 − 前 221 年）
长 17.7 厘米
2010 − 2011 年甘肃省马家塬墓地 M20MS 出土
甘肃省文物考古研究所藏

　　援部狭长，中起脊，两边出刃，跟上平下弧，阑侧三穿，上一半圆穿，下两长穿。内长方形，中部一长穿。出土于墓主人头顶。戈是具有中原文化特色的青铜兵器，北方草原部族的墓葬中随葬的铜戈应是通过交换、战争等手段得来的。(撰文：谢焱　供图：谢焱)

青铜三足壶

战国晚期（公元前 3 世纪初 − 前 221 年）
通高 24.5，腹径 18.1 厘米
2010 − 2011 年甘肃省马家塬墓地 M18MS 出土
甘肃省文物考古研究所藏

　　器呈卵形，通体饰瓦棱纹。盖顶部有 1 桥形钮，内穿 1 环，盖上第二道瓦棱上均匀分布 3 处小孔，呈外圆内方形，子口。器腹上部饰对称的兽首衔环铺首。蹄形足，中空，面有圆形范孔，套卯焊接于器身腹下部。从造型看，该壶明显不属于中原青铜器，但器体装饰兽首衔环铺首和三蹄足的作法应是受中原青铜器的影响，体现了中原文化与北方草原文化之间的交流与融合。（撰文：单月英、谢焱　供图：谢焱）

镀锡青铜茧形壶

战国晚期（公元前 3 世纪初－前 221 年）
高 25.6，口径 9.3，最大腹径 28.4 厘米
2006 年甘肃省马家塬墓地 M1 出土
甘肃省文物考古研究所藏

　　侈口，束颈，颈部饰连接贝纹一周，颈肩部饰铺首一对，器身茧形，饰纵向瓦棱纹，每隔一瓦棱，内饰蟠螭纹，绳索纹圈足，器底部阳铸铭文"鞅"。器表面镀锡。茧形青铜壶是秦国特有的青铜器，茧形壶在马家塬墓地的出土揭示了生活在这里的西戎部族与秦国之间存在着密切的文化交流。（撰文：谢焱　供图：谢焱）

汉营西域与丝路交通

公元前 138 年，汉武帝派遣张骞出使西域，虽然"凿空"，但东西方的交通开始在汉朝政府的经营下持续发展。汉朝以降，各王朝都重视在西域的经营，即便在中原纷乱的魏晋南北朝时期，占据河西地区的诸政权都"疆理西域"，确保丝绸之路的畅通，丝路贸易和文化交流得到进一步的发展和扩大，中西方文化在交流融合中为彼此注入新鲜血液。胡人大量来华，胡风东渐，胡乐、胡舞、胡器、胡食等进入中国，中原文化在西域广泛流行，中国的养蚕和缫丝技术传入西方，西方开始生产具有本地文化特色的丝绸。隋唐时期，丝绸之路达到鼎盛，丝路交通空前繁荣，丝绸之路上使团、商队、僧人以及普通民众等络绎不绝。唐王朝在开放、交流与融合中走向巅峰，呈现出前所未有的盛唐气象。

历代王朝对西域的经营

　　丝绸之路开通之后，历代王朝都很重视对西域的经营，保障丝路的畅通。汉武帝以国家力量打通西域，通过建郡设关、在西域屯田和设立官方邮驿传置等手段加强维护。公元前60年，西汉政府在西域设置西域都护，正式把西域纳入其统治范围，保障了丝绸之路的畅通。东汉政府派班超出使西域，平定匈奴在西域的叛乱，继续设置西域都护，并在要冲设邮亭，布烽燧，维护了丝绸之路的和平与稳定。此后，西晋控尼雅，五凉据高昌，北魏治西域，丝绸之路活力焕发。尤其到唐代，唐王朝在西域设置北庭都护府和安西都护府，直接经营和管理丝路贸易，东西往来畅通无阻，各国商旅相望于道，丝路交通达到鼎盛。

封泥

西汉（公元前202－公元8年）
边长2.2、厚0.4厘米
1938年陕西省城固县张骞墓出土
中国国家博物馆藏

　　出土于甬道内，近方形，正面有阳文四字"博望□造（或铭）"，字体在篆隶之间。背面有一不规则圆形的小凸凹，原来应有附着物（鼻钮之类）。张骞（？－前114年），今陕西城固人，西汉武帝时奉命出使西域，受封为博望侯，死后归葬故里。张骞两次出使西域，历时30年，开拓了举世闻名的丝绸之路，其墓葬备受后世人们的关注。张骞墓坐西朝东，坐落在一不规则的长方形台地上，由封土、墓道、第一道封门、甬道、第二道封门、第三道封门和墓室组成，封土为馒头状，墓道位于封土东侧。墓南有2石兽和清乾隆时毕沅所建的砖龛，砖龛后面有毕沅所立"博望侯张公骞墓"隶书碑，以及光绪五年"汉博望侯墓碑记"、"张氏后裔碑"。张骞墓历史上曾遭多次盗掘，1938年，西北联大考古委员会对张骞墓进行了发掘，对墓前的石兽进行了清理，在墓道和甬道内出土了砖瓦数块、残陶罐1个、汉代五铢钱14枚、封泥1枚，以及其他物品。"博望□造（或铭）"封泥的出土，证实了史料记载中位于现陕西省城固县博望镇绕家营村的这座墓葬确为张骞墓。（撰文：单月英 供图：邵玉兰）

张骞出使西域图壁画（临摹品）

初唐（公元 618 – 704 年）
高 136、宽 163 厘米
甘肃省敦煌莫高窟第 323 窟
邵宏江临摹
敦煌研究院藏

为佛教史迹画。画面右上方的殿堂便是甘泉宫，汉武帝和臣属正在宫前跪拜。下方华盖下汉武帝骑着马，身后跟随着臣属，马前持笏跪地的是张骞，他正向汉武帝辞别，张骞身后是牵马持节的随从。左边中间描绘的是张骞一行西行远去，左上角的城郭便是大夏。该壁画描绘的张骞出使西域与史实相去甚远，依据的应是《魏书·释老志》记载的"汉武元狩中，遣霍去病讨匈奴……获其金人，帝以为大神，列于甘泉宫。金人率长丈余，不祭祀，但烧香礼拜而已。此则佛道流通之渐也。及开西域，遣张骞使大夏还，传其旁身毒国，一名天竺。始闻有浮屠之教"的记载。张骞出使西域图应是佛教徒为了

传播佛教，把张骞出使西域、霍去病获得匈奴人"祭天金人"的历史事件进行的篡改和演义。张骞奉命出使西域原本是为了联合大月氏攻打匈奴，与匈奴金人毫无关系，而且金人是匈奴用来祭天的，也不是佛像。尽管如此，敦煌壁画中对张骞出使西域的图像记载表明了后世人们对张骞凿空西域、开拓丝绸之路的伟大创举的景仰和纪念。正是由于张骞凿空西域，丝绸之路开通，中国与西方之间的文化交流开始由自发状态转入政府刻意经营管理下的自觉交流。（撰文：单月英、罗华庆 供图：盛巽海）

煤精"司禾府印"

东汉（公元 25 — 220 年）
高 1.6、边长 2 厘米
1959 年新疆民丰县尼雅遗址出土
新疆维吾尔自治区博物馆藏

　　正方形，桥形钮。印文为阴刻篆书"司禾府印"四字。印文方正平稳，浑厚古朴，反映了汉代篆书的特点。汉代在西域设立都护以来，西域各地的屯田事务均由都护掌管，先后设置了许多校尉、都尉，专门领统各地的屯田，并设置宜禾都尉。从出土的"司禾府印"可以说明，东汉时期在民丰县尼雅附近一带也曾设置有屯田机构。同时，汉政府通过屯田，保证了西域境内丝绸之路的畅通和交通安全。（撰文：单月英、赵勇　供图：丁禹）

青铜车马出行仪仗俑

从骑（2件）：高39，长37，宽45厘米
持戟骑士俑（2件）：高52.5，长35厘米
持矛骑士俑（2件）：高52.5，长35厘米
辎车：车高44，长52，宽39.5厘米
斧车：高58，长38，宽45厘米
辇车（2件）：高40.5，长73.5，宽29厘米
牛车：高25.9，长67.1厘米
东汉（公元25－220年）
1969年甘肃省武威市雷台出土
甘肃省博物馆藏

　　铜车马出行仪仗由38匹铜马、1头铜牛、1辆斧车、4辆辎车、3辆辇车、2辆小车、3辆大车、1辆牛车、17个手持矛戟的武士俑和28个奴婢俑组成。此次展出的11件文物包括从骑、持戟骑士俑、持矛骑士俑、辎车、斧车、辇车和牛车。从骑是墓主人备用的乘骑。持矛（戟）铜骑士俑由武士、矛（戟）、马、鞍组成。辎车系出行仪仗队列中前导车之一，由车、马、伞、御奴组成。斧车系出行仪仗队列中前导车之一，由车、马、斧、御奴组成，是出行仪仗中重要组成部分，车上立斧以示其权威。辇车系出行时官吏家眷乘坐之车，由车、马、驾车奴组成。牛车系出行时随从官吏乘坐之车，由牛、车、御奴组成。整个仪仗队气势宏大，铸造精湛，显示出汉代群体铜雕艺术的杰出成就。（撰文：孙玮 供图：赵广田、高荔生）

高平道驿置道里簿木简

西汉（公元前 202 – 公元 8 年）
长 19、宽 2.2、厚 0.5 厘米
内蒙古额济纳旗居延破城子出土
甘肃省文物考古研究所藏

　　甘肃河西走廊曾出土大量的汉代简牍，其中包括著名的居延汉简和敦煌汉简等。这些汉简与丝绸之路有着密切的关系，透过这些珍贵的简牍资料，我们大致可以了解两汉丝绸之路的路线、走向以及汉政府对丝绸之路的经营管理（如沿途站点的设置等）。高平是汉代安定郡首县，遗址在今固原市原州区。高平道驿置道里簿木简是居延汉简中的道路里程简，记载的是丝绸之路安定段的相关里程。张德芳先生的研究表明：通过出土的居延汉简和敦煌悬泉汉简，我们基本可以弄清楚汉代丝绸之路从长安到敦煌的基本路线、走向、里程以及停靠站体系。丝绸之路从长安至敦煌近 2000 公里的距离，可以分为京畿段、安定段、武威段、张掖段、酒泉段和敦煌段，除了 300 公里的空白段外，其余 1700 公里的路段上，设置了 45 个驿置，其中河西四郡有 35 个，安定和京畿有记载的 10 个。驿置是汉代驿传机构名称，"置"一般相当于县级，多称作"县置"，主要建于烽燧旁，是主管信件传递、接待宾客等的独立机构。下设有置、厩、传舍、厨等分支机构，设有啬夫、丞、令史、邮书令史、佐、驿卒、郡府特派置监等官吏。由出土的道里簿简牍可知丝绸之路安定段从月氏到乌氏、泾阳、平林、高平，共 240 汉里，近 100 公里，泾阳至高平之间有一个平林置。
（撰文：单月英　供图：赵广田、高嵩生）

河西道驿置道里簿木简

西汉（公元前 202 – 公元 8 年）
长 13.5、宽 1.5、厚 0.5 厘米
甘肃省敦煌悬泉置遗址出土
甘肃省文物考古研究所藏

　　敦煌悬泉置遗址出土的河西道驿置道里簿及内蒙古额济纳旗居延破城子出土的高平道驿置道里簿，二简相互参补，详细记载了河西部分地区的驿置道里；文字清晰、里程精确，可以复原一份完整的长安至敦煌的里程，对于研究两关以东丝绸之路的行进路线、两汉时期西北地区的驿传设置和详细里程都具有十分重要的价值。两枚汉简上所记载长安至敦煌所经地区如是：从长安出发，在泾川一带过泾河，再经月氏、乌氏、泾阳等县，到固原（高平），不翻越六盘山，经过今天的景泰一带，过黄河进入河西走廊，然后经过今天的大靖一线抵达凉州，再由凉州前往张掖、酒泉、敦煌。（撰文：米毅 供图：赵广田、高菘生）

甲渠侯官检（2 件）

西汉（公元前 202 － 公元 8 年）
长 18.5、宽 5、厚 2.6 厘米
长 15.4、宽 2.6、厚 0.3 厘米
内蒙古额济纳旗破城子出土
甘肃省文物考古研究所藏

　　检是覆盖在简牍正文外的表皮，即现在的信封。检上有收件人的姓名、地址。居延甲渠侯官出土的"甲渠侯官"检，中间一行是收信人官职"甲渠侯"，右侧"高弘"乃封信人姓名，左侧小字写上何时到达，收到信后在检一侧签名。检下端有一凹处，用以绑上细绳，绳之结头封上泥，泥上盖钤记，别人则不便私拆了。纸张发明前，简牍泥封多用印文印章，字成阳文，不易仿造。从已发掘的检中可知汉代公私信件以这种方式传递，进而可以了解汉代公文和邮传制度。（撰文：米毅　供图：赵广田、高蔼生）

汉文木简（7 件）

魏晋（公元 220 - 420 年）
长 6.2 - 15.5、宽 1 - 2.2 厘米
1980 年新疆若羌县楼兰故城出土
新疆文物考古研究所藏

　　共计 7 件，长短不一，其中两件两面墨书，其余都是单面墨书。这批汉文木简的书法包括了草书、行书、楷书等字体，是研究汉晋时期楼兰地区和古代新疆政治军事制度、社会经济生活以及书法艺术的珍贵材料。（撰文：康晓静　供图：刘玉生）

帛书"张掖都尉棨信"

西汉（公元前 202 – 公元 8 年）
高 21.5、宽 16 厘米
1973 年甘肃省居延肩水金关出土
甘肃省博物馆藏

　　红色长方形绢制成，周缘卷边，上方缀系，左右竖排两行墨书篆体"张掖都尉棨信"六字。棨信即信幡或幡信，悬挂于棨戟上，为高级官吏出行的标志，也是通行关禁的证件。（撰文：刘光煜 供图：赵广田、高蓊生）

彩绘驿使图砖

魏晋（公元 220 – 420 年）
长 35、宽 17 厘米
甘肃省嘉峪关市魏晋五号墓出土
甘肃省博物馆藏

　　砖为米色底，画面上绘一个邮驿使骑在红鬃马上，头戴黑帻，身穿皂缘领袖右襟宽袖衣，足蹬长靴，左手持通过关卡、驿站时的信物——棨传文书。驿骑四蹄腾空，信使则稳坐马背，反衬出驿马速度的快捷与信使业务的熟练，特别是传说图中的驿使脸上五官独独缺少了嘴巴，意在表明昔日驿传的保密性，这种真实而又写意的手法，对后世中国的绘画艺术产生了深远影响。《驿使图》生动地再现了当时西北边疆驿使驰送文书的情景，也是我国古代邮驿使较早的形象资料。这块写实砖画在我国邮政史上具有重大意义。20 世纪 80 年代初，在世界万国邮政博览大会上，此画曾作为中国邮政的标志物。为纪念中华全国集邮联合会第一次代表大会的召开，邮电部曾于 1982 年 8 月 25 日发行《驿使图》纪念邮票（小型张）一枚。（撰文：刘光煜 供图：赵广田、高蓊生）

贺思敬庸调麻布

唐（公元 618 – 907 年）
长 245、宽 58.5 厘米
1968 年新疆吐鲁番市阿斯塔那 M108 出土
新疆维吾尔自治区博物馆藏

麻布原色，一上一下平纹。麻布一端墨书（自右至左）"西浦里贺思敬　郯县　光同乡贺思敬庸调布一端　开元九年八月日　专知官主簿苑"。郯县上面钤有朱色篆文"郯县之印"，"庸调布"上钤朱篆文印，印文不清，"苑"上亦钤有朱色篆文"苑"印，"开元"右侧有墨书"CU"记号，属江南道，明州（余姚郡）为明州治所，地在今浙江宁波地区。庸调实物在吐鲁番的出土，证明唐代的赋税制度在西域地区得到了施行。（撰文：魏然 供图：丁禹）

西州高昌县手实文书

唐贞观十四年至二十三年（公元 640 – 649 年）
长 29，宽 19 厘米
1969 年新疆吐鲁番市哈拉和卓墓地 M39 出土
新疆维吾尔自治区博物馆藏

　　手实是唐代在基层官吏的监督下居民自报户口、田亩以及本户赋役承担情况的登记表册，是制定记账和户籍的主要依据，每年填报一次。古代吐鲁番地区的居民流行用废旧官、私文书之类的"故纸"制作附葬的鞋靴、冠带等葬俗，因此，该地区的古代墓葬保存下许多像西州高昌县手实这样被裁剪为纸鞋鞋样的古代文书。该手实双面墨书，表面所记为户主和家族之姓名、年龄和田宅数目等，背面曾作为高昌县某乡户籍薄使用过。其无确切纪年，但唐朝是在贞观十四年（公

元 640 年）灭麹氏高昌后设立西州的，贞观以后为避太宗名讳，将"世业田"改称作"永业田"，这件手实上写有"世业"，表明其填报时间应在贞观二十三年（公元 649 年）李世民去世之前，即公元 640 – 649 年之间。西州高昌县手实与唐代史籍中记载的手实内容相同，说明了唐朝中央政府的政令在西域地区得到了较好地贯彻与实施。（撰文：单月英、魏然供图：丁禹）

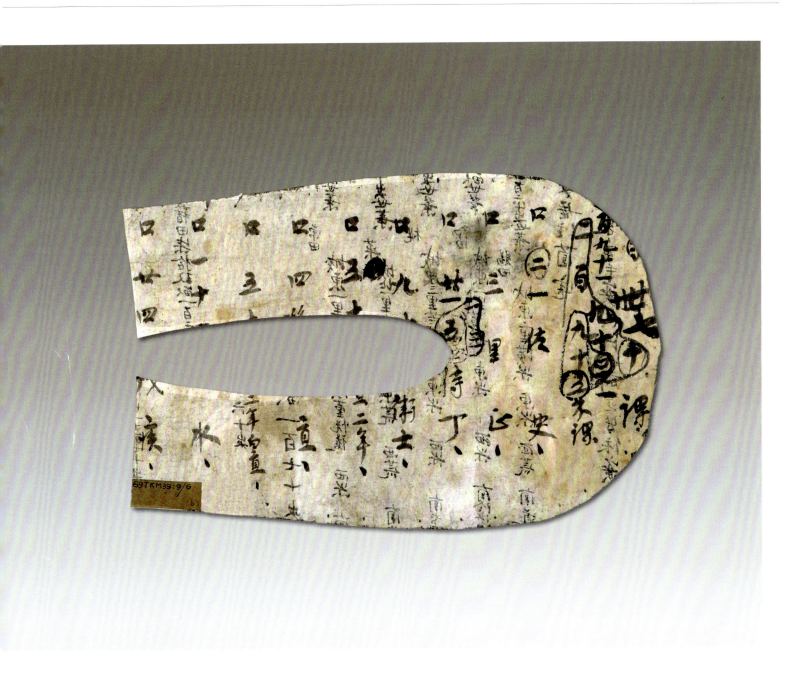

唐西州高昌县上安西都护府牒稿为录上讯问曹禄山诉李绍谨两造辩辞事文书

唐（公元 618 — 907 年）
长 50、宽 40 厘米
1966 年新疆吐鲁番市阿斯塔那 M61 出土
新疆维吾尔自治区博物馆藏

　　从纸鞋上拆出的，利用旧文书粘接而成，并在其背后书写。残存八段，共存文 73 行，每段前后、上下均有残损。主要内容清楚，是一份为借贷之事双方引起纠纷，由高昌县向安西都护府报告审讯案件经过的牒文稿。文中记述了曹禄山向西州长史控告李绍谨，诉李绍谨在弓月城（今伊宁附近）向其兄曹炎延借了 275 匹绢。自弓月城前往龟兹进行贸易，曹炎延也携带财物与李绍谨一同前往。但只有李绍谨一人到达龟兹，李绍谨去向不明。李绍谨想赖账，不承认其借绢之事。曹禄山因此事与李绍谨打架，并告知官府。经多次审讯查实，李绍谨终于承认借绢之事，并答应本利都分付。文书中记录的是一场贸易纠纷，此次贸易主要涉及的物品是丝绸，从一个侧面反映了唐代丝绸之路贸易的情况。（撰文：魏然 供图：丁禹）

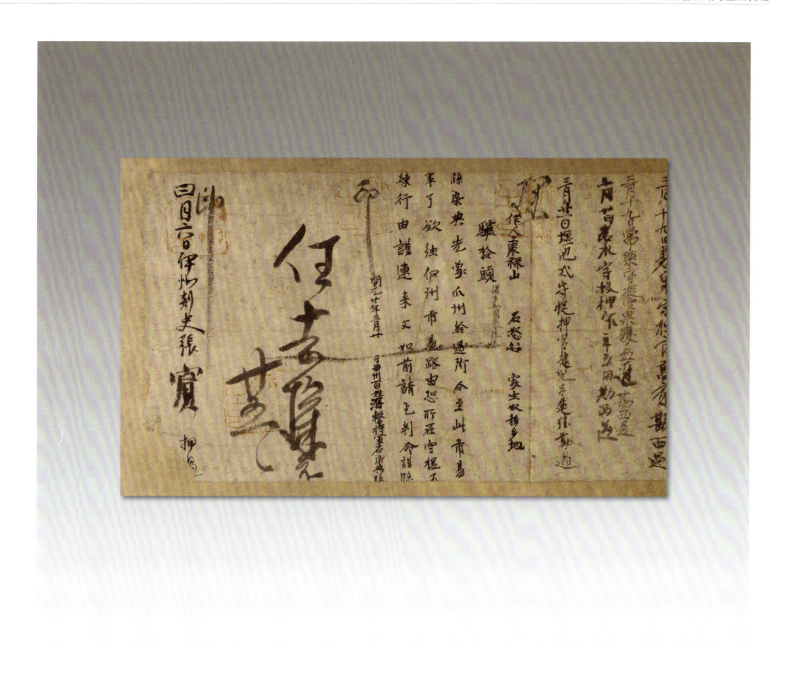

石染典过所文书

唐开元二十年（公元 732 年）
长 78、宽 28.5 厘米
1973 年新疆吐鲁番市阿斯塔那 M509 出土
新疆维吾尔自治区博物馆藏

　　由三张纸粘合而成，虽前后残缺，但上下完整，内容清楚。存文 24 行，过所上有朱印五处，首印为"瓜州都督府之印"，中间三印为"沙州之印"，最后为"伊州之印"。过所即为通过各种关卡时官府发给的通行证。本件为两份过所，一份是石染典携带着由安西都督府发给他过所去瓜州进行贸易，"市易"结束后，他要返回安西，请求瓜州都督府发给他的过所，因为从瓜州到安西必须经过铁门关，所以，在该份过所里特别注明。第二份过所是石染典在沙州领到的，从内容来看，说明他在沙州进行贸易之后又要到伊州进行"市易"。石染典过所文书反映出石染典在伊州和沙州之间市易的全部过程和要履行的各种手续，不仅生动展示了当时丝绸之路贸易的片段，也证明了当时唐中央政府的政令在西域等地区得到了有效地推行。（撰文：魏然　供图：丁禹）

沙漠之舟组成的丝路商队

　　丝绸之路的开通极大地促进了中西方之间的贸易往来。大量的商队活跃在丝绸之路上，通过满足西方世界对中国丝绸的向往以及中国对西方珍奇的需求来赚取最大的商业利益。丝路商队的负重常常由号称"沙漠之舟"的骆驼承担，骆驼也因此成为丝绸之路的象征符号。考古出土的大量骆驼形象资料，不仅再现了昔日丝绸之路的盛况，也展现了中国人对骆驼这种异域奇畜由陌生到熟悉，进而发展为对其珍视的认识过程。

彩绘陶骑驼俑

隋（公元 581 – 618 年）
高 45.5、长 30、宽 20.8 厘米
1980 年山西省太原市斛律彻墓出土
山西博物院藏

　　骆驼为双峰驼，高大健壮，昂首站立，作嘶鸣状，短尾上翘，双峰间驮有丝绢、皮囊等物，囊端饰虎头图案。皮囊之上坐胡商，浓眉、深目、高鼻，头戴圆毡帽，身着圆领窄袖衫，左手紧握缰绳，右手持饼进食。骑驼俑形象而生动地再现了丝绸之路上胡商的活动。（撰文：逯斌 供图：厉晋春、秦剑）

灰陶立驼

汉（公元前 202 － 公元 220 年）
高 76、长 97 厘米
1982 年陕西省西安市沙坡村砖瓦厂汉墓出土
西安博物院藏

骆驼体形高大，曲颈昂首，目视前方。背有双峰，身躯健壮，四腿直立于地，挺拔有力。灰陶，陶质坚硬，通体施白衣。骆驼有单峰驼和双峰驼之分，单峰驼产于阿拉伯、印度及非洲北部；双峰驼产于我国及中亚细亚。骆驼性温顺、驼峰能储蓄脂肪、胃内附生水脬，可贮水，故善耐饥渴，又能负重致远，善于在沙漠行走，还能识泉源和水脉，既可骑乘又可载物，因此被誉为"沙漠之舟"，是沙漠中不可缺少的运载工具。张骞凿空西域后，丝绸之路开通，骆驼被当作奇畜引进中原地区。西汉昭帝平陵 2 号丛葬坑出土骆驼骨架 30 具，是目前在中原地区发现的最早的骆驼，据推测这批骆驼可能是西域进贡西汉朝廷的贡品，饲养在上林苑中，供皇室驱使（驾车或骑乘）或观赏。沙坡村砖瓦厂汉墓出土的这件灰陶骆驼造型朴拙，身子有僵硬感，说明汉代骆驼还是比较少见，当时的人们对骆驼并不是非常熟悉。魏晋至唐，随着丝绸之路的发展，骆驼已成为丝绸之路上主要的交通运输工具，逐渐成为中原地区较常见的动物，因此骆驼的造型越来越生动。

（撰文：单月英、杨宏毅 供图：杨宏毅）

彩绘陶载物骆驼

西魏（公元 532 － 556 年）
高 21、长 20 厘米
1984 年陕西省咸阳胡家沟侯义墓出土
陕西历史博物馆藏

骆驼昂首扬颈，背上有一方形垫板，是为驮架，驮架上有一大束丝绸。这件骆驼似为单峰驼，单峰驼较为少见，驼身较小，四腿修长，产于阿拉伯和北非等地。北朝时期，随着来华胡人的增多，以骆驼载物从事商品贸易的商队频繁往来于丝绸之路上，这件载物骆驼就是当时商队载物骆驼的生动写照。（撰文／供图：翟晓兰、王建玲）

灰陶载物骆驼

北朝（公元 386 — 581 年）
高 20、长 19 厘米
征集
陕西历史博物馆藏

　　骆驼四腿直立，双峰两侧搭有驮架，上驮有成束的丝绸，驮架上还挂有一琵琶形的乐器。这些骆驼使人联想到在漫漫黄沙、悠悠古道上，一队队西去的商旅，伴着满载着丝绸等货物，行进在茫茫的戈壁上，把中国的丝织品、漆器、瓷器等运往中亚、西亚，又带回那里的特产。很难想象如果没有这些"沙漠之舟"，人们如何能够使这条长达 8000 公里的丝绸之路繁荣达 2000 年之久。（撰文／供图：翟晓兰、王建玲）

彩绘陶载物跪驼

北周（公元 557 – 581 年）
高 30、长 30 厘米
征集
陕西历史博物馆藏

　　骆驼两前腿跪地，后腿直立于方形踏板之上，做正起立状。双峰两侧搭有驮架，上驮有货物。在西行的丝绸之路上人们最得力的帮手就是吃苦耐劳的骆驼，因此，它成为了在这一时期的文物中最常见并且刻画最细腻的动物。现实生活中形体硕大、行走迟缓、举止笨拙的骆驼，经过工匠的艺术加工，都显得十分轻捷俊美、强劲雄伟。这一件北周时期的彩绘载物骆驼就体现了双峰驼高大的身材，也体现了骆驼在丝绸之路上给人们带来的方便和在中外物资文化交流所起的巨大作用。（撰文／供图：翟晓兰、王建玲）

三彩釉陶单峰驼

唐（公元 618 – 907 年）
高 82、长 70 厘米
1970 年陕西省咸阳契苾明墓出土
咸阳博物馆藏

　　立于长方形踏板上，引颈昂首、瞠目、
张口露齿作嘶鸣状。单峰稍隆起，鼓腹下垂，
卷尾。驼身大面积施酱釉，其颈、背及前腿
部分施黄绿色釉。驼头顶、颈部、前腿根部
做成凹凸不平、富有质感的驼绒状。单峰驼
原产于阿拉伯、印度、非洲北部，不见于中
国大陆，属于域外稀罕特产。三彩釉陶单峰
驼出现在京畿附近的咸阳，说明其是唐代通
过丝绸之路进行中外贸易交流的产物。公元
651 年，大食灭萨珊波斯，便派使初次来到都
城长安，此后的 148 年间，阿拉伯使者进入
长安、洛阳等地多达 33 次，亦带来极少的珍
稀单峰骆驼。在唐三彩中，双峰驼比较常见，
单峰驼的造型比较少见，这件三彩釉陶单峰
驼是目前全国发现的最为完整的一件，它体
态雄健、线条流畅，具有极高的文物和艺术
价值。（撰文：王亚庆　供图：王保平）

三彩釉陶载人骆驼

唐（公元 618 — 907 年）
高 38、长 32 厘米
1965 年河南省洛阳关林 59 号唐墓出土
洛阳博物馆藏

　　双峰驼，昂首直立于长方形托板上，体施白釉，颈部和四肢有棕红色长毛。背上垫一蓝绿色毯子，两峰间置一大型兽面驮囊，下垫驮架，在驮架外露的各端分别系有猪、鱼、圆口小瓶和凤首壶，驮囊前后置有绿色丝卷，绢上坐一人。骑驼者一手扶驼峰，一手扬起，作驾驭状。骑驼俑为汉人形象，骆驼所载的货物亦为中国特产。这件载人骆驼构思巧妙，骑驼者被设计得较小，凸显了骆驼体量的高大。考古出土资料中比较多见的是胡商形象，汉商形象罕见，这件载人骆驼上的商人被设计成汉人形象，非常难得。汉商使用骆驼作为交通工具，表明骆驼在唐代已经由当初的奇畜转变成常见的牲畜。洛阳是丝绸之路上非常重要的贸易和文化交流中心，透过这件载人骆驼，我们可以窥见唐朝洛阳城内商贾云集的盛况。（撰文／供图：王军花）

彩绘陶载物骆驼

唐显庆二年（公元 647 年）
高 43、长 38 厘米
1972 年陕西省礼泉县烟霞镇马寨村张士贵墓出土
昭陵博物馆藏

双峰驼，头高高抬起向其左侧偏转，目光向上仰视，张嘴露齿，鼻翼开张且左右通透，一副自由豪迈的神情，背上有驮架，驮架上囊袋圆鼓，囊袋的左右两侧横搭有麻花状的丝织品，因此有很多学者以为这是一匹快乐回家的骆驼。不仅如此，其左侧丝绸前边打结处，右侧丝绸后边打结处还悬挂有黑色的扁壶，其左侧丝绸后边打结处与右侧丝绸前边打结处同时还悬挂有头朝上的野鸡和头朝下的野兔。根据囊袋的形状看，应该是用同一个模子翻出两件囊袋，再一左一右捏塑成型。这件载物骆驼再现了当年丝绸之路的繁盛景象。（撰文／供图：李浪涛）

胡商牵驼图壁画

唐中宗神龙二年（公元 706 年）
高 210，宽 193 厘米
2005 年河南省洛南新区安国相王孺人唐氏墓出土
河南省古代艺术博物馆藏

壁画中的胡人头戴尖帽，身穿翻领袍服，脚穿高靿靴，长相与唐代诗人陆岩梦描述胡人面貌的诗句——"眼睛深似湘江水，鼻孔高于华岳山"甚是吻合。胡人身后的骆驼似单峰驼，驼背上搭有垫毯，上面搭放有成卷的丝绸和一个水瓶。这幅壁画出自唐安国相王（唐睿宗在公元 705 - 710 年间的封爵）孺人唐氏墓的墓道西壁，属于驼马出行壁画的一部分。

该墓的驼马出行壁画共有两幅，左右对称地分布在墓道的东、西两壁，长 4.5 米，壁画的内容、布局相同，均由 3 名驭者、2 匹马和 1 头骆驼组成，出行的方向是朝向墓外。墓道东壁上绘的牵驼者亦是头戴尖帽、脚蹬高靿靴的胡人。这两位牵驼的胡人应当都是来华从事贸易的商人。（撰文：徐婵菲 供图：李波）

三彩釉陶载物骆驼

唐（公元 618 – 907 年）
高 51、长 45 厘米
1983 年陕西省西安机械化养鸡场出土
西安博物院藏

　　左右合模制成。骆驼形体高大、双目圆睁、昂首嘶鸣、尾上卷、四腿立在方形托板上。骆驼背上有带花边的鞍鞯、双峰之间上搭有驮囊。骆驼的脑后、颈下、驼峰和腿根饰细线纹。通体施以褐、绿、蓝、白等釉，腿膝盖以下不施釉。载物骆驼构思巧妙，造型生动。唐代工匠们在简单概括的基本形体构成的"骨架"上，用准确、生动的肌肉刻划给以装饰，使这件载物骆驼达到一种独特的艺术效果，极富浪漫色彩。唐诗中有"东来橐驼满旧都"之语，唐墓中出土的大量骆驼和骑驼出行的胡人，正是唐代中外交流和丝绸之路中西往来活跃繁盛景象的写照。（撰文／供图：杨宏毅）

三彩釉陶载物卧驼

唐（公元 618 — 907 年）
高 29.1、长 45 厘米
2002 年陕西省西安市长安区郭杜乡唐墓 M31 出土
西安博物院藏

驼首高昂，双目圆睁，作嘶鸣状。四肢曲跪卧地，尾巴卷曲上翘，周身施淡黄、褐、绿釉。背上垫一椭圆形毡，毡四周有打褶的花边，施草绿色和白色釉。双峰间搭有鞍鞯，上负驮囊、象牙和丝绸，两侧带马蹬壶、花口盘、凤首壶等物。三彩骆驼是唐三彩动物雕塑中最独具匠心的品种，逼真、优美的造型配合华丽的三彩釉，艺术效果令人叹为观止。自西汉张骞凿空西域，开通丝绸之路以后，中亚、西亚等地的商人源源不断地通过西域来到中国，以骆驼为运载牲畜，骆驼因此成为丝绸之路上的重要标志性符号。大唐帝国疆域辽阔，交通便利，政令通达，陆上丝绸之路达到鼎盛。胡商们通过丝绸之路，与唐朝进行着繁忙的商业贸易，大量来华的胡人为唐朝社会带来了浓郁的异域风情，同时也把辉煌灿烂的大唐文化传播到国外。该卧驼造型刻画细腻、极富写实风格，充分展现了唐三彩的艺术成就，同时也说明唐代工匠对骆驼这种牲畜的形体结构、性情等已经非常熟悉，才会创作出如此生动的造型。透过这件三彩载物骆驼，人们能清晰地感知唐代丝绸之路的繁盛。它真实地表现了丝路上来来往往的驼队以及运载的各色中外货物，是唐代中西方文化交融的有力证明。（撰文：单月英、杨宏毅　供图：杨宏毅）

五彩绸缎映丝路

　　丝绸是中西方贸易中最靓丽、最重要的主角。中国的织锦、绫、罗、绢、纱、绮等通过丝路商队运往西域，转销至巴克特里亚、粟特、贵霜王朝以及更遥远的罗马帝国，并对西方世界产生了深远的影响。公元 3 － 4 世纪，中国的养蚕缫丝技术传入西域，又经西域传入波斯，西方开始生产新式的西域锦、波斯锦等。受西方织锦的影响，中国丝绸开始出现具有西方审美情趣的纹样。唐代丝织业发达，以斜纹纬锦为标志形成一种新体系，并大量吸收外来纹样，形成雍容华贵的大唐风格，产品行销全世界。

"王侯合昏千秋万岁宜子孙"锦衾

汉晋（公元前 202 －公元 420 年）
长 168、宽 93.5 厘米
1995 年新疆民丰县尼雅遗址 1 号墓地 M3 出土
新疆文物考古研究所藏

　　由两幅各宽 48 厘米、完整的"王侯合昏（婚）千秋万岁宜子孙"锦缝合而成，单层无衬。图案为变形云纹和茱萸纹循环排列，中间织出小篆"王侯合昏千秋万岁宜子孙"字样。织物采用 1:3 平纹经重组织，藏青地，绛、白、黄、绿四色经线显花，其中黄绿两色分区交替，为五色锦。经密 160 根／厘米，纬密 24 根／厘米，图案经向循环 3.8 厘米。据考证，这件织锦为中原地区官营丝织作坊专为地方王侯织制的婚礼用锦，非特殊人物不可能得到此类织物。因此推测，尼雅遗址 1 号墓地 M3 的墓主人应是某代精绝国王。该锦衾保存完整，色泽鲜艳、工艺精湛，显现出我国汉晋时期高超的丝绸织造水平，同时也证明了汉晋时期中原王朝与西域国家之间的密切关系。（撰文：康晓静　供图：刘玉生）

"五星出东方利中国"锦护膊

汉晋（公元前 202 – 公元 420 年）
长 18.5、宽 12.5 厘米
1995 新疆年民丰县尼雅遗址 1 号墓地 M8 出土
新疆文物考古研究所藏

为死者的护臂，圆角长方形，以锦为面，白绢包缘，长边各缝缀三条黄绢系带。采用 1:4 平纹经重组织，整个图案不分色区，均以蓝、红、绿、黄、白五色织出，五星图案也恰好由这五种色彩表示。经密 220 根 / 厘米，纬密 24 根 / 厘米，图案经向循环有 84 根夹纬，7.4 厘米，远远大于普通的汉魏织锦，因此，它是汉式织锦最高技术的代表。织锦图案总体采用山状云作骨架，沿织锦纬向连续铺展。自右边起依次有孔雀、仙鹤、辟邪、虎等祥禽瑞兽。上下每两组循环花纹间织出隶书"五星出东方利中国"星占祈瑞文字。"五"字后

起每隔三字织有三色同心圆饰，代表五星中的两星。其特殊的铭文和图案使它成为国宝级文物。同墓所出另一残片可以确定属于同一织物，上有云气纹、羽人纹、星纹和"讨南羌"三字铭文。经复原，可将"五星出东方利中国讨南羌"连读。据《汉书·赵充国传》载：汉宣帝神爵元年（公元前 61 年），赵充国用兵羌地，宣帝赐书："今五星（金、木、水、火、土）出东方，中国大利，蛮夷大败。"此件织锦可能是这一军事行动的见证。（撰文：康晓静 供图：刘玉生）

"五星出东方利中国"锦护膊

"长乐大明光"锦女裤

汉晋（公元前 202 － 公元 420 年）
长 118 厘米
1995 年新疆民丰县尼雅遗址 1 号墓地 M3 出土
新疆文物考古研究所藏

为女性墓主人衣着，保存基本完整。以"长乐大明光"锦作裤料。裤料幅宽 46 厘米，幅边 1.0 厘米，经密 176 根／厘米，纬密 20 根／厘米，图案经向循环 5.5 厘米，1:3 平纹经重组织，深蓝为地，偶尔夹入浅棕色经线，形成"雨条"状效果，黄、白、绛红和草绿色四色显花，其中绛红和草绿分区交替。同墓出土男裤款式与此十分相似。同出的"王侯合昏（婚）千秋万岁宜子孙"锦衾使用的是中原地区官营丝织作坊专为地方王侯织制的婚礼用锦，推测尼雅遗址 1 号墓地 M3 的男性墓主应是某代精绝国王，女性墓主当为其王妃。
（撰文：康晓静 供图：刘玉生）

黄蓝方格纹锦袍

汉晋（公元前 202 − 公元 420 年）
长 122 厘米
1995 年新疆民丰县尼雅遗址 1 号墓地 M3 出土
新疆文物考古研究所藏

  为男性墓主人衣着。交领、左衽，窄袖宽摆，两侧开衩，下摆和衣袖处有绛、绿色方格组成的条带。以黄蓝方格纹锦为面，白绢为里。锦袍面料上的方格纹为黄蓝相间，以蓝／绿、黄／红四色经线排列，采用 1:1 平纹经重组织织造，形成约 1 厘米见方的方格纹。经密 100 根／厘米，纬密 30 根／厘米，幅宽 42 厘米，一幅之内共有方格 40 个。锦袍简洁、素雅、明快，款式为典型的中原风格。同墓女尸所穿绢袍款式与此十分相似，亦是左衽。（撰文：康晓静 供图：刘玉生）

"延年益寿大益子孙"锦鸡鸣枕

东汉（公元 25 — 220 年）
高 13.5、长 50、宽 9 厘米
1995 年新疆民丰县尼雅遗址 1 号墓地 M1 出土
新疆维吾尔自治区博物馆藏

　　用"延年益寿大宜子孙"锦缝制而成，形状为同身双首鸡的形状，鸡身为头枕的部位。鸡首做得非常精细，高冠、尖嘴、圆眼、细颈。用红、绿、白色绢缝制鸡冠和双眼。枕芯为植物的茎叶。（撰文：魏然　供图：丁禹）

对羊灯树纹锦

北朝（公元 386 — 581 年）
经向 21、纬向 24 厘米
1972 年新疆吐鲁番阿斯塔那 M186 出土
新疆维吾尔自治区博物馆藏

　　为整幅织物中残存的半幅，一则有完整的织物幅边，属夹纬经二重平纹织物。锦以绿色为地，用红、黄、绿、白四种颜色显示花纹，染色中的青、黄未见褪变，依然鲜艳。从残存画面看，全幅为对称两列横式纹样。图案以灯树为主体，树的基干如台座，枝叶呈塔形，六只花灯分三层作塔式排列，树的边缘织出放射线，表示夜晚树上花灯发出的耀眼光芒；

灯树上方为葡萄树和对鸟，灯树之间的上部空隙填以背向的对鸟，灯树下面为伏卧的对羊，羊的颈部系有绶带，一对夸张的大角向后弯曲着。锦上的主体花纹表现的是古代中原地区上元节火树银花不夜天的情景，表明中原地区上元节之夜张灯结彩、普天同庆的习俗在北朝时期已经传播到了西域地区。（撰文：单月英、牟新慧　供图：丁禹）

"胡王"联珠纹锦

麹氏高昌（公元 499 – 640 年）
经向 14、纬向 16.5 厘米
1972 年新疆吐鲁番阿斯塔那 M169 出土
新疆维吾尔自治区博物馆藏

　　织锦保留有幅边。锦以黄色为地，用红、黄、蓝、绿、白等色的经线显示图案花纹。图案为在联珠纹圈内织有牵驼人物或狮子。联珠纹圈交接处填有花卉图案。联珠纹圈内的牵驼人物一手执鞭，一手牵驼，身穿窄袖束腰上衣，骆驼为双峰驼，驼峰之间铺有花毯，人物和骆驼之间织出"胡王"二字，整个图案采用对波形式，描绘的当是牵驼过河的场景，清澈的河水倒映出牵驼者和骆驼的影像，就连"胡王"二字也显出清晰的倒影。联珠纹圈内的狮子也采用对波形式。这样无论这块锦从上面看还是从下面看，都会有一正一反，完全一样的牵驼图案或狮子图案。相同题材的"胡王"联珠纹锦在阿斯塔那 M18 有出土，M18 出土有麹氏高昌二十九年（公元 589 年）唐绍伯墓表，为我们对这类"胡王"联珠纹锦的使用年代有比较准确的认识。联珠纹、狮子题材都是西方文化因素，表明该织锦应当不是中原生产的。张骞通西域，丝绸之路开通后，中国的养蚕和缫丝技术传到西方，约公元 4 – 5 世纪，西域地区的绿洲国家已经完全能独立生产家蚕蚕丝，甚至能织出新式的西域锦，公元 6 世纪左右，一些具有特色的织锦如龟兹锦或波斯锦在高昌生产。从"胡王"二字推测，这类织锦当是在高昌生产的，专为胡人王族织造。（撰文：单月英、魏然 供图：丁禹）

花鸟纹锦

唐代宗大历十三年（公元 778 年）

经向 36.5、纬向 24.4 厘米

1966 年新疆吐鲁番阿斯塔那 M48 出土

新疆维吾尔自治区博物馆藏

　　为中唐时期的织物，上有宽 2.7 厘米的经向花边，两条居中，两条在边上，将织物的整个纬向分成图案相同的的两个区域。用真红、粉红、果绿、棕色、海蓝五色以纬重组织织出图案花纹，图案中心为一放射状团花，由中间一朵正视的八瓣团花和外围八朵红蓝相间的小花组成，团花周围有四簇写生型小花和四只衔花而飞的绶带鸟，花鸟之间还有八只粉蝶。整个图案看上去一派春光明媚、生机勃勃的繁荣景象。相关研究表明这种写生折枝花鸟纹样在中晚唐兴起，代表了一种自然生动的审美时尚。它们很可能是通过丝绸之路贸易被带到西域地区的。（撰文：单月英、魏然 供图：丁禹）

联珠对龙纹绮

唐（公元 618 — 907 年）
经向 21、纬向 25 厘米
1972 年新疆吐鲁番阿斯塔那 M221 出土
新疆维吾尔自治区博物馆藏

　　原为覆面的面料，裁剪呈方形。织物以平纹为地，斜纹显花。保存一组完整的图案。图案主体为一有双重联珠的椭圆形圈，圈内中轴位置为一"生命之树"的花柱，两侧各显一条腾飞的龙，呈对称式适合纹样。织物染作鲜亮的黄色，保存完好。（撰文：魏然　供图：丁禹）

黄地卷草团窠对狮纹锦

唐（公元 618 — 907 年）
经向 17、纬向 27 厘米
1983 — 1985 年青海省海西州都兰县热水墓群出土
青海省文物考古研究所藏

　　黄地，以绿色显花、以白、棕、黄色作辅助显花，1：3 斜纹纬二重组织。图案经向循环 14 厘米，纬向循环 13.5 厘米，团窠的外径约 20 厘米，由四组卷草环组成，卷草纹流畅清晰，环中为两只搏斗状的狮子。（撰文：崔兆年　供图：贾鸿健）

缠枝花卉纹绣鞍鞯

唐（公元 618 — 907 年）
高 38、宽 50 厘米
1983 — 1985 年青海省海西州都兰县热水墓群出土
青海省文物考古研究所藏

　　鞍鞯的布料以黄色绢为地，用白、棕、黄、绿、蓝等色丝
线以锁绣工艺绣出艳丽的唐草宝相花纹样。图案布局严谨，针
法密集细腻，艳丽的色泽有富丽堂皇之感。（撰文：崔兆年
供图：贾鸿健）

黄地团窠太阳神纹锦

唐（公元 618 – 907 年）
经向 42、纬向 23.5 厘米
1983 年青海省海西州都兰县热水墓群出土
青海省博物馆藏

　　由 3 片组成。整个图案为以卷云纹为圆环、以团花为连纽辐射展向四方的基本构架。除边幅较为完整，其它两片较残。左片为两个对称的的人面像。右片为三个团窠图案，其中两边的相同并对称，团窠内以象、鹿、马等动物为纹样。中间是太阳神的主题图案，为一人坐在四马驾车之上的形象。底部基本色彩为黄色，用浅黄色、蓝色、绿色来显现其栩栩如生的异域风格的装饰图案。青海省考古研究所于 1982 年－1986 年间在海西州都兰县热水乡发掘了一处唐代吐蕃墓葬群，出土了大量的丝织品，有锦、绫、罗、绢等，图案不重复的品种达 130 种，其中 112 种为中原地区织物，其数量之多、品种之全、技艺之精实属罕见，尤其是以太阳神为母体图案的织锦对研究东西文化交流有着重要的史学价值，也为研究边疆少数民族与中央王朝之间的关系提供了宝贵的实物资料。丝绸作为丝绸之路的主角，蕴含着极其丰富的历史文化信息，从都兰大墓出土的实物可以看到，这一时期的丝织品从纹式、组织结构等方面都显现出强烈的外来文化的影响，这也促使了本土纹式的产生，唐诗"去年中使宣口敕，天上取样人间织。织为云外秋雁行，染作江南春水色。"（白居易《缭绫》）就反映出这特殊的文化属性。（撰文：李积英　供图：吴海涛）

联珠猪头纹锦覆面

唐（公元 618 – 907 年）
长 45、宽 36 厘米
1969 年新疆吐鲁番阿斯塔那 M138 出土
新疆维吾尔自治区博物馆藏

　　覆面呈椭圆形，原白色绢荷叶边，覆面中心部位为织锦
面料，稍残。织锦上的图案花纹是白色联珠圈内有一只侧面
的野猪头。野猪张口，獠牙上翘。这种野猪头的形象来自中
亚萨珊波斯艺术，猪在崇尚武功的波斯拜火教中被视为伟力
拉格那神的化身，备受尊敬。野猪头纹出现于中亚的时间先
于公元 7 世纪中叶的伊斯兰教，因此在中国发现的装饰此类
纹样的文物，也大体集中在公元 7 世纪中叶以前。随着伊斯
兰教在中亚等地的传播，这种以伊斯兰教中被视为不洁之物
的猪头纹样的织锦图案逐渐消失。（撰文：魏然 供图：丁禹）

瓣窠灵鹫纹锦

唐（公元 618 – 907 年）
经向 33、纬向 45 厘米
1983 – 1985 年青海省海西州都兰县热水墓群出土
青海省文物考古研究所藏

　　黄地，以棕、绿、浅黄色显花，1:3 斜纹纬二重组织，图案经、
纬向单元循环 20 厘米左右。为八瓣花环式，环居中一展翅正
面直立的灵鹫，头部似有背光，鹫腹部中央有一裸体蹲踞状
的人物形象。据图案与织造方式，该织锦有浓郁的西方文化
因素，应与古罗马拜占廷时期文化有联系，属于西方织锦。（撰
文：崔兆年 供图：贾鸿健）

联珠对羊对鸟纹锦

唐（公元 618 – 907 年）
纵 45.5、横 11 厘米
1983 年青海省海西州都兰县热水墓群出土
青海省博物馆藏

　　为锦幡残片，呈矩形。主题纹饰为对鸟和颈部带绶带的对羊，类似公元 6 – 7 世纪中亚、西亚常见的装饰。对鸟和对羊外围为一圈联珠纹，在对鸟和对羊的前、后、左、右四个正位上穿插着一个回字纹，把 24 个联珠均分为四组并形成团窠，团窠内对鸟、对羊相向而立，形成独特的联珠对鸟或羊的西域风格，是研究唐代丝织品工艺以及中西文化交流的珍贵资料。大唐文化以开放的姿态吸取容纳了诸多异域风采，联珠纹就是典型例子，其原本为波斯萨珊朝的纹样，有大小基本相同的圆珠连接排列成环状。都兰大墓的规模和建筑形式与吐蕃王陵相仿，出土的丝绸除了王室馈赠和俸禄外，多是通过丝绸之路进行贸易所得，由此证明丝绸之路青海道在当时的繁荣昌盛。（撰文：李积英　供图：吴海涛）

狩猎纹印花绢

唐（公元 618 – 907 年）

经向 44、纬向 29 厘米

1973 年新疆吐鲁番阿斯塔那 M191 出土

新疆维吾尔自治区博物馆藏

　　原为褥子边，由四块拼对而成。平纹，经密 40 根／厘米、纬密 29 根／厘米。烟色地上，显白色和微黄色骑马狩猎纹样。骑者右手持弓，左手拉弦，呈回首射击状。马四蹄腾空，飞速奔跑。马的颈部有一火印，应是当时官马的标记。猎物似狮子，后肢单立，前肢双举，张牙舞爪作前扑状。兔、鸟、花、草等散布于狩猎纹之间。这种纹样是唐代丝绸常见的装饰纹样，画面生动地表现出了狩猎的情景。该绢图案左右对称，属于夹版消色印花，充分体现了唐代印花绢织造的高超艺术。据接版痕迹测得花版的长和宽均为 26 厘米。（撰文：魏然 供图：丁禹）

世界贸易的缩影

　　丝绸之路经过汉晋时期的发展，到南北朝时期日渐活跃。来自中亚的粟特人以及来自波斯和大食的商人在把中国丝绸源源不断地运往西方的同时，也将备受中原统治阶层青睐的西方金银器、玻璃器等奢侈品大量输入中国。中国多个地区出土有粟特、萨珊、大食、罗马等地的金银器和玻璃器。它们与丝路沿线发现的贵霜、安息、萨珊、罗马等国的钱币共同证明了当时东西方贸易的繁盛。西方金银器和玻璃器的输入，带动和促进了中国金银器和玻璃器的制造，中国工匠开始对输入的西方器物等进行模仿、改造和创新，形成中西合璧的崭新的器物群体。

金钿蚌壳羽觞

魏晋（公元 220 — 420 年）
高 4.2、长 13.7、宽 10 厘米
1985 年青海省西宁市南滩砖瓦厂出土
青海省博物馆藏

　　以较大的蚌壳做器身，蚌壳口沿处用贵金属黄金镶口金边，口缘两侧有横柄，制作精细，造型优美、圆润，光泽晶莹锃亮，白色蚌壳与金色镶口交相辉映，和谐自然。羽觞也称作羽杯，也就是耳杯，椭圆形器具，浅腹，平底，两侧有半月形耳，如鸟的双翼，故名"羽觞"。南朝梁元帝萧绎《采莲赋》道："鹢首徐回，兼传羽杯。"耳杯是中原文化的特色器物，盛行于战国到魏晋时期，为日常生活用具，多为木胎漆器，也有铜质耳杯和玉质耳杯。蚌壳镶金钿的羽觞极为罕见，器具本身奢华珍贵，体现了拥有者显贵的身份和地位，同时也表明拥有者对中原文化的喜爱和追求。（撰文：李积英　供图：吴海涛）

狩猎纹鎏金银盘

北魏（公元 386 – 534 年）
高 4.1、直径 18 厘米
1981 年山西省大同市封和突墓出土
大同市博物馆藏

　　敞口、斜腹、矮圈足。盘内饰狩猎图、外绕三圈旋纹。狩猎图中央为一位波斯贵族、络腮长须、头戴圆形帽、前部饰有九颗圆珠组成的一道边饰、脑后饰萨珊式飘带、手腕戴镯、颈饰项链、耳垂水滴形耳坠、双手持矛、身处长满芦苇的沼泽、只身与三头野猪搏斗。狩猎图属于萨珊王朝常见的图案、该鎏金银盘应当是一件来自萨珊波斯的舶来品。（撰文：逯斌 供图：厉晋春、秦剑）

东罗马酒神纹鎏金银盘

公元 4 – 6 世纪
高 4.6、口径 31、底径 10.9 厘米
1988 年甘肃省靖远县北滩乡出土
甘肃省博物馆藏

　　以铸造、捶揲、镶嵌等工艺结合制成。圆形、卷唇边、斜弧壁、圈足。鎏金现大部分已脱落。盘内满饰浮雕纹饰、分内外三圈置列。外圈饰葡萄卷草纹、其间栖有禽鸟等小动物。中圈外缘饰一圈联珠纹、内周列一圈浮雕古希腊神话中奥林匹斯山的十二神头像、每个头像和其对应的一只动物头像相间而列。银盘中央为裸身披长巾、倚豹（一说倚狮）、手执权杖的男性、大部分学者认为是酒神巴卡斯（即古希腊神话中的狄俄尼索斯、其最常见的造型为头戴葡萄藤制成的花冠、手执苔瑟杖、杖头饰一松球）、其被认为古代丰收的象征。在圈足内底部有点状錾刻文字一行、应属于大夏文、按照习惯、一般为金银器的自重或收藏、拥有者的姓名。西姆·威廉姆斯解读为 1000+20、即银盘的自重为 1020 德拉克马、此与银盘的实测重量接近、较有说服力；马尔沙克解读为 SYK、即器物所有者的名字缩写。此器物出土于丝绸之路甘肃地段的黄河渡口一带、其产地和时代的认识在学术界也分歧较大、齐东方认为是 6 世纪带有罗马风格的萨珊银器；石渡美江认为原产自东方或西亚、3 – 4 世纪后流入巴克特里亚被錾刻上大夏文；林梅村则认为银盘即为 5 – 6 世纪大夏制品。无论产自何时何处、此器物都为丝绸之路沿线出土的东西方文化交流的重要实物资料。（撰文：米毅 供图：赵广田、高嵩生）

人物葡萄藤纹鎏金铜高足杯

北魏（公元 386 – 534 年）
高 11.5、口径 9.6 厘米
1970 年山西省大同市出土
山西博物院藏

　　敞口，深腹，腰部内收，高足。杯外饰卷枝葡萄，枝繁果密，藤上小鸟啁啾，藤间有童子嬉闹。童子收获葡萄的题材是希腊化艺术开始时使用的，这类题材和巴克特利亚的酒神节风俗有关。该高足杯属于波斯萨珊王朝的酒杯，为舶来品。公元 4 世纪末 5 世纪初，鲜卑拓跋部开始了它的扩张生涯，最终于公元 386 年建立了北魏政权，定都盛乐（今内蒙古呼和浩特市和林格尔县）。公元 398 年道武帝拓跋珪迁都平城（今山西大同市），此后直至魏孝文帝于太和十八年（公元 494 年）迁都洛阳之前，平城（今山西大同）一直是北魏的都城，也是当时中国北方的政治中心。北魏统治者非常注重与西域乃至波斯萨珊王朝的联系。经过多年的经营，终于建立了与西

域的联系，并于太延二年（公元 436 年）遣使西域获得成功。董琬、高明等六批使节，携带大量财物到达西域十多个国家。《魏书·西域传》记载："太延中，魏德益以远闻，西域龟兹、疏勒、乌孙、悦般、渴槃陀、鄯善、焉耆、车师、粟特诸国王始遣使来献"，可谓盛况空前。另外，根据《魏书》的相关记载，北魏都平城期间，波斯遣使北魏先后共有五次。除了官方遣使外，前来贸易的胡商应不在少数。由此可见，平城与丝绸之路的关系当是极为密切的。基于这一背景，今大同市出土较多的外来器物就顺理成章了。大同出土的以该高足杯为代表的波斯萨珊银器很可能是丝绸之路贸易的证据。
（撰文：单月英、逯斌　供图：厉晋春、秦剑）

八曲银洗

北魏（公元 386 – 534 年）
高 4.5，口径 23.8×14.5 厘米
1970 年山西省大同市出土
大同市博物馆藏

　　八曲花口式杯口，圈足亦为花瓣形，器内雕摩羯相搏图，外壁有大夏文铭文，现仅可释读"XOSO 拥有"若干字。该器是大夏银器，也是经由丝绸之路的输入品。5 – 6 世纪大夏银器在国内极少见，其风格直接影响了唐代的金银器。（撰文：逯斌　供图：厉晋春、秦剑）

人物动物纹鎏金银高足杯

北魏（公元 386 — 534 年）
高 10.3，口径 9.4 厘米
1970 年山西省大同市出土
大同市博物馆藏

　　敞口，微束颈，深鼓腹，高足。器壁上高浮雕出人物和动物，
杯口雕八只卧鹿，两两相对，杯身雕女性手持器物，间饰以
浅刻"阿堪突斯"（Acanthus）叶纹，叶上承托高浮雕男性
头像。该高足杯属于波斯萨珊王朝的饮器，是一件舶来品。（撰
文：逯斌 供图：厉晋春、秦剑）

徽章植物纹鎏金银碗

北魏（公元 386 – 534 年）
高 4.6、口径 10.2 厘米
1988 年山西省大同市出土
大同市博物馆藏

　　敞口，口沿以下微内收，圆腹，圈底。口沿下及上腹饰
小联珠纹，腹部以"阿堪突斯"（Acanthus）叶纹划成四等分，
当中有一圆环，环内有一男子侧身头像，深目高鼻，长发披肩。
该银碗也是来自波斯萨珊王朝的输入品，当是丝绸之路贸易
之物。（撰文：逯斌 供图：厉晋春、秦剑）

狮纹银盘

南北朝（公元 386 – 589 年）
高 3.3，口径 21.3 厘米
1989 年新疆焉耆县老城村出土
新疆巴音郭楞蒙古自治州博物馆藏

　　敞口，平沿，侈唇，小圈底。自唇下至底部最外旋纹处一周有 118 道凸棱，盘内有一圈旋纹，中间阴刻一狮两树和山石图案。狮呈行走状。树一高一矮，根于山石中，枝上结有果实。底部为 3 圈旋纹，最内圈旋纹中间有凹坑，为镟车加工所留。该银盘是一件来自西方的器物。（撰文／供图：牛耕）

七鸵纹银盘

南北朝（公元 386 – 589 年）
高 4.5，口径 21 厘米
1989 年新疆焉耆县老城村出土
新疆巴音郭楞蒙古自治州博物馆藏

　　银盘圈底，也像浅腹的碗。盘内饰七只鸵鸟，底心一只，周围六只，身姿既有变化又有重复，皆单线平錾，阴文内涂金。鸵鸟原产西亚和非洲，汉代时输入中国，被视为珍物。使用金银器皿不是中国固有的习俗，公元 5 世纪以后由于受到外来文化的影响，在上层社会日益流行。中国金银器制作工艺主要吸收借鉴自西亚波斯萨珊王朝和中亚粟特，尤其与粟特关系更为密切。该盘即为粟特制品，很可能是经过丝绸之路贸易到达新疆地区的。（撰文／供图：牛耕）

波斯铭文银碗

南北朝（公元 386 – 589 年）
高 7.4，口径 20.5 厘米
1989 年新疆焉耆县老城村出土
新疆巴音郭楞蒙古自治州博物馆藏

　　与七鸵纹银盘和狮纹银盘同出一地。银碗通过镟车进行加工修整，敞口、平沿、小方唇，自唇下至圈足的外壁有 60 道凸起的直棱，圈足焊接，高 2 厘米，碗底及圈足外壁各刻有一行铭文。有专家认为这两处铭文是一组中古波斯文数字，但读法尚未确定，有可能是表示器物的重量，另一种可能是指银器的价值。由此可知，这件银碗是来自西亚波斯萨珊王朝的器物，与其他两件同出的银器都是丝绸之路贸易的物品。（撰文／供图：牛耕）

嵌红宝石带盖金罐

公元 5 – 6 世纪
高 14、口径 7、腹径 12.3、底径 5.7 厘米
1997 年新疆伊犁昭苏县波马古墓出土
新疆伊犁哈萨克自治州博物馆藏

　　广口微侈，束颈，溜肩，球形腹，圈足。盖上模压 7 朵宝相花，并在每朵花中央镶嵌 7 颗水滴形宝石（已佚失），盖的边缘做出 25 格长条形凹槽，槽中镶嵌宝石（已佚失），盖柄已佚，存留 4 个铆接点。罐身颈肩部焊接一周锁锈状装饰，其下镶嵌椭圆形红宝石一周，在一周红宝石下，装饰由 3 颗米珠状红宝石组成的三菱形镶嵌纹饰 14 组。圈足与器身焊接，器物造型精美，装饰典雅。（撰文：关梅 供图：安英新）

嵌红玛瑙虎柄金杯

公元 5 － 6 世纪
高 16、口径 8.8、底径 7 厘米
1997 年新疆伊犁昭苏县波马古墓出土
新疆伊犁哈萨克自治州博物馆藏

　　器物因受挤压而变形，敛口，外卷沿，鼓腹，平底，虎形柄。器身内外通体模压出菱格，每格内焊接宝石座，内镶嵌椭圆形红色玛瑙。玛瑙弧面，磨光，部分已脱落佚失。口沿外卷后与器身焊接，其下点焊一周金珠点饰。虎形柄焊接在口沿下至中腹部，虎头宽而圆，四肢雄健，通体錾刻虎斑纹，形象生动。器底为凸起的同心圆纹，中心捶出八瓣花纹。（撰文：关梅 供图：安英新）

伎乐纹八棱鎏金银杯

杯身为八棱形，浇铸成型，地纹及人物细部采用平錾手法加工。杯身每面以錾出的联珠纹栏界，内有执排箫、小铙、洞箫、曲颈琵琶的乐伎，另有抱壶者、执杯者及两名空手舞者。该杯纹样中人物的形象和服饰均无中国传统风格，却能在西方地区的金银器皿上找到许多一致因素；其八棱形杯体、环形联珠纹把及指垫、足底一周联珠也是明显的西方风格；人物采用浮雕式的做法也是西方银器的装饰特点。因此，此杯可能是一件外国输入的器物或外国工匠在中国制造的，年代在7世纪后半叶或8世纪初。（撰文／图：翟晓兰、王建玲）

罐形带把银杯

唐（公元 618 – 907 年）
高 9.9、口径 9 厘米
1970 年陕西省西安市南郊何家村窖藏出土
陕西历史博物馆藏

造型简洁，素面。杯的环形柄上焊有平錾指垫，当用手执杯时，拇指按在垫上既可使手感舒适，又能帮助其他手指加力持重，增加持杯时的稳定性，是一种实用、巧妙的设计。此杯造型属于中亚系统，特别是粟特7世纪至8世纪盛行的器物形制，应是粟特银器。（撰文／供图：翟晓兰、王建玲）

人面纹青铜壶

唐（公元 618 – 907 年）
高 29.5、腹径 14.5 厘米
1985 年陕西省临潼县新丰镇庆山寺遗址出土
西安市临潼区博物馆藏

　　凤首龙柄，长束颈上饰凸弦纹三周，喇叭形圈足，腹部饰有六个高浮雕人面，俯视宛如一朵盛开的莲花。壶身上的人面形象具有很强的天竺（印度）人特征，这件造型新奇的铜壶很可能是来自天竺地区的输入品，由于珍贵，当时被用作庆山寺舍利塔下的释迦牟尼佛舍利的供奉物。庆山寺始建于公元 686 年大唐武周时期，1985 年当地农民推土制砖时，在距地表六米深处发现庆山寺塔基精室，出土了佛祖舍利、线雕石门、上方舍利塔记碑、金棺银椁、唐三彩釉陶狮子、人面纹青铜壶等一批珍贵的文物。这些出土文物经专家鉴定是盛唐开元年间庆山寺舍利塔下的释迦如来佛舍利的供奉物，对研究唐代佛教文化、唐与西方文化之间的交流具有重要的价值。（撰文：单月英、梁方 供图：王保平）

五铢钱

西汉（公元前 202 – 公元 8 年）
直径 2.6 厘米
1980 年新疆楼兰古城采集
新疆文物考古研究所藏

　　圆形方孔，正面铸汉文篆书"五铢"二字。根据钱文特征看，该五铢钱的铸造年代为西汉时期。根据《汉书·武帝纪》的记载，元狩五年（公元前 118 年）罢半两钱，开始行五铢钱。此后，五铢钱一直被铸造和使用，直至唐朝武德年间废止，铸造使用长达 700 余年。张骞通西域，丝绸之路开通后，五铢钱流通于丝绸之路沿线，在我国西北诸省以及中亚费尔干纳等地区均有发现。其中甘肃天水、武威和新疆吐鲁番、若羌有大批窖藏出土。1977 年新疆买力克阿瓦提遗址出土的五铢钱币置于陶罐内，重达 45 公斤。由此说明，五铢钱在促进丝绸之路繁荣上起到了重要作用。（撰文：单月英、康晓静 供图：刘玉生）

货泉

新朝（公元 8 – 23 年）
直径 2.4 厘米
1965 年新疆哈密市征集
新疆维吾尔自治区博物馆藏

　　新莽时期的货币，始铸于天凤元年（公元 14 年），一直流通至东汉光武帝建武十六年（公元 40 年）。标准钱直径为 2.3 厘米，有内外郭，面文篆书"货泉"二字，悬针篆，"泉"中竖笔断开，自右向左横读。货泉以青铜的居多，也有铁质和铜夹铁者。新疆地区出土的货泉钱币表明，在当时的西域地区，货泉曾是商品贸易中使用的币种之一。（撰文：李达 供图：丁禹）

金饼

西汉（公元前 202 – 公元 8 年）
直径 6.3 厘米
1999 年陕西省西安市谭家乡十里铺村出土
陕西历史博物馆藏

　　西汉时期的黄金铸币。在十里铺共出土 219 枚，重量达 54000 多克，枚重 247 克左右，数量之巨实属罕见。均为圆饼状，正面凹陷，正面经过捶揲，有裂纹状褶皱，绝大多数打有戳记或戳印，部分金饼兼有刻划的文字、符号等刻铭。《尔雅·释器》载曰："黄金为之璗。其美者为之镠，……饼金为之钣。"因此，金饼也可称作钣，通作版。已出土的金饼表明，其尺寸和重量均不一致，大者直径多为 5 – 6.6 厘米，小者直径约 3 厘米。有的大金饼上标刻有"一斤"、"令之一斤"、"令一"等符号。这种大金饼是"麟趾金"的一种，上面刻的"令之"即"麟趾"的俗写。朱活先生经过考证后认为"汉代较大的金饼 1 枚为 1 斤，1 斤值万钱"（朱活：《古钱新探》，山东大学出版社，1992 年）。这么多金饼的出土，为我们研究西汉时期的商品经济与贸易的发展以及黄金币制等提供了丰富资料。

（撰文：单月英、翟晓兰、王建玲　供图：翟晓兰、王建玲）

麟趾金

汉（公元前 202 － 公元 220 年）
高 3.5、底径 5.6 厘米
1974 年陕西省西安市雁塔区鱼化寨乡北石桥村出土
西安博物院藏

　　正面近似圆形，背面中空，周壁向上斜收，口小底大，形似圆足兽蹄，属麟趾金的另外一种形制。麟趾金形似麒麟趾。麒麟为想象中的神兽，趾圆形。"麟趾金"名称始于汉武帝太始二年（公元前 95 年）。《汉书·武帝纪》载："太始二年，诏曰：'有司议曰，往者朕郊见上帝，西登陇首，获白麟以馈宗庙，渥洼水出天马，泰山见黄金，宜改故名。今更黄金为麟趾褭蹄以协瑞焉。'"实际上，所谓的天马是产自西域（今中国新疆及中亚地区）大宛国的汗血马，麒麟为当时流行的道家神仙学说所想象的一种瑞兽。为了追求吉祥长寿，汉武帝遂改铸金币为马蹄形和麟趾形，用来赏赐诸侯王。西汉时期流通的钱币主要是铜钱，金币除了大宗货物交易或国与国之间的贸易往来以外，主要用于帝王对有功臣下的赏赐、统治阶级内部祝寿等。（撰文：单月英、杨宏毅　供图：杨宏毅）

马蹄金

汉（公元前 202 － 公元 220 年）
高 3.4、底径 6.4×5.2 厘米
1974 年陕西省西安市雁塔区鱼化寨乡北石桥村出土
西安博物院藏

　　"马蹄金"，又称作"褭蹄金"，褭为骏马，蹄通蹄，正面为椭圆形，背面中空，形似马蹄。这件马蹄金正面有刻铭。马蹄金和麟趾金均为西汉时期的黄金铸币，一般重量在 250 克左右，相当于汉代的一斤。二者一般是用于帝王赏赐、馈赠及大宗交易的上币。（撰文／供图：杨宏毅）

剪轮五铢（7 枚）

南北朝（公元 386 — 589 年）
直径 0.5 — 1.5 厘米
1950 年新疆库车地区征集
新疆维吾尔自治区博物馆藏

　　圆形方孔，大小不等。其中二枚正面铸汉文篆书"五铢"二字，其余五枚"五铢"二字残留或缺损，边郭连同部分钱肉均被剪去或錾切，铸造较粗糙。剪轮五铢在东汉晚期又称"錾边"五铢或"剪边"五铢，大多将钱币的面文减去一些，一般重量减重五分之二或更多一点，再利用剪下的铜铸造更多不足值的钱币使用，属于货币流通混乱的一种现象。（撰文：李达　供图：丁禹）

龟兹五铢

南北朝（公元 386 – 589 年）
直径 1.5 厘米
1950 年新疆库车县出土
新疆维吾尔自治区博物馆藏

　　为龟兹国本地生产、发行和流通的货币。龟兹为西域古国，在今库车县一带，汉通西域后属西域都护府。钱币均铸造精良，铜质较好，外形仿汉代五铢，圆形方孔，正面铸汉文篆书"五铢"二字，背面铸有龟兹文符号"ε"与"o"，意为"五铢"，与汉文意同。钱文书法工整，因兼用汉文和龟兹文，又称汉龟二体钱，反映了当时以龟兹为代表的西域地区和中原地区之间的密切联系。（撰文：李达　供图：丁禹）

汉佉二体钱

汉（公元前 202 – 公元 220 年）
直径 2 厘米
新疆洛浦县阿克斯皮尔古城出土
和田地区博物馆藏

　　为古于阗国货币，属于西方体系的圆形无孔的打压钱。汉佉二体钱分为大钱和小钱两种，上面均铸有佉卢文颂词。大钱直径 2.4 厘米，厚 0.3 厘米，用打压法制成，为无孔、无郭的饼状，一面中央为一圆圈，圈内是一匹浅浮雕的走马，圈外是环绕 20 字的佉卢文，另一面中央为花纹，外边是一周"重廿四铢铜钱"六字的篆书汉文；小钱一面为汉文篆书"六铢钱"，另一面浅浮雕马纹或骆驼纹，上面的佉卢文有 20 字的，也有 13 字的。该币为小钱，呈不规则圆形，图案和铭文打压而成，一面为浅浮雕骆驼纹，骆驼纹外面有一圈佉卢文字；另一面有篆书"六铢钱"。由于这类钱币主要发现于和田地区，图案由马或骆驼、汉字及佉卢文组成，其中浮雕马纹者居多，因此常被称作"汉佉二体钱"或"和田马钱"。汉佉二体钱的形制、铭文、图案装饰以及制造方法表明，其是古于阗国吸收汉朝和希腊－贵霜东西方钱币特点而制造出的新疆历史上最早的自制货币，是东西方文化合璧之作，更是汉朝与古于阗国之间密切关系以及汉文化对古于阗国文化影响的有力证据。（撰文：单月英　供图：丁禹）

安息铅币

汉（公元前 202 － 公元 220 年）
直径 5.5 厘米
甘肃省灵台县康家沟窖藏出土
甘肃灵台县博物馆藏

　　正面凸起，有浮雕涡形纹；背面内凹，沿边缘为一圈凸起的安息铭文，并印有两方边长 5 毫米的方形印记，但印文模糊。根据考证，这种铅币属于晚期安息铭文钱币。安息帝国又名阿萨息斯王朝或帕提亚帝国，建于公元前 247 年，是亚洲西部伊朗高原地区的国家，公元 226 年被波斯萨珊王朝取代。全盛时期的安息帝国疆域北达幼发拉底河，东至阿姆河，是丝绸之路上的重要商贸国家，与汉朝、罗马、贵霜帝国并列。康家沟窖藏共出土安息铅币 274 枚，应是当时从事贸易的商贾遗留之物，证明了当时丝路贸易的活跃。（撰文：单月英、孙玮　供图：赵广田、高葓生）

贵霜赫拉狄斯银币

公元前 5 － 公元 45 年
直径 1 厘米
2005 年上海博物馆捐赠
新疆维吾尔自治区博物馆藏

　　为赫拉狄斯统治时期的钱币，模压打制，呈不规则圆形，正面为王像，像周缘为联珠纹，背面为希腊神像，周缘为佉卢文。贵霜王朝（公元 1 － 3 世纪）是西迁的大月氏建立的帝国，地处东西方贸易交通要道，在国王迦腻色伽一世及其继承者统治时期达到鼎盛，鼎盛时期（公元 105 － 250 年）的疆域从今塔吉克斯坦绵延至里海、阿富汗及印度河、恒河流域，幅员辽阔，与汉朝、罗马、安息并列。大约在公元 1 世纪初，赫拉狄斯统一了巴克特利亚和花剌子模，并铸造和发行了自己的货币。就目前发现来看，贵霜钱币以金、铜为主，少量为铜银合金，传世和出土都较少。在形制上可分为早期与晚期两种。该钱币从形制与铭文看，属于贵霜早期钱币。（撰文：单月英、李达　供图：丁禹）

贵霜丘就却铜币

公元 30 – 80 年
直径 2 厘米
2005 年上海博物馆捐赠
新疆维吾尔自治区博物馆藏

　　为丘就却统治时期的钱币，模压打制，呈不规则圆形，正面为王像，周缘为希腊文；背面为希腊像，周缘为佉卢文。丘就却为赫拉狄斯之后的贵霜统治者，也是贵霜帝国的第一位皇帝，他在位期间亦铸造了自己的货币。（撰文：李达　供图：丁禹）

贵霜萨伽金币

公元 300 – 340 年
直径 1.7 厘米
2005 年上海博物馆捐赠
新疆维吾尔自治区博物馆藏

　　为模压打制，呈不规则圆形。此时由于贵霜王朝的大部分领地已归入萨珊朝范围，故铸造的钱币以萨珊式为主，钱面为穿戴萨珊式服饰的贵霜王，钱背绝大多数是拜火教的祭坛，当然亦有少数存在希腊神像。而该钱币从图案纹样看，其贵霜风格非常明显。（撰文：李达　供图：丁禹）

萨珊银币（10枚）

萨珊朝卑路斯王时期（公元 457 – 483 年）
直径 2.5 – 3 厘米
1956 年青海省西宁市隍庙街出土
青海省博物馆藏

　　共出土 76 枚，银币花纹大体为一种类型，但由不同的印模压印出来。按照正面王者肖像的不同可分为两种，A式：有 15 枚，币正面铸半身王像，面均右向，王冠前有一新月，冠的后部有一雉堞形饰物，冠的侧面和后部都有雉堞形的饰物，为波斯宗教中"天"及祆神奥马兹德的象徵，冠顶和前部各有一新月，冠顶的新月拖住一个圆球，冠后有两条飘饰，脑后有球形发髻。由脸前至肩部处有钵罗婆文的铭文 KADIPIUCI(主上、卑路斯)。B式：有 61 枚。正面是王者的肖像，不同的是王冠的前后面都有一对翼翅，系波斯宗教中以鹰为太阳的象徵，冠顶前有一条和髻后相对称的带形物由肩部飘下。两种类型的币背部花纹都是萨珊银币的拜火教祭坛，坛上有火焰，火焰的两侧是五角星（六角形）和新月即祭坛两侧相对而立的祭人，且背部多有铭文，左侧为纪年铭文，右侧表示铸币地点。魏晋南北朝时期，原为辽东慕容鲜卑一支的吐谷浑占据了青海，打通了南北东西各方的通道，丝绸之路的青海道创通，并成为中原与西方进行联系的枢纽，波斯银币的出土无疑是中西文化交流的产物。《隋书·食货志》："河西诸郡，或用西域之金银钱，而官不禁"，说明了该历史阶段外国金银在河西一带流通的合法性。萨珊银币的出土反映了公元 4 世纪末到 6 世纪初西宁在中西贸易往来的交通线上的重要地位，也印证了丝绸之路青海道文化交流和商业贸易的繁荣盛况。（撰文：李积英 供图：吴海涛）

萨珊银币（10 枚）

公元 7 世纪
直径 3.1 厘米
1959 年新疆乌恰出土
新疆维吾尔自治区博物馆藏

　　正面为国王半身像，背面为祆教祭坛，周边有新星抱月等简单图案，正面边缘空白处压印的是科发体阿拉伯文"以安拉的名义"。阿拉伯帝国是公元 7 世纪初至 13 世纪中叶由阿拉伯人建立的伊斯兰哈里发国家。在完成了对阿拉伯半岛的统一后，自第二任哈里发欧麦尔在位期间开始，发动了一系列对外战争。第三任哈里发奥斯曼·伊本·阿凡期间消灭了萨珊王朝。阿拉伯人灭掉萨珊王朝后，在初期由于还没有建立一套统治机构，仍保留了原来的税收制度和货币，因而在钱币上仍旧沿用库斯老二世或耶思提泽德三世钱币形制。钱币还是银制，上面的王像和祭火坛全都没有改变，比原来的萨珊银币略小，但文字方面则加用阿拉伯文，钱币上的纪年仍然是库斯老二世或耶思提泽德三世在位年数的延续。由此可以推知，乌恰出土的这些萨珊银币铸造的年代应该在阿拉伯帝国消灭萨珊王朝之后。（撰文：李达 供图：丁禹）

萨珊金币仿制品

唐（公元 618 – 907 年）
直径 2 厘米
1986 年宁夏固原市南郊乡羊坊村史铁棒墓（公元 670 年）出土
宁夏固原博物馆藏

　　单面压花纹，正面上方有一小穿孔，穿孔口有打磨过的痕迹。中为一国王侧面肖像，头戴王冠，脑后飘发，眼睛较大，鼻子凸尖。身着铠甲，颈部有项圈。周有一圈铭文，但除个别字母外，大都不可辨识。经初步研究，此枚金币为萨珊阿而达希亚三世金币的仿制品，在中国境内属首次发现，具有极为重要的意义。（撰文：王延丹　供图：严钟义、程云霞）

东罗马金币

东罗马查士丁尼二世时期（公元 567 – 578 年）
直径 2.1 厘米
1995 年宁夏固原市南郊乡小马庄村史道洛墓（公元 658 年）出土
宁夏固原博物馆藏

　　为东罗马查士丁尼二世金币。正面为皇帝查士丁尼二世的正面肖像，头戴珠饰皇冠，两耳侧垂珠饰，上方刻拉丁文皇帝的名字。即 [DN](Dominus Noster. 我等之王)[I/VSTI]/NVS（Justin. 查士丁尼）PPAVG（Perpetuus Augastus，永远的尊者，皇帝）。背面有立像和几个字母，但非常模糊。在肖像的上下边缘各打有一圆孔。孔径约 2 毫米，是从正面冲打的，圆孔周边没有磨损，表面略有凸凹，可能是打孔时造成的。（撰文：王延丹　供图：严钟义、程云霞）

东罗马金币

东罗马查士丁尼一世时期（公元 527 – 565 年）
直径 1 厘米
1999 年青海海西州乌兰县铜普大南湾出土
青海省博物馆藏

近圆形，属东罗马查士丁尼一世时期的金币"索里得"。正面是皇帝的半身像，头戴缀联珠的球形王冠，冠上插有翎羽，皇冠两侧的珠饰垂于耳部，身着交领铠甲，冠带及盔甲均用联珠纹表示，胸前用波浪纹表示衣服的褶皱，左手持盾，右手执矛，将皇帝的威严与权力表现无遗，左侧有一圆球，其上是十字架，右侧为"ANVSPPAVG"字符。背面是一个背插翼翅的直立羽人，应为胜利女神像，右手持权杖，左手托一十字架，侧身向右作前行姿态，右侧环有字符"AAVGGGE"。丝绸之路青海道是我国古代沟通东西方贸易的一条著名古道，秦汉以前习称"羌中道"。汉唐以后随着东西方贸易的不断增大，青海道在国际贸易中占据了显赫地位。这枚金币的发现印证了中国与东罗马帝国之间的经济往来，反映了东西方文化交流重要遗迹，是丝绸之路青海道沟通中原与西方主要通道的重要物证。（撰文：李积英　供图：吴海涛）

东罗马金币仿制品

约公元 6 世纪

直径 1.9 厘米

1986 年宁夏固原市南郊乡小马庄村史诃耽墓（公元 669 年）

出土 宁夏固原博物馆藏

　　边有弦纹，单面花纹。正中为一东罗马皇帝肖像，头戴盔，身着铠甲，肩扛一短矛。有一周铭文，铭文大多已变形，除个别字母外，很难辨认。根据钱币上的图案判断，该金币仿制品大约是仿照公元 5 世纪或 6 世纪东罗马某一皇帝的金币制造的。（撰文：王延丹 供图：严钟义、程云霞）

东罗马金币仿制品

约公元 6 世纪

直径 2.4 厘米

1985 年宁夏固原市南郊乡羊坊村史索岩墓（公元 664 年）出土

宁夏固原博物馆藏

　　圆形，边缘有剪痕。已经被剪边过，仅余中间部分。很薄，单面花纹，上下均有一个穿孔。正面为一东罗马皇帝半身肖像，头戴盔，身穿铠甲，肩扛一短矛，耳际似有飘带。虽有铭文，但已大都难以辨认。根据钱币上的图案判断，该金币仿制品与史诃耽墓出土的金币仿制品都是仿照公元 5 世纪或 6 世纪东罗马某一皇帝的金币制造的。固原隋唐墓地金币的出土，使人们对于北朝至隋唐时期途经原州的丝绸之路有了更进一步的认识。（撰文：王延丹 供图：严钟义、程云霞）

镶金兽首玛瑙杯

唐（公元 618 — 907 年）
高 6.5、长 15.6、口径 5.9 厘米
1970 年陕西省西安市南郊何家村窖藏出土
陕西历史博物馆藏

材质为酱红地夹橙黄、乳白色环瑙，层次分明，浓淡相宜，晶莹鲜润。制作采用圆雕技法，造型生动优美。杯呈弯角形，状若一尊伏卧的兽头。兽似牛，却生两只弯曲的羚角，装饰奇特，却不造作，有浑然天成之感。口部镶有笼嘴形金帽，可以卸下，内部有流，杯里的酒可自流中泻出。整器琢工精细，通体呈玻璃光泽，是一件极罕见的艺术品。中国以玛瑙制器由来已久，玛瑙品种繁多，有"千种玛瑙"之说。但中国所产玛瑙以白、黄、淡青者居多，红色甚是少见。据文献记载，此种红色夹心玛瑙多产自中亚、西亚地区。这种弧形的酒杯，因似兽角，亦称角杯。我国制作和使用角杯的历史悠久，然此底部设流及兽首装饰的角杯却非我国传统，而是起源于西方的来通，由古希腊、波斯、中亚地区渐次传来我国的制品，因此，这尊玛瑙杯对我们研究中国古代尤其是唐代中外文化交流具有重要的参考价值。（撰文／供图：姜涛）

玻璃盘

北周（公元 557 – 581 年）
高 3，口径 10.8 厘米
1988 年陕西省咸阳出土
陕西省考古研究院藏

　　黄色透明玻璃制成，广口，圜底，器壁上装饰有两排向内凹的椭圆形纹。该盘装饰风格为典型的萨珊玻璃装饰风格，但器型却不是萨珊玻璃的。与该玻璃盘形状和装饰相类似的玻璃盘曾在伊拉克出土。由此推测，这类玻璃盘应是受罗马玻璃器影响的萨珊玻璃制品。（撰文：单月英　供图：张明慧）

玛瑙印

汉—北朝（公元前 202－公元 589 年）
高 2.2、长 2.5、宽 1.5 厘米
1959 年新疆巴楚脱库孜萨来遗址出土
新疆维吾尔自治区博物馆藏

    为人像印押。琥珀色玛瑙质，椭圆形、浅浮雕刻制。印押中的男子深目高鼻，长发，头戴向上翻卷的宽檐圆形高帽，腰间系裙，脚穿长靴，肩挑鱼和草，作侧身挑担走路的姿势，刻画的应是当地龟兹人的形象。（撰文：赵勇 供图：丁禹）

玻璃碗

北魏（公元 386 – 534 年）
高 7.5、口径 10.3、腹径 11.4 厘米
1988 年山西省大同市南郊北魏墓群 M107 出土
大同市博物馆藏

　　淡绿色，半透明。口微侈，圆唇，宽沿，球形腹，圜底，腹外壁磨出四排向内凹的椭圆形纹饰，底部由六个相切的凹圆纹组成。该玻璃碗是由波斯萨珊王朝输入的玻璃器。（撰文：逯斌　供图：厉晋春、秦剑）

玻璃瓶

隋（公元 581 – 618 年）
高 15 厘米
征集
陕西历史博物馆藏

　　玻璃瓶无色透明，无模吹制而成。器壁附白色风化层，肩部以上更为明显。瓶口为凤首造型，圆腹，腹部分布规则的凹圆点作为装饰，平底，底部有凹陷，把手一端连接口部，另一端接肩部。这件玻璃瓶无论从器形还是制作工艺来看，它都是一件经由丝路而来的舶来品。（撰文／供图：翟晓兰、王建玲）

绿玻璃瓶

隋（公元 581 – 618 年）
高 8.4、腹径 7 厘米
1986 年陕西省西安市东郊长乐路隋舍利墓出土
陕西历史博物馆藏

　　主体呈绿色透明圆球体，模制成型。瓶口为管状，口部微外侈，中空与瓶身相接。颈部最下面有一圆形二层台，肩部有四个对称凸起的倒三角，腹部是四个凸边凹心的圆形装饰。瓶底圈足外撇。玻璃瓶小巧玲珑，晶莹剔透，出土于西安市的一个舍利墓，根据出土墓志，其所在地在当时隋大兴城的清禅寺，出土时玻璃瓶放置在一件米黄色的瓷瓶口沿上。
（撰文：单月英、翟晓兰、王建玲　供图：翟晓兰、王建玲）

玻璃高足杯

唐（公元 618 – 907 年）
高 9.7、口径 12.1 厘米
1989 年新疆库车森木塞姆石窟出土
新疆维吾尔自治区博物馆藏

淡绿色，透明度不很强。敞口，弧壁，杯壁饰两排上下交错的 12 枚圆形贴饼，圈足。从其形制及纹饰上看，应是波斯式产品。（撰文：宋敏 供图：丁禹）

八瓣团花描金蓝琉璃盘

唐（公元 618 – 907 年）
高 2.3、口径 15.7 厘米
1987 年陕西省扶风县法门寺塔基地宫出土
法门寺博物馆藏

　　吹塑成型，纹饰镌刻。侈口、平沿、浅腹、平底。通体呈深蓝色，透明度好，有小气泡，出土时有淡黄色风化层，较厚，擦拭后盘壁光洁无垢。外底心有使用铁棒痕迹，盘心微凸。盘内装饰为三重结构的刻花：中心有描金圆形规范，内刻八瓣莲花一朵；圆形规范外围绕描金波纹一周，环弧内外的波谷中，各刻有类似"忍冬"的花头一朵；最外层为两个同心圆组成的描金环带。三重结构装饰内之余白，均填刻细密的平行线，使得主题纹样更为突出。这种刻花玻璃器在国内罕见，是伊斯兰早期作品，属于伊斯兰玻璃制作的冷加工技术，即在制成的器型上打磨、刻画纹样，再在纹样上描金。从加工技术和器型纹饰分析，其产地当在伊朗的内沙布尔或地中海沿岸。

（撰文 / 供图：张高举）

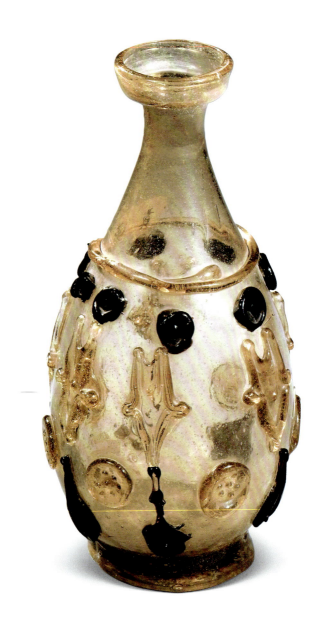

盘口琉璃瓶

唐（公元 618 – 907 年）
高 21.3、口径 4.7、腹径 16 厘米
1987 年陕西省扶风县法门寺塔基地宫出土
法门寺博物馆藏

　　吹塑成型，淡黄色，质地透明，有细小且密集的气泡。盘口、细颈、溜肩、鼓腹，器型流畅，下底平，圈足。颈部下有一圈凸棱。腹部贴饰花纹，大致可分为四重结构：第一重为一圈深紫色琉璃饼，饼心凸出一小乳钉；第二重位居瓶腹中心部位，以拉丝手法将淡黄色琉璃拉成多角形饰件；第三重为六枚淡黄色琉璃乳钉饼；第四重与第一重相似，亦为深紫色琉璃饼，但于饼沿向上又拉出一尾巴，再粘贴于瓶壁上。这些以不同工具，或拉丝、或打印产生的不同饰纹均是在制成瓶体后，再用熔融的玻璃条在体外壁堆塑成点、线形图案，

冷却后即粘贴于瓶体上，这一装饰工艺又称贴花，纹饰随意，如信手而就。瓶内壁贴有墨书纸条，上有十余字，依稀可辨的有"莲"、"真"，其余均残佚。瓶底圈足中心有铁棒加工痕。用缠贴琉璃条等方法装饰外壁，为典型萨珊工艺之制品。此瓶与美国纽约大都会博物馆的一件藏品十分相似，制作年代当在 7 世纪初，来自东罗马地区，为地宫出土的琉璃器皿中时代最早的珍品。入唐后于咸通年间安置佛骨舍利于其内，是佛教密宗作法时使用的阏伽瓶或五宝瓶。（撰文／供图：张高举）

东西方文化的交流与融合

　　随着丝路贸易的展开以及人群的往来，东西方文化的交流与融合日渐深入。中国养蚕缫丝技术的西传促进了西方织锦业的发展，四大发明传入西方，对世界文明产生了深远的影响。受西方文化的影响，汉代开始出现有带翼马、人等形象。这种交流与融合在地处丝路要冲的西域表现得更加充分。中原王朝对西域的政治管理和经营以及西域各国对中原文化的仰慕与吸收，使得汉文化在西域长期流行，繁荣的国际贸易也为西域带来了世界各地的多元文化。尼雅、楼兰等遗址出土的丰富文物即是证明。

动物纹缀织绦裙

公元前 2 世纪
长 57.5，宽 39 厘米
1984 年新疆洛浦县山普拉墓地 M1 出土
新疆维吾尔自治区博物馆藏

　　缀织绦是裙摆的主要装饰之一，为在绿地上用白、红、棕、黄、黑、果绿等色织出变形的动物纹，上、下两部分连有红色平纹和斜纹毛布；裙下摆饰窄百褶边，用多股黄色的合捻线，在缀织绦与红色毛布中织出明显的框线和动物纹的轮廓，起到一定的装饰作用。动物纹是山普拉出土织物图案中的突出主题纹饰，图案化和变形纹烘托出各种动物的形态。据考证当时动物纹流行于此地，这从某种角度反映出人们希图神佑、祈求国泰民安的愿望。同时山普拉发达的畜牧业，亦说明了社会经济的发展。（撰文：魏然 供图：丁禹）

营盘男子

汉晋（公元前 202－公元 420 年）
身高约 180 厘米
1995 年新疆尉犁县营盘墓地 M15 出土
新疆文物考古研究所藏

　　死者 25 岁左右，头枕鸡鸣枕，面带麻质面具，面具用三层麻布粘糊成人面形，前额贴饰长条形金箔片。内着淡黄色绢袍，外着红地对人兽树纹双面罽袍，下身穿丝绣阔裤筒的合裆长裤，腰系绢质腰带，上垂挂香囊、帛鱼，足穿绢面贴金毡袜。左臂系蓝缣地刺绣护膊。胸前及左手腕处各置一件冥衣。下颌及四肢用淡黄色绢带托系缠绕。随身衣物中最令人瞩目的是红地对人兽树纹双面罽袍。罽为细毛织物。袍长 110 厘米，下摆宽 100 厘米，交领、右衽，下摆两侧开衩至胯部。用作袍面的毛罽为双层两面纹织物，表面以红色为地黄色显花，背面花纹相同，颜色相反，纹样对称规整，每区上下六组，横向布置对人、对牛和对羊纹，当中以横排的无花果树或石榴树隔开。其中的人物皆为裸体男性，卷发高鼻、肌肉发达，健壮有力，肩搭披风，手执兵器，两两相对作演武状。每组图案均呈二方连续的形式，贯穿通幅。整体纹样体现出古希腊、波斯两种文化互相融合的艺术特征。虽然这件织物的产地尚不能确知，但显然是西方制作的精品。放置在死者胸前的小型冥衣是冬装，内絮羊毛，圆领、右衽、直裾，上衣下裳，在它的领口、前襟及腰侧内外缝有用于系扎的绢带。死者下身穿的长裤为绛紫色平纹丝质刺绣面料，锁绣，纹样骨架为联珠、七瓣花构成的四方连续的菱格，内填四叶八蕾的花卉。足部所穿绢面贴金毡靴是一双专门为死者特制的靴子，浅黄色绢作面，与里层的毡缝合在一起，靴面、靴底都缝有贴着金箔的弓形绢片，金箔有三角形、方形，按底衬绢片的形状组合成几何纹样，是迄今所见贴金丝织物中时代最早的实物。由于该墓在墓地中规格最高，墓主人带面具，随葬冥衣四肢缠帛的葬俗很独特，服饰华丽且具有浓厚的古希腊文化艺术风格，发掘者推测墓主人可能是来自西方的一位富商。也有学者认为他是当时西域诸国之一的墨山国的贵族。（撰文：康晓静 供图：刘玉生）

毛布瑞兽纹文句锦缘裤

汉晋（公元前 202 － 公元 420 年）
长 111、腰宽 61 厘米
2003 年征集
新疆维吾尔自治区博物馆藏

　　直筒合裆，裤筒和裤腰为同幅毛布，纵向内折对缝，而后合裆制成。裤筒上饰有两排横向的缀织花纹条带，上部条带较宽，宽 7.7 厘米。花纹边框外侧是大红和黄色组成的套环式花纹，紧挨着是茄紫和大红显晕间效果的条纹，中间是绿、大红、茄紫、白、黄等色组成的几何形花草纹。上部条带稍窄，宽 4.2 － 4.9 厘米，由大红、蓝、浅绿、黄、白等色缀织出绦式边框，中间缀织出复合式的菱格纹。两裤筒缘边皆为相似的瑞兽文句锦：左裤筒缘边文句锦上有"子孙富贵寿"汉字；右腿上有动物纹，在蓝色底上有白、绿、桔黄、紫红等色，并有隶书文字。右裤筒缘边文句锦上有"恩泽下岁大孰宜子孙"汉字。瑞兽文句锦为蓝地，图案为藤草纹，之间装饰有虎、鹿、翼兽、对鸟等瑞兽纹样。裤子的毛料属当地织物，装饰用的织锦为汉锦，显示了中原文化和西域当地文化之间的交流与融合。（撰文：魏然 供图：丁禹）

陶翼马

汉（公元前 202 – 公元 220 年）
高 39、长 55、宽 19 厘米
1991 年陕西省西安市灞桥出土
西安博物院藏

　　泥质灰陶，通体施白色陶衣，残留红彩。马昂首前视，四腿弯曲，跪卧于地。头大而吻长，双眼突出，短耳后抿，嘴唇上翻，嘴微张。颈较短，脑后及颈上有整齐的鬃毛，肩生双翼，尾下垂，应为天马。鼻子与尾部各有一个小圆孔，可能用来插物。众所周知，中国古代的神话中，人之欲飞，并不需要借助于翅膀，而是借助于它物，或云、或鸟。不是神站在云头上行，就是巨大的飞禽驮着诸神走。中国古代神话里并没有带翼飞行的人或神，这与中国古代的传统和想象力有关。借助于翅膀就能飞行的想象，最先是在地中海沿岸出现的，大约在公元前 12 至公元前 10 世纪。陶翼马当是中西交通的产物，反映了汉文化对西方文化因素的吸收与借鉴。
（撰文／供图：杨宏毅）

人首形陶水注

和田王国（公元 3 – 5 世纪）
长 19.5 厘米
1976 年新疆和田地区约特干遗址出土
新疆维吾尔自治区博物馆藏

　　上部为人首，下部是牛头状，底部带小圆孔。人首戴高顶螺帽，额广眉隆，鼻梁高挺，上唇的胡须外展卷翘，厚唇似合非合，面带微笑，下颌长须呈波纹。牛头接紧人首颈部，微微上翘。牛角竖立拢圆。西方学者一般认为该器物是来通。
（撰文：宋敏　供图：丁禹）

三耳陶罐

唐（公元 618 － 907 年）
高 57，口径 28.5 厘米
1985 年新疆喀什市亚吾鲁克遗址出土
喀什地区博物馆藏

　　红陶质，宽盘口近似喇叭状，高束颈，贴塑带状三耳，
耳顶部与口沿底之间部贴塑有人物头像；溜肩，弧腹下缓收，
小平底；肩至腹刻划花草纹，腹部一周有九个不同形态的人物
头像，每个人头像用圆环形乳钉纹框着，人物头像头戴宽檐帽，
浓眉，大眼内凹，鼻梁笔直挺拔，满脸浓密大胡须，形态各异，
具有西域古代人物形态特征。（撰文：葛晓　供图：亚力坤）

吐蕃文木简

唐（公元 618 – 907 年）
长 18.5，宽 3 厘米
1959 年新疆若羌县米兰遗址出土
新疆维吾尔自治区博物馆藏

　　正、反两面均墨书吐蕃文，正面为三行字，反面亦三行。木简一头钻有小孔，可以用绳将多个木简穿在一起便于阅读和保存。公元 7 世纪初，吐蕃首领松赞干布兼并青藏高原各部，建立了吐蕃王朝，并借用和参照当时的梵文字体创造了古藏文（吐蕃文）。古藏文是一种拼音文字。当时，日益强大的吐蕃王朝不断与唐王朝争夺对西域各地的统治地位，后来就进入了天山南北。从若羌县米兰出土的文书、木简和卜骨等反映了吐蕃王朝当时曾占领并统治了西域部分地区，也为我们研究当时吐蕃人在西域的活动情况提供了珍贵的实物资料。

（撰文：阿迪力　供图：丁禹）

回鹘文《弥勒会见记》剧本

唐（公元 618 — 907 年）
长 48.6、宽 21.5 厘米
1959 年新疆哈密脱米尔底佛寺遗址出土
新疆维吾尔自治区博物馆藏

　　纸本，呈黄褐色，质厚硬。文字从左至右用墨竖写，字体为写经体，每叶书文三十行。并在左侧注明品、叶，在 7 — 10 行间用淡墨细线勾出直径为 4.6 厘米的小圈，供装订之用，呈梵夹式。《弥勒会见记》是古代维吾尔佛教剧本的雏形，加序文共二十八章，现存前二十五章及序文。

　　该剧本是圣月（Aryacandra）由印度语梵文改编成吐火罗语，再由回鹘僧人羯磨师（Karma ā caka）译为回鹘语的，这是其中的 1 叶。《弥勒会见记》对于研究古代回鹘人的语言、宗教、戏剧形成史等方面有很高的学术价值，是珍贵的民族历史文献。（撰文：魏然 供图：丁禹）

焉耆文《弥勒会见记》剧本残片

唐（公元 618 – 907 年）
长 31.5，宽 18.5 厘米
1975 年新疆焉耆县锡克沁佛寺遗址出土
新疆维吾尔自治区博物馆藏

纸本，呈黄褐色。共发现 44 叶，皆两面书写焉耆语。出土时重叠在一起，左端遭火焚烧，残损不完整。焉耆语亦称吐火罗语 A，是用婆罗米字母拼写的古代焉耆语。而《弥勒会见记》剧本，则是用焉耆语书写的一部大型分幕剧作。剧本内容是：年已 120 岁的婆罗门波婆离（Bodhar）梦中受天神启示，想去拜谒释迦牟尼如来佛。但因自己已老态龙钟，不能亲身前往，故派其弟子弥勒等十六人，代表他拜谒致敬。而弥勒亦恰好在梦中受到天神的同样启示，便欣然应允。波婆离告诉弥勒等，如来身上有三十二大人相，只要看到这些相，那就是如来，就可以提出疑难问题来考验他。弥勒等奉命来到释迦牟尼那里，果然在佛身上看到了三十二相。汉译《贤愚经》卷二十《波婆离品》，讲的就是这个故事。这是其中的 1 叶，据目前所知，它是我国最早的剧本。（撰文：李达 供图：丁禹）

面制食品

唐（公元 618 — 907 年）
新疆吐鲁番市阿斯塔那出土
新疆维吾尔自治区博物馆藏

　　这些是 1000 多年前的休闲食品。面点用手捏制或模制成型，然后烘烤而成。其中涡状、四角式、漩涡纹点心、叶片形点心、双环式点心是用手捏制成型，无论是手制还是模制，各有各的妙处。出土的面点实物表明当时人们对面点的要求已不仅限于好吃，也要求好看。新疆干燥的气候使这些面点得以保存下来，使我们对当时的面点工艺有了直观的了解。新疆地区出土的面制食品中有些是从中原地区传过去的，饺子即是其中的一种。（撰文：李达 供图：丁禹）

彩绘木棺

汉晋（公元前 202 – 公元 420 年）
高 42.8、长 201、宽 50 – 59 厘米
1998 年新疆若羌县楼兰故城以北墓葬出土
新疆文物考古研究所藏

　　为四足箱式木棺，棺四壁和顶盖满施彩绘。彩绘为白底上绘黄、橘红、草绿、褐、黑彩。用红色的粗线在棺身四周和棺盖上绘交叉纹的图案框架，交叉纹的中心绘出黄色圆圈，木棺头端挡板上的圆圈内绘有一只金乌，足端挡板上的圆圈内绘有一只蟾蜍，分别代表日、月。图案框架内用黄、绿、黑、褐色绘出流云纹。用金乌和蟾蜍象征日、月源于中原文化，这件木棺的彩绘图案明显受到中原文化的影响。新疆地区出土的大量文物资料证明，汉晋时期中原文化在西域地区有较广泛的传播。（撰文：康晓静　供图：刘玉生）

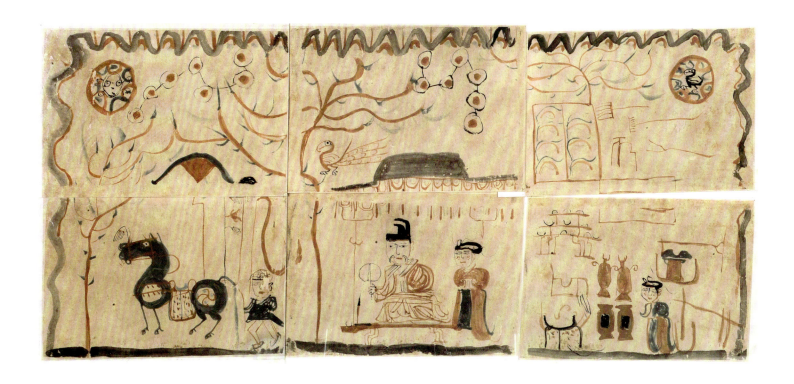

墓主人生活图纸画

十六国（公元 304 — 439 年）
长 105、宽 46.2 厘米
1964 年新疆吐鲁番阿斯塔那 M13 出土
新疆维吾尔自治区博物馆藏

  由六幅小画拼接而成，画面正中描绘垂流苏的覆斗帐，帐下男主人持扇跪坐在木榻之中，其身后立一侍女。主图左侧树下绘鞍马和马夫，右侧下部绘婢女和炊事，上部绘田地和家具。画面左上角绘圆月，右上角绘太阳。整幅画用笔粗放，线条简洁，形象古朴，信手挥洒，以写实的手法表现了墓主人生前奢华的生活。吐鲁番地区自西汉以后主要受内地诸王朝的控制，居民中汉人居多，汉人中尤以来自河西地区的居民为多，因此，该图的题材和画风与河西地区魏晋时墓室壁画基本雷同，应是受河西地区魏晋以来墓葬壁画影响的结果。墓主人生活图纸画是我国目前出土年代最早而且保存完好的一幅纸本画，弥足珍贵。（撰文：赵勇 供图：丁禹）

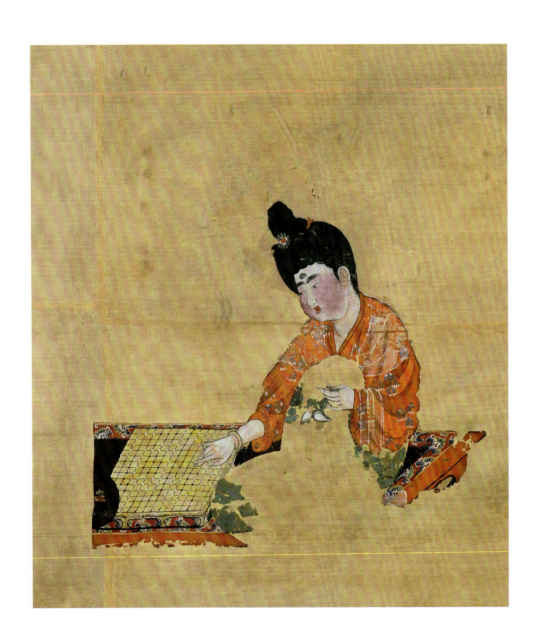

弈棋贵妇绢画

唐（公元 618－907 年）
长 63、宽 54.3 厘米
1972 年新疆吐鲁番市阿斯塔那 M187 出土
新疆维吾尔自治区博物馆藏

　　残损，仅能看到其中一位弈棋妇女的形貌。图中弈棋妇女头梳发髻，发髻中点缀有向四周作幅射状的花饰，额头饰花钿，眉毛又黑又粗。上身穿蓝白印花的宽大绯色上衣，绯色的上衣中还挂有透明的白纱，残存的下身似穿一条绿色裙子，端坐在围棋盘前，右手腕佩戴手镯，中指和食指夹着一枚棋子，正准备落子。图中妇女浓装艳丽、肌肤丰腴，风格为工笔重彩，描绘工细、刻划的人物形象生动、逼真，充分体现了盛唐时期绘画艺术的特点。这幅弈棋绢画不仅为我国绘画史的研究增加了可靠的实物资料，而且也为围棋史的研究提供了珍贵资料。（撰文：赵勇　供图：丁禹）

木围棋盘

唐（公元 618 - 907 年）
高 7、边长 18 厘米
1973 年新疆吐鲁番市阿斯塔那 M206 出土
新疆维吾尔自治区博物馆藏

　　方形底座，底座的每个边均有两个壶门，制作讲究。棋盘表面磨制得十分光滑，四周以象牙边条镶嵌，表面纵横各 19 路棋道，共有 361 个交叉点，与现在的棋盘形制一样。虽然围棋在中国有着悠久的历史，但吐鲁番出土的这件棋盘，不仅为我们提供了研究当时围棋盘形制的珍贵资料，同时也表明在唐代时围棋不但已定型为纵横各 19 道，而且已传入当时的西域地区，并在民间开始流传。（撰文：阿迪力　供图：丁禹）

陶舞狮俑

唐（公元 618 — 907 年）
高 13、长 11.6、宽 5.5 厘米
1960 年新疆吐鲁番市阿斯塔那 M336 出土
新疆维吾尔自治区博物馆藏

　　泥塑，舞狮双目怒视，宽扁鼻翼，红嘴白牙，作张牙欲噬状，通体先施白色，后局部染以浅绿色，躯体外表刻划出白色弯曲的条纹，以表示狮身上卷曲的松软长毛，狮身脊背上装饰的八条宽带分别对称下垂腹部两侧，腹下露出四条人的腿部，很显然这是由俩人装扮成狮子的形象，在翩翩起舞。舞狮是中原地区传统的节庆活动表演项目，说明唐代舞狮表演已传至西域地区。（撰文：牟新慧　供图：丁禹）

伏羲女娲绢画

唐（公元 618 – 907 年）
高 221.5、上宽 105.5、下宽 80.9 厘米
1964 年新疆吐鲁番市阿斯塔那 M19 出土
新疆维吾尔自治区博物馆藏

　　画面中心彩绘中国神话传说中的始祖神伏羲和女娲，他们上身以手搭肩相依，分别手持代表天地方圆的规、矩，下身合穿喇叭形短裙，蛇尾相交。伏羲在左，头戴巾，留须，身穿宽袖反领衣；女娲在右，发束高髻，两腮涂红，额间花钿，身着宽袖反领衣。上方画象征太阳的红心圆轮，尾下是象征月亮的圆轮，四周是象征星辰的线连小圆。该图有引魂升天、招魂复魄的寓意，也有祈祷伏羲女娲司天规地，保佑人们太平安康之意。吐鲁番地区的墓葬中已发现数十幅伏羲女娲图，主要属于麹氏高昌时期和唐代西州时期，质地有麻和绢两种。伏羲女娲图通常是用木钉将其钉在墓顶上，画面朝下，少数画被折叠包好后放在死者身边。该葬俗是由内地传入吐鲁番地区的，并逐渐发展成为当地的一种传统丧葬文化。（撰文：单月英、赵勇　供图：丁禹）

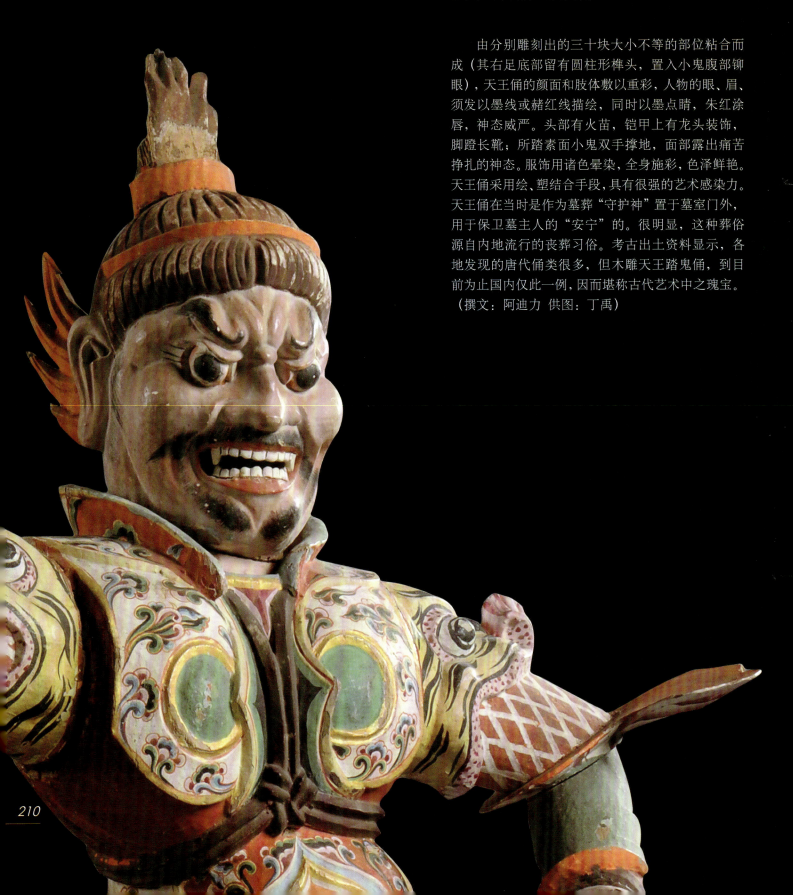

彩绘木天王俑

唐（公元 618 − 907 年）
高 86 厘米
1973 年新疆吐鲁番市阿斯塔那 M206 出土
新疆维吾尔自治区博物馆藏

　　由分别雕刻出的三十块大小不等的部位粘合而成（其右足底部留有圆柱形榫头，置入小鬼腹部铆眼），天王俑的颜面和肢体敷以重彩，人物的眼、眉、须发以墨线或赭红线描绘，同时以墨点睛，朱红涂唇，神态威严。头部有火苗，铠甲上有龙头装饰，脚蹬长靴；所踏素面小鬼双手撑地，面部露出痛苦挣扎的神态。服饰用诸色晕染，全身施彩，色泽鲜艳。天王俑采用绘、塑结合手段，具有很强的艺术感染力。天王俑在当时是作为墓葬"守护神"置于墓室门外，用于保卫墓主人的"安宁"的。很明显，这种葬俗源自内地流行的丧葬习俗。考古出土资料显示，各地发现的唐代俑类很多，但木雕天王踏鬼俑，到目前为止国内仅此一例，因而堪称古代艺术中之瑰宝。
（撰文：阿迪力　供图：丁禹）

彩绘泥人首镇墓兽

唐（公元 618 – 907 年）
高 86 厘米
1973 年新疆吐鲁番市阿斯塔那 M224 出土
新疆维吾尔自治区博物馆藏

　　人首兽身，头戴冠胄，顶立胄缨，形似武士，双目圆睁，鼻梁高耸，嘴唇上部和下颌部蓄有浓须，躯体似豹，蹄足，蹲坐，尾部细长，自尻下前伸，又屈卷穿过右后腿与躯体间的缝隙，再向后上翘，宛如一条长蛇。全身以浅兰色为底，上用黑、蓝、白勾勒出豹斑圆点。该雕塑可谓人和几种动物形象的有机结合，特别是面部具有很强的写实性，真实而生动地表现出为保护墓主人安宁而设置的辟邪守护神之形、神和性情，构成了令人惊艳的艺术。镇墓兽通常是放在墓道中起震慑作用，守护死者亡灵的，这一习俗来源于中原地区。（撰文：阿迪力　供图：丁禹）

胡人来华与胡风浸润

随着丝绸之路的贯通，胡人陆续来华。汉代长安城就经常居住有西域胡人。进入北朝时期，包括粟特人在内的大量胡人经过河西走廊来往于汉地各个城镇，来华胡人得到接纳，中央政府还特设官员对在华胡人或胡人宗教进行管理。唐朝的对外贸易交流空前繁荣，与300多个国家和地区相互交往，每年都有大批的外国使者、僧人、商人、学生等汇聚两京，唐都还设有鸿胪寺、礼宾院等机构专事接待。来华胡人不仅仅是逐利的商贾，既有从事畜牧的牵驼养马者、酿酒酤卖的酒家胡、变幻百戏的卖艺者、侍奉主人的家奴，还有为中原朝廷效力的文臣武将。考古出土的胡人陶俑形态万千，正是上述情况的真实写照。来华胡人为中原大地带来了异域风情，胡服、胡器、胡食、胡乐、胡舞等受到上至王室贵族，下至黎民百姓的追逐与喜爱，拥有胡人奴仆的数量甚至成为唐朝王室贵族身份地位的一种象征。胡人来华与胡风的注入，不仅丰富了当时人们的生活，也为华夏文明注入了新鲜血液，促进了民族的融合与文化的碰撞，让恢弘厚重的汉唐文化变得更加多姿多彩。

北朝望族对异域文化的追逐

历史重镇原州（今宁夏固原）是丝绸之路东段北道的必经之地，西方文明、中原文明和草原游牧文明在此融会贯通。1983年发现的北周天和四年（公元569年）李贤夫妇合葬墓就是例证。李贤家族是陇西望族，其墓是典型的中原特色墓葬，但其中出土有深目高鼻的彩绘胡人陶俑38件、彩绘陶载物骆驼2件、萨珊的鎏金银胡瓶和玻璃碗各1件、西亚的嵌宝石金戒指1枚、最早在波斯出现的带鞘环首铁刀1把。这么多异域文化特色的物品汇集一墓在北朝时期比较少见，不仅证明了当时原州丝路商贸的活跃，也表明了北朝统治阶层对异域奢侈品的喜爱和追逐。

玻璃碗

北周天和四年（公元569年）
高8、口径9.5厘米
1983年宁夏固原市南郊乡深沟村李贤夫妇合葬墓出土
宁夏固原博物馆藏

玻璃碗，淡黄绿色，胎体内含有很小气泡，透明度好，直口深腹。口沿有水平磨痕，外壁分布有上下两圈凸起的圆饰，上圈8个下圈6个交错分布，底部也是一个直径较大的圆饰。玻璃碗体和圆形凸起纹饰为一次吹制而成，之后再进行打磨加工，使得圆饰更加突出，圆饰表面也经过后期打磨形成凹球面。此玻璃碗透亮又具有多个球面，从任何角度观赏都是晶莹剔透又富于光泽变化，极佳地发挥了透明玻璃的特点，在当时是非常珍贵的物品。

这类装饰风格的玻璃器被研究者判断为是从波斯萨珊王朝传入的产品，原产于伊朗高原，在王朝疆域内流行于4－7世纪。中国境内发现的李贤墓玻璃碗和西安东郊清禅寺玻璃瓶出土于有纪年的墓葬（公元569年）和遗址（公元589年），为此类风格玻璃器传播至中国提供了更加精确的时间——6世纪后半期。日本冲之岛也发现过凸起圆饰玻璃器的碎片，制作工艺和风格与该件玻璃碗相同。除凸起圆饰的玻璃器外，其他类型的萨珊玻璃在中国新疆、宁夏、陕西、山西、北京、江苏、湖北以及日本都曾被发现。从伊朗高原到中国，再到日本，包括凸起圆纹饰玻璃器在内的多类萨珊玻璃器的广泛分布再现了丝绸之路上物质文化的丰富传播和交流。（撰文：杨清越 供图：严钟义、程云霞）

鎏金银胡瓶

北周天和四年（公元 569 年）
高 37.5、腹径 12.8 厘米
1983 年宁夏固原市南郊乡深沟村李贤夫妇合葬墓出土
宁夏固原博物馆藏

　　瓶长颈、鸭嘴状流，上腹细长，下腹圆鼓，单把，高圈足座。壶把两端铸两个兽头与壶身连接。把上方铸一深目高鼻戴盔帽的人头像，面向壶口。颈、腹、底座边缘相连处各饰联珠纹一周。壶身腹部纹饰主要是壶腹浮雕人物图像，共有 6 人分为 3 组，每组各有一对男女。从壶身左侧起，第一组为左侧男子发束带，身着短袖衣和短裤，足穿靴。右手拿盾牌，左手持短矛；右侧女子发束带，身着衣裙，披斗篷，转身回顾男子，左手上举持一物，右手抬起，食指指向自己。第二组为右侧男子身着短衣裙和短裤，披斗篷，足穿靴，左手持一物至胸间，右手持一物举至女子面前；女子发束带，披斗篷，身着衣裙，右手在腹前持一物，左手抬起，食指指向自己。第三组为右侧男子头戴帽，肩披斗篷，赤身裸体，左手握住女子右腕，右手伸出二指托女子下颌；女子发束带，身着衣裙，似披斗篷，左手放在抬起的右膝上。三组人物构成了一个连续的希腊神话——金苹果之争故事中的三个场景：帕里斯的评判、诱拐海伦及海伦回归。人物头发、衣纹用细线刻划，线条简洁流畅。壶腹下部用细线雕刻一周水波纹，水波纹中有两只怪兽相向追逐一条鱼，鱼尾甩出水面。

　　北朝时期，往来于东西方的奢侈品贸易量增加，产自中西亚的玻璃器、金银器和宝石是最令人瞩目的商品，屡见于汉文记载，《洛阳伽蓝记》卷四载，河间王元琛任秦州刺史（今甘肃天水）时，"常会宗室，陈诸宝器，金瓶银瓮百余口，瓯檠盘盒称是。自余酒器，有水晶钵、玛瑙杯、琉璃碗、赤玉卮数十枚。作工奇妙，中土所无，皆从西域而来"。因此作为长期控制敦煌一线丝路要塞的北周大将军李贤，正是从丝路贸易中获得了鎏金银胡瓶、玻璃碗、宝石戒指等珍贵的物品。

　　胡瓶是波斯王朝的酒具，萨珊时代在中亚的巴克特里亚地区制造，是萨珊工匠模拟希腊图像的产物。胡瓶形制沿用萨珊王朝金银器风格，但瓶把上的人头形象及人物形象又不同于波斯人形象，而带有巴克特里亚人的特征。这件胡瓶上融合了波斯萨珊风格、希腊风格和巴克特里亚当地因素，反映了丝绸之路上不同文化的交流与融合。这件鎏金银胡瓶在全世界现存的萨珊系统的金银器当中，无论是工艺水准，还是表现内容都是绝无仅有的。（撰文：肖婷、杨清越　供图：严钟义、程云霞）

嵌宝石金戒指

北周天和四年（公元 569 年）
最大外径 2.4、内径 1.75 厘米
1983 年宁夏固原市南郊乡深沟村李贤夫妇合葬墓出土
宁夏固原博物馆藏

　　戒指环状，戒面为一枚圆形青金石，直径 0.8 厘米，平坦的表面上凹雕一位女神。根据出土情况分析戒指为李贤夫人吴辉所有。

　　古代东方文明中使用的青金石产于阿富汗地区。青金石硬度不高，易于进行加工，最常见的方式就是抛光和雕刻，在宝石抛光平面进行凹雕的技术源自两河流域和伊朗高原，并且延续数千年。这枚戒指上凹雕的女神，应为琐罗亚斯德教掌管江河和生产的女神"阿纳希塔"。琐罗亚斯德教经典《阿维斯陀》将阿纳希塔描述为细腰紧束、婀娜多姿的形象。从现存萨珊时期文物中保留的图像来看，阿纳希塔或赤身裸体、或身着华服，常手持一棵植物处于拱门之下，拱门有时候变化为女神手持的类似花环之物，花环两端下部还连接着两条绶带。

　　李贤夫妇墓出土的这枚戒指的戒面上雕刻的就是赤身手持花环状物的阿纳希塔，这一形象与美国加州大学伯克利分校收藏的一枚萨珊印章上的阿纳希塔形象极为相似。克利夫兰艺术博物馆所藏的一件萨珊银盘上也是类似的形象。从雕刻技术和图像主题来看，这枚戒指可能原产于萨珊王朝时期的波斯地区。（撰文：杨清越　供图：严钟义、程云霞）

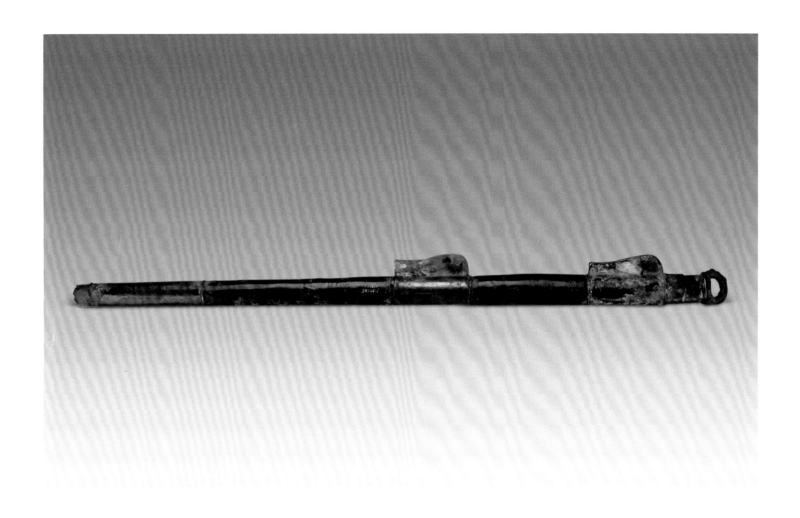

带鞘环首铁刀

北周天和四年（公元 569 年）

长 86 厘米

1983 年宁夏固原市南郊乡深沟村李贤夫妇合葬墓出土

宁夏固原博物馆藏

　　铁刀刀柄包银，环首，木质刀鞘，外涂褐色漆。刀鞘包银，鞘口及中上部向外各有一附耳，亦为银质。铁刀单面刃，年久锈蚀不能拔出刀鞘。

　　此刀出土于木椁右侧，应为李贤的佩刀，也是目前所发现的北朝墓葬中唯一保存完整的铁刀。刀鞘一侧靠上下两个纵装的附耳，双附耳悬刀的方式可使刀保持一定倾斜的角度，有利于迅速拔刀，这种佩刀法对于佩戴长刀的骑士尤为适用。美国大都会博物馆和赛克勒博物馆各藏有萨珊时期的双附耳长刀一柄，据传发现于伊朗北部，时代为 5－6 世纪。新疆克孜尔石窟壁画也出现有类似双附耳长刀，相似的例子还有山西太原北齐娄睿墓壁画、陕西咸阳唐苏君墓壁画和太原金胜村唐墓壁画中武士或侍卫佩带的双附耳长刀，其中苏君墓侍卫所佩带的是一柄环首双附耳长刀。唐代双附耳长刀还东传至日本，正仓院所藏有双附耳的"金银钿装唐大刀"，日

本奈良高松冢古坟也出土过带有唐代工艺风格的银质刀耳。目前所见的萨珊双附耳刀均不是环形刀首，仅有大都会博物馆所藏据传出土于洛阳附近的一枚环首双附耳刀与李贤夫妇墓环首铁刀最接近。

　　有研究者认为双附耳及佩刀方式并非源自萨珊波斯，波斯常见的是利用刀鞘上所附的桥状穿孔、或刀鞘两侧扣子竖直悬刀的方式，如著名的萨珊狩猎银盘上所见；双附耳刀及倾斜悬刀的方式很可能是在 4 世纪晚期至 5 世纪早期时，从中亚嚈哒人的统治地区传入波斯。这一时期，中亚粟特地区壁画上确实有不少双附耳刀倾斜佩戴的图像实例，从现存并不完整的图像看，其中有相当一部分双附耳刀为环首形式。李贤夫妇墓出土的带鞘环首铁刀很有可能产自中亚。（撰文：杨清越 供图：严钟义、程云霞）

彩绘陶载物骆驼

北周天和四年（公元 569 年）
高 18.4、长 20.5 厘米
1983 年宁夏固原市南郊乡深沟村李贤夫妇合葬墓出土
宁夏固原博物馆藏

泥质灰陶。由手工捏制而成，空心。通体施褐彩。昂身站立，双峰，峰间驮一饱满的囊袋。双峰驼在汉唐时期分布于中国西北、蒙古、中亚等地，而单峰驼则多分布于气候更加温暖的北非、西亚等地。骆驼能够负重物长途跋涉，也可供人骑行，在跨越千年的丝路贸易史上发挥着重要的作用。

北朝时期陶俑对骆驼形象的表现较之前代更加准确和丰富，或驮人载物，或由胡人牵引。驮载物品的骆驼形象到了这一时期才大量涌现出来。驼背上的物品主要是商队贩运的货物和旅途中所需的生活用品，货物如丝束、布匹、兽皮等在骆驼俑中都很常见；生活用品大到夜宿所需的帐篷，小到饮水之用的扁壶都在骆驼俑中出现过。总体而言，西魏北周地接西北，得地利之便对骆驼习以为常，所出驼俑较为简单粗略；而疆域更近中原的东魏北齐对骆驼如同对待西来的商品一样充满好奇和热情，制作出的驼俑复杂而精美。奢华的鎏金银胡瓶和朴素骆驼俑同出于李贤夫妇墓，既符合李贤身份地位，又反映出原州地处丝绸之路要塞，驼队频繁往来的情况。（撰文：杨清越、马兰英 供图：严钟义、程云霞）

彩绘陶胡人俑（2 件）

北周天和四年（公元 569 年）
高 13.2 厘米
1983 年宁夏固原市南郊乡深沟村李贤夫妇合葬墓出土
宁夏固原博物馆藏

泥质灰陶。深目高鼻，头发卷曲。内穿宽领衫，外披红色风衣。双手置腹间做持物状。两臂弯处各有一插孔，原插物已失。

北周李贤夫妇合葬墓出土陶俑 200 余件，分为彩绘具装甲骑俑、彩绘吹奏骑俑、彩绘文吏俑、彩绘女侍俑、彩绘武官俑、彩绘笼冠俑、彩绘风帽俑、彩绘胡人俑。陶俑色彩鲜艳，塑工精细，形态各异。有些陶俑造型与韩裔、高润、封氏、娄睿墓及河北磁县东魏墓出土的陶俑很相似。从体型、面貌、衣着上看，少数民族的特征很突出，也反映出这一时期民族大融合的历史进程。（撰文：马兰英 供图：严钟义、程云霞）

持刀武士图壁画（2件）

北周天和四年（公元569年）
高134，宽63.5厘米
1983年宁夏固原市南郊乡深沟村李贤夫妇合葬墓出土
宁夏固原博物馆藏

　　武士面相丰满，留三绺胡须，头戴高冠，身着裲裆明光铠，内穿袴褶服，衣纹飘逸，足穿麻履，左手执仪刀，右手屈于胸前，站立作守卫状。

　　李贤墓壁画的发现，第一次展现了北周绘画的风采。壁画以写实的手法，反映了墓主人生前富贵豪华的生活。在风格上较多地继承了汉魏时期古拙粗放的作风。壁画色彩鲜艳，人物形象生动，笔法流畅粗放。画法上用白色灰浆作底衬，黑色粗线勾勒人物外形轮廓及衣纹服饰，并充分使用逐层晕染手法来表现人物面部和服饰。武士图人物形体高大，鼻、眉、眼用黑线条勾画，周围用浓淡适宜的淡红色晕染。武士面部神情严肃，身着铠甲，执刀站立，给人以庄重肃穆、威风凛凛之感。这批壁画填补了北周时期我国绘画史上的空白，尤其是红粉晕染法的使用，更是一个重大的发现，它继承了汉魏绘画的风格，开启了隋唐壁画的一代新风，具有承上启下的作用，在我国绘画史上占有重要的地位，并为研究古代服饰、古代建筑等提供了重要的资料。（撰文：徐超　供图：严钟义、程云霞）

来华粟特人的天国记忆

  粟特人在中国史籍中被称作"昭武九姓"，即康、史、安、曹、石、米、何、火寻和戊地九姓，居住在中亚锡尔河以南至阿姆河流域，是有名的商业民族，也是丝绸之路的主角。北朝至唐代，受商业利益的驱动和躲避粟特动乱与战争，大批粟特人东行。为了保持贸易活动的可靠与稳定，粟特人在西域至中原的途中建立据点。来华粟特人及其后裔在汉地生活，他们的墓葬兼具中原文化和粟特自身文化特征，展现了在民族和文化融合的过程中，来华粟特人对汉文化的认同和对本民族文化传统的不舍记忆。

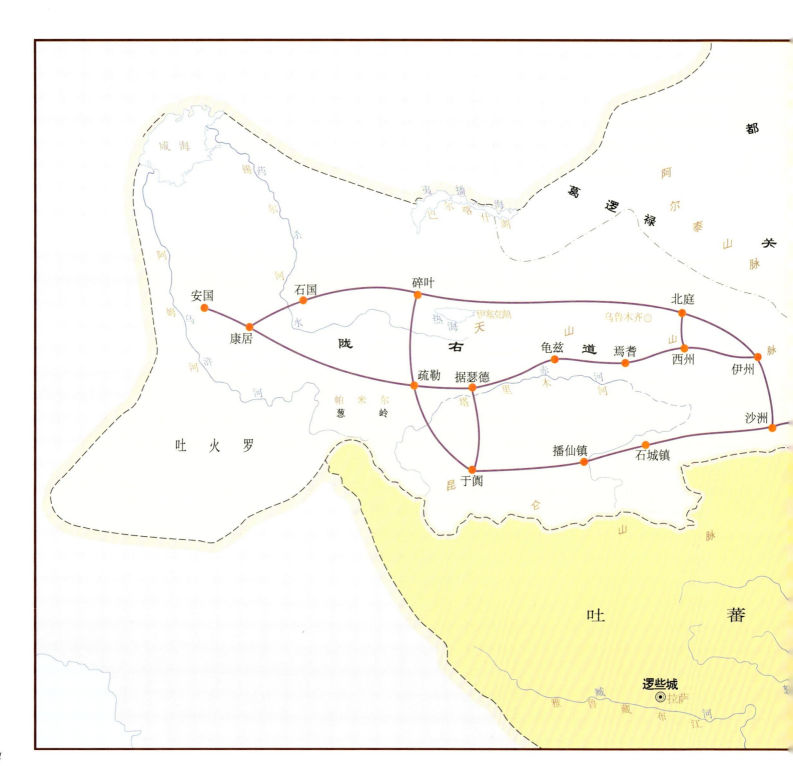

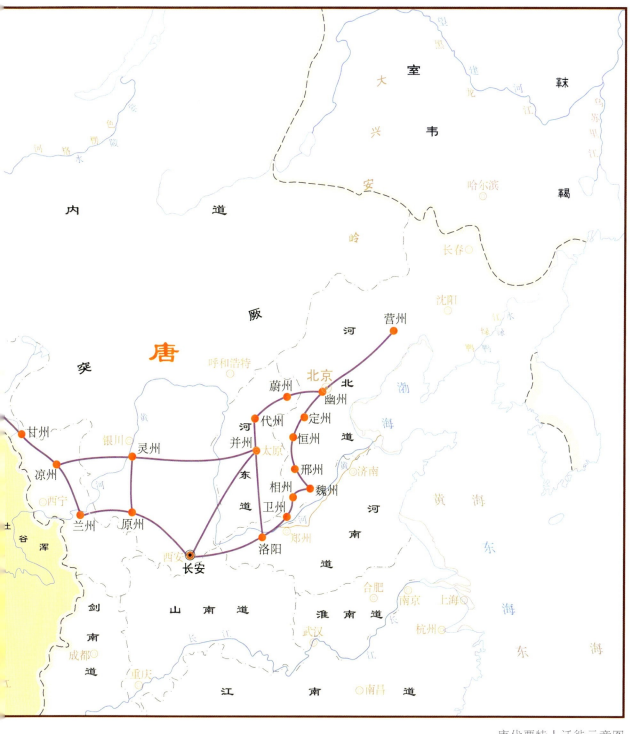

室
韦
鞨

大
兴

安

岭

内

道

唐
突
厥

河

北京
北

道

营州
河
蔚州
幽州
代州
定州
河
并州
恒州
东
邢州
相州
魏州
道
卫州
洛阳
郑州

甘州
银川
灵州
凉州
西宁
兰州
原州
长安
西安

黄
海

河
南
道

济南

河
东

海

土谷浑

剑
南
道
成都

山
南
道

武汉

合肥

南京
上海

淮
南
道

杭州

东

海

重庆
江
南
南昌
道

唐代粟特人迁徙示意图

史射勿墓志、志盖

隋大业五年（公元609年）
志盖长46.5、宽47、厚10厘米
墓志长46.4、宽45、厚6厘米
1987年宁夏固原市南郊乡小马庄村史射勿墓出土
宁夏固原博物馆藏

　　志盖青石质。呈正方形，盝顶。正中镌刻阳文篆书"大隋正议大夫右领军骠骑将军故史府君之墓志"，共五行二十字篆文，四周有减地阳刻卷云纹。斜杀上刻有四神形象，四边阴刻一周忍冬纹。前边中央刻一"前"字。

　　志石青石质。呈方形。志石每侧刻三个壸门，正中壸门刻一"前"字。从右侧壸门开始，按顺时针方向，分别刻有鼠、牛、虎等十二生肖。背景皆同，上为卷云纹，下刻山峦。其正面磨光，细线刻划大小均等的方格。志文刻于格内，共计二十三行，满行二十四字，最后空出一行。共四百九十九字。

　　北朝以来，"昭武九姓"人通过漫长的"丝绸之路"频繁往来于中亚与中国之间，操纵着国际商贸活动，对中西文化沟通、交流起过至关重要的作用。史射勿墓志志文中仅记载"其先出自西国"，但从其姓氏及其子史诃耽墓志志文"史国王之苗裔"语，推测其家族从粟特地区的史国迁徙而来。从志文记载可知他们经过河西走廊，曾在张掖居停，最终落籍平凉（今宁夏固原）。志文还有史氏祖先在"西周"俱为"萨宝"的记载，这是文献中首次发现粟特地区有"萨宝"职官的记载。志文列出了射勿七子之名，从名字用字来看，除长子"诃耽"名字尚有西国意味外，其余六子均使用了汉文名字，再回顾其先辈的名字"曾祖妙尼，祖波波匿"，这方墓志志文向我们展示了一个粟特家族迁徙至中国并逐渐汉化的过程。（撰文：杨清越、郑小红　供图：严钟义、程云霞）

执刀武士壁画

隋大业五年（公元 609 年）
高 164 厘米
1987 年宁夏固原市南郊乡小马庄村史射勿墓出土
宁夏固原博物馆藏

　　人物面朝南侧身斜立，头戴冠，身着红色高领宽袍，下身穿红色宽裤，高鼻深目，眉目紧锁，注目斜视，双鬓下颌蓄有长须，神情安然，双手紧握环首刀于胸前，这柄刀很长，下端挂地。

　　隋代墓葬壁画发现为数不多，史射勿墓道两壁所绘侍卫形象所表现的是北魏旧制。武士持仪刀的作法，也明显地承袭了北周，武士持刀方式与李贤夫妇墓武士非常相似。这类执刀形象在隋朝初唐有着广泛的影响，成为一种最常见的武士形象。（撰文：徐超、杨清越　供图：严钟义、程云霞）

鎏金托水晶坠饰

唐（公元 618 – 907 年）
残长 4，宽 2.6 厘米
1985 年宁夏固原市南郊乡羊坊村史索岩墓（公元 664 年）出土
宁夏固原博物馆藏

　　通体呈不规则形，上嵌水晶。水晶泛蓝、晶莹通透、光亮滋润，表面鼓起，上有几处凹痕。水晶之下为一铜鎏金底托，底托完全依水晶形状而制。下部稍翘，上有短柄，柄环已残损。

　　墓主史索岩是北朝至隋唐时期固原地区另一个史姓家族的重要成员。从其夫人安娘的粟特安国出身，以及其侄史道德墓志记载的信息看来，史索岩一家也是粟特地区史国人后裔，并且同史射勿一家一样，经过河西走廊迁徙至固原。（撰文：杨清越、郑小红 供图：严钟义、程云霞）

宝石印章

唐（公元 618 – 907 年）
直径 1.6 厘米
1986 年宁夏固原市南郊乡小马庄村史诃耽墓（公元 669 年）出土
宁夏固原博物馆藏

　　呈圆形，深蓝色，边缘部分微微透明，一面抛光，一面中央雕刻卧狮。其圆眼、高鼻，下颌有须，颈部鬃毛直竖，身体光滑，头偏向正面，为前卧伏状，长尾卷曲。狮子面部清晰，动感强烈，雄壮威武。狮身后立三棵树状物，顶似花蕾。四边有一周铭文，铭文属中古波斯帕勒维铭文系统，依照萨珊朝习惯，文字以逆时针方向书写，可译为："自由，繁荣，幸福。"

　　宝石印章经科学无损测试分析，其质地为石英单晶体。印章雕刻采用的是西亚传统的凹雕技术，雕刻面光滑，刀法娴熟有力，无辅刀痕迹。狮子是一种强有力的野兽，中亚、西亚为其主要产区。猎狮传统在西亚地区由来已久，猎狮的行为旨在表现萨珊帝王好战成性的内在品格。狮子凶猛顽强的一面，衬托出萨珊王无所畏惧的勇敢。

　　墓主史诃耽为史射勿长子，文献中载有其传，曾任长安中央政府的"中书译语人"，也就是中书省的翻译，这很有可能与粟特商业文化中注重多语言培养的传统有关。他在朝中任职三十载，不断升迁，还随皇帝封禅泰山，因此超迁官职。致仕后还乡原州。墓志记载史诃耽"门驰千驷"、"家累万金"，这应该是家族经商多年积累的财富，其墓中所出宝石印章很有可能来自家族沟通中西的商业活动。（撰文：肖婷、杨清越 供图：严钟义、程云霞）

鎏金铜覆面（1组11件）

唐仪凤三年（公元 678 年）
高 30.5、宽 18.5 厘米
1982 年宁夏固原市南郊乡王涝坝村史道德墓出土
宁夏固原博物馆藏

护额饰：1件，圆形，直径1.9厘米，半圆形直径为3厘米。上部为半月形，半月形间托一个圆形，下端残缺。

护鬓饰：2件。长为5.1－4.8厘米，宽均为3.8厘米。形制相同，均有残缺。下有一个条形扁片，其上焊接一个长方形片饰，一角削上去，上捶揲凸起叶纹。

护眉饰：2件。长为5.9－4.5厘米，宽1－0.9厘米。形似柳叶，上凸下凹，两端尖弯，各有一个穿孔。

护眼饰：2件。长为4.3－3.9厘米，宽2－1.9厘米。上锈蚀，左眼稍残，上有圆孔，圆孔边缘起凸棱，端有一孔。

护鼻饰：1件。残长6.3厘米，最宽处为2.5厘米，高1.5厘米。形似鼻状，上端稍残，有一圆孔。中部起脊，较平直，背面凹下，下端有两孔。两侧有斜对三穿孔。

护唇：2件长4.4－4厘米，宽均为1厘米。合起后形似上下嘴唇表面稍鼓，背凹，两端稍尖，端有两孔。

护颌饰：1件。长17.3厘米，宽1.4厘米。两边为长条形，上端呈圆形，有一个穿孔。每侧由三节铆接而成，上两节有四叶状铆片，四叶间各有一个铆钉，下端由两铆钉直接铆制，中部形似枣核。

覆面主要部位均用铜片打押而成。其上多有穿孔，作用是与丝织物缀合。这具完整的金覆面出土于唐仪凤三年（公元 678 年）的史道德墓，墓主为中亚粟特人。新疆地区东汉至隋唐时期的墓葬中，发现有不少覆面，多为织物，极少见鎏金铜覆面。覆面额饰为半月形托一圆球或太阳，可能与粟特人琐罗亚斯德教信仰有关。（撰文：郑小红、杨清越 供图：严钟义、程云霞）

彩绘石雕持壶男侍俑

隋（公元 581 – 618 年）
通高 68 厘米
1999 年山西省太原市晋源区王郭村虞弘墓出土
山西博物院藏

　　男俑为细青灰砂岩雕刻而成，为高鼻深目的胡人形象，
戴尖顶圆毡帽，着窄袖长袍，腰系一带，两侧吊系有小刀、
囊袋等 7 件物什，怀抱一胡瓶，立于一方石板上。（撰文：
逯斌　供图：厉晋春、秦剑）

彩绘石雕抱琵琶女俑

隋（公元 581 – 618 年）
残高 58.5 厘米（不带底座）
1999 年山西省太原市晋源区王郭村虞弘墓出土
山西博物院藏

　　女俑汉白玉雕成，汉人女子形象。戴黑色幞头、面颊
丰满、双目微垂、面带微笑，身着浅褐色圆领窄袖袍，腰
系黑带，左手握一曲颈琵琶颈处，右手正在弹拨。脚下有
圆锥形榫头，插入汉白玉莲花座卯孔中。（撰文：逯斌　供图：
厉晋春、秦剑）

彩绘浮雕石椁

隋（公元 581 — 618 年）

通高 236、椁身长 247、宽 136 厘米

1999 年山西省太原市晋源区王郭村虞弘墓出土

山西博物院藏

　　整体呈仿木构三开间歇山顶式殿堂建筑。汉白玉石，由底座、椁身、顶三部分组成，以及支撑石椁的石狮 8 件。石椁内外皆雕刻并施彩绘，由 50 多个单体图案组成，内容有宴饮、乐舞、射猎、家居、行旅等。图案中的人物深目高鼻黑发，属于地中海高加索人种，服饰、器皿、乐器、舞蹈及花草树木等，均具有浓厚的波斯风格，部分画面带有祆教的内容。展现了墓主人不同的文化背景，是研究中外文化交流的重要史料。虞弘是中亚鱼国人，北齐时入华，曾任职于北齐、北周和隋三个朝代。（撰文：逯斌　供图：厉晋春、秦剑）

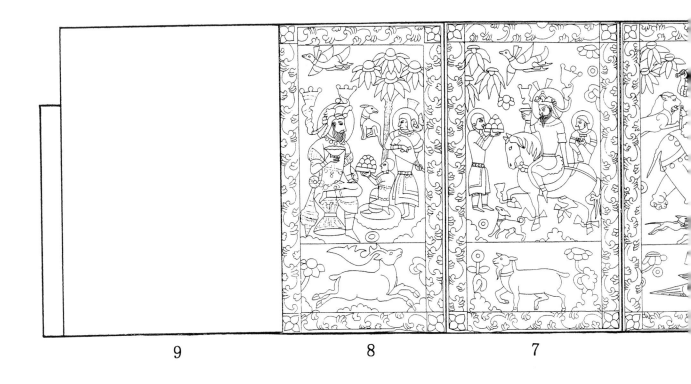

9   8   7

1   2   3   4

4

乐居大唐的外国人

　　唐朝是公元七、八世纪地球上国力最强、文明最盛的地区，每年都有大批外国人通过海陆途径汇集长安、洛阳等地，从事政治、商贸、宗教以及文化艺术活动等。其中以粟特昭武九姓、突厥、波斯、回鹘、契丹、渤海等地的胡人为代表，他们中既有达官贵人，也有商贾、军士、舞者、演员、马夫、奴仆等。有唐一代，客居在帝都长安城的胡人保持在十万人以上，约占都城总人口的十分之一。大量胡人的加入更加丰富了唐文化的内涵，唐墓出土的形态各异的胡人俑生动地再现了胡人来华的盛况、他们在唐朝的多彩生活以及在唐代社会中扮演的角色。

彩绘陶文吏俑

唐开元十八年（公元 730 年）
高 59 厘米
2001 年甘肃省庆城县赵子沟村穆泰墓出土
甘肃省庆城县博物馆藏

　　俑为泥质陶胎彩绘。头戴方形小冠，形似幞头，身着白色对襟宽袖冯翼衣，以刀刻划痕表现出衣褶，长衫曳地，黑色腰带高束及腹上，打结后又飘垂而下，腰带上压一半圆形红色装饰，胸前开襟处可见浅色开襟里衣，足蹬黑面白底如意式翘头履。双肩高耸，双臂屈肘贴附于腹部。眉头紧蹙，眉梢上翘、双目圆瞪，鼻高且勾、大耳，口半开露齿，唇红齿白，面色红润，连鬓络腮胡浓密卷翘。其神色狡黠、体态生动，展现了一位在唐代担任文官的胡人形象。（撰文：米毅、顾凡颖、陆斌 供图：陆斌）

三彩釉陶武官俑

唐（公元 618 — 907 年）
高 49.2 厘米
2002 年陕西省西安市南郊唐墓出土
西安博物院藏

俑头戴鹖冠，低眉垂眼，高鼻深目，双耳较大，满脸络腮胡。上身着阔袖交领绿色长袍，下有流苏，领口和袖边为白色，下着黄色长裙，露出脚尖。双脚微分开，直立于近似椭圆形的台座上，身微向前倾，双手执白色笏板于胸前，神态威猛。俑头部露白胎，质地坚硬，身体和台座施绿、白、黄、褐釉，釉层较厚，光亮润泽。胡人在唐朝任职做官很常见，不少武将都是胡人出身，如尉迟敬德、安禄山等，这件武官俑正是唐代胡人大将的如实写照。（撰文：杨宏毅、顾凡颖　供图：杨宏毅）

彩绘陶武士俑

唐（公元 618 — 907 年）
高 49 厘米
陕西省礼泉县唐王君愕墓出土
昭陵博物馆藏

俑浓眉大眼，堆塑形的络腮胡浓密，双眉紧蹙，给人以粗犷豪放之感。头戴螺顶兜鍪，身着明光铠，下着裤，左臂屈肘手扶盾牌上端，右臂微曲手残缺，足蹬白色履，威严的站立于不规整的底座上。通体施红彩呈肉红色，兜鍪及躯体均用白彩饰有联珠纹，甲胄衣还在护膊处用黑、白彩绘出上下三层甲片，两侧亦可见黑、白彩描绘的甲片。此俑为初唐时期典型的胡人形象。（撰文：李浪涛、顾凡颖　供图：李浪涛）

彩绘陶盔甲武士俑

唐（公元 618 – 907 年）
高 60、宽 17.2 厘米
1985 年陕西省咸阳市顺陵窦诞墓出土
陕西省考古研究院藏

　　俑深目浓眉，双眉紧蹙，双目炯炯有神，似在怒目而视，颧骨突出，一副络腮胡须，神态威严。头戴黑色螺顶兜鍪，有护耳，外着贴金明光铠，胸前左右各有一蓝色椭圆形圆护，兽首吞肩，兽面护心，腰系黑带。内穿红色长袍，中为战袍。足蹬皂靴。右手持物于前，左手握拳于侧，似持武器。（撰文：秦造垣、顾凡颖　供图：张明惠）

彩绘陶袒腹胡人俑

唐开元十八年（公元 730 年）
高 50 厘米
2001 年甘肃省庆城县赵子沟村穆泰墓出土
甘肃省庆城县博物馆藏

　　俑为泥质陶胎彩绘。身着浅赭色团领窄袖开襟长袍，袒胸露乳，腹部圆滚如鼓，软带束腰，下摆扭结于下腹部，下穿白色筒裤，足蹬黑色皮靴。身体稍稍左倾，头歪向左侧，双足微分立于长方形台座上。其缩颈耸肩，浓眉紧蹙，双目圆瞪，鹰勾高鼻，张口切齿，且片状络腮胡飞翘，似神情嗔怒。有学者认为俑人两臂屈肘反置于身后，似在迷惑他人，正在做"手彩类"的魔术表演。此俑出土时与四个滑稽丑角戏弄俑放置在一处，是唐代"百戏"场景的再现。（撰文：米毅、顾凡颖、陆斌　供图：陆斌）

三彩釉陶袒腹胡人俑

唐（公元 618 – 907 年）
高 18 厘米
1960 年陕西省乾县永泰公主墓出土
陕西历史博物馆藏

　　俑头发中分，编成双辫交盘于脑后，高鼻深目，昂首上视。身穿绿色及膝翻毛皮袍，袒胸露腹，下穿绿色窄腿裤，脚蹬尖头靴。其右手握拳高举，掌心似有要变出东西；左手下抓皮袍，好像要防止袍里摆动，做亮相表演状，神态生动。唐代杂技中的幻术表演不仅在宫廷节日典礼上经常举行，在城市坊里、寺院道观里均有表演，其中表演手技节目的魔术者常常露出大肚形体，以示不藏不掖，实际是一种障眼戏法。（撰文：翟晓兰、王建玲、顾凡颖　供图：翟晓兰、王建玲）

三彩釉陶胡女俑

唐（公元 618 — 907 年）
高 20 厘米
1960 年陕西省乾县永泰公主墓出土
陕西历史博物馆藏

　　俑头梳双垂髻，面庞饱满，修眉深目，高鼻丰颐。身穿袒胸窄袖衫，肩披蓝色披帛，下穿褐色曳地长裙，头微左转，双手拢于腹前，作垂手侍立状。此俑外貌特征与唐墓中出土的其他女俑颇有不同，不似中原女子，很可能是西域进贡来的侍女。唐墓中西域妇女形象的陶俑较为少见，但唐代诗人屡屡咏及胡姬，如诗人李白有："落花踏尽游何处，笑入胡姬酒肆中"的诗句。此俑的身份虽不是当垆卖酒的胡姬，而是供人役使的女侍，但从其容颜身姿也可以领略诗人笔下"胡姬貌如花，当垆笑春风"的动人姿态。（撰文：翟晓兰、王建玲、顾凡颖　供图：翟晓兰、王建玲）

彩绘陶胡商俑

唐（公元 618 – 907 年）
高 23.5 厘米
1952 年河南省洛阳市出土
洛阳博物馆藏

　　俑头戴尖顶折檐帽，身穿翻领右衽短袍，腰中系带，足蹬长筒靴，肩背丝卷，左手提一单把波斯式壶，躬身站立在踏板上。尖顶帽是西域及北方许多民族都十分喜爱的帽饰，在唐俑中常见。其深目高鼻、络腮胡须的形象，与大食"男子鼻高，黑而髯"的记载相吻合。大食是唐人对阿拉伯人的称呼，地处古代丝绸之路上，大食商人通过丝绸之路来中国经商，换取中国的丝绸等特产。此俑身姿生动地表现出负重前行的辛劳，是大食商人行进于丝绸之路的真实写照。

　　唐政府设置专门的机构管理胡商，规范他们的交易活动，给予充分的活动自由，有利于他们的经商活动。胡商发挥其经商天赋在中土扎根，有的甚至娶妻生子长期居住不再归国。他们在华生活，保持其原有的特色，并将其饮食、服饰、乐舞、风俗、宗教等传播到中土。特别是在国际性大都市长安和洛阳，胡汉杂居，胡风大盛，胡商的生活方式、文化风尚逐渐影响到社会各阶层。从胡食的流行到胡服、胡帽之常见，再到宫廷、民间盛行的胡乐与胡舞，以及三夷教在中土的广泛传播，这些在很大程度上都得益于胡商来华求利的经商活动。（撰文：王军花、顾凡颖　供图：王军花）

彩绘陶黑人百戏俑

唐（公元 618 – 907 年）
高 13 厘米
1960 年新疆吐鲁番市阿斯塔那 M336 出土
新疆维吾尔自治区博物馆藏

　　俑由细泥捏塑再施彩绘而成。黑色卷曲短发，大眼厚唇，皮肤黝黑，上身裸露，下身着橘红色短裤，赤脚。其右臂向上抬起，手握拳内弯；左臂弯曲于左大腿前，握拳与右手相对，手中均有孔，似握有物，但已经遗失，现手中所持之棍为修复时所加。黑人俑又称昆仑奴俑，"昆仑"一词在中国古代除指昆仑山之外，还泛指黑色，唐人史籍笔记中的黑人泛指卷发黑肤，被贩卖或进贡入唐，从事马夫、奴仆、艺人之类低贱工作的外国人。昆仑奴多在乐舞戏弄中出现，如《旧唐书·音乐志》记载唐代盛行的一种"太平乐"，又叫五方狮子舞中"二人持绳秉拂，为习弄之状。五师子各立其方色，百四十人歌太平乐，舞以足，持绳者服饰作昆仑象"。从这段文字来看，这件黑人俑应是手持绳子进行舞蹈的昆仑奴。（撰文：阿迪力、顾凡颖　供图：丁禹）

鎏金铜胡腾舞俑

唐（公元 618 – 907 年）
高 13.5 厘米
1940 年甘肃省山丹县征集
山丹县艾黎捐赠文物陈列馆藏

　　俑头戴卷檐尖顶帽，身穿窄袖紧身长衫，外罩对襟半臂，足蹬翘头软靴，身后背一个酒葫芦。其双臂伸展，长袖翻飞，裙角轻扬，一足立于半球形垂瓣莲托上，另一足斜向踢出。

其形象与唐诗中描绘的胡腾舞场景极为相似，造型传神。胡腾舞是唐代著名的健舞，舞蹈以跳跃和急促多变的腾踏舞步为主。（撰文：顾凡颖　供图：山丹县艾黎捐赠文物陈列馆）

胡腾舞石刻墓门

唐（公元 618 — 907 年）
单扇门高 89、宽 43 厘米
上、下圆柱形门枢高 13、直径 10 厘米
宁夏盐池县苏步井乡窨子梁出土
宁夏回族自治区博物馆藏

　　两门扇正面凿磨光滑，中间各减地浅浮雕一男性舞伎。舞伎髭须卷发，深目高鼻，胸宽腰细，体魄健壮。发束带，头戴圆帽，身着圆领窄袖紧身长裙，脚穿长筒皮靴，立于小圆毡上。两人均手持长巾，挥旋对舞。四周剔地浅雕卷云纹，舞者似腾跃于云气之中，表现出流动如飞的舞姿体态。胡腾舞出自石国（今乌兹别克共和国撒马尔罕一带），舞者以男子为主，舞蹈动作以双腿踢蹬腾跳为主，属于唐代舞蹈中"健舞"的一种。胡腾舞者演出前"帐前跪作本音语"，即用粟特语演唱，保留了鲜明的民族特色。胡腾舞具有健美奔放的艺术魅力，正符合唐代的欣赏趣味和审美要求，以这样的胡腾舞形象雕刻于墓门上，说明胡舞已成为当时家乐表演的典型组成部分。

（撰文：顾凡颖 供图：宁夏回族自治区博物馆）

彩绘陶骑马乐俑

唐（公元 618 – 907 年）
高 29、宽 24 厘米
1988 年河南省洛阳市偃师县政府招待所唐墓出土
洛阳博物馆藏

　　俑皆头戴黑色红檐风帽，面部眉、眼、须用墨线勾画而成，双唇彩绘朱丹，身穿红色窄袖袍，下着黑色裤，足穿黑色长靴。乐俑姿态各异，有的身体端坐，屈肘持竖笛或排箫在胸前吹奏；有的歪头，手持横笛贴于唇部，似在吹奏；有的面部稍微向下，俯身吹奏短笛；有的头偏右侧，右臂高高举起，左臂前屈，五指并拢捂嘴作吹奏状；有的面向左下方，双臂屈肘上举半握拳，作击打乐器状；有的头稍下俯，屈臂握拳于胸前，马鞍前置三角形架，架上应有乐器。乐者手持的乐器可以辨知的有排箫、竖笛、横笛、筚篥，接近于鼓吹乐中的大横吹乐器。

所乘马匹体格魁梧，皆微微颔首、短鬃竖耳，双目下视，隆胸收腹，四足直立于长方形踏板上。唐代鼓吹多数是骑在马上的骑吹，这种演奏方式显然是受到北方少数民族鼓吹的影响。这组骑马乐俑塑工精致，构思巧妙，动作几乎没有雷同。它们动中有静、静中有动、极富变化。马虽体格魁伟，但神态安详、温顺，似乎正陶醉在美妙的乐声中，塑造比例精确，造型极为传神，是盛唐时期墓内出土乐俑中的精品。（撰文：王军花、顾凡颖 供图：王军花）

彩绘陶骑卧驼胡俑与牵驼胡俑

唐（公元 618 — 907 年）
卧驼高 48.2、长 83 厘米
骑驼俑高 49 厘米
牵驼俑高 78 厘米
2000 年陕西省蒲城县三合乡李宪墓出土
陕西省考古研究院藏

　　牵驼俑圆脸厚唇，高鼻深目，辫发盘于脑后，半圆小帽扣于后脑上。内着短衫半臂呈白色，外罩红领边棕色翻襟短袍，袍领敞开，前襟下翻似翻领状，右肩臂脱出袍袖，右袍袖掖于右侧黑色腰带上，下穿长裤，足蹬黑色高筒靴。身体略向左转动，双臂分张，掌心虚握，双手做拉持缰绳状，站立于长方形踏板上。骑驼俑头戴幞头，昂首前视，上着白色交领窄袖衫，外套蓝色翻前襟短袖袍服，下穿白裤，足蹬黑色高筒靴。双手做握持缰绳状，跨坐在双峰驼驼峰之间。骆驼体态健硕，四足跪地，颈部直立，抬首向前，似是即将听从牵驼和骑驼者的御使起身前行。（撰文：秦造垣、顾凡颖　供图：张明惠）

彩绘骑驼小憩俑

唐（公元 618 — 907 年）
高 73，长 60 厘米
1987 年陕西省西安市韩森寨红旗电机厂出土
西安博物院藏

骆驼曲颈昂首，张嘴朝天作嘶鸣状，背有双峰，四肢强劲，直立于长方形踏板上。俑身穿圆领窄袖袍，下着袴，足穿长筒靴，侧身盘腿横骑于驼峰之间，左手扳扶左腿，右手搭在前驼峰上，头枕右臂作小憩状。因埋头臂弯小睡而看不见其面部，从其头梳双垂髻看，当为女俑。这件作品抓住了行进途中骆驼驻足嘶鸣的瞬间，把骑手长途跋涉而疲惫不堪、途中在驼背上小憩的情形，刻画得惟妙惟肖，极具生活气息，也由此可见行走于丝绸之路的艰辛。（撰文：杨宏毅、顾凡颖 供图：杨宏毅）

三彩釉陶胡人牵驼俑

唐（公元 618 — 907 年）
俑高 72.7 厘米
驼高 95.5、长 65 厘米
甘肃省秦安县叶家堡出土
甘肃省博物馆藏

骆驼通体褐釉，双峰高耸，引颈昂首，张口露齿，四腿直立于长方形踏板上。俑身施褐釉，头戴幞头，浓眉大眼，蓄八字胡，身穿翻领窄袖右衽袍，袍长及膝，内着红色小衫，足穿长筒靴，站立于踏板上。其头仰视，右手握于胸前，左手握于腰间，做牵驼状。其身为胡人却头戴幞头的形象，反映了唐代胡汉文化间的交流互融，穿着胡服的唐人俑与戴着幞头的胡人俑皆很常见，证明了当时的双向文化交流。（撰文：孙玮、顾凡颖 供图：赵广田、高翕生）

彩绘陶胡人俑

唐开元十八年（公元 730 年）
高 54 厘米
2001 年甘肃省庆城县赵子沟村穆泰墓出土
甘肃省庆城县博物馆藏

俑为泥质陶胎彩绘，面阔脸圆，大耳高鼻、左眼圆睁、右眼紧闭，咧嘴微笑，唇红齿白。头戴黑色高帽，帽顶至前沿上卷处有一白色窄带纹，其上勾有黑、红色曲线纹，上卷帽檐处有红、黑两色勾勒出的花瓣纹饰及红色窄带边缘，身着橘黄色团领窄袖开襟长袍，身前交口处从领口至下摆有一宽带朱红色与白色团花纹饰，长袍上用刀刻划痕表现出衣褶，腰束黑带，左侧腰下缀黑色鞶囊，足蹬高靿翘头黑靴。身体微向右转，站立在长方形底座上。（撰文：米毅、顾凡颖、陆斌　供图：陆斌）

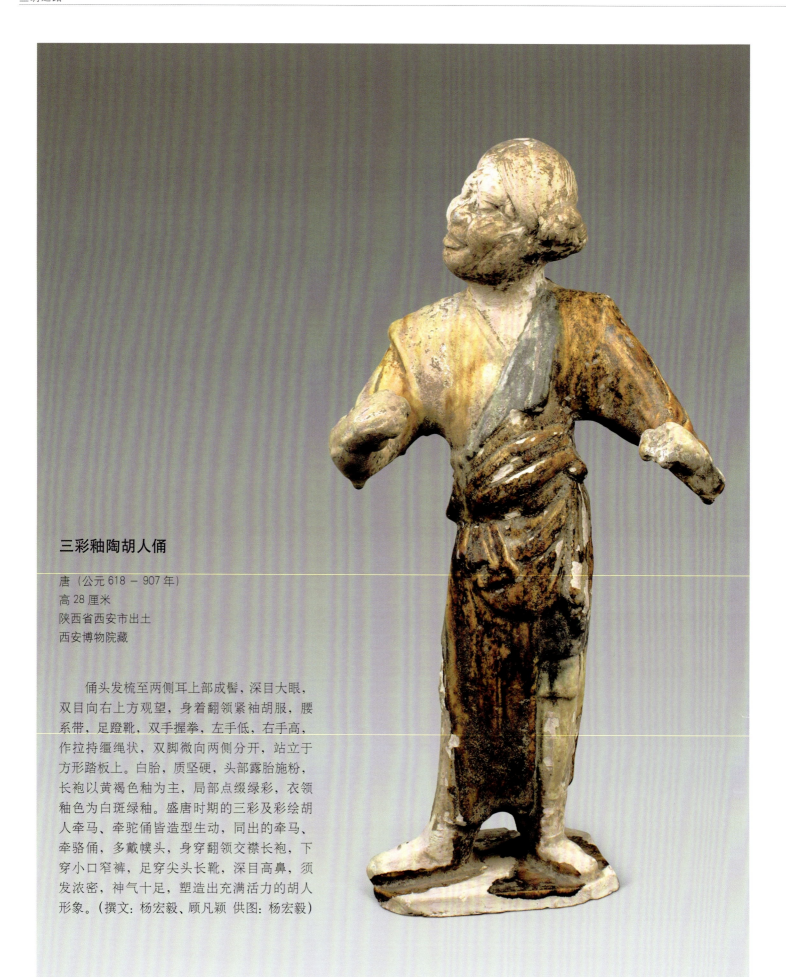

三彩釉陶胡人俑

唐（公元 618 － 907 年）
高 28 厘米
陕西省西安市出土
西安博物院藏

　　俑头发梳至两侧耳上部成髻，深目大眼，双目向右上方观望，身着翻领紧袖胡服，腰系带，足蹬靴，双手握拳，左手低，右手高，作拉持缰绳状，双脚微向两侧分开，站立于方形踏板上。白胎，质坚硬，头部露胎施粉，长袍以黄褐色釉为主，局部点缀绿彩，衣领釉色为白斑绿釉。盛唐时期的三彩及彩绘胡人牵马、牵驼俑皆造型生动，同出的牵马、牵骆俑，多戴幞头，身穿翻领交襟长袍，下穿小口窄裤，足穿尖头长靴，深目高鼻，须发浓密，神气十足，塑造出充满活力的胡人形象。（撰文：杨宏毅、顾凡颖　供图：杨宏毅）

彩绘陶胡人俑

唐开元十八年（公元 730 年）
高 50 厘米
2001 年甘肃省庆城县赵子沟村穆泰墓出土
甘肃省庆城县博物馆藏

　　俑为泥质陶胎彩绘。额头缠橘黄色束带，脑后齐发披垂至颈部，耳戴尖形耳坠，身着浅黄色团领窄袖偏襟紧身缺胯衫，腰束黑带，身后侧带下缀鞶囊，下穿橘色底豹纹皮裤，足蹬黑履，分腿丁字步站于长方形踏板上。脸部墨色，拧眉瞪目，鼻高颧凸，嘴抿且上撇，神情专注；双臂屈肘高举，手握虚拳，斜腰拧胯，好似奋力执缰绳状。据唐代玄奘《大唐西域记》卷一记载，粟特男子"齐发露顶，或总剪剃，缯彩络额"，此俑正符合这一记载。粟特人在文化上很早就受到波斯文化的影响，他们的到来给唐代带来了一缕开放的胡风。（撰文：米毅、顾凡颖、陆斌 供图：陆斌）

彩绘陶胡人俑

唐开元十八年（公元 730 年）
高 53 厘米
2001 年甘肃省庆城县赵子沟村穆泰墓出土
甘肃省庆城县博物馆藏

　　俑为泥质陶胎彩绘。头戴黑色幞头，凸眉大眼、丰颧高鼻，牙咬下唇，下颌前突，以墨线绘出浓密胡须，头向右观望。身着翻领赭石色长袍，袍前交口处从领口至下摆饰红、绿、白三色团花纹，腰系软带，左侧带下缀一圆形黑色小鞶囊袍，衣摆下四角飘卷，似有动感，足蹬长筒黑靴。双臂屈肘、握拳于胸前，以丁字步站立于长方形底座上，似牵马状。（撰文：米毅、顾凡颖、陆斌 供图：陆斌）

彩绘陶马与胡人驯马俑

唐（公元 618 – 907 年）
驯马俑高 35 厘米
马高 40、长 47 厘米
1978 年河南省洛阳市出土
洛阳博物馆藏

　　俑头戴幞头，上身着一件窄袖圆领衫，衣袖挽至肘部，下身穿一条开裆长裤，足蹬尖靴，两腿叉开，双肩平张，身体前倾，右手握拳似乎正执缰绳，手腕暗中蓄力，暴起条条青筋。左手五指伸开，身体侧斜，双目圆睁，扭头向右看马，作呵斥驯马状。人马对视，相互向后用力，神情极为投入。马以白色陶土烧制而成，鞍鞯佩带俱全，肌肉丰满，体态矫健，

马头内曲，左前腿抬起并向内侧弯曲，其余三蹄紧扣地面，后胯下沉，身躯明显后倾。该马的体态与常见的三彩、陶制马不同，其动作并非马的自然姿态，而是经过严格训练的"舞马"身姿。史载唐玄宗时，曾成规模地引进外来良马加以训练，随音乐而舞。此马正表现了舞马的舞步动作，舞姿端庄有力。

（撰文：王军花、顾凡颖　供图：王军花）

三彩釉陶束发胡人俑

唐（公元 618 – 907 年）
高 62 厘米
1981 年河南省洛阳市龙门东山安菩墓出土
洛阳博物馆藏

　　俑为青年胡人形象，体型高大，卷发外系一圈红色束带，身着浅黄色大衣，绿色大领外翻，内穿短裙，腰系布带和布囊，足穿黑色长筒尖头靴，双手握拳作牵拉缰绳状，站立于前宽后窄的踏板上。

　　此俑出土于唐定远将军安菩及其夫人何氏墓。安菩是西域安国人，幼年时随父亲系利来到大唐。唐代西北边疆有一个邻国叫安国，又被称为安息国，安菩的父亲系利是安国首领，英勇善战，体恤百姓，很受将士们的爱戴。公元 630 年，唐朝政府发动了平定突厥的战争，系利也早就不满突厥对安国的残暴统治，他率领部队趁乱归附了唐朝政府。唐朝政府为了奖励系利的忠诚，敕封他为五品定远将军。安菩从小就习文练武，后承袭了父亲的封号，成为定远将军。他继承了父亲的勇敢和果断，在担任定远将军时骁勇善战，率领军队纵横大漠，为保卫唐朝边疆浴血奋战，史书描述其"以一当千，独扫蜂飞之众"。公元 664 年，安菩在今天的西安去世，时隔 40 年，他的妻子何氏在东都洛阳病逝。他们的独生子安金藏把安菩的尸骨迁到洛阳与母亲合葬，建造了安菩墓。其墓中以胡人牵驼俑作为随葬品，是对唐代现实生活的生动反映。

（撰文：王军花、顾凡颖　供图：王军花）

彩绘陶胡人牵驼俑

唐（公元 618 – 907 年）

高 46.5 厘米

陕西省咸阳市底张湾出土

陕西历史博物馆藏

　　俑面庞宽阔，深目宽鼻，头发后梳成粗辫挽于脑后，身着圆领袍服，腰中系带，作牵驼状。在唐墓中出土了大量胡人形象的牵马、牵驼俑，说明这些寓居长安的胡人多以饲养驼马为主要职业。（撰文：翟晓兰、王建玲、顾凡颖　供图：翟晓兰、王建玲）

彩绘木胡人牵驼俑

唐（公元 618 – 907 年）

高 56 厘米

1973 年新疆吐鲁番市阿斯塔那张雄夫妇墓出土

新疆维吾尔自治区博物馆藏

　　俑为分段雕刻，然后胶合成型再施以彩绘。浓眉深目，张眼露睛，鼻高且挺直，胡须微翘。头戴折檐白毡尖顶帽，是比较典型的西域胡人帽饰，帽沿外翻，露出红色帽里，身穿齐膝绿色掩襟长袍，胸前左侧衣角外翻，露出红色衬里，并绘深红色树草和蜜蜂图案，腰系黑带，脚穿高棱黑靴。小臂弯曲向前，双拳紧握，作握持缰绳状。出土于其他唐墓的相似形态的俑人多为陶制，但此俑出土于吐鲁番阿斯塔那古墓群，位于吐鲁番东南 40 公里的三堡乡戈壁荒漠中，是西晋至唐代高昌居民的公共墓地，此地区有以木俑随葬的旧俗，且由于当地气候干燥的特殊自然条件，木俑在墓中得以保存至今。随着中原以泥俑随葬的习俗影响至吐鲁番地区，到唐武周时期，当地墓葬中泥俑逐渐增多，至唐西州时期，泥俑已取代木俑成为随葬俑的主流。（撰文：阿迪力、顾凡颖　供图：丁禹）

彩绘陶胡人骑马俑

唐（公元 618 – 907 年）
高 32、长 26 厘米
1960 年陕西省乾县永泰公主墓出土
陕西历史博物馆藏

　　俑头戴毡胡帽，帽前后各有一圆形结，双手做牵缰绳状，
身后有一物似行李卷，好像准备出行。马体态健硕，竖耳剪鬃，
小头宽臀，四足直立于长方形踏板上。（撰文：翟晓兰、王建玲、
顾凡颖　供图：翟晓兰、王建玲）

彩绘陶胡人骑马俑

唐（公元 618 — 907 年）
高 30 厘米
1960 年陕西省乾县永泰公主墓出土
陕西历史博物馆藏

　　俑尖鼻深目，颧骨突出，两鬓长髯，头戴幞头，上身裸露，健硕的上肢肌肉一览无余，双手持缰，目视前方，口微张，似在呼喝纵马前行。马足直立，略颔首，长颈丰臀，姿态强劲有力，是一匹具有西域血统的良驹。威武的胡人和矫健的胡马是唐代诗歌、绘画、雕塑等各种艺术形式中常见的题材，反映了长安作为国际大都会的开放与繁荣。此俑面多须髯，深目耸鼻阔嘴，与"深目多须髯"的突厥人和回纥人特征相近。

　　《新唐书》记载唐太宗降服了突厥诸部后，将突厥首领及其部属数万人迁至长安城，长安城当时因此引起一股突厥风，很多汉人模仿突厥风俗，搭起帐篷，过起了突厥式生活。此外，文献中还有关于突厥人和回纥人仕于唐朝的记载。此俑出土于永泰公主墓，很可能是公主生前异族仆从中的一员。（撰文：翟晓兰、王建玲、顾凡颖 供图：翟晓兰、王建玲）

三彩釉陶胡人骑马狩猎俑

唐中宗神龙二年（公元 706 年）
高 39，长 32 厘米
1972 年陕西省乾县章怀太子墓出土
乾陵博物馆藏

　　俑为泥质红胎。发以长粗辫盘于脑后，面敷白彩，身着赭、绿色翻领窄袖缺胯袍，腰间系带及褡裢，双足蹬靴踩镫，双臂做执缰状，双眼前视，似乎在寻找猎物，又似乎在守卫。马昂首挺胸，剪鬃，备鞍鞯，通身施绿色釉，四肢直立于长方形踏板上。俑身后马鞍上置裹卷毡毯，上立一只似猞猁的动物，紧竖双耳做警惕状，前腿直挺立于后腿之间。猞猁比一般家猫要大，狩猎时与猎狗一样，能够很快抓住奔跑的猎物。唐代狩猎俑多出土于贵族墓中，以胡人为主，主要通过鹰、豹、犬等助猎动物及射猎姿势来表现狩猎进行中的情景。有学者指出，从这些胡人只是架鹰携鹞、带猞猁猎豹，而未携弓弩刀剑来看，他们属于陪侍奴仆，是随从贵族狩猎的猎师。关于这些猎师的来源，安、康、米、史等中亚粟特国家都进献过数量较多的猎豹、猎狗，以此推断遣使朝贡的队伍里肯定应有助猎动物驯服者，负责在运输途中照顾动物，来到长安后，他们即以此技艺为生。（撰文：赵维娜、顾凡颖　供图：王保平）

唐人生活中的胡风印迹

　　丝路开通，胡风东渐。自汉代开始，胡风就逐渐渗透进人们的生活。东汉灵帝喜好胡风，当时贵戚争相效仿，穿胡服，用胡器，吃胡食，蔚然成风。尤其是在唐代，丝绸之路宛如一条巨大的传送带，将遥远西方地区的物产、文化、宗教、习俗等传入唐朝，影响并改变着唐人的物质生活与精神世界。唐朝的开放与包容，以及长安上层对新奇生活方式的崇尚与追逐，为胡风的流行提供了沃土。帝都长安城西市胡人云集，景教堂、祆教寺、佛教庙宇、摩尼教寺院穿插在城西里坊之中，胡戏、胡店和胡音纷繁热闹，"胡着汉帽，汉着胡帽"，异域生活方式在长安城弥漫开来。胡风的炽盛在唐墓壁画和出土陶俑中得到淋漓尽致的体现。

木身锦衣裙仕女俑

唐（公元 618 – 907 年）
高 35.8 厘米
1973 年新疆吐鲁番市阿斯塔那张雄夫妇墓出土
新疆维吾尔自治区博物馆藏

　　女俑身为木胎，加施彩绘，双臂为纸捻。头梳双环形高髻，上着锦衣，外罩一覆肩之帔帛，束缚丝绦带所制腰带，系高腰长裙，裙为黄、红二色的间裙，肩披花帔帛。脸型较丰腴、粉面、黑宽眉、杏眼、小口。眉间贴花钿、眼角绘斜红、唇角点妆靥。

　　锦衣为小联珠动物图案。联珠纹源于波斯萨珊，6 世纪中期出现在中国，7 世纪 50 年代到 80 年代最为盛行。

　　在十六国时期的壁画中，已开始出现了上着衫、下穿三色间裙的妇女服装，之后日渐风行。初唐，上身穿短襦衫、下着间裙、肩披帔帛是唐代妇女服装的基本式样。随着时间的推移，间裙也起了一些变化，主要是条纹由宽变窄。高腰长裙也不是南北朝至隋唐突然出现的女装样式，而是西域民族长久以来相沿成习的着装风格。隋至唐朝风靡的高腰间裙，到了开元时期，由于社会的稳定和经济的进一步发展，以及纺织技术的进步，开始出现了晕彩条提花锦和宝相花纹锦及花鸟纹锦等，突破了以条纹为地的格式。因此盛唐以后，间裙已很少见，并逐渐被色彩更为艳丽的各色花锦所代替。发掘者根据对女舞俑双臂纸捻和长裙内的衬纸研究，认为这类女舞俑是在长安制造，而后沿丝绸之路东段运至西州的。这件描汉式妆着胡风衣的女俑正是服饰文化在丝路上东西交流胡汉融合的体现。（撰文：杨清越 供图：丁禹）

三彩釉陶女立俑

唐（公元 618 – 907 年）
高 54.6 厘米
1995 年陕西省富平县节愍太子墓出土
陕西省考古研究院藏

　　女俑眉清目秀，高鼻小嘴。仪容端庄，双耳微外露。头发高拢，结成"翻刀髻"。上穿黄绿色紧袖衫，外套黄绿色交领半袖，下身白绿相间的紧条状拖地的"波斯裙"。腰束带，带的颜色与半袖相同，肩披褐色帔帛，绕肩掩手下垂至膝上。右臂曲，右手上提掩于帔帛之下。左臂曲，左手提至腰间，掩于帔帛之下。右手中空，原应持有物。足穿绿色鞋，分腿站于踏板之上。

　　节愍太子李重俊是唐中宗李显的第三子，神龙二年（公元 705 年）被立为太子。神龙三年（公元 707 年），李重俊率人矫旨起兵，最终兵败，为部下所杀。睿宗时，追谥节愍，陪葬定陵。1995 年陕西省考古研究所发掘，出土文物 200 余件和大面积的壁画。（撰文：秦造垣 供图：张明惠）

三彩釉陶女立俑

唐（公元 618 — 907 年）
高 50 厘米
陕西省西安市西郊纺织厂出土
陕西历史博物馆藏

　　女俑头顶两小髻向前额耸垂，鬓发垂髻、浓密厚实。丰颊细目，抿唇含笑，神情闲适。身着白地绿花的无领尖口襦裙。两手隐于袖中，左手下垂，右手曲臂胸前，仪态雍容优雅。在曳地裙幅之下露出高头丝履。

　　这件女俑衣纹的流畅、肌肤的丰润，都表现得极为成功，颇具杜甫诗《丽人行》"态浓意远淑且真，肌理细腻骨肉匀"的意味。衣服和身体的关系表现的非常准确，衣褶随形体动作折叠起伏，两手执袖处衣纹密集，其他地方简约，充分体现了衣服柔薄的质感。（撰文：杨清越　供图：翟晓兰、王建玲）

彩绘陶胡服女立俑

唐（公元 618 – 907 年）
高 50.3 厘米
1952 年陕西省咸阳市杨谏臣墓出土
陕西历史博物馆藏

　　头戴红色翻缘式绣花浑脱帽，身穿翻领窄袖胡服，领角及襟边用赭、绿、黑三色彩绘牡丹花纹，腰系黑色蹀躞带，带銙突起，左边挂有鞶囊，绿色紧腿裤，赭色低靿靴，胸前朱书"阿谏"二字。
　　唐代上层社会的"好胡"之风引导了整个社会的审美潮流，"胡酒"、"胡舞"、"胡乐"、"胡服"成为当时盛极一时的长安风尚。胡服的主要特征是简洁、方便活动。如头戴锦绣浑脱帽，身穿翻领窄袖锦边袍，下穿条纹小口裤，脚穿透空软锦靴，腰间有若干条蹀躞带。蹀躞带本是北方游牧民族的装束，但在唐代两京，尤其受到妇女们的喜爱，只是省去了原来的"七事"，改成了狭窄的有长有短的皮条作为服装的装饰，饰品的造型也颇具异域色彩。（撰文：杨清越 供图：翟晓兰、王建玲）

彩绘陶男装女立俑

唐（公元 618 – 907 年）
高 39 厘米
1955 年陕西省西安市郭家滩出土
陕西历史博物馆藏

　　女俑绾髻包裹在黑色幞头之内，身穿圆领直裾曳地袍服，双手拢于长袖内。面容圆润姣好，曲眉细目。姿态婀娜。
　　幞头、袍服、靴子为唐代男子服装。唐代妇女穿男装是流行风尚。同为男装但在艺术表现中却有清楚的男、女区别。男子的脸形较粗糙，有棱角、皱纹、胡须、浓眉大眼，姿态矫健挺拔，特征鲜明；女性则眉目清秀，脸庞圆滑，有时还描眉点唇，线条柔和，姿态袅娜，与男性形成强烈对比。唐代女子不仅穿着汉式男装，有时也着胡服男装。如此开放的审美和着装观念与唐代开放和交融的文化有着很大关系。（撰文：杨清越 供图：翟晓兰、王建玲）

三彩釉陶戴胡帽骑马女俑

唐（公元 618 – 907 年）
高 33、长 28.5 厘米
1972 年陕西省礼泉县越王李贞墓出土
昭陵博物馆藏

　　女俑头戴翻沿胡帽，翻沿呈"山"字形并饰有团花图案，帽顶为淡红色，面相圆润且上窄下宽，丰肥适当，长眉细目，樱桃嘴，抬头挺胸骑于马背上，身穿白中泛黄的窄袖襦，手隐袖中，外套圆领无袖半臂，半臂呈焦黄色，右臂屈肘于胸前，左臂微曲向左下斜伸，下穿淡绿色长裙，足蹬圆头鞋。马备鞍，头小体格健壮，剪鬃缚尾、竖耳、目圆睁、张嘴，抬头向其左侧微偏，四肢直立，通体施黄褐色釉，釉色光亮，四蹄及踏板未施釉。

　　女子骑马是西域风俗，唐时传入中国并很快流行。妇女骑马在唐代绘画、雕塑和文学中都有生动的表现，而且常常以胡服形象出现，如这件骑马女俑。女俑所戴胡帽，在玄宗时最为流行，而且装饰具有浓厚的民族特点，豪放明朗，多以皮毛制成。（撰文：李浪涛、杨清越　供图：李浪涛）

彩绘陶戴帷帽骑马女俑

唐（公元 618 – 907 年）
高 37.3、长 26 厘米
1972 年陕西省礼泉县郑仁泰墓出土
陕西历史博物馆藏

　　女骑俑圆脸、阔眉朱唇、头戴帷帽，乳白色圆窄袖袍服外套带花边的黄色半袖，下着淡黄色间裙，足穿尖头鞋，骑在一匹红斑纹黄马上，勒缰前视，神情悠然，高贵文雅。窄袖袍服和间裙都是受胡风影响产生的装束，尤其便于骑马出行等活动，而帷帽是唐初非常流行的出行装备，可以说这尊戴帷帽骑马女俑是初唐女子出行的真实写照。（撰文：杨清越 供图：翟晓兰、王建玲）

三彩釉陶胡服骑马女俑

唐（公元 618 – 907 年）
高 33 厘米
1960 年陕西省乾县永泰公主墓出土
陕西历史博物馆藏

　　女俑头戴胡帽，身着窄袖紧身大翻领左衽胡服，足穿小蛮靴，双手握拳作持缰绳状。马凝神伫立，短尾上翘，肌腱清晰，有静中寓动的力量之美。这件三彩雕塑，既表现了人物和马儿生动的外形，又刻画了内在的精神。女俑眉目清秀，身材窈窕。身上胡服使其秀美中又增添了几分男子的潇洒英气，洋溢着青春的活力。这尊俑别具风韵，体现了唐代文化交融的时代感。

　　（撰文：杨清越　供图：翟晓兰、王建玲）

三彩釉陶骑马架鹰狩猎俑

唐（公元 618 — 907 年）
高 35.5、长 28.5 厘米
1960 年陕西省乾县永泰公主墓出土
陕西历史博物馆藏

　　男俑戴黑色幞头，身着绿色翻领胡服，束腰带，骑于马背上。马为静立姿，四蹄立于踏板上，一猎鹰立于俑手上。

　　在唐代，放鹰打猎是一种盛行不衰的娱乐活动，尤其是在唐太宗和唐玄宗时期。当时宫中大鹰坊里养着猎鹰，有隼、雕、鹘和苍鹰，许多来自域外的进贡。开元三年（公元 715 年），东夷君长贡献白鹰两只。8 世纪时，紧靠朝鲜半岛的渤海部落也贡献了许多猎鹰。（撰文：杨清越　供图：翟晓兰、王建玲）

持杯女子绢画

唐（公元 618 – 907 年）
长 80，宽 75 厘米
1972 年新疆吐鲁番市阿斯塔那 M187 出土
新疆维吾尔自治区博物馆藏

　　绢画残破，但历经千年颜色依旧艳丽。画中三位侍女均着圆领长袍。左侧两位持帚清扫，右侧侍女身形略为高大、面容饱满，双颊粉红。手捧盏托，盏托内放有一只高足杯。

　　盏托为中国传统的饮具，一般与盏配合使用。而高足杯的形制源自地中海地区，通过西亚、中亚传入中国并大受欢迎。使用者通常直接持握杯足，不搭配托盏使用，如房龄大长公主墓壁画所绘一手持胡瓶、另一手持高足杯的侍女。这幅绢画所描绘中国传统器皿与外来器物的组合使用极好再现了中西文化的碰撞与交融。（撰稿：杨清越 供图：丁禹）

厚重多元的宗教艺术

丝绸之路文化交流最重要的内涵之一便是各种宗教的东传。佛教自汉代大体沿着丝绸之路传入中国，得到历代中原王朝的扶持，在历经南北朝时期的大发展后，到唐代达到鼎盛。以敦煌石窟、云冈石窟和龙门石窟为代表的众多石窟被开凿，留下了大量的佛教造像和壁画。佛教传入中国后，在与本土文化的交流与融合中，逐渐形成了有中国特点和王朝风范的佛教艺术。唐代以玄奘为代表的高僧西行取经，在印度摹刻或临写天竺瑞像，翻译印度密教经典，把当时印度流行的密宗佛教艺术带进中国，使得唐代佛教造像出现了密宗新形象。此外，以粟特人为代表的来华胡人也把祆教、摩尼教和景教带入中国。遗存的宗教文物全面展现了传入中国的多元宗教艺术，尤其是佛教造像和石窟壁画，清楚地再现了中印佛教艺术的交流融合，以及佛教艺术在中国传播、发展和再创造的光辉历程。

高善穆石造像塔

北凉承玄元年（公元 428 年）
高 44.6 厘米
甘肃省酒泉市石佛湾子出土
甘肃省博物馆藏

塔呈圆锥体，黑色砂页岩质，由宝盖、相轮、塔颈、塔肩、塔腹及塔基组成。宝盖为扁平半球状，象征天穹，阴刻北斗七星；下为七重相轮；覆钵式塔肩一圈并列八个圆拱形浅龛，龛内分别高浮雕七佛与一弥勒菩萨像，佛像面型圆润、肩宽体健，着通肩袈裟，上身微微前倾，结跏趺坐，双手作禅定印。弥勒上身袒露，下着裙，披巾饶臂下扬，交脚式坐。塔腹为圆柱形，阴刻《增一阿含经·结禁品》中的部分经文和发愿文，上题"高善穆为父母报恩立此释迦文尼得道塔"；八面形塔基上每面阴刻一像，分别为四男四女。男像上身袒露，带项圈，下着犊鼻裤，均圆形光头；女像上着圆领对襟衫，下着曳地长裙，手捧花或珠宝。每身像左侧上方阴刻八卦符号，其排列与《说卦传》中的八卦方位顺序一致。

目前，北凉石塔共发现 14 座，主要分布于河西走廊的酒泉、敦煌、武威以及新疆的吐鲁番地区，这些石塔以高窄的基座和粗壮的相轮为特征，与英国人斯坦因（A.Stein）从若羌、焉耆劫去的小木塔非常近似，是新疆中部以东、以南流行的塔式。高善穆石造像塔作为北凉佛教兴盛时期的代表，是已发现的中国模仿印度覆钵塔中最精美的一件，塔上所雕佛和菩萨的面相浑圆、深目高鼻、身躯健壮，具有明显的犍陀罗艺术风格；八卦符号、北斗七星这些中国传统文化因素的出现，揭示了佛教东传过程中文化融合的趋势。（撰文：乐日乐、米毅 供图：赵广田、高巹生）

鎏金铜佛像

后秦（公元 384—417 年）
高 19 厘米
甘肃省泾川县玉都乡出土
甘肃省博物馆藏

此像由坐佛、背光、华盖和四足方架四部分分铸套接而成。佛为磨光高肉髻，面形长圆，直鼻，大耳，眉纤而长，流露出庄严、大方、智慧的气度。身着通肩式袈裟，结跏趺坐于狮子座上，下呈四足方架。该像通体鎏金，是国内保存最为完好的"十六国时期"铜造像之一。金铜佛像在东晋十六国时期的佛教造像中占主导地位。美国旧金山亚洲艺术馆藏后赵建武四年（公元 338 年）铜鎏金释迦牟尼像，是目前发现的有明确纪年的最早的一尊金铜佛像。此外，河北省博物馆、

日本曲光美术馆以及美国哈佛大学福格艺术馆藏的铜鎏金释迦牟尼像与这件鎏金铜佛像风格大体一致：头部肉髻高隆，双目平直，呈杏仁状，身着通肩袈裟，衣纹在胸腹间呈 U 字形分布，手施禅定印，背光矮粗、狮子基座。这些早期的金铜佛像犍陀罗艺术风格明显，但佛的面容、背光等融入了中原文化因素，体现了华梵融合的艺术特点。（撰文：乐日乐 供图：赵广田、高蓊生）

铜释迦牟尼立像

北魏（公元 386—534 年）
高 45、宽 18 厘米
甘肃省博物馆藏

　　此尊佛像螺发，高发髻，面容修长，身着褒衣博带式袈裟，一手施无畏印，一手施与愿印，跣足立于莲座之上。莲座下为四足方形台座。圆形光头，背光中间饰云纹，边缘饰以火焰纹，佛头上部分列三个小化佛。佛装衣纹厚重，具有较明显的犍陀罗艺术风格。同时，该像面容和体态颇具魏晋时期典型的"秀骨清像"风格，身着的褒衣博带式佛装是北魏太和前后新出现的具有中国特色的装束，与犍陀罗艺术中通肩袈裟明显不同。这种"秀骨清像、褒衣博带"的形象符合汉文化自身的审美观念，体现了佛教造像艺术的本土化。（撰文：乐日乐 供图：赵广田、高翕生）

279

石雕一佛二菩萨造像碑

北魏 (公元 386–534 年)
高 96, 宽 43.5 厘米
1973 年河南省淇县出土
河南博物院藏

　　该造像用直平刀法阴线刻, 漫圆刀法及浅线刻四种技法雕刻而成, 像正面雕造一佛二菩萨, 主尊为阿弥陀佛, 高肉髻, 螺发, 面部丰腴而略长, 修眉细目, 两耳下垂, 面像端庄慈祥。身披褒衣博带式袈裟, 内着僧祇支, 下着裙, 裙摆外侈较甚, 手施无畏印、与愿印, 跣足站立在台座上。台座俩侧浮雕二龙, 龙头昂起外伸, 口内各含一束莲花。头后圆形头光, 头光中部装饰莲瓣, 外缘刻缠枝花卉。佛的两侧为观世音和大势至二菩萨, 头戴宝冠, 宝缯下垂, 束腰系裙着长衣, 帔帛由两肩下垂交于腹前, 手持净瓶和莲花, 皆立于带茎莲座上。佛和菩萨背后为舟形大背光, 上刻有阴线火焰纹。碑阴用减地平雕的手法, 上部刻一结跏趺坐的佛像, 两侧为躬身侍立的二供养比丘, 下部满刻 5 排共 34 人的站立供养人像, 皆有榜题,

如 "菩萨主田延和"、 "光明主齐平周" 等。

　　此碑属于当时流行的背屏式造像碑, 佛装衣纹厚重, 是受犍陀罗艺术风格影响的结果。但佛与菩萨面容清癯, 眉眼细长, 嫣然含笑, 一派南朝士大夫飘逸潇洒的风范, 是典型的北魏秀骨清象的艺术风格, 表明这一时期的佛教造像在精神气质、面貌、服饰等方面已具有明显的中国特色。佛像的这种褒衣博带式装束和秀骨清像的造型风格, 贯穿于北魏中后期, 并对东魏、北齐的造像样式产生了较大影响。碑中的题名为典型的魏碑体, 字体苍劲, 坚挺有力, 方笔最有特色, 是研究北魏佛像艺术及书法艺术重要的实物资料。(撰文: 刘小磊、乐日乐 供图: 牛爱红)

彩绘石雕韩小华造弥勒像

北魏（公元 386—534 年）
高 55、宽 51 厘米
1996 年山东省青州市龙兴寺窖藏出土
青州市博物馆藏

此像属于背屏式一佛二菩萨造像。三尊像均跣足立于宝装覆莲台座上，都有浮雕莲瓣纹头光，主尊头光外围和身光均用浅阴线刻出轮廓，再施以彩绘，三像背连舟形背光，背光的上部浅线刻出三尊带圆形头光、结跏趺坐的化佛，舟形背光周边阴线刻有火焰纹。主尊弥勒佛，为磨光高肉髻，上施黑彩，莲花式头光，眉目清秀，内着僧祇支，外着褒衣博带式袈裟，手施无畏印、与愿印。二胁侍菩萨前额梳留三圆形发饰，眉目清秀，帔帛自双肩垂下至腿部后上卷至肘间再飘然下垂，富于动感，下着彩绘长裙，裙结系于腰部，裙摆略向外侈。舟形背光外浮雕手执日、月的二天神。造像下连长方形基座，上刻"乐丑儿供养"、"韩小华供养"，并各有一线刻跪姿执莲花的供养人、二护法狮子和一个双手承托香炉的化生童子。造像左侧题发愿文四行"永安二年二月四日清信女韩小华／敬造弥勒佛一躯为亡夫乐丑儿与／亡息祐兴 奴等后己身并息阿虎愿／使过度恶世后生生尊贵世世侍佛"。这类背屏式三身造像样式是青州地区北魏晚期至东魏时期的主要造像风格。造像主尊为弥勒佛，当在未来世界下生人间成佛，其思想来源于鸠摩罗什译的《弥勒下生经》。该尊造像具有浓郁的北魏孝文帝汉化改制以后的风格，佛和菩萨身体显得粗短，面相清秀，佛身着北魏晚期传统的褒衣博带袈裟，菩萨着宽大的帔帛交叉式服饰，整体表现出鲜明的汉族士大夫所欣赏的精神风貌。但佛和菩萨的体型已经开始趋于丰满。（撰文：付卫杰、乐日乐 供图：高山、王书德）

石膏坐佛范

南北朝（公元 386—589 年）
高 41、宽 34 厘米
1984 年新疆于田县喀拉墩遗址采集
和田地区博物馆藏

　　坐佛垂目、神态安详，着通肩大衣，隆起的衣纹以细密流畅的线条表示。两手置腹前作禅定印，袈裟上的褶襞呈"U"形旋转。模制的形象具有典型的西域佛教雕塑的风格。

　　一般认为，佛教自印度经中亚传入新疆有南北两条路：北路从犍陀罗向北越过兴都库什山到阿姆河流域，再向北越过帕米尔北部山口到达新疆塔里木盆地；南路从印度西北部向东穿过克什米尔南部，再翻越喀喇昆仑山南部山口，到达塔里木盆地的和田。公元 1—2 世纪，印度佛教艺术沿着丝绸古道传入新疆地区后，逐渐形成龟兹石窟体系和于阗佛寺艺术，即西域佛教艺术。于阗和喀什绿洲流行的艺术品，许多都是按照犍陀罗的艺术原则创作的。和田地区发现的一批佛教题材的石膏范，有常用于佛教建筑物的火焰纹，有表现释迦牟尼在鹿野苑初转法轮的跪鹿等等。在佛教东渐的过程中，西域佛教艺术对中原佛教艺术产生了一定的影响。（撰文：乐日乐 供图：居麦尼亚孜·艾买江·伊斯热甫力）

鎏金铜三尊像

东魏（公元 534—550 年）
高 35 厘米
1999 年陕西省西安市未央区六堡村出土
陕西历史博物馆藏

　　此像由主尊、背屏、胁侍菩萨、底座及翼形饰件组合成，为一佛二菩萨三尊立像。佛面相虽上承北魏末期风格的余绪，但已显方正，肩部也已圆和凸起，可看出东魏晚年已逐渐接近北齐时期的作风。二胁侍菩萨眉目清秀，面露微笑，着彩绘长裙。主尊和胁侍菩萨下部刻有祥龙，龙嘴吐出水柱，托着一串极为精细的荷莲装饰，组成精美的基座。整尊造像法相庄严肃穆，装饰富丽华贵，铸造工艺精湛，实为罕见的艺术珍品。

　　这种龙与莲相结合的造型是背屏式造像的显著特征。龙在背屏式造像中雕刻的形式，经历了一定的变化：北魏中晚期，龙仅雕刻在造像的顶部或为出没于宝塔之下的钻龙。稍晚，主尊腿部两侧的龙，初以螭首的形式出现，口衔莲、茎，由莲台组成二胁侍基座；继而以完整的龙出现，龙头较大，口足及尾细小，身躯或被盖压于主尊之下。到了东魏中晚期，龙被雕刻在莲座两侧，全身渐露，龙嘴喷吐的水柱中，有莲花、莲叶、莲茎、莲台等，且由小变大。东魏后期至北齐，双龙雕刻极精，龙身粗壮，四足伸屈有力，龙尾弯曲上扬，龙身、龙足上有鳞片和鬃毛，嘴中喷吐的莲台、莲花等肥大，均为高浮雕。龙与莲组成极为精美细致的胁侍菩萨基座。这种组合融汇了东西方的艺术风格，是丝绸之路上中西文化交流的见证。（撰文：乐日乐 供图：翟晓兰、王建玲）

贴金石雕释迦多宝佛造像

梁大同十一年（公元 545 年）
高 43、宽 29.5 厘米
1995 年四川省成都市西安路出土
成都博物馆藏

　　该造像正面为释迦、多宝二佛及五菩萨、二弟子、二力士像。释迦、多宝二佛并坐于二连茎仰莲座上，着双领下垂式袈裟。二佛之间及两侧立侍菩萨，菩萨前立力士，莲座下有二狮子。佛的举身光之外有浅浮雕的佛传故事，外侧浮雕飞天。造像石背面上半部为浅浮雕的说法礼佛场面，下部有阴刻铭文 10 行 65 字"大同十一年十月八日佛弟子张元为亡父母敬造释迦多宝石像并藉兹功德愿过去者早登瑶土奉睹诸佛现在夫妻男女一切眷属无诸障碍愿三宝应诸夫自身"。

　　梁朝造像在宋齐基础上有所变革，画家张僧繇接受退晕式"天竺遗法"，"善图塔庙，超越群工"，变重神骨为"得其肉"，创立了佛像绘画及雕塑史上有名的"张家样"。造像面相丰颐，嘴角含笑，雕刻精细，身躯圆浑，题材组合或为七尊，或为九尊，或为十一尊，群像形体更加精致，较多保持外来特色，体现了笈多王朝秣菟罗佛像的特征。展出的这件造像题材为十一尊，佛像具有梁朝造像的特色。这种得其肉的丰壮形象，在四川茂县所出齐永明元年（公元 483 年）无量寿、弥勒两像石雕中已见端倪，而成都万佛寺发现刻有普通四年（公元 523 年）、中大通元年（公元 529 年）、大同三年（公元 537 年）、中大同三年（公元 548 年）等梁武纪年铭的石刻造像都清晰地具有丰腴健壮的特点，同时表现服饰也一反前此之繁缛的做法，盛行简洁。（撰文：乐日乐、吴萌 供图：李升）

贴金彩绘石雕阿育王立像

梁太清五年（公元 551 年）
残高 48 厘米
1995 年四川省成都市西安路出土
成都博物馆藏

　　此尊阿育王像高肉髻、螺发，着通肩式袈裟，薄衣贴体，衣纹细腻，跣足立于仰覆莲圆台上。残存背光边沿有两圈联珠纹，联珠纹间是一圈小坐佛。背光背面残存浅浮雕人像。佛膝部以下双脚后紧靠一条石，条石后阴刻铭文60字"太清五年九月三十日佛弟子柱僧逸为亡儿李佛施敬造育王像供养愿存亡眷属在所生处口佛闻法早悟无生七口因缘及六道合令普同斯誓谨口"。

　　成都地区当时属益州。万佛寺曾出土"（益）州总管柱国赵国公招敬造阿育王像一躯"及其他石质薄衣单身立佛，造型皆作螺发，着通肩大衣，衣料质地轻薄，衣纹自胸前呈水波状垂下。这种天竺薄衣形象，尤其是腰部以下衣纹的处理，颇似秣菟罗出土的立佛像，自胸部平行下垂的褶襞，是笈多时期秣菟罗造型的流行样式。据《广弘明集》记载，益州这种新型佛像的图样可能源自建康，而此件或渊源于梁武帝于建康供奉之传阿育王所造像之仿品。遗憾的是，在以南朝都城建康为中心的长江下游地区迄今未发现。（撰文：乐日乐 供图：李升）

贴金彩绘石雕佛立像

北齐（公元 550—577 年）
高 116 厘米
1996 年山东省青州市龙兴寺窖藏出土
青州市博物馆藏

　　该佛像低圆内髻、螺发，面相丰满圆润，双目低垂，嘴角含笑意，腹部微隆，身躯丰满健硕。身穿通肩式袈裟，浅线刻 U 形衣纹居中于身前，自上而下均匀的舒展，衣纹简洁。左手失，右手拿捏袈裟一角，手面雕刻饱满。头后有圆形头光，内匝浮雕双层莲瓣，外匝残留六尊小坐佛像，中匝由线刻的几何纹饰和数圈同心圆组成。佛像通体残留少许彩绘。

　　约自东魏晚期起，一种有别于褒衣博带式服饰的佛教造像逐渐兴起，其特征是：衣裙质薄透体，纹褶舒叠下垂，衣纹多作双线，特别是单体形象数量增多。高齐后期更流行贴身薄衣，隐现肌体，不雕饰衣纹的做法。轻薄叠褶的服饰，源于地处亚热带的中印度秣菟罗佛教艺术，盛于 4—5 世纪的印度笈多王朝。这件佛像无论面相、体态还是着装，都具有明显的秣菟罗艺术风格，与汉传文化特色的佛像风格迥异，当是受印度笈多王朝佛教艺术影响的结果。青州地区这种明显带有秣菟罗艺术风格造像的出现，可能与南朝天竺佛像一再东传，以曹仲达"曹衣出水"为代表的西域佛教艺术和天竺东来中原的僧众的影响，以及高齐反对北魏汉化政策有关。（撰文：乐日乐 供图：高山、王书德）

贴金彩绘石雕佛立像

北齐（公元 550–577 年）
高 142 厘米
1996 年山东省青州市龙兴寺窖藏出土
青州市博物馆藏

　　此像肉髻低平，螺发，面型长圆，着双领
下垂式袈裟，袈裟轻薄贴体，衣纹简洁流畅，
上施田相彩绘，左手施与愿印，跣足而立。佛面、
手和足部贴金。北齐时期，青州地区单体圆雕
造像的数量急剧增加，成为此时造像的一个特
点。这些圆雕造像的身材一反北魏、东魏躯身
平直的习惯，逐渐变得丰满，到了晚期，它们
的重点部位，如乳房、下腹部、臀部等都比较
突出，曲线更加优美。（撰文：付卫杰、乐日
乐　供图：高山、王书德）

贴金彩绘石雕佛立像

北齐（公元 550–577 年）
高 115 厘米
1996 年山东省青州市龙兴寺窖藏出土
青州市博物馆藏

　　此像石灰岩质。佛像头、手、足均残佚，
着袒右式袈裟。以双阴线将袈裟前身分割为
十三个方格图形，内刻山峦、树木、人物等。
方格间隙为锡地浅浮雕装饰图案。胸部似绘说
法图；三尊像均饰圆形头光，中间一佛结跏趺
坐，双手置于胸前；左胁侍身躯为浅线刻，右
手上举，左手提一净瓶。其他部位刻画树木、
屋舍、人物、恶鬼或火焰，具体内容有待进一
步研究与考证。此造像先浮雕图案轮廓，然后
加彩描绘细部，但彩绘已脱落。该造像属于著
名的卢舍那法界人中像。

　　卢舍那佛是《华严经》所尊奉的主佛，华
严是印度佛教中期的大乘产物，其成为中国佛教
中最突出的一个思想宗派，与其主要传布法界圆
通的妙旨与中国人圆通的心态最为契合有密切关
系。南北朝文献及实物所见的卢舍那法界人中像，
一大特征即在佛像所穿的袈裟上，刻画或描绘法
界诸相的图纹。"人中"二字意指"人体之中"，
旨在表达《华严经》所说的"无尽平等妙法界，
悉结充满如来身"、"佛身充满诸法界，普现一
切众生前"这些观念，在卢舍那佛的身上描绘法
界诸相，概以阐明在卢舍那佛的法身中，法界诸
像无一不现的道理。目前我国保存的法界人中像，
大致可分为于阗、中原和龟兹三大系统。（撰
文：乐日乐 供图：高山、王书德）

贴金彩绘石雕思惟菩萨像

北齐（公元 550–577 年）
高 68 厘米
1996 年山东省青州市龙兴寺窖藏出土
青州市博物馆藏

　　此菩萨像头戴宝冠，宝缯垂肩，面相圆润、清秀，微含笑意。
袒上身，颈佩项圈，下着红色长裙，半跏趺坐于束腰藤座上。
座下雕一飞龙，口衔莲花托起菩萨一脚。半跏思惟菩萨像最
早出现在印度贵霜王朝时期，4 世纪时中国开始流行。北齐时
期河北曲阳地区流行雕刻双身半跏思惟菩萨像，大多表现释
迦牟尼身为太子修行时的形象。（撰文：乐日乐　供图：高山、
王书德）

王文超石造像碑

北周保定四年（公元 564 年）
高 96、宽 43 厘米
甘肃省秦安县出土
甘肃省博物馆藏

　　碑额四面雕刻，为四龙蟠交式。碑阳额刻"还缘寺"，下方开长方形大龛，内雕一佛二菩萨，大龛两侧各开一小龛，龛内各雕一坐佛：佛面相丰圆，低肉髻，内着僧祇支，外着双领下垂大衣，衣纹厚重、疏简。碑阴上部居中开一方形大龛，内雕一佛二弟子，大龛两侧各开一小龛，左侧龛内雕维摩诘，右侧龛内雕文殊菩萨。碑两面及左右侧刻发愿文，首起北周"保定四年二月庚寅朔十四日"，并有供养人王文超及其家人二十多人的题名。这些造像题记不仅为研究当时的历史、民族风俗提供了极为重要的依据，也是难得的书法史料。其书法兼有汉隶、魏碑笔意，字体刚健、秀美，堪称书法珍品。

　　北周王朝统一北方后，大量吸收中原文化，同时又积极与西域交往，其文化受两者影响很深。造像碑上的佛像，就既有南朝"秀骨清像"的遗风，又有西域形体健壮、面相圆润的余韵，创造出脸型方而丰满、"面短而艳"的新风格，为以后隋唐石窟艺术风格的形成创造了条件。（撰文：乐日乐、米毅　供图：赵广田、高蕊生）

白石雕佛头

北周（公元 557—581 年）
高 16 厘米
1953 年陕西省西安市出土
西安碑林博物馆藏

　　此尊佛像面容丰腴，厚唇，细弯眉，双目微睁，神态安详。波状发式，波纹以浅浮雕表现，是犍陀罗艺术风格的残留。该佛头雕刻精巧细致，较准确地呈现出面部肌肉感，显示出佛教石雕艺术开始向唐代写实风格过渡的面貌。（撰文：张彦、乐日乐　供图：王保平、罗小幸）

贴金彩绘石雕菩萨立像

北周（公元 557–581 年）
通高 79 厘米
1996 年陕西省西安市未央区汉城乡西查村出土
西安博物院藏

　　此菩萨像头梳高髻，戴化佛冠，宝缯下垂、
发辫垂肩，大耳，面相方圆丰满，双眉纤细，
鼻梁直挺，鼻翼较宽，嘴角上翘，面带微笑。
上着僧祇支，下着长裙，颈饰项圈，臂着钏，
肩搭帔帛，身佩璎珞，左手提净瓶，右手执柳枝，
跣足立于仰覆莲座上。莲座四角各浮雕一护法
狮子。

　　狮子是中国传统文化中表示吉祥的瑞兽，
原产于非洲和西亚。东汉年间，中原地区开始
流行狮子石雕艺术，最初立于佛寺前，大概是
随佛教东渐而传入中原的。南北朝时期卫护佛
法的狮子流行，狮子逐渐深入中国传统文化、
进入官府乃至民间，成为专职的辟邪神兽，这
些都应归功于丝绸之路古代东西方文化的交
流。（撰文：乐日乐、杨宏毅　供图：杨宏毅）

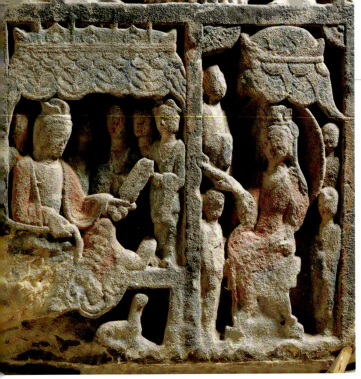

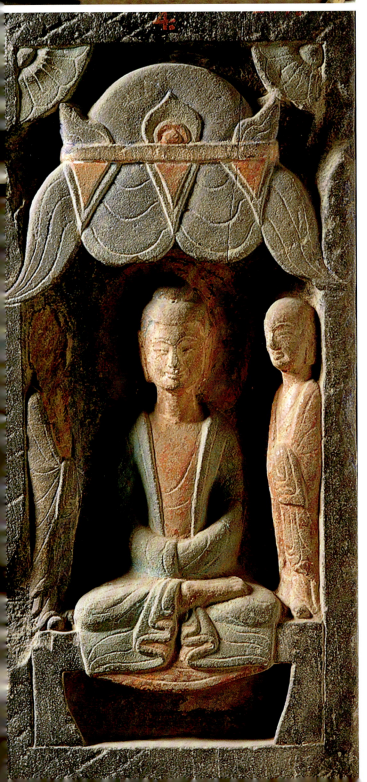

彩绘石造像碑

隋开皇元年（公元 581 年）
高 146.5、宽 50 厘米
甘肃省泾川县水泉寺出土
甘肃省博物馆藏

　　此碑碑额呈圆拱形，下接长方座。碑身四面开龛造像。正面分四层开龛，由上及下，第一层正中开一覆钵式顶垂幕形方龛，正中刻释迦、多宝并坐说法图，两侧各开一拱形小龛，内雕一佛二弟子；第二层正中圆楣尖拱龛内刻一佛二菩萨，两侧小龛内各刻一株枝叶茂密的菩提树，树下分别雕左舒相坐和右舒相坐思惟菩萨一尊及弟子一人；第三层正中开圆楣尖拱龛，雕一佛二弟子，佛着通肩大衣，右手持钵，左手抚膝，结跏趺坐，两侧小龛内各刻一佛二弟子，小龛之上各刻供养人三身，均作半跪供养状；第四层为维摩诘与文殊辩法图，文殊身边立弟子四人，维摩诘四周众人簇拥。碑阴上部开一屋顶形帷幕龛，内刻一菩萨二弟子。龛的下部及左右两侧均刻有"开皇元年岁辛丑四月庚辰朔廿三日壬寅……李阿昌"题款。造像碑施有红、蓝各色彩绘。

　　该碑原建置在泾州古城华严海印寺（水泉寺）内，金石学家张维在《陇右金石录》中对碑文曾有收录，原碑虽已断为两截，但仍不失为隋代造像碑中的佳作。它应是隋文帝兴佛的产物，碑龛中的造像佛多作磨光高肉髻，面相丰圆，肩宽体健，具有浑厚凝重的风格。菩萨面型则比较清秀，带有北魏晚期的造型特点。维摩诘已不再作"清羸示病之容"，体型魁梧，昂奋激动，从二人的举动中可看出辩论正在激烈进行，听道弟子云集，天女显现，构成静中有动的画面。在雕作技巧上，刀法纯熟，概括简练，表现出肌肉丰满、衣纹柔和，较大程度地突破了外来造像程式的束缚，民族化的成分在逐渐增加，这些都为唐代造像的进一步发展奠定了基础。（撰文：乐日乐　供图：赵广田、高菊生）

石雕观音菩萨立像

隋（公元 581–618 年）
高 132 厘米
甘肃省秦安县出土
甘肃省博物馆藏

　　菩萨头戴花冠，冠正面饰阿弥陀佛像，宝缯下垂。面部圆润，眉清目秀，表情慈善安详。长颈溜肩，袒上身，颈配宽边项圈，璎珞呈"X"状交叉于胸前圆环中，下着长裙。右手持莲蕾，左手提净瓶，端静恭立。整尊佛像刻划细腻，手法洗练，神情自若。

　　隋代的造像造型开始变得生动、表情温和可亲，一改北朝清癯瘦削的旧观。但也有一些隋代造像显得头大、上身过长、下肢过短，比例不够匀称。衣纹的刻划，有的运用圆润流畅的凸线，有的还是采用北朝雕塑中常见的阴线，雕塑艺术中立体造型的手段，似乎还没有得到充分发挥。（撰文：乐日乐 供图：刘光煜）

董钦鎏金铜阿弥陀佛像

隋开皇四年（公元 584 年）
高 41，宽 29 厘米
1974 年陕西省西安市南八里村出土
西安博物院藏

　　此尊造像由高足佛坛上一佛、二菩萨、二力士、一香熏及二蹲狮组成。主尊阿弥陀佛螺发，眉目微髭墨笔点描，唇涂朱，着袒右袈裟，袈裟轻薄，褶纹简练流畅，手施无畏、与愿印，上身微前倾，结跏趺坐在束腰莲座上，莲瓣形项光外缘饰以火焰。二胁侍菩萨戴宝冠，冠上飘带下垂至膝，体长腰细，着项饰、臂钏、璎珞，下身着裙，面带微笑。二金刚力士侧身相向而立，肌肉隆起，狮鼻大口，嗔目怒视。佛像莲床前下置一香熏，由一裸身侏儒用肩臂托撑。高足床足前有一对蹲狮，筋露骨棱，十分劲健。高足床右侧及背面刻发愿文"开皇四年七月十五日宁远将军武强县丞董钦敬造弥陀像一区"

及赞词。整尊造像细部刻画和制作工艺十分精致，由 23 个部件单独铸造、组合而成，各部件间有插榫孔眼相接，可拆卸。通体鎏金、比例适度、保存完好，堪称佛教造像中的佳作。

　　西安地区出土的北朝、隋唐铜造像，多是佛或菩萨的单躯像，隋代阿弥陀佛整铺造像至今共见三尊，董钦鎏金铜佛像与美国波士顿博物馆藏隋开皇十三年（公元 593 年）"范氏造阿弥陀佛鎏金铜像"、上海博物馆藏隋"阿弥陀佛三尊像"堪称隋代金铜造像的"三鼎甲"。（撰文：乐日乐 供图：杨宏毅）

石雕释迦牟尼降伏外道造像

唐（公元 618 – 907 年）
高 76 厘米
1955 年征集
西安碑林博物馆藏

　　此造像是在一块长方形竖石板上以高浮雕技法表现释迦牟尼的形象。释迦牟尼跣足立于覆莲座上，右手上举，掌心向上托起一圆轮，左手下垂，掌心向下朝向另一圆轮。其右手上方的圆轮内浮雕一人像，坐于两匹相背而驰的马背上；左下方的圆轮内，亦浮雕一人像，坐于相背而立的两只飞禽背上。造像底部长方形台上刻有三行楷书题记"释迦牟尼佛降伏外道时"。

　　该造像所表现的释迦牟尼降伏外道图像别具一格，目前尚未发现完全相同的例子。相似的图像在丝绸之路沿线的克

孜尔石窟、敦煌莫高窟等地曾多次出现，有题记称之为"指日月瑞像"，但与这件造像不同的是两个圆轮内的图像。有学者认为两个圆轮代表着释迦牟尼在创建、推广佛教过程中，与之抗争的"外道"形象，更具体是说他们分别代表着 7、8 世纪流行于唐朝的祆教神像：密斯拉神与祖尔万神。但一般观点认为，其右上角与左下角圆轮中的神像分别代表着日天和月天，他们具有护持佛法的作用。（撰文：张彦、陈煜 供图：王保平、罗小幸）

彩绘石雕佛立像

唐（公元 618 – 907 年）
高 63 厘米
陕西省西安市西北糜家桥出土
西安博物院藏

圆雕立佛。袈裟衣上原以白、红彩绘方格，并有贴金装饰，现脱落严重。姿态与印度、尼泊尔左手握袈裟衣角，右手结施愿印的佛像造型有渊源关系，但改为右手托宝珠。立佛的面相丰满圆润、五官秀丽，神态慈祥静穆，与唐以前佛像明显的异域特征大异其趣，已经中国化。衣纹处理上，随着立佛的姿态，疏密有致，带有"曹衣出水"的韵味，可看出人体结构、躯体的起伏，如肩部；腹部及臀部，都通过衣纹表现出来，同时也表现出袈裟的质感。佛像的雕刻刀法漫圆而娴熟，体现出盛唐时期的艺术风格。（撰文：杨宏毅、陈煜　供图：杨宏毅）

彩绘泥塑胁侍菩萨像

唐（公元 618 – 907 年）
高 170 厘米
甘肃省武威市天梯山石窟
甘肃省博物馆藏

　　此像是天梯山石窟第 2 窟左壁龛内左胁侍菩萨，为木骨泥胎塑成，初唐原塑，明代重妆。根据窟内布局，这尊胁侍菩萨的主尊可能是未来佛弥勒。虽经明代重妆，菩萨的面部仍保持唐代风韵，但躯体部分及下面的衣裙等处，则显得比较笨重。与前代造像相比，菩萨已经完全是中国女性形象，神态虔诚而温柔，表现了对生活的渴求和对未来的憧憬，也反映出唐代佛教艺术与现实生活的密切关系。（撰文：刘光煜、陈煜 供图：赵广田、高蓊生）

石雕观音菩萨立像

唐（公元 618—907 年）
高 160 厘米
1994 年四川省彭州龙兴寺遗址出土
彭州市龙兴寺藏

　　菩萨头戴装饰复杂的宝冠，身着华丽的服饰，双手交叉握于腹部前，右手持念珠，站立在莲座上，是四川地区菩萨像的传统造型。整件雕像姿态端庄，面容安详，散发着庄严和神圣。慈悲的表情是该像最显著的特点。就艺术风格看，这件菩萨像与同时期北方地区的菩萨像明显不同，但都做到了把菩萨的高贵庄严与和蔼慈悲高度协调，既彰显了造像原本具有的神性，又突出了唐代佛造像接近人间生活的一面。（撰文：单月英　供图：彭州市龙兴寺）

石膏佛教造像

唐（公元 618—907 年）
2001 年新疆巴楚县脱乌拉塔格山佛寺遗址采集
喀什地区博物馆藏

　　此造像为佛教故事雕刻，四边用卷草纹装饰，中心画面分屋内、屋外两部分，画面右边是屋内情景，梯形屋顶下有 3 个人物，梯形屋顶的顶端两侧向外突出，并朝下翻卷，上面是具有拱形门窗的阳台，拱门边上饰联珠纹，屋顶两侧各有一只鸟，屋内中央是僧装人物，身穿袒右肩袈裟，从左肘垂下衣角至小腿，手捧钵，坐在编织而成的座椅上；两侧各一菩萨形人物，面部长圆，卷发，佩戴大耳环，左菩萨上身着袈裟，右菩萨上身赤裸，除首饰外没有带璎珞等饰物，帔帛绕臂下垂，双手捧钵于胸前。画面左面是屋外情景，树下一菩萨形人物，

一匹骆驼蹲在其脚下。画面表现的应该是《僧护经》中僧护"地狱巡游"的一个场面，即破戒比丘的下场，从反面表现"持戒"内容。边框所饰卷草纹、梯形佛龛和拱形窗等，皆为犍陀罗佛教故事浮雕常见形式，编织而成的座椅也在犍陀罗雕刻和克孜尔石窟壁画中频频出现，通常作为菩萨或婆罗门的座椅。屋外的骆驼应该是中亚以东地区常见的双峰骆驼。这件"按犍陀罗艺术原则创造"的佛教故事图，为佛教故事图在丝绸之路的流行提供了重要材料。（撰文：乐日乐 供图：亚力坤）

鎏金铜象首金刚熏炉

唐（公元 618 – 907 年）
通高 42、口径 24.5 厘米
1987 年陕西省扶风县法门寺塔基地宫出土
法门寺博物馆藏

　　熏炉为铸造成型，由炉盖、炉体组成。炉体方唇、直壁、稍有收分，平底，有五兽足。口沿外侧有一圆环，炉盖扣置于圆环之上。盖顶呈球形，盖钮形象为象首人身，双手微举于胸前，右手捧一宝珠，跪于四层莲瓣的莲蕾之上。炉盖上有镂雕花纹。象首人身的形象应来源于佛教密宗中天神毗那夜迦，又称欢喜天。这件熏炉原放于法门寺塔基地宫中室白玉灵帐前，是佛前供具，也是地宫为供养佛指舍利而布设的密宗曼荼罗中重要的法器。（撰文：张高举、陈煜　供图：张高举）

大云寺五重舍利宝函

唐延载元年（公元 694 年）
石函高 42.5、长 50.5、宽 49.5 厘米
鎏金铜匣高 13.2、长 12.3、宽 12.3 厘米
银椁高 9.3、长 8.4、宽 8.4 厘米
金棺高 6、长 7.5、宽 5.4 厘米
玻璃舍利瓶高 2.6 厘米
1964 年甘肃省泾川县大云寺遗址出土
甘肃省博物馆藏

　　此套舍利容器共有 5 件。最外层的石函由大理石制成，方形覆斗顶，顶上正中刻有阳文隶书"大周泾州大云寺舍利之函总一十四粒"，四周饰以缠枝西番莲图案。函身四面镌有孟诜撰写的"泾州大云寺舍利石函铭并序"。函内为铜匣，通体鎏金，上錾忍冬纹图案。匣内银椁通体錾缠枝忍冬纹。椁内为金棺，内置一玻璃瓶，中有舍利 14 粒。瓶上盖有古铜色丝质小帕。

　　泾川县唐时为泾州，属关内道，为畿辅之地，是自长安北上丝绸之路的第一大站。武则天建周代唐之前，有僧人撰《大云经疏》献上，为她以女性之身君临天下提供了理论基础和意识形态铺垫。为此，武则天登基后敕令两京和诸州建大云寺，专门供奉《大云经》。泾州大云寺原名大兴国寺，因此更名。可见当时佛教已深入中国社会，甚至能在政权更迭中发挥重要作用。

　　在古印度本来的佛教传统中，安放舍利应建塔，将舍利放在坛、瓶类容器中，置于塔身中部特建的覆钵形空间内。泾州大云寺的舍利原先也是如此，存于隋朝建造的舍利塔中。更名后，寺院重修了舍利塔，然后按中国营造墓室的传统为舍利开辟地官，并用棺椁形容器存放，这是佛教中国化的一大创举，对后世有着巨大的影响。（撰文：刘光煜、陈煜　供图：赵广田、高蓊生）

鎏金银捧真身菩萨像

唐咸通十二年（公元 871 年）
通高 38.5 厘米
菩萨高 21 厘米
1987 年陕西省扶风县法门寺塔基地宫出土
法门寺博物馆藏

　　这尊菩萨像是唐懿宗李漼专为供奉佛指舍利而制，充满密宗色彩。菩萨像捶击、浇铸成型。纹饰平錾、镂空、鎏金、涂彩。菩萨双手捧上置发愿文金匾的鎏金银荷形盘，双腿左屈右跪于莲花座上。金匾上錾文十一行六十五字："奉为睿文英武明德至仁大圣广孝皇帝，敬造捧真身菩萨永为供养。伏愿圣寿万春，圣枝万叶，八荒来服，四海无波。咸通十二年辛卯岁十一月十四日皇帝延庆日记。"金匾两侧以销钉套环与鎏金银护板相连，护板有镂空三钴金刚杵。莲座上部呈钵形，仰莲瓣座顶面錾刻梵文三组，一组五字，共十五字，当

为密宗"三身真言"。仰莲座底面中央錾刻金刚界五佛种子字。腹壁由上至下饰四层仰莲瓣，每层八瓣共 32 瓣。上两层十六瓣内各有一尊菩萨或声闻伎乐。下两层未錾刻佛像。三十二瓣莲花表示密宗金刚界成身会曼陀罗中的定门十六尊和慧门十六尊者。束腰鼓形，一周分别錾四天王，余白錾三钴金刚杵。莲座下部呈覆钵形，饰双层莲瓣，上层八瓣中各錾一种子字，这八个梵文种子字表示密宗胎藏界的中央八叶院。下层八瓣中各錾一尊明王像。覆钵内底錾相向双龙，中间錾十字金刚杵，表示佛教的天龙八部。（撰文／供图：张高举）

鎏金铜浮屠

唐（公元 618 – 907 年）
高 53.5，底座宽 28.5 厘米
1987 年陕西省扶风县法门寺塔基地宫出土
法门寺博物馆藏

　　这件铜浮屠系铸造成型，通体鎏金，现多已脱落。由宝塔、浮屠、月台、基座组成。浮屠设方形基座。基座上有三层月台，最上层为铜浮屠，面阔、进深均为三间，顶似"攒尖顶"，柱头斗拱、补间人字拱、攀间枋、栏额、蜀柱俱全。当心间设门两扇，门中部有插杠。门外置金刚力士一对。从最低月台到当心间，有左、右阶，中间以丹墀分隔。浮屠四周亦设栏板，"攒尖顶"上有须弥座，座上有宝刹。宝刹下端有六枚相轮，相轮上置华盖。盖上有十字相交的火焰背光，其上有双轮新月与日轮，刹尖高耸，最上为摩尼珠。为唐代楼阁建筑的典型样式，也是唐代法门寺四级木塔之微缩模型。

　　浮屠即佛塔。这件铜浮屠原在地宫前室阿育王塔中。浮屠内原有鎏金迦陵频伽鸟纹银棺，其中安放第 4 枚佛指舍利。这种塔中套塔，又用棺椁安置舍利的形式，将印度佛教传统和中国葬俗结合在一起。（撰文：张高举、陈煜 供图：张高举）

石雕马头明王像

唐（公元 618 — 907 年）
高 89 厘米
1959 年陕西省西安市安国寺遗址出土
西安碑林博物馆藏

　　马头明王作三头八臂状，三面均呈忿怒相，结跏趺坐于莲座上。主手当胸结契印，右侧上手举斧，中手持念珠，下手作与愿印；左侧上手持棒，中手持净瓶，下手持莲蕾。身后为桃形火焰纹大背光，头光正上方原有一高浮雕的马头，残存的鬃毛清晰可见。马头明王又称马头观音、马头金刚，是观世音菩萨的忿怒相化身，佛教密宗的重要本尊。

　　密宗是大乘佛教的一个支系，大约在三国时期开始传入中国，但不成体系。唐玄宗开元年间，善无畏、金刚智和不空三位印度佛学大师分别经陆上、海上丝绸之路到达长安，正式将密宗传入中国，形成唐密。安国寺位于唐长安城长乐坊以东，景云元年（公元 710 年）建立，是长安城内与青龙寺、兴善寺齐名的密宗大寺院。后来在唐末"会昌灭佛"中遭损毁，唐宣宗咸通七年（公元 866 年）复建。与马头明王像同时出土的密宗造像共十一尊，推测就是在灭佛法难时被破坏而瘗埋的。（撰文：张彦、陈煜　供图：王保平、罗小幸）

彩绘菩萨像壁画

北凉（公元 401 – 439 年）
高 106、宽 60 厘米
甘肃省武威市天梯山石窟
甘肃省博物馆藏

　　这幅菩萨像原在天梯山石窟第 4 窟中心柱右向面下层龛外右侧第 1 层。第 4 窟是天梯山石窟中保存北凉等早期壁画最多、最好、最重要的一个窟，其中心柱是保存北凉壁画最集中的一处。菩萨束带大圆髻，波浪卷发垂肩，高鼻深目，是典型的古印度女性形象。身体姿态呈"S"形，也是源自古印度造型，经过西域艺术的改造，传入西北地区。菩萨面部及上身用朱砂晕染，鼻梁、眼皮、额角凸起，并在受光处晕染白粉，仍然采用的是西域壁画的"凹凸法"，但是线条的运用丰富而有力，承担了主要的造型功能，则是新的发展。经过与克孜尔石窟和敦煌莫高窟相似时期作品的比较可以得知，这幅北凉立式菩萨像可以说是佛教壁画艺术自丝绸之路传入中国的一个代表性的过渡。（撰文：刘光煜、陈煜　供图：赵广田、高蓊生）

鹿王本生壁画（临摹品）

北魏（公元 386 – 534 年）
高 60、宽 364 厘米
敦煌莫高窟第 254 窟
高鹏临摹
敦煌研究院藏

　　这幅壁画内容来自佛教中讲述释迦牟尼未成佛前事迹的本生故事，可见于三国时吴国支谦所译《佛说九色鹿经》、康僧会所译《六度集经》等。故事为：释迦牟尼前世化生为九色鹿，从恒河中救起溺水之人，然而溺人贪图国王悬赏，告密并带领国王捕捉九色鹿。九色鹿毫无惧色，向国王诉述溺人忘恩负义的劣迹。国王深受感动，放鹿归山，还下令全国禁止捕猎九色鹿。溺人周身生疮，得到报应。

　　九色鹿故事是佛教艺术的常见题材，随着传播的过程，表现形式也在变化。在古印度浮雕中使用"一图数景"的做法，在新疆龟兹石窟壁画中是"单幅方形画面"，而在北魏时期的莫高窟则采取横卷式连环画的表现形式，画面先从左向右发展，再从右向左展开，于中间结束的特殊顺序布局，描绘九个主要情节。画面中央是故事的高潮和结尾，给人留下回味和想象的余地。这反映出源自古印度的佛教艺术在传播过程中，逐渐与中国文化传统结合，形成了融汇多种元素的艺术特征。（撰文：罗华庆、陈煜　供图：盛冀海）

尸毗王本生壁画（临摹品）

北魏（公元 386 – 534 年）
高 123，宽 164 厘米
敦煌莫高窟第 254 窟
段文杰临摹
敦煌研究院藏

这幅壁画描绘的是尸毗王本生故事：
有鹰逐鸽，鸽逃至尸毗王处求保护，鹰向
尸毗王索取说，若不食鸽，将被饿死。尸
毗王为了两全其生，乃割自己身肉赎鸽，
鹰求肉与鸽体同重，王身肉将尽，其重犹
不如鸽，遂举身坐秤盘内，以身救鸽。

壁画布局采取了向心结构，以尸毗王
割肉场面居中为画面主体，上为鹰逐鸽，
右为眷属惊惧哀劝，左为臣民敬仰赞叹，
左下一人着胡服持秤称肉，画面主题突出，
情节完整，将故事中不同时间、空间的情
节集中在同一画面表现，形成了独特的绘
画语言，表现出很高的艺术价值。鸽子站
在国王的手掌上，老鹰在国王脚前仰头陈
述，这些细节的描绘，使故事情节更加
丰富，独具匠心。（撰文：罗华庆、陈煜
供图：盛冀海）

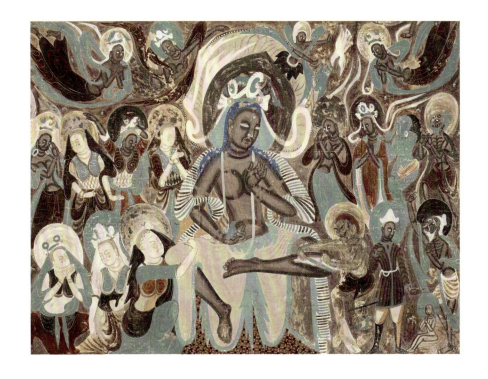

降魔变壁画（临摹品）

北魏（公元 386 – 534 年）
高 118、宽 229 厘米
敦煌莫高窟第 254 窟
段文杰、高山临摹
敦煌研究院藏

　　这幅降魔变画释迦牟尼于菩提树下结跏趺坐，深入禅定，即将成道。周围展示魔王波旬率领魔女、魔军扰乱佛法的场面。左下角妖媚的三魔女弄姿作态，诱惑释迦，右下角在释迦的法力下，魔女变成丑陋的三老妪。画面上部，诱惑不成，魔军大举进攻，现出"猪鱼驴马头，驼牛儿虎形，狮子龙虎首"；"或一身多头，或身放烟火"；"或长牙利爪"，"执载持刀剑"；"或呼叫吼唤，恶声震天地"。释迦再施法力，使魔军"抱石不能举，举着不能下，飞矛戟利□，凝虚而不下，雷震雨大雹，化成五色花，恶龙蛇□毒，化成香气风"。（《佛所行赞·破魔品》）。释迦不动声色，不离座位，施降魔印，垂首按地，降服魔军。惨败的魔王与魔军，无奈只得向释迦下跪求饶。作者用动静对比的手法，通过魔王与魔军的惊惶失措，丑态百出，衬托出释迦的镇定自若，佛法胜利。以丰富的想象力和高度的艺术夸张，对魔军给以奇形怪状、丑陋狞恶的刻画，形成美与丑的鲜明对比。以主体式"异时同图"结构，把曲折复杂的情节巧妙地组合在同一画面上，铺排有序，多而不乱，主题鲜明。此画构思和布局与印度阿旃陀石窟第1窟降魔变壁画比较接近。画面线描秀劲圆润，凹凸法晕染细腻柔和。魔女头戴宝冠，披长巾，穿半袖衫、背子、长裙，这种服饰是受波斯影响的西域装。（撰文：罗华庆　供图：盛羲海）

维摩诘像壁画（临摹品）

初唐（公元 618 － 705 年）
高 230、宽 180 厘米
敦煌莫高窟第 220 窟
邓恒、赵俊荣临摹
敦煌研究院藏

　　画中是维摩诘经变"方便品"情节之一，于唐贞观十六年（公元 642 年）前后绘制。维摩诘是古代印度毗耶离城的一位居士，精通大乘佛教，擅长辩论。随着佛教传入中国，维摩诘也成了历代文人学士崇拜的偶像。东晋画家顾恺之在瓦棺寺首创维摩诘像，"及开户，光照寺，施者填咽，俄而得钱百万"，至今传为佳话。顾恺之画维摩诘像早已失传，现存最早的维摩诘像见于炳灵寺第 169 窟，画于西秦建弘元年（公元 420 年）前后。维摩诘头顶华盖，拥衾被半卧，榜题"维摩诘之像"。莫高窟第 220 窟的维摩诘像，身披鹤氅裘，头束白纶巾，手挥麈尾，斜坐胡床上，身体微向前倾，双眉紧锁，目光炯炯，胡须奋张，似乎正与文殊菩萨激烈辩论着大乘佛教哲理。画面用红色晕染，增强了立体感，使人觉得维摩诘似乎要脱壁而出。在人物形象的处理上，突破了佛经上规定的"示疾"，创造了一个与顾恺之笔下清羸示病、隐几忘言的病态维摩诘大异其趣的新形象。这种新形象与其说是表现古代印度毗耶离城的维摩诘居士，不如说是对中国魏晋南北朝以来的清谈名士形象的高度艺术概括。这样的艺术珍品，不仅在敦煌艺术中少有，在全国也属罕见。（撰文：罗华庆　供图：盛巽海）

《法句经》经卷

前凉（公元 320 – 376 年）
早于东晋升平十二年（公元 368 年）
高 27.4，长 641 厘米
敦煌藏经洞出土
甘肃省博物馆藏

经卷所用白麻纸泛黄，用隶书缮抄《道行品法句经》第三十八、《泥洹品法句经》第三十九两品文，书体显示了简牍书体向经卷书体过渡的字体特色。卷前有剪截痕，现仅存后半，起"闻如前不"，尾书"一校竟"。经文共65行，每行16字至30字不等。这卷《法句经》是国内现存年代最早的佛经写本，卷末有题纪二则，记录了沙弥净明的两次诵经："升平十二年（公元368年）沙弥净明"、"咸安三年（公元373年）十月二十日沙弥净明诵习法句起"。虽然使用的是东晋的年号，但是经卷实际出自前凉。

《法句经》是从佛说中录出的偈颂集，是著名的佛学经典。法句，也有译作法迹，意为经中记录的是佛所讲的古代圣人之道，可为人遵循、效法，其言可以规范后人。（撰文：刘光煜、陈煜 供图：赵广田、高菊生）

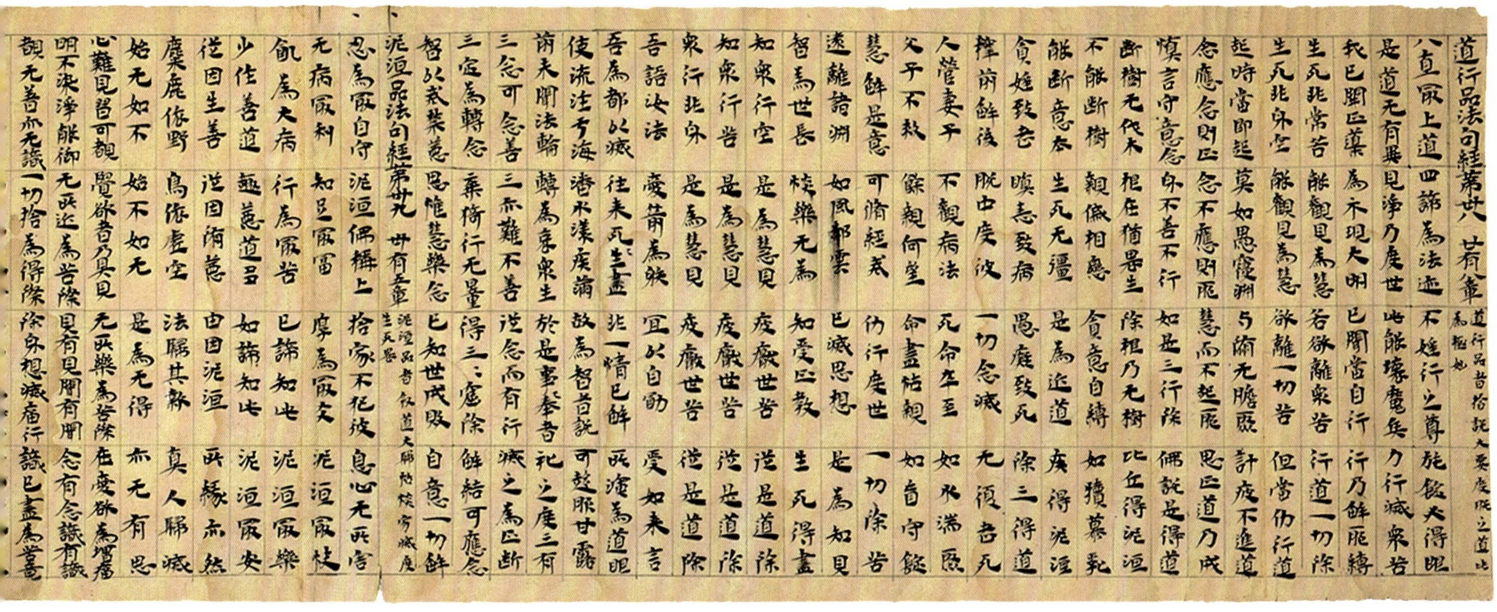

道行品法句經第廿八 廿有八章（道行品者旨說大要度脫之道此為極妙）
八直最上道 四諦為法迹 不婬行之尊 施燈必得眼
是道无有異 見淨乃度世 此能壞魔兵 力行滅眾苦
我已開正道 為示現大明 已聞當自行 行乃解邪縛
生死非常苦 能觀見為慧 若欲離眾苦 行道一切除
生死非常空 能觀見為慧 欲離一切苦 但當勤行道
起時當即起 莫如愚覆淵 與墮无瞻聚 計疲不進道
念應念則正 念不應則邪 慧而不起邪 思正道乃成
慎言守意念 身不善不行 如是三行除 佛說是得道
斷樹无伐本 根在猶復生 除根乃无樹 比丘得泥洹
不能斷樹 親戚相戀 貪意自縛 如犢慕乳
能斷意本 生死无彊 是為近道 疾得泥洹
貪婬致老 瞋恚致病 愚癡致死 除三得道
釋前解後 脫中度彼 一切念滅 无復老死
人營妻子 不觀病法 死命卒至 如水湍驟
父子不救 餘親何望 命盡怙親 如盲守錠
慧解是意 可修經戒 勤行度世 一切除苦
遠離諸淵 如風却雲 已滅思想 是為知見
智為世長 惔樂无為 知受正教 生死得盡
知眾行空 是為慧見 疲厭世苦 從是道除
知眾行苦 是為慧見 疲厭世苦 從是道除
眾行非身 是為慧見 疲厭世苦 從是道除
吾語汝法 愛箭為射 宜以自勖 受如來言
吾為都以滅 往來生死盡 非一情以解 所演為道眼
駛流注于海 潘水漾疾滿 故為智者說 可趣服甘露
前未聞法輪 轉為哀眾生 於是奉事者 禮之度三有
三念可念善 三亦難不善 從念而有行 滅之為正斷
三定為轉念 棄猗行无量 得三三窟除 解結可應念
智以戒禁惡 思惟慧樂念 已知世成敗 息意一切解

泥洹品法句經第廿九 卅有五章（泥洹品者叙道大歸恬惔寂滅度生死畏）
忍為最自守 泥洹佛稱上 捨家不犯戒 息心无所害
无病最利 知足最富 厚為最友 泥洹最快
飢為大病 行為最苦 已諦知此 泥洹最樂
少往善道 趣惡道多 如諦知此 泥洹最安
從因生善 從因墮惡 由因泥洹 所緣亦然
麋鹿依野 鳥依虛空 法歸其分 真人歸滅
始无如不 始不如无 是為无得 亦无有思
心難見習可覩 覺欲者乃具見 无所樂為苦際 在愛欲為增痛
明不決淨能御 无所近為苦際 見有見聞有聞 念有念識有識
覩无著亦无識 一切捨為得際 除身想滅痛行 識已盡為苦竟

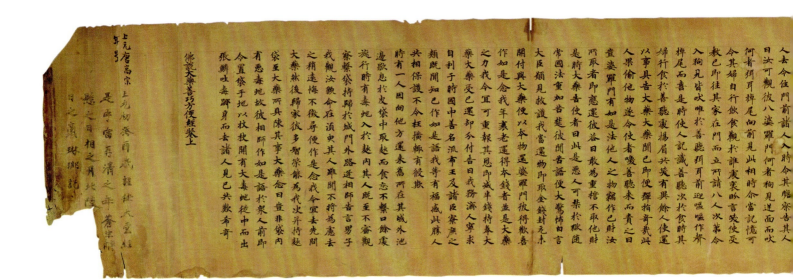

《佛说大药善巧方便经》经卷

唐（公元 618 — 907 年）
高 25、长 158 厘米
敦煌藏经洞出土
敦煌研究院藏

佛经写本。硬黄檗纸，无头有尾，共有经文 80 行，行 17 字。
卷末有后人书"上元初"题记，唐代高宗和肃宗朝都有上元
年号，但题记中有"癸酉岁……"等语，癸酉岁是高宗咸享
四年（公元 673 年），次年即高宗上元元年，可知此卷写于
高宗朝或其前。此卷与伯希和 3791 号原为同一写卷，后被人
为分割开。此卷为唐代楷书之佳品，极细的乌丝栏，楷书纯熟，
章法严谨，笔力遒劲，可与《灵飞经》相媲美。

《佛说大药善巧方便经》是一部故事集，现有各经藏都未
见收入，在唐以前和唐以后也未见流行，在敦煌藏经洞发现
的这一部是仅见的孤本。（撰文：罗华庆、陈煜 供图：盛巽海）

時有婆羅門早聞書論為娶妻故多用時明
未久之間作如是念我為娶妻多有所費今
我宅內財物空虛獨守貧居莚能存添遂向
他處目衒已技求覓珎財得五百金錢持以
還舍既至村側作如是念我婦少年顏容美
麗與之離別已歷多時室無男子任情所作
寧知彼意可委信不我作此金錢不宜持入於
陳黃後遂往宅林多根樹下穿地埋舉便之
故宅其裏先與外人私通名曰善聽於此夜
中盛設芳饌食已同居時婆羅門既至宅所
扣門而喚妻遙問曰汝是何人荅曰我是其
甲婦聞其名遂藏善聽於臥林下即去開門
詐現喜相引之令入夾至房中為設餚饌令
其飽滿食已便念豈非此婦與外私通因何
夜中有斯美食其夫性直問言審今令非好
日復無卿曾因何得有此上食耶荅曰近於
同寢各問安不婦日若離我去年月已深求
待夫日我誠有福方欲至含天送至何處而
夢中有天告我知作食相
見財錢有兩得不荅日有兩得婦遂除言
意吉林下云我善聽湏知其戴問日得笑許
未荅得五百金錢婦日安往何處而食荅曰
安在城外云我善聽湏知廛兩問在何廛荅
曰且且目安隱明日行來婦曰我與君月事
同一體何湏隱避而不吉知彼性惠直荅曰
荅日且我善聽湏知其戴問日何故荅曰
且當安從知其賺已作如是語善聽聞者可
速為之即從林出問多根樹下取得金錢持
還為本宅其婆羅門既至天晚往藏錢廛唯見
空埳一無所覩即自拍頭推郍大夾遂向定
中諸有親屬及餘知識夾來問日何故憂惱而
昨日晚黃之後既絕人行藏其樹下歸舍而
荅日我久經求非常辛苦者得金錢五百逄於
宿今未欲取被戡將去諸人報日此之要曲
餘不能知汝今可問大藥彼有智略超絕諸
人汝若歸投錢應還得自餘方便非我等知
時婆羅門行啼泣遂至大藥阿共相問許即
時婆羅門志皆具吉大藥間日仁當向人說那
以前事而吉仁即便具安慇念婆羅門日且可
人交道作斯非俚即便安慇婆羅門日且可
忍心勿生憂怡所失之物當為尋求問日仁
家頗有犬不荅言有令可歸含報其婦問日我

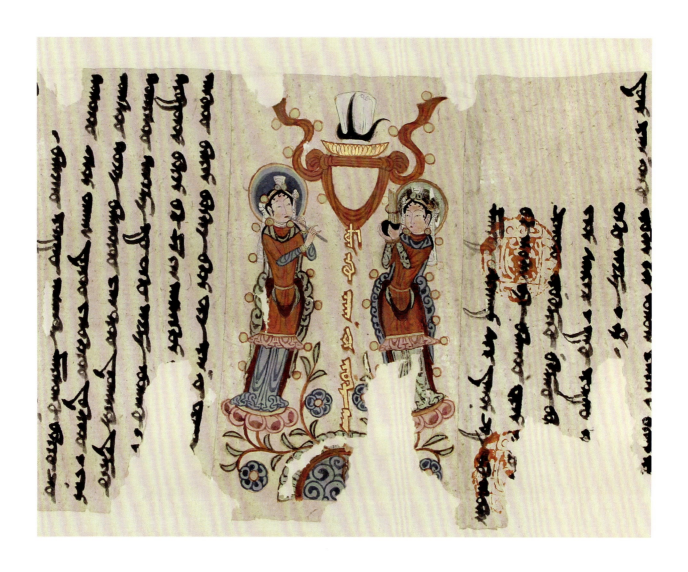

粟特文摩尼教徒书信（局部）

唐（公元 618 - 907 年）
高 26，宽 268 厘米
1980 年新疆吐鲁番市柏孜克里克千佛洞 65 号窟出土
吐鲁番博物馆藏

　　此信由九张纸粘贴连接成长卷，现存墨书粟特文 135 行，在接缝处和纸行书写的地方钤有朱色印鉴，中间是一幅工笔重彩的彩插伎乐图，有一行金字标题。这件文书是摩尼教徒之间的通信，由"拂多诞"夏夫鲁亚尔·扎达吉写给一位名叫马尔·阿鲁亚曼·普夫耳的"慕阇"。

　　摩尼教于公元 3 世纪由波斯人摩尼创立，以琐罗亚斯德教的二元论为基础，融合了诺斯替教、基督教、佛教等教派的思想，以光明和黑暗为二宗，认为光明终将战胜黑暗。摩尼教教团分成十二个教区，每个教区有一位慕阇（教师、承

法教道者），六位拂多诞（教监）、三十位默奚悉德（长老），僧尼或选民和听众（一般信徒），所谓"慕阇"是摩尼教五个等级中最高级别的称号。

　　摩尼教约在唐延载元年（公元 694 年）传入中国，后在开元年间遭唐政府禁止，只允许在胡人中传播，但民间仍有摩尼教存在和传播。安史之乱后，回鹘可汗出兵助唐，回军时将摩尼教引入，很快就成为回鹘国教。这封信中明确写道阿鲁亚曼·普夫耳是东方教区的慕阇，表明这里是当时东方教区的中心。（撰文：马丽平、陈煜　供图：周芳）

《大秦景教宣元至本经》石经幢

唐元和九年（公元 814 年）
最长 80、最短 59 厘米
2006 年河南省洛阳市李楼乡城角村东北出土
洛阳博物馆藏

经幢为一青石制成的八棱石柱，经幢底部已残损，幢体八面，上刻有景教经文《大秦景教宣元至本经》和《经幢记》，以及完整的十字架图像。《大秦景教宣元至本经》是中国化的基督教神学著作，经幢上的经文虽然残缺，但是可与敦煌遗书《景教宣元本经》进行补订校勘。《经幢记》记载了立经幢的时间、原委、经过、参加人员等，计809字。

景教即基督教聂斯脱里派，因被指责为异端，所以部分信徒在波斯建立独立教会与罗马教会对抗，在中亚影响很大。后在唐贞观九年（公元635年）传入中国，并得到政府支持，在各地建立景教寺院，与祆教（即琐罗亚斯德教）、摩尼教并称为三夷教。《大秦景教宣元至本经》的行文完全在模仿佛经，可见当时景教教士们借用已经深入人心的佛教形式，以达到传教的目的。（撰文：王军花、陈煜　供图：王军花）

包容四方的大唐文化

丝绸之路历经汉、晋、北朝时期的发展，到唐代达到鼎盛。丝路的畅通为文化的传播和发展提供了机遇。大唐帝国以开放和包容的姿态迎接八方来客，异域文化在唐代得到充分的尊重和认可，而社会内部的繁荣稳定以及水陆交通的便利，使得外来文化得以迅速渗透到各地，人们的精神面貌和生活呈现出特有的开放和自由感。在经历了最初崇尚外来事物的冲动激情后，唐人开始对外来文化进行切合实际的吸收与借鉴，日益精巧化、多样化、无固定模式、自由随意创作的器物大量出现，崭新的器物群体展示着大唐盛世的风貌，多元的、兼容并蓄的大唐文化呈现出全面的极度繁荣。这种繁荣在唐代金银器、唐三彩、绘画等领域得到淋漓尽致的体现。

雍容华贵的金银器

　　受西方使用金银器皿生活方式的影响，加之金银器昂贵的价值和华美的外观，使得唐代皇室贵族对金银器产生狂热的追求，唐代开始大量出现和使用以实用器皿为主的金银器。唐代金银器具有身份地位的标志功能，是皇室贵族的专利，偶尔也用于君臣之间的赏赐、进奉以及对佛教寺院的施舍。唐代金银器是受外来文化影响最多的器类，它吸收和借鉴萨珊、粟特等地的金银器，并与中国传统器物的器形和装饰图案融为一体，将实用价值与艺术追求、精神弘扬、情绪宣泄以及科技进步完美结合，形成雍容华贵的大唐风格，领导着时代变化的潮流。

摩羯纹金杯

唐（公元 618 — 907 年）
高 3.5、最大口径 13.1、最小口径 7 厘米
1983 年陕西省西安市太乙路出土
陕西历史博物馆藏

　　纯金制成，四曲海棠形杯身，底部焊接高圈足。杯底中心捶揲出凸起的摩羯戏珠图案，周衬水波纹，内壁以四曲的凸棱为界栏，刻麦穗纹为四区，各装饰折枝大团花一朵，两边以小花陪衬，口沿和圈足下还饰有一周花瓣纹。

　　摩羯是印度神话中一种长鼻利齿、鱼身鱼尾的动物，被认为是河水之精，生命之本，常见于古代印度的雕塑、绘画之中。随着佛教的东传，摩羯纹也随之在中国石窟和金银器中出现。这件金杯是以摩羯戏珠为主题纹饰，与中国双龙戏珠图案有异曲同工之妙，显然受到了中国文化的影响。（撰文：翟晓兰、王建玲、赵永　供图：翟晓兰、王建玲）

鸳鸯莲瓣纹金碗

唐（公元 618 – 907 年）
高 5.5、口径 13.5 厘米
1970 年陕西省西安市南郊何家村窖藏出土
陕西历史博物馆藏

　　这是迄今发现唐代金银器中最富丽华美的作品。造型规整，腹壁莲瓣纹的加工工艺可以看到西方工艺影响的痕迹，但内底、外底团花、鸳鸯却反映了东方审美情趣，是西方金银工艺与东方审美情趣完美结合的作品，可能是唐代中央官府作坊的制品。内壁墨书"九两三"，应是唐代人称重后留下的记录。唐代规定"一品以下，食器不得用纯金、纯玉"。因此金器最主要的使用者是皇室贵族，其他官吏可能会通过赏赐等途径获得。（撰文／供图：翟晓兰、王建玲）

鎏金仕女狩猎纹银杯

唐（公元 618 – 907 年）
高 5.4，口径 9.2 厘米
1970 年陕西省西安市南郊何家村窖藏出土
陕西历史博物馆藏

银杯呈八曲葵口形，口沿錾刻一周联珠，杯腹上部以柳叶条作界分为八瓣，下腹捶揲出八瓣仰莲以承托杯身，近圈足处饰一周荷花。杯底焊接饰有莲瓣纹的八棱形圈足。环状单柄，柄上覆有如意云头状平錾，其上錾刻花角鹿。银杯内底处，以水波纹为底衬，中间錾刻出摩羯头和三条长尾鱼，凹陷的八瓣内相间地刻出四组三岳的角隅纹样。

外壁的八瓣内，四幅仕女游乐图与四幅男子狩猎图相间排列，仕女图为仕女戏婴、仕女梳妆、仕女乐舞和仕女游乐；狩猎图中有三幅为策马追鹿，一幅为弯弓射猛兽。通过人物的各种不同的神态和活动场面，像屏风画似的一幅幅展现出来，勾勒出唐代男子与妇女生活中的重要情景。

银杯造型奇特瑰丽，采用唐代典型的八曲葵口和圜底碗形，指垫上的鹿与指环吸收粟特银器的特点，内底的摩羯纹受印度文化的影响，狩猎图中的猎人是突厥人的形象，仕女游乐又是盛唐时期的典型题材，体现了东西文化的交流。（撰文：翟晓兰、王建玲、赵永 供图：翟晓兰、王建玲）

鎏金飞廉纹六曲银盘

唐（公元 618 – 907 年）
高 1.4、最大径 15.3 厘米
1970 年陕西省西安市南郊何家村窖藏出土
陕西历史博物馆藏

　　银盘为六曲葵花形，盘心处凸起并剔刻出一只鼓翼扬尾、偶蹄双足、牛兽独角、鸟身凤尾的动物形象。这件银盘的纹饰独特，有学者曾将银盘上的神兽定名为翼牛，之后又有学者称其为异兽、飞廉。飞廉是中国古代神话中的风神。这种银盘的出现，是唐代工匠汲取了外来器物单独装饰动物的做法，又加入了本土飞廉制作出来的。

　　从这件鎏金飞廉纹六曲银盘可以看出，唐人对外来文化的借鉴取舍，又根据自身文化重新创造的精神追求。制作相当考究，工艺也很繁杂。这件银盘的剔刻工艺技术相当高超，起刀落刀一气呵成，线条清晰准确，刀法纯熟，不见线条的重叠和补刻痕迹。这件鎏金飞廉纹六曲银盘器型工整，纹饰精美，制作技术和工序复杂，不仅反映了唐代中外文化的交流，更体现出了唐代金银器工匠的聪明才智和高超的制作工艺，是唐代金银器中的精品。（撰文／供图：翟晓兰、王建玲）

葡萄龙凤纹银碗

唐（公元 618 – 907 年）
高 4.2，口径 12.9 厘米
1970 年陕西省西安市南郊何家村窖藏出土
陕西历史博物馆藏

　　该碗花纹平錾，錾刻工艺之精湛，居唐代银碗之首。外腹部以葡萄、忍冬、卷草缠绕布局分成六区，三鹦鹉、三奔狮间隔刻于每区花草的中心部位；圈足底面刻蟠龙一条，周衬流云；碗内腹部光素无纹饰，底部鱼子纹地，刻走凤一只，衬以葡萄、忍冬、卷草。当时人们对葡萄相当喜爱，也乐得把它作为一种装饰。银碗上錾刻的龙凤，表达的基本愿望是祈求祥瑞。本件银碗，凤在碗心居上，龙在足底居下，是否与武则天称帝的政治背景有关系呢？据研究，本碗制作年代在 7 世纪后半叶，正与武则天称制同期，应不可排除它作为历史见证的可能性。（撰文／供图：翟晓兰、王建玲）

鎏金双凤纹银盘

唐（公元 618 – 907 年）
高 3.5，直径 55 厘米
1962 年陕西省西安市北郊坑底村出土
陕西历史博物馆藏

银盘为六曲葵花形，盘内中心处为对舞的双凤，周围衬托着六朵宝相花，盘的边沿为六组花鸟纹。纹饰全部鎏金。在银盘的背面錾刻有两行铭文，共计 36 字"浙东督团练观察处置等使大中大夫守越州刺史御史大夫上柱国赐紫金鱼袋臣裴肃进"。从铭文内容可知，这件银盘是裴肃向皇帝所进的供奉品。（撰文／供图：翟晓兰、王建玲）

刻花带盖金执壶

唐（公元 618 – 907 年）
高 21.5、口径 6.7 厘米
1969 年陕西省咸阳市西北医疗器械厂建筑遗址出土
咸阳市博物馆藏

　　金壶为执壶形，带盖，立沿、平唇、口微侈、圆肩鼓腹、斜壁、底内凹、圈足。半环柄，短立流。直口伞形盖，莲苞钮，钮下伞盖上有一周莲瓣，缠枝花卉图案。立沿外侧一周海波纹，钮颈有活动链与柄相连，链与柄相接处做成龟形铆钉。环柄宽扁，外侧錾刻有菱形图案。柄铆合在壶体上，立流饰有缠枝莲。从颈部至底部分为五区，依次饰有二方连续的蔓草、缠枝莲、鸾鸟、卷花纹，最下方为四方连续的莲瓣图案。金壶工艺精湛、制作精美、装饰华丽，是唐代金银器中的精品。（撰文：王亚庆　供图：王保平）

鎏金鹦鹉纹银提梁罐

唐（公元 618 – 907 年）
高 24.1、口径 12、底径 14.4 厘米
1970 年陕西省西安市南郊何家村窖藏出土
陕西历史博物馆藏

这是何家村窖藏文物中最华丽的提梁罐。纹饰整体布局采取了分单元的方式，留出较多的空白，所饰折枝花草纹阔叶大花，肥厚繁茂，这些都是 8 世纪中叶以后更流行的做法。折枝花草纹中各饰以欲飞的鹦鹉和鸳鸯，鹦鹉形象较为写实，鸳鸯则有很强的艺术性。体现出唐代工匠丰富的艺术想象力和创造力。通过对罐内的墨书"紫英五十两、白英十二两"可判断，此罐在何家村窖藏中应为储存药物之用。盖子经过转动，盖合非常严密，故罐内依然光灿如新。（撰文／供图：翟晓兰、王建玲）

鎏金鸿雁纹银匜

唐（公元 618 – 907 年）
高 8.4、口径 20.2 厘米
1970 年陕西省西安市南郊何家村窖藏出土
陕西历史博物馆藏

这件鸳鸯鸿雁纹银匜，体量大、器体厚实，强调实用性，造型饱满庄重。银匜器壁光滑平整，抛光极佳，有润泽如玉的感觉，纹饰洗练精美，在装饰风格上摆脱了早期繁琐细密的满装风格，花纹手法富于写实，并加入了浮雕的技法，体现出进入成熟期的工艺水准。器壁外三组对鸟图案分别是鸳鸯、鸿雁和另一种雀鸟。对鸟图案与阔叶折枝花相间分布，银匜上这种瑞鸟间奇花异叶的图案组合是当时常用的花纹布局形式。（撰文／供图：翟晓兰、王建玲）

鎏金舞马衔杯纹银壶

唐（公元 618 — 907 年）
高 14.8 厘米
1970 年陕西省西安市南郊何家村窖藏出土
陕西历史博物馆藏

　　银壶的造型采用了北方游牧民族使用的皮囊和马镫的综合形状。扁圆形的壶身，顶端一角开有竖筒状的壶口，上覆莲瓣状的壶盖，盖顶和弓状的壶柄以麦穗式银链相连，壶底有椭圆形圈足。在壶身的两面，以模压的手法，每面捶出一匹翘首鼓尾、衔杯匐拜的舞马。提梁、盖及舞马纹饰均鎏金，灿灿金色与灼灼银光交相辉映，色调分外和谐富丽。

　　皮囊或马镫式壶，在辽金时代的墓葬中常有发现，但在唐代金银器中还是首次见到。这种式样的壶是契丹文化的代表器物，契丹民族在唐代是东北方的少数民族之一，与唐王朝有着密切的关系。这件银壶正是汉族与契丹等各族文化交流的物证。

　　舞马是唐玄宗朝宫廷中流行的一种娱乐活动。据《明皇杂录》记载，唐玄宗宫中特殊训练了一批骏马，能随音乐翩翩起舞。每逢玄宗生日，使其舞于兴庆宫之勤政务本楼前。舞马随着《倾杯乐》的节拍踩踏进退、腾跃旋转，曲终时衔杯跪伏表示"祝寿"。这件银壶的出土，证实了文献记载的可信。

　　此壶造型、纹饰别具匠心，制作精湛，舞马形象栩栩如生，尤具风采，具有极强的观赏性，更因其印证了一段史事而弥足珍贵。（撰文／供图：姜涛）

鎏金鸳鸯团花纹银盆

唐（公元 618 – 907 年）
高 14.5、口径 46 厘米
1987 年陕西省扶风县法门寺塔基地宫出土
法门寺博物馆藏

　　浇铸成型，纹饰模冲、平錾鎏金。盆为葵瓣形，侈口，圆唇，斜腹下收，矮圈足。盆口錾一周莲瓣纹，盆壁分为四瓣，每瓣錾两个阔叶石榴团花。团花中有一只鼓翼鸳鸯立于仰莲座之上，两两相对，余白衬以流云和三角阔叶纹。盆腹内外花纹雷同，犹如渗透一样。盆底类似浅浮雕，錾一对嬉戏鸳鸯为中心的阔叶石榴大团花。盆外两侧铆接两个前额刻"王"字纹样的天龙铺首，口衔有海棠花的圆环，环上套接弓形提手。圈足微外撇，外饰二十四朵莲花。盆底錾刻"浙西"二字。（撰文／供图：张高举）

鎏金雀鸟纹银香囊

唐（公元 618 – 907 年）
直径 5.8、链长 17.7 厘米
1987 年陕西省扶风县法门寺塔基地宫出土
法门寺博物馆藏

钣金成型，纹饰鎏金。上半球体为盖，下半球体为身，以铰链相连，子母口扣合。通体镂空，上下对称。半球体上散点分布三个圆形规范，錾有四只鸿雁，球冠有弧形等边三角形三枚。盖顶铆接环钮，上套莲蕾形环节，其上再连长链，司前控制上下球体之开合。香囊内有一个内底有一朵鎏金团花的钵状香盂及两个平衡环，香盂与内平衡环之间用短轴铆接，内、外平衡环间也以短轴铆接，在圆球滚动时，内、外平衡环也随之转动，而香盂都可以保持水平状态，香灰不会倾撒。
（撰文／供图：张高举）

鎏金银盒

唐（公元 618 – 907 年）
高 5、直径 7.5 厘米
1979 年陕西省西安交通大学出土
西安博物院藏

银盒为六瓣喇叭形，盖面高隆，子母口，底部平坦，有喇叭形高圈足。盒面中部錾六边形图案，每边围以卵形规范，内有一骑象人，其前有顶物膜拜者，后有执伞者。象身备有鞍鞯，其右站立一人，左侧随行一人，还有一个随地而坐，膜拜者前方有"都管七个国"榜题，正中有"昆仑王国"榜题，下方有"将来"2 字。从昆仑王国右侧起，顺时针排列如下诸国及地区：婆罗门国，一身着裂裟、手执禅仗的僧人站立左侧，右侧两人作讯问状，中间置一小口方瓶于地，瓶口有火花状的放射物，左侧为国名榜题，右侧有"口赐"2 字；土蕃国，有 2 人驱赶一牛，牛体肥壮，四蹄奔腾，榜题在偏左上方；疏勒国，右侧 2 人执刀，左侧一人恭立，一人持弓，榜题在正中；高丽国，尊者居左盘坐，4 人站立于左右，冠上皆插二鸟羽，长衣宽袖，着苇履，正中榜题"高丽"；白拓□国，左侧一老者坐于蒲团上，右侧一童子献物，榜题在正中；乌蛮国，左侧两位尊者迈步朝前，右侧 3 人作迎客状，皆身穿长裙宽衽，首有囊角，榜题在右侧。盒口上下以缠枝纹为背景，錾刻十二生肖，且有榜题"子时半夜、丑时鸡鸣、寅时平□、卯时日出、辰时食时、巳时禺中、午时正中、未时日卷、申时脯时、酉时日入、戌时黄昏、亥时人定"。

这件银盒造型优美，錾刻精细，装饰纹样从花鸟到人物都具有独特的风采，是唐代银器的精品，这套银盒为 9 世纪

今云南地区的南诏国（公元 748 – 937 年）所造，时代为唐宣宗大中到唐懿宗咸通年间（公元 847 – 873 年）。其时由于唐朝国力衰弱，而南诏正值国力强盛，不断四处攻略，唐军多次大败，大片土地丧失，南诏由此日益骄横，益轻唐朝，盒上所述七国原为唐朝藩属，却出现于南诏国所制作的银盒之上，表现了南诏国图谋夺取唐朝藩属的意愿。（撰文／供图：杨宏毅）

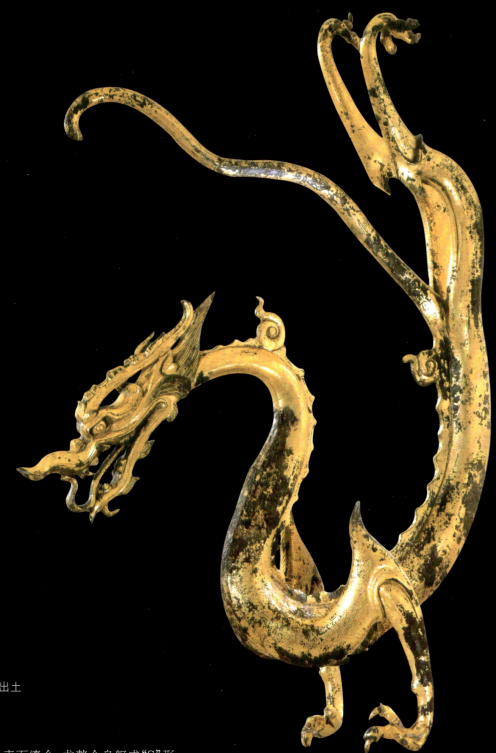

鎏金铁芯铜龙

唐（公元 618 — 907 年）
高 34，长 28 厘米
1975 年陕西省西安市南郊草场坡出土
陕西历史博物馆藏

　　龙体为铜质，铜内包铁芯，表面鎏金。龙整个身躯成"S"形，且周身富于变化，头大、颈细、胸腹肥壮。龙头高昂，三个长角紧贴头顶向后伸开，双目圆睁，炯炯有神，嘴大张，锐利的牙齿和卷曲上翘的长舌赫然可见。两前腿蹬直，前爪弯曲，用力着地，肢爪骨节清晰，质感极强。下腹、后肢与细长的尾部飘然而起，在柔中仍见力度。背上两朵祥云使造型已呈飞动的龙体更增加了几分腾云驾雾之势。这件鎏金铁芯铜龙，无论从造型艺术或制作工艺看，均称得上是罕见的艺术珍品。
（撰文／供图：翟晓兰、王建玲）

鎏金人物画银香宝子

唐（公元 618 — 907 年）
高 24.7、口径 13.2 厘米
1987 年陕西省扶风县法门寺塔基地宫出土
法门寺博物馆藏

　　捶击成型，花纹平錾模冲，纹饰鎏金。有盖、直口、深腹、平底、圈足。盖钮为宝珠形，盖面隆起，分为四瓣，每瓣内模冲出一双飞狮，细部施以錾刻，底部衬以缠枝蔓草。每瓣凹棱侧饰"S"状二方连续图案纹样。盖与身以子母口扣合，腹壁划分为四个壶门，分錾郭巨埋儿、王祥卧冰、仙人对弈、颜回问路等画面。此器造型优美，纹饰华丽，人物、动物栩栩如生，将中国的传统画技与钣金工艺融为一体。现在一般将其定为茶具，为陆羽《茶经》"四之器"中贮存盐花用具。这是唐代宫廷茶具的首次出土，其成组配套印证了陆羽《茶经》二十四器的真实存在，全面反映了唐宫廷茶道的流程和文化内涵，揭示了中日茶文化的渊源关系，也是不可多得的唐代"茶供养"的佛教珍品。

（撰文／供图：张高举）

鎏金飞鸿毬路纹银笼子

唐（公元 618 — 907 年）
高 17.8，直径 16.1 厘米
1987 年陕西省扶风县法门寺塔基地宫出土
法门寺博物馆藏

　　模冲成型，通体镂空，纹饰平錾鎏金。由笼盖、笼体、提梁组成。笼体直口、深腹、平底、四足，有提梁。盖为穹顶，口沿下折与笼体扣合。盖面模冲出五只飞鸿，内圈飞鸿引颈向内，外圈飞鸿两两相对。口沿上缘饰一周莲瓣纹，下缘饰一周破式团花，鱼子纹底。笼体腹壁錾三周飞鸿，共 24 只，均相对翱翔。两侧口沿下铆有环耳，耳座为四瓣小团花，环耳上套置提梁，其上套有银链，另一端与盖顶相连。足呈"品"字形组合花瓣，与笼体边缘铆接。镂空均作毬路纹。笼底有"桂管臣李杆进"六字錾文。（撰文／供图：张高举）

包金牌饰银腰带

唐（公元 618 – 907 年）
通长 95 厘米
征集
青海省博物馆藏

　　腰带用银丝编织而成，呈长条形，上饰有七块圆形包金牌饰，牌饰上铸压出西方神祇人物图案，反映了当时社会的宗教意识和审美情趣。牌饰上的人物线条流畅，形象逼真、生动。牌饰边缘以联珠纹为装饰图案。腰带头部为内边缘的 9 颗联珠排列成方形牌饰，上面饰有站立的武士。此腰带工艺精湛，文化特色较为浓郁，是中西文化交流的见证史料。

　　联珠纹是由大小相同的圆圈或者圆珠连续排列而成的一种装饰图案，盛行于萨珊时期的波斯。唐盛时期，传统的联珠纹样形式特点随着"丝绸之路"的开放被打上了新的文明领地的审美烙印，联珠装饰成为唐代非常流行的装饰艺术元素。金牌腰带以 7 个圆形联珠纹牌饰和两个方形联珠纹牌饰组成主题装饰风格，正是这一时期传统图案吸收外来文化艺术营养的结果。（撰文：李积英 供图：吴海涛）

鎏金嵌珠宝玉带饰

唐（公元 618 — 907 年）
复原长 150 厘米
1992 年陕西省长安县南里王村窦皦墓出土
陕西省考古研究院藏

这件玉带由扣、**銙**、环、扣眼、铊尾及鞓组成，鞓为皮制，出土时已朽坏。銙、环、铊尾皆以玉为缘，内嵌珍珠及红、绿、蓝三色宝石，下衬金板，金板之下为铜板，三者以金铆钉铆合，造型精巧，装饰豪华，是一件不可多得的艺术珍品。

蹀躞带流行于北周至初唐。按形制和用途的不同大体可分为三种：一为附环带，所附环用来配物；二为有孔带，

銙上镂孔，取代了环的作用，蹀躞系在长方形孔内；三为銙带，窦皦墓出土的这件鎏金嵌珠宝玉带饰就属于銙带。何家村发现的此型玉带最多，很可能是 8 世纪中叶前最流行的带具。（撰文：赵永 供图：吴海涛）

辉煌灿烂的唐三彩

　　为了满足大唐统治阶级豪华奢侈的生活、对名贵宝物的追求以及厚葬之风，具有与金银器相比肩效果的唐三彩应运而生。唐三彩是一种低温铅釉的釉陶器，是唐代创烧的新产品，在造型、装饰、色釉和烧制等工艺方面都取得了辉煌成就，在中国陶瓷史上开创了一个新时代。其中有不少作品属于丝路贸易和文化交流的题材，如：驮有生丝和货物的骆驼等动物、膘肥体壮的西域良马、深目高鼻的胡人俑、凤首壶、兽首杯等，它们充分展现了大唐文化对外来文化的包容与吸收。

三彩釉陶骡

唐（公元 618 － 907 年）
高 26、长 32.5 厘米
1966 年陕西省西安市制药厂出土
西安博物院藏

　　骡短耳直竖，作低头负重前行状，置于一长方形踏板上。背上有鞍鞯，鞍上驮一沉重行囊。骡体施蓝釉，间有褐色斑纹；行囊施黄、白、蓝三色釉。骡的神态和肌肉健壮的腿部均雕刻得细致传神。骡是马、驴杂交而成，兼有驴、马优势，具有体形高大、耐力长久的特点，适宜作为驮畜。此件蓝彩骡嘴微张，似在长途跋涉中稍作喘息。唐三彩马、驼类常见。而驴、骡类极为少见。此件蓝彩骡是罕见的实物。（撰文／供图：杨宏毅）

三彩釉陶牵马俑

唐（公元 618 — 907 年）
马高 93、长 96 厘米
牵马俑高 78 厘米
1995 年陕西省富平县节愍太子李重俊墓出土
陕西省考古研究院藏

牵马俑头戴硬裹幞头，幞下红巾扎成蝴蝶结，大眼高鼻，方脸，厚嘴上有胡须。身着紧袖圆领黄色长袍，腰系革带，铊尾在腰后穿过腰带下垂，其一方形铐下系挂一圆形绿色鞶囊。下穿黄色裤，脚蹬黑靴，裤角下有系带绑扎于鞋，脚踩踏板，两脚微分。右臂屈而上举，右手微握，作牵马状。马为棕红色眼视前下方，双耳高竖。马鬃额前双分、络头、镳齐全。颈鬃剪齐，鞍鞯齐全。鞍后马尻上饰有网状结构的马鞦，中间云珠一枚。马尾短且上翘，尾系扎。四蹄踩于底板之上。

李重俊为唐中宗李显第三子，在神龙二年被立为皇太子，因不是韦后所生而颇受猜忌。神龙三年七月，其矫旨发左右羽林兵及千骑三百余人，先杀死武三思、武崇训，并杀其党羽十余人。又派李千里分兵守宫城诸门，自己则率兵自肃章门，斩关而入，欲杀韦皇后等人。不幸被拦阻于玄武门之外，士兵临阵倒戈，政变失败，后为左右所杀。唐睿宗即位后，追赠为节愍太子。（撰文：秦造垣 供图：张明惠）

三彩釉陶马

唐（公元 618 — 907 年）
高 56.5、长 58 厘米
陕西省西安市东郊半坡村出土
西安博物院藏

　　马首左顾，竖耳，弓颈，鬃毛左披，直立于长方形踏板上。马全身以白色为地釉，鬃毛为白、绿、褐三色相间；马鞍及垂于两侧腹下之毛织物为绿色釉；额前的当卢、耳鼻际的辔饰、胸前及尻上的革带及杏叶形垂饰均为黄、绿、褐三色釉；马尾为褐色。与一般唐三彩马相比，此马的釉色别具韵味，缺少大片鲜艳的红、黄、褐等色，而以素雅的白、绿色为主色调，给人以耳目一新之感。其造型骏捷、匀称，是唐三彩中罕见的精品，同类艺术风格的唐三彩马可见于日本东京户粟美术馆藏品。

　　唐代三彩马在造型上显示出宏大的气魄，体现着大唐王朝繁荣昌盛的景象，并从中可以看出唐人以丰肥为美的审美情趣。在形态上虽各有风采，但它们都有着共同的特征，即头小颈粗，臀圆背厚，四肢粗壮，而且骨肉匀停，线条流畅，内在的神韵在完美的造型中得到十足的体现。有的三彩马身上有饰物，如辫饰、鞍鞯、披毡、革带等，这些都是用模印或捏塑成型后粘贴上的，再用刷子把釉施上去的。唐三彩马的塑像有的是单匹马俑，还有骑马狩猎俑、骑马武士俑、打马球俑以及妇女骑马俑。造型沿袭了秦汉写实主义风格，并受时代风尚的影响。在对造型的提炼概括和釉色的更新尝试中创造了富丽华贵的浪漫情调，有力地烘托了盛世气象。

（撰文／供图：杨宏毅）

三彩釉陶马

唐（公元 618 — 907 年）
高 32.5，长 36 厘米
河南省洛阳市关林唐墓出土
洛阳博物馆藏

　　马呈站立状。颈部自然前伸，目视前方，身施蓝釉，白斑点缀其身，白鬃，背负白边绿黄色鞍鞯。身系黄色革带，革带上装饰 13 枚黄色桃形垂饰。

　　在唐三彩陶器中，马是最常见的题材之一。唐朝历任统治者都爱马，建立唐朝的李氏家族有游牧民族的血统，又靠武力统一天下，加上面临北方少数民族的不断侵袭，战争频繁，尚武精神贯穿整个唐代。马身上那种积极进取、昂扬奋进的精神，与唐代的时代精神相合。因此，唐代艺术品中的马，内在充溢着遮盖不住的劲力，仿佛在述说强盛大唐的骄傲。

　　蓝釉马在唐代三彩中极为少见，马身上施的蓝釉用的是当时中原内地很少见的钴料，据专家考证，这种钴料很可能是唐代通过丝绸之路传入中国的一种釉料；此外，蓝釉三彩器在上色和烧制时难度较大。稀有的釉料加之复杂的施釉工艺，使得蓝釉三彩器有着极高的艺术欣赏价值和科学研究价值。因而，这匹施有蓝釉的三彩马显得更加弥足珍贵。（撰文／供图：王军花）

三彩釉陶载物骆驼

唐（公元 618 – 907 年）
高 81.2，长 69.7 厘米
1963 年河南省洛阳关林地质队出土
洛阳博物馆藏

骆驼背负驮囊丝绢，呈行进状，仰首嘶鸣。体施白釉，附属装饰施黄、绿、白釉。头部、颈部、腿部及驼峰上的驼毛采用雕刻的手法特殊处理，并施以褐釉，十分形象。唐代对骆驼的需求一点儿也不逊于马匹。在突厥部落中，骆驼像金、银、奴隶一样，被列为最贵重的物品。一些唐代的贵族官宦家还将骆驼作为私人座骑和驮畜。丝绸之路的商业运输主要依靠骆驼。骆驼是商客的坐骑，也是托运物资的工具，被称为"沙漠之舟"。古老的骆驼行走出了一条漫漫长路，使东西方的物质和文化碰撞融合，唐代工匠对这种动物也赋予了艺术的生命。（撰文／供图：王军花）

三彩釉陶骑马射猎俑

唐（公元 618 − 907 年）
高 36.2、长 30 厘米
1971 年陕西省乾县懿德太子墓出土
陕西历史博物馆藏

　　马鞍上的武士年轻英俊，腰间佩挂长剑和箭囊，侧身仰望，两手抬举作张弓搭箭仰射状，胯下坐骑双眼圆睁，两耳高耸，神情机警。整体造型正是唐人"翻身向天仰射云，一箭正坠双飞翼"诗句的生动写照。此俑在制作上采用了人们俗称的"绞釉"技术，即将两种不同颜色的化妆土调成糊状的泥浆粘在陶胚上，再罩一层透明釉，入窑烧制，形成如树木年轮纹理的图案效果，通体呈现出黄褐两种釉色相间。其实，在制陶工艺中并没有"绞釉"一说，称这种手法为"仿绞胎"或许更确切些，有的日本学者将这种釉面称作"流泥纹"似乎更为科学。（撰文／供图：翟晓兰、王建玲）

三彩釉陶双鱼壶

唐（公元 618 – 907 年）
高 28、口径 9 厘米
1957 年陕西省西安市三桥出土
陕西省考古研究院藏

　　该壶为扁圆腹，壶体由两条腹部相连的鲤鱼构成，两鱼头顶部各有一鼻，可以穿绳系提。器口较小，被两鱼嘴共同承起。鱼尾相交呈圆形器足。除鱼尾处外，器体皆施三彩釉。

　　此壶造型设计突破了常规，巧妙地利用两条对拥的鱼构成壶体轮廓，从侧面看，是一条躯体圆浑肥硕的鲤鱼正纵跃出水面；从正面看，又犹如两鱼相对嬉戏，争抢食物，生活气息浓厚。壶整体作成鱼身的做法，在唐代金银器中也有见到，如内蒙古喀喇沁旗出土的双鱼形鎏金银壶。（撰文：赵永　供图：翟晓兰、王建玲）

平沿、扁圆身，喇叭形高圈足，左右口模制成。壶上部饰以凤首，凤冠为壶口，凤口中所衔宝珠上的圆孔为壶流。壶腹象征凤身，腹部两侧饰心形边框，边框内为浮雕的宝相花。圈足饰覆莲纹，壶柄为如意形，有力坚实。通体饰黄、赭、绿、蓝色釉。三彩凤首壶为唐代制造，但此类器物在东南亚、阿拉伯半岛、埃及、日本等国家和地区均有出土，由此可知唐代中外贸易通商、相互往来之盛况是空前的，同时也说明此类器物在当时以其优美的造型和绚丽多彩的色泽赢得了世界各地人们的喜爱。（撰文／供图：翟晓兰、王建玲）

三彩釉陶兽首杯

唐（公元 618 — 907 年）
高 8、口径 5.5 — 7 厘米
1982 年征集
陕西历史博物馆藏

　　杯的造型为横置的牛角，杯口为椭圆形。柄为曲颈回首的龙头形，龙口吐浪花。通体饰绿、黄、白等多种釉色，更显得活泼而富有生气。此杯外形似中国古代饮酒器角杯，但无泄水孔，以龙为装饰题材，却模仿西方银器"来通"的装饰手法，艺术风格可谓中外交融，珠联璧合，是唐三彩中的珍品。（撰文／供图：翟晓兰、王建玲）

三彩釉陶载乐骆驼

唐（公元 618 – 907 年）
通高 58.4、长 43.4 厘米
1957 年陕西省西安市鲜于廉墓出土
中国国家博物馆藏

骆驼昂首挺立，驮载了 5 个汉、胡成年男子。中间一个胡人在跳舞，其余 4 人围坐演奏。他们手中的乐器仅残留下一把琵琶，据夏鼐先生研究，应该是一人拨奏琵琶，一人吹筚篥，二人击鼓，均属胡乐。骆驼载乐陶俑巧妙地夸张了人与驼的比例，造型优美生动，釉色鲜明润泽，代表了唐三彩的最高水平。

载乐骆驼陶俑表现的应该是长安百戏中的一个杂技节目。唐代百戏留下记载的有盘杯伎、吞剑伎、猕猴缘竿伎、透飞梯伎等。当时，在长安城的东市和西市都有专门的百戏班子，他们除自主演出外，也可让人们花钱雇演。唐玄宗曾"召两市杂戏以娱贵妃"。骆驼载乐节目集杂技和马戏于一体，有两个看点。其一，双峰骆驼身高一般 2 米左右，负载力可以达到 250 公斤，驮载 5 个成年男子需训练有素。其二，5 位艺人在驼背没有围栏的平台上载歌载舞所展现的高难度技艺。唐代高空平衡技巧的表演水平很高，幽州胡女石火胡能站在十层叠放的彩绘坐床上如履平地。唐人的驯兽水平也不一般，披挂华丽的马匹会在玄宗生日时，为他衔杯祝寿，甚至还有舞象、舞犀这种大型动物的演出。所以，骆驼载乐这种节目，在长安一定大受欢迎，西安中堡子村唐墓也出土过类似的作品。（撰文：赵永 供图：严钟义）

丹青描绘的大唐风韵

　　唐代绘画往往用一种非常积极、热烈、达观和肯定的态度表达人、表达人间万象中最有生气、最有价值和最活跃的部分，其最大的主题是人，人物画在唐代达到了新的高度，以高度的艺术形式描绘了唐代五彩斑斓的社会生活和唐人特有的审美情趣，这在出土的唐代绢画和壁画中有充分体现。此外，丝路交通和中外文化交流也是唐代绘画比较常见的主题，如唐墓壁画中反映八方来仪、中外友好交往的《客使图》、表现丝路商贸的《牵驼胡人图》、表现胡人在华生活的《胡人备马图》等，还有众多表达唐王室宫廷生活壁画中宫女手中所持的各式外来金银器和玻璃器等。

牧马图屏风绢画（6 幅）

唐（公元 618 – 907 年）
每幅高 53.5，宽 22 厘米
1972 年新疆吐鲁番市阿斯塔那 M188 出土
新疆维吾尔自治区博物馆藏

　　牧马图共 6 幅，每幅均画一棵枝叶繁茂的树，树下有一人放牧一马，或立或行，空中还有燕雀飞翔，画面上端还画有示意性远山。人物面目清秀，动态自然。线条粗细较均匀，用笔洗练。马匹毛色多用晕染，树干有深浅变化，树叶用双沟填色法。

　　墓主人为昭武校尉沙洲子亭镇将张公夫妇，夫人麴仙妃葬于开元三年（公元 715 年），男主人入葬略晚。在现实生活中，屏风是一种重要的陈设家具，上面绘有书画作品，既可以体现主人的身份，又能反映主人的品味。另外，屏风在唐代是一种极为重要的绘画作品的载体。实际上，壁画墓中的屏风画像也是对居室中所陈设的绘画作品的模拟。牧马屏风图原裱在屏风木框上，为实物屏风画，出土时均位于象征卧榻的土台旁边，应是对居室卧榻周围屏风的模仿。（撰文：赵勇、赵永　供图：丁禹）

双童绢画

唐（公元 618 — 907 年）
高 58.8、宽 47.3 厘米
1972 年新疆吐鲁番市阿斯塔那 M187 出土
新疆维吾尔自治区博物馆藏

　　此图是该墓出土的屏风画"弈棋图"中的一部分。画面描绘了两个正在草地上追逐嬉戏的儿童。他们俩额顶留一撮发，袒露上身。下穿彩条带晕裥长裤，红靴。左边的儿童右手高举，似正放掉已获的飞虫，左手抱一黑白相间的卷毛小狗；右边的童子则凝眉注目，仿佛发现了什么正在招呼着同伴注意，神情急切不安。地面上岩石小草用线条勾画，敷染青绿、赭石。画中的卷毛小狗即后世的哈巴狗，它的故乡在唐代称为"大秦"或"拂菻"的东罗马帝国，故称拂菻狗。据《旧唐书·高昌传》记载：唐武德七年（公元 624 年），高昌王鞠文泰又向唐王朝献狗，"雄雌各一，高六寸，长尺余，性甚慧。能曳马衔烛。云本出拂菻国，中国有拂菻狗自此始也"。由此证明早在吐鲁番的高昌王室奉献给大唐天子，是唐代从西域引进的新物种，后逐渐由王朝贡品演变成民间十分招人喜爱的玩物。

　　此画除了用笔的粗细、刚柔和单纯明丽的色彩来表现对象的情态，还加以晕染，以突出质感。（撰文：牟新慧 供图：丁禹）

都督夫人太原王氏供养像（临摹品）

盛唐（公元 705 – 780 年）
高 337、宽 336 厘米
甘肃省敦煌莫高窟第 130 窟
段文杰临摹
敦煌研究院藏

　　这幅供养人画像，榜题为"都督夫人太原王氏"。天宝十二载（公元 753 年）前后，有朝议大夫使持节都督晋昌郡诸军事守晋昌郡太守兼墨离军使乐庭瓌，驻节晋昌郡（即瓜州），故在此窟绘都督及其夫人王氏供养像。都督夫人雍容华贵，身量超过真人，身后率领二女："女十一娘"、"女十三娘"和九名婢女。都督夫人身后的画中人物身量递减，显示出一派等级森严的气氛。都督夫人身着织花石榴红裙，肩披多层轻绡薄縠帔帛，绿色锦带长垂胸前，云髻高耸，发上簪花，并有钗梳插饰发间，身后二女或着绿裙，或穿黄裙，一梳高髻，一戴凤冠，朱白衫上，分别披有多层丝绢帔帛，身后九名侍婢均着男装，各依年龄，绾结出不同发式，或捧花，或执壶，或持扇，或擎布施的奁笼，侍立于夫人小姐身后，形成一幅以人物为主题的贵族妇女礼佛图，图中钗光鬓影、绮丽纷陈，为保存至今最为宏丽的一幅绮罗人物像，使传世的唐人绘画佳作《虢国夫人出行图》、《簪花仕女图》与之相比，就显得纤小细屑。

　　此图人物描绘优美丰腴，神态生动，已构成独有的审美情趣，而在人物背景上，又树以垂柳，植以萱草，花树之间绘以蜂蝶，仿佛嗡嗡有声，在画面上构想出一片阳春三月、艳阳和煦的情景，为这群供养人增添了一段有声有色的香味飘溢的氛围，这种高超的艺术构思和表达手法是敦煌艺术具有高度成就的实证。可惜的是这幅壁画在宋代曾被重修者镘在下层，后经风雪兵燹近千年的毁损，上层壁画碎裂残破，到 20 世纪 40 年代始被人剥出，由于当时的剥离技术条件太差，多有残缺，现只能看到五十年代经过研究临绘出的摹本。（撰文：罗华庆　供图：盛巽海）

胡人备马图壁画

唐（公元 618 — 907 年）
高 114、宽 176 厘米
1990 年陕西省礼泉县昭陵韦贵妃墓出土
昭陵博物馆藏

　　绘于韦贵妃墓第一天井东壁。图中绘一披鬃白马朝南站
立，马左右两侧各有一卷发胡人。马左侧控马者身材高大，
着窄袖圆领红袍，足蹬黑色长统靴，右臂夹住马脖颈，俯身
低头，眼珠向右上斜视，一副体会、感知马络头和马镳是否
合适的神态；其右手轻握丝缰在马腮处，左手置于马镳处调
整马络头松紧；马张口露齿正在感受马镳的松紧程度。右侧
控马人瘦小，着翻领黄袍，领、襟饰红边，系黑腰带，穿线鞋，
小腿用白条带"行滕"缠扎；眼睛睁大、高鼻、阔嘴、八字须，
双眉紧蹙平视前方，两手作勒缰状。白马右前腿和左后腿抬起，
左前腿右后腿直立，张嘴、竖耳、圆目怒睁，鞍鞯上覆紫色鞍袱。
说它是《备马图》，因为穿红袍的男子手放在马镳的地方，
眼睛却并没有看马，所以我们觉得他是在感受马络头的松紧
程度。说它是《献马图》，是因为穿翻领黄袍的男子一副初
来乍到怯生生的神情，又穿着行滕，这是长途跋涉的典型特征，
准备将骏马献给大唐。（撰文／供图：李浪涛）

胡人打马球图壁画

唐（公元 618 – 907 年）
高 130、宽 305 厘米
2004 年陕西富平县唐李邕墓出土
陕西省考古研究院藏

　　马球作为壁画的主要题材，在墓葬中屡次出土，像唐高宗和武则天的第二个儿子，章怀太子墓中壁画就有打马球的宏大场面。马球起源于波斯，唐代传入中国，成为贵族们喜爱的马上运动，球场很大，往往设在平坦或稍有起伏的丘陵山坡一带，骑手们分成两队，手持球杆，争打一皮革小球，这种运动需要高超骑术、勇气和善于应变的能力，唐代皇帝几乎都爱"击鞠"。唐玄宗就很喜欢打马球，年轻时常打球不思归，而且球艺精湛，他在做临淄王时，有次突厥使臣来访，奉唐中宗之命与突厥人打马球，以四人之合力，战胜了突厥人的十数骑兵马队，为唐朝争得了大国的体面，使中宗龙颜大悦。僖宗曾自诩道："若应击球进士举，须为状元"。作为皇嗣继承人的章怀太子李贤，肯定业余时间非常喜爱打马球，风驰电掣地在球场上往来冲打，可以最大限度的满足男性渴望争斗刺激的好胜心理。

　　陕西省富平县北吕村唐高祖李渊第十五子李凤的嫡孙嗣虢王李邕墓出土的打马球壁画，表现的是双骑争球场面，左边人物身着红袍，满面虬髯，似胡人模样，胯下骏马四蹄翻腾，纵跃驰骋，右边人物，袒右臂回首奋力挥杆，胯下骏马回首扬蹄，默契配合着准备击球的主人，整个场面生动热烈，栩栩如生，画师技艺娴熟，笔法简练传神，观者无不为之神韵所震撼。（撰文：秦造垣　供图：张明惠）

李唐王室成员的排场

　　作为当时世界上第一强国，唐朝在物质文化和精神世界都展现出包容四方的恢弘气概。王室成员生前过着奢侈的生活，死后也把这种奢侈和排场带进阴间。金乡县主墓出土150余件开元时期的彩绘陶俑再现了这种奢华和气派。这些陶俑包含镇墓兽、天王俑、文官俑、武官俑、牵驼胡俑、牵马胡俑、男女立俑、骑马伎乐女俑、骑马出行女俑、骑马狩猎胡俑、骑马鼓吹仪仗俑、百戏杂技俑、马俑、骆驼俑以及各种家畜、家禽俑，种类齐全、组合完整，包含了盛唐时期社会生活诸多方面的信息，它们是唐代甄官署专为皇室宗亲与有功之臣烧制的"东园秘器"，代表了唐代陶俑的最高水平。尤其是那些造型生动、从事各种工作的胡人俑，形象地再现了李唐王室贵族对胡风的追逐，是研究唐朝对外文化交流的宝贵资料。

彩绘陶镇墓兽

唐开元十二年（公元724年）
高58.5厘米
1991年陕西省西安市东郊金乡县主墓出土
西安博物院藏

　　狮面兽身，口大张露出獠牙。双耳上竖，头有两角，肩生双翼。左前爪抓蛇上举，蛇身缠绕前臂上。右前腿直立，后腿曲蹲于一椭圆形较高的山形台座上。通体彩绘。（撰文：赵永　供图：杨宏毅）

彩绘陶镇墓兽

唐开元十二年（公元 724 年）
高 63 厘米
1991 年陕西省西安市东郊金乡县主墓出土
西安博物院藏

圆眼怒睁，鼻翼扇起，大耳外张。头顶
毛发上竖，前额有一独角。两肩竖毛如展开
的双翼。背部沿脊椎从上到下有三个鸡冠形
刺角。蹄足，前腿直立，身躯蹲踞于薄板上，
其下再配一较高的山形台座。通体彩绘，局
部有描金痕迹。

墓葬中的镇墓俑一般是四件组合，放在
墓门内或甬道中。两件是兽形，一个人面，
一个兽面。两件为武士，或称天王，身着复
杂的铠甲。一般造型硕大，有别于其他俑类。
有学者认为其名称应该为"当圹、当野、祖
明、地轴"，前二者指天王俑或武士俑，后
两者是镇墓神兽。（撰文：赵永　供图：杨
宏毅）

彩绘陶天王俑

唐开元十二年（公元 724 年）
高 74.4 厘米
1991 年陕西省西安市东郊金乡县主墓出土
西安博物院藏

　　两肩披膊为两层，外层作龙首状，龙口中吐出内层呈橘红色的披膊。肩上亦有火焰宝珠。下襟与裙边刻出流苏，中垂鹊尾。左手叉腰，右手高举，原似持物。脚下踩小鬼，其下配一椭圆形高底座。通体彩绘描金。（撰文：赵永　供图：杨宏毅）

彩绘陶天王俑

唐开元十二年（公元 724 年）
高 77 厘米
1991 年陕西省西安市东郊金乡县主墓出土
西安博物院藏

　　天王面相凶猛，二目圆睁，双眉紧竖。身着明光铠，颈部有项护，胸甲左右各有一凸起的圆护。腹部亦有一圆护，小腿缚扎吊腿，足蹬战靴。肩覆披膊，两肩各附一火焰形宝珠。脚下踩小鬼，其下配一椭圆形高底座。通体彩绘描金。

　　天王俑源于佛教的护法神，多置于寺院门前或佛像前。佛教自汉代传入中国后，逐步汉化，护法神的外表也逐渐被改造成经过艺术夸张的武士形象，不仅见于寺庙，也被用来驱鬼辟邪。其象征意义已经超越佛教领域，变为凡人世界正义、威猛的象征，因此天王俑往往被达官贵人奉为死后的保护神。在众多墓葬考古发掘中，天王俑成为在墓葬中出现较多的镇墓俑。它们一般成对随葬，放置在镇墓神兽之后，面向墓门，起镇恶驱邪的作用，以保护墓主的安宁。（撰文：赵永　供图：杨宏毅）

彩绘陶文官俑

唐开元十二年（公元 724 年）
高 60.4 厘米
1991 年陕西省西安市东郊金乡县主墓出土
西安博物院藏

　　头戴黑色进贤冠，身着红色阔袖交领长袍。袍内似着半臂，腰束带，足蹬方头高履。浓眉细眼，八字胡上翘，双手拱于胸前，神态谦恭，作侍奉状。直立于一桃形托板上，其下再配高台座。

　　文、武官俑应是生前具有一定身份、地位的人死后才能拥有的随葬俑，多出土于墓室，与成群的骑马俑不在一起，因而不具有出行仪仗的性质。高级官僚和贵族不只是出行时才需要仪仗，在家也需要讲排场，因而武官俑可能是日常生活中负责墓主人安全和仪仗的一个头目，而文官俑则可能是管理侍从和负责文书事宜的文官。

（撰文：赵永　供图：杨宏毅）

彩绘陶武官俑

唐开元十二年（公元 724 年）
高 61.8 厘米
1991 年陕西省西安市东郊金乡县主墓出土
西安博物院藏

　　头戴黑色鹖冠，身着阔袖中长袍，外罩裲裆，足蹬长靴。双手握于胸前，原当持物。直立于中间带孔的托板上，其下再配一高台座。袍衫彩绘多已脱落，唯余领缘的花纹绲边。（撰文：赵永　供图：杨宏毅）

彩绘陶骑立驼胡俑

唐开元十二年（公元 724 年）
通高 63、长 56 厘米
1991 年陕西省西安市东郊金乡县主墓出土
西安博物院藏

　　骆驼曲颈昂首，立于一长方形托板上。驼背上骑坐一胡俑，高鼻深目，双眼圆睁，似作呵斥状。头戴黑色圆领翻沿浑脱帽，身穿圆领窄袖胡服，足蹬黑色高靴，腰扎革带。
　　胡人与骆驼的组合也不是偶然的，在唐朝人的理解中，似乎胡人与骆驼理所当然要在一起，杜甫也因而写下了"胡儿擘骆驼"的诗句。人牵骆驼、胡人骑骆驼的搭配成为陶俑造型中引人瞩目的现象。（撰文：赵永 供图：杨宏毅）

彩绘陶牵驼胡俑

唐开元十二年（公元 724 年）
高 40.5 厘米
1991 年陕西省西安市东郊金乡县主墓出土
西安博物院藏

　　高鼻深目，秃头顶，脸上有浓密的络腮胡，脑后有略长的卷发。身着袒胸露腹的翻毛长袍，腰系褡裢，足蹬高靴。双袖捋起，双臂作拉缰牵索状。直立于一中间有孔的马蹄形托板上。（撰文：赵永 供图：杨宏毅）

彩绘骑卧驼胡俑

唐开元十二年（公元 724 年）
通高 41、骆驼长 61 厘米
1991 年陕西省西安市东郊金乡县主墓出土
西安博物院藏

　　骆驼屈四腿平卧，昂首曲颈，作跃跃欲起状。两峰中骑坐一胡俑，头戴尖顶毡帽，身着圆领窄袖紧身衣，足蹬黑色高靴，腰间束带。右臂高举，左手紧握，作牵缰赶驼状。（撰文：赵永　供图：杨宏毅）

彩绘陶鞍马

唐开元十二年（公元 724 年）
高 56.7 厘米
1991 年陕西省西安市东郊金乡县主墓出土
西安博物院藏

　　枣红马，马首高昂，双耳竖起，额头上鬃毛分梳两侧，颈上塑出一道密实而短平的鬃毛。鞍下有鞯，鞯略呈圆角长方形，棕红地上残存四瓣小白花。鞍上铺有鞍袱，袱为白色绫绢类，两端扎束飘垂马背。

　　自汉代以来，中原王朝就对西域良马抱以极大的兴趣，不仅派遣使者用重金购买交换，也不惜武力获取。唐代除延续这一状况外，又大力养殖马匹，开元年间与突厥"每岁赍缣帛数十万匹就市戎马，以助军旅，且为监牧之种，由是国马益壮焉"。前来中国定居的胡人，有不少精通牧业，宁夏固原发现了粟特人墓地，这些人有的就是中央官府牧场的牧马官员。秦、汉以来，唐马最盛。唐代动物明器中马也显示出特殊的地位，数量上独占鳌头。（撰文：赵永 供图：杨宏毅）

彩绘陶牵马胡俑

唐开元十二年（公元 724 年）
高 38.7 厘米
1991 年陕西省西安市东郊金乡县主墓出土
西安博物院藏

　　圆脸，细眼，宽扁鼻，高颧骨，头发梳向脑后，发髻已残。身穿圆领窄袖袍，腰束革带，足穿高靴。右手抬起，作拉缰状。（撰文：赵永　供图：杨宏毅）

彩绘陶鞍马

唐开元十二年（公元 724 年）
高 49.8 厘米
1991 年陕西省西安市东郊金乡县主墓出土
西安博物院藏

　　白马，头向左摆，鞍略残，红地宽白边的鞯上散缀着白色团花，无鞍袱。（撰文：赵永　供图：杨宏毅）

彩绘陶骑马带豹狩猎胡俑

唐开元十二年（公元 724 年）
通高 35.5、长 34 厘米
1991 年陕西省西安市东郊金乡县主墓出土
西安博物院藏

  头戴黑色幞头，身穿圆领窄袖袍，脚蹬高足靴。左手前伸似在控缰，右手后甩似在策马。身后置一猎豹，猎豹伏在圆垫上，双耳竖起，前腿趴伏，后腿半弓。猎豹脖颈上带有黑色项圈，黄色毛上散布黑色金钱斑。

  除此件带豹狩猎俑外，永泰公主墓出土的一件彩色骑马胡俑，坐骑就有一头跳窜的猎豹。懿德太子墓壁画中，也有驯豹师旁有猎豹并行的场面。似乎表明驯豹在当时的贵族中已相当普及。在狩猎中，除了使用传统的鹰猎、犬猎外，豹猎亦为宫廷贵族所酷爱。（撰文：赵永 供图：杨宏毅）

彩绘陶骑马抱犬狩猎胡俑

唐开元十二年（公元 724 年）
通高 35.5，长 33.5 厘米
1991 年陕西省西安市东郊金乡县主墓出土
西安博物院藏

　　头戴黑色幞头，身穿黑面绿里的翻领窄袖胡服，袒左胸和左臂，左侧衣袖飘垂身后。足蹬白色高靴，骑枣红色高头大马。怀抱白色猎犬，猎犬竖耳抬头，机警地注视前方。胡人高鼻深目，红脸膛，络腮胡。

　　金乡县主墓出土的骑马狩猎俑共 8 件，皆出之东、西龛中。狩猎活动是唐代统治阶级休闲娱乐的一种方式。金乡县主的

父亲滕王元婴亦好狩猎，所到之处不事公务，借猎狗、求捕兽之网，沉迷游猎往往深夜不归。唐代帝王和皇室勋戚在酒足饭饱之余，频繁外出狩猎，沉浸在呼鹰逐兔之中。这种好猎之风，遂使狩猎活动成为绘画、雕塑、诗歌等艺术的创作题材。骑马狩猎俑便是这种背景下的产物。（撰文：赵永 供图：杨宏毅）

彩绘陶骑马架鹰狩猎胡俑

唐开元十二年（公元 724 年）
通高 34.8、长 32.4 厘米
1991 年陕西省西安市东郊金乡县主墓出土
西安博物院藏

　　身穿白色圆领窄袖缺胯袍，脚蹬黑色高靴。左手置于胸前，右臂稍举，手托苍鹰。金乡县主墓共出土两件架鹰狩猎胡俑。此外，永泰公主墓出土一件三彩架鹰狩猎俑，万泉县主墓甬道的东壁绘有架鹰侍者，懿德太子墓第二过洞的东、西两壁各绘架鹰男侍二人。（撰文：赵永　供图：杨宏毅）

彩绘陶骑马驮鹿狩猎胡僮俑

唐开元十二年（公元 724 年）
通高 34.7、长 32.8 厘米
1991 年陕西省西安市东郊金乡县主墓出土
西安博物院藏

　　身穿圆领窄袖袍，内穿半臂，腰系褡裢。双手紧握于腹前作控缰状。身后横驮一只猎获的鹿。马后驮置猎物的狩猎俑也见于懿德太子墓中。（撰文：赵永　供图：杨宏毅）

彩绘陶骑马带猞猁狩猎胡女俑

唐开元十二年（公元 724 年）
通高 35.4、长 33.2 厘米
1991 年陕西省西安市东郊金乡县主墓出土
西安博物院藏

身穿白色圆领窄袖缺胯袍，腰系裈裆。脚蹬高靴，骑一枣红马。身后置一猞猁，猞猁蹲伏在红色圆垫上，前腿直立，后腿曲蹲。

猞猁是一种猫科的小猛兽，可以驯养成助猎的动物。在章怀太子李贤墓壁画中，一位骑士坐骑后蹲踞着一只猞猁。同豹猎一样，猞猁猎也是贵族喜爱的时髦风尚。其实，在古代的西亚北非，在中世纪的伊斯兰世界，使用驯兽骑马追猎正是诸多狩猎方式中广泛流行的方式，而豹猎和猞猁猎正是追猎中最富刺激性的两种。唐代作为当时的国际性帝国，豹猎和猞猁猎的传来，与马球、胡旋舞等一样，是当时外来胡风的组成部分。（撰文：赵永 供图：杨宏毅）

彩绘陶骑马击腰鼓女俑

唐开元十二年（公元 724 年）
通高 37.5、长 32.8 厘米
1991 年陕西省西安市东郊金乡县主墓出土
西安博物院藏

唐代社会爱好音乐之风甚盛，宫廷设置有各种乐舞机构，如教坊、梨园、宜春院、太常寺等，其中乐工、歌舞艺人多达数万人。士大夫阶层和富豪之家还有很多能歌善舞的官伎、舞伎，唐代陶俑中的伎乐俑正是这种局面的再现。金乡县主墓出土 5 件骑马伎乐俑，所持乐器分别为腰鼓、琵琶、箜篌、铜钹及筚篥，皆属胡乐。女俑皆为汉人，身着男装，有的戴胡帽，有的穿胡服，骑在马上演奏，所持乐器都是胡乐，可见唐代对外族文化的吸收是多方面的。

腰鼓，魏晋时从龟兹传入中原。正鼓用杖击兼拍击，和鼓则以双手拍击，因其属胡乐，亦称胡鼓。该俑女着男装。头戴孔雀冠，冠上孔雀翘首远眺，羽毛由天蓝、浅绿、红、黑诸彩绘成，尾羽飘然垂下，覆于女俑肩背部。腰鼓置于马鞍的前端，女俑双手伸开作拍击腰鼓状。鼓身通体深红色，鼓形又小，当属木质的用双手拍奏的小腰鼓。（撰文：赵永 供图：杨宏毅）

彩绘陶骑马弹琵琶女俑

唐开元十二年（公元 724 年）
通高 36、长 33 厘米
1991 年陕西省西安市东郊金乡县主墓出土
西安博物院藏

　　头顶梳单髻，垂于额前，左右两侧各挽一鬟。女俑外穿白色窄袖缺袴袍，内着半臂。脚蹬黑色高勒尖头靴，骑于枣红马上。怀中横抱四弦琵琶，左手按弦，右手持拨子凝神而弹。

　　琵琶，有名枇杷，是一种弹拨乐器。刘熙《释名·释乐器》载："枇杷本出胡中，马上所鼓也。推手前曰枇，引手却曰杷，象其鼓也，因以为名也。"它包括圆形音箱、梨形音箱、曲颈、直颈等多种形制。南北朝时自西域传入曲颈琵琶，四弦四柱，音箱呈半梨形，横置于胸前用拨或手弹。此外，还有一种五弦的琵琶。琵琶的演奏方法有横抱以拨弹和竖抱用手指弹两种。该女俑所弹琵琶为横抱用拨子弹奏的四弦琵琶，颈已残。（撰文：赵永　供图：杨宏毅）

彩绘陶骑马弹箜篌女俑

唐开元十二年（公元 724 年）

通高 36、马长 33 厘米

1991 年陕西省西安市东郊金乡县主墓出土

西安博物院藏

　　头戴黑色幞头，身着孔雀蓝圆领窄袖缺胯袍，下端露出橘红色长裤。腰系黑色蹀躞带，身后左侧挂鞶囊，带上还垂有 8 根长皮条。脚穿黑色高靿尖头靴，骑一橘红色马。怀抱竖箜篌，箜篌弦已不存。

　　竖箜篌古称胡乐，源于西亚，两汉时就已传入中原，盛行于魏晋、隋唐、五代和宋。对照敦煌壁画及唐苏思墓壁画中的竖箜篌形象，并参照日本所藏唐漆竖箜篌残件，可知金乡县主墓骑俑怀抱的竖箜篌，是上部弧形的曲木音箱部分和残存的一小段脚柱部分，下边用以系弦的横木已不存。（撰文：赵永 供图：杨宏毅）

彩绘陶骑马吹筚篥女俑

唐开元十二年（公元 724 年）
通高 36、长 33 厘米
1991 年陕西省西安市东郊金乡县主墓出土
西安博物院藏

　　头戴翻沿胡帽，身着圆领窄袖缺袴袍，脚蹬黑色高靿尖头靴，骑于马上。双手持筚篥作吹奏状。

　　筚篥又名悲篥、茄管，其后又有风管、头管之称谓，是以芦茎为簧，短竹为管的竖笛。《旧唐书·音乐志》载："筚篥，本名悲器，出于胡中，其声悲。"它是一种口上插有芦哨的吹管乐器，可吹出滑音、颤音、打音、泛音和齿音。本出龟兹，后传入中国，唐代十部乐中有七部用筚篥。筚篥有大小之分，大者九孔，前七后二，小者六孔。从乐俑手中现存的筚篥看，管身较短，持筚篥的双手又靠的很近，上下紧贴，应为小筚篥。（撰文：赵永 供图：杨宏毅）

彩绘陶骑马敲钹女俑

唐开元十二年（公元 724 年）
通高 37、长 32 厘米
1991 年陕西省西安市东郊金乡县主墓出土
西安博物院藏

头戴黑色幞头，身着圆领窄袖缺胯袍，脚蹬黑色高靿尖头靴，骑于马上。双手持一对铜钹，右手在上、左手在下作敲击状。

铜钹，《旧唐书·音乐志》载："铜拔，亦谓之铜盘，出西戎及南蛮，其圆数寸，隐起如浮沤，贯之以韦，相击以和乐也。南蛮国大者圆数尺。"据文献记载，铜钹是后魏传入内地的，隋唐五代尤盛，唐代十部乐中有七部用铜钹，以后被广泛用于民间乐舞、戏曲、吹打乐中。该墓女俑所敲铜钹，与手掌大小相若，应属小铜钹。（撰文：赵永 供图：杨宏毅）

彩绘陶骑马出行女俑

唐开元十二年（公元 724 年）
通高 35、长 30.4 厘米
1991 年陕西省西安市东郊金乡县主墓出土
西安博物院藏

　　上着窄袖衫，内着半臂；下着白色长裙，其上饰莲瓣纹。
肩披长帛。右手紧握于腰际，作牵缰状，左手搭于腿上。（撰
文：赵永　供图：杨宏毅）

彩绘陶骑马出行女俑

唐开元十二年（公元724年）
通高35.6、长33厘米
1991年陕西省西安市东郊金乡县主墓出土
西安博物院藏

　　女俑面庞丰腴，前额饰花钿，头微左侧。上着白色圆领窄袖襦衫，下穿橘红色长裙，绿色裙带束扎于腋下，脚穿小头黑履，骑坐于高头白马上。金乡县主墓共出土4件骑马出行女俑，女俑两鬓发髻均宽松阔大，垂于耳际，头顶结单髻垂于前额，即所谓"倭堕髻"。

　　女子骑马的装束，也有一个从封闭到开放的过程。到了唐玄宗时期，"开元初，从驾宫人骑马者，皆着胡帽，靓妆露面，无复障蔽。士庶之家，又相仿效，帷帽之制，绝不行用，俄又露髻驰骋，或有着丈夫衣服靴衫，而尊卑内外，斯一贯一矣"。这4件骑马女俑头梳整齐美观的发髻，皆不戴帽子，正与文献记载的这一时期"露髻驰骋"的情形相吻合。这些骑马女俑正是当时贵族妇女靓妆露面在长安城郊纵马畅游的生动写照，也是女子骑马这一社会风尚的真实反映。（撰文：赵永　供图：杨宏毅）

彩绘陶骑马出行女俑

唐开元十二年（公元 724 年）
通高 35.8、长 33 厘米
1991 年陕西省西安市东郊金乡县主墓出土
西安博物院藏

女俑端庄秀美，神态自若。上着褐色窄袖襦衫，其上散布小白花，下着绿色长裙，缀以白色小团花。骑于白色大马上。
（撰文：赵永 供图：杨宏毅）

彩绘陶骑马出行女俑

唐开元十二年（公元 724 年）
通高 36.4、马长 31.8 厘米
1991 年陕西省西安市东郊金乡县主墓出土
西安博物院藏

　　女俑圆脸，细鼻小口。上着绿色窄袖衫，下着橘红色长裙，肩披红褐色长帛。左手紧握作控缰状，右手下垂搭于腿上。骑一棕黄色高头大马。（撰文：赵永　供图：杨宏毅）

彩绘陶女立俑

唐开元十二年（公元 724 年）
高 43.3 厘米
1991 年陕西省西安市东郊金乡县主墓出土
西安博物院藏

　　头梳双髻垂于两侧，头顶及右髻上残留描金的花饰，朱唇轻抿，面带微笑。内穿半臂，外罩圆领对襟胡服，下端露出红色小口裤。足蹬翘头锦履，腰束黑色革带，带上镶有五个圆銙，应为"蹀躞带"。（撰文：赵永　供图：杨宏毅）

彩绘陶女立俑

唐开元十二年（公元 724 年）
高 42.7 厘米
1991 年陕西省西安市东郊金乡县主墓出土
西安博物院藏

　　顶髻已残，原当搭在前额上，两鬓长不
过耳，宽松阔大呈抱面之势，疑为"倭堕髻"。
身穿圆领窄袖长袍，腰束革带，背后革带上
有圆铐。（撰文：赵永　供图：杨宏毅）

彩绘陶女立俑

唐开元十二年（公元 724 年）
高 40.3 厘米
1991 年陕西省西安市东郊金乡县主墓出土
西安博物院藏

　　顶髻抛出前倾，搭于前额上，两鬓长不过耳，宽松阔大呈抱面之势，疑为"倭堕髻"。女俑脸庞丰腴，浅陌笑意。上穿窄袖襦衫，内衬半臂，下着曳地长裙，肩披长帛，双手环抱于胸前。（撰文：赵永　供图：杨宏毅）

彩绘陶胡女立俑

唐开元十二年（公元 724 年）
高 26 厘米
1991 年陕西省西安市东郊金乡县主墓出土
西安博物院藏

　　头梳"刀形高髻"。上着淡黄色窄袖襦，内衬半臂，下着橘红色曳地长裙。双手交至腹前，中间有圆孔，原当持物。此俑眉、眼、鼻等细部与其他女俑迥异，眉略高而眼略深，鼻子略宽扁，脸庞圆润，嘴角略翘，疑为"胡姬"。（撰文：赵永　供图：杨宏毅）

彩绘陶女立俑

唐开元十二年（公元 724 年）
高 25.5 厘米
1991 年陕西省西安市东郊金乡县主墓出土
西安博物院藏

　　两鬓抱面，顶髻前倾分为两瓣，疑为"倭堕髻"，顶髻根部系以丝带。身穿白色窄袖襦衫，内衬半臂，下着橘红色曳地长裙。双手交至腹前，中间有圆孔，原当持物。（撰文：赵永　供图：杨宏毅）

彩绘陶女立俑

唐开元十二年（公元 724 年）
高 24.2 厘米
1991 年陕西省西安市东郊金乡县主墓出土
西安博物院藏

　　头梳双髻，垂于两颊，上着白色窄袖衫，内衬半臂，下着浅绿色曳地长裙，橘红色帔帛从胸前绕至肩背。双手交至腹前，中间有圆孔，原当持物。（撰文：赵永　供图：杨宏毅）

彩绘陶女立俑

唐开元十二年（公元 724 年）
高 25 厘米
1991 年陕西省西安市东郊金乡县主墓出土
西安博物院藏

　　双鬓抱面，顶髻已残。上着橘红色窄袖衫，内衬半臂。下着浅绿色曳地长裙，橘红色帔帛从胸前绕至肩背。双手交至腹前，中间有圆孔，原当持物。（撰文：赵永　供图：杨宏毅）

彩绘陶骑马吹笛俑

唐开元十二年（公元 724 年）
通高 30.2、长 25 厘米
1991 年陕西省西安市东郊金乡县主墓出土
西安博物院藏

鼓吹仪仗俑共出土 18 件，皆出于东龛，在服饰、彩绘和人物造型等方面表现出较大的同一性，构成了一组骑马鼓吹仪仗俑。骑俑皆男俑，大部分手持乐器作演奏状，可辨乐器有排箫一、横笛二、筚篥一、桃皮筚篥一、胡笳一、节鼓七。另有 4 件骑俑未持乐器，当为和乐伴歌者。这件吹笛俑左手已残，右手空握，手背向外，中有孔，平举于嘴的左侧作吹奏状，手中所持横笛已失。棕红色马、颈上及臀部在白彩上散布有红色斑块。

出行仪仗中的鼓吹乐最早是西汉初由北部少数游牧民族传入内地的，最初鼓吹只用于军旅之乐，边军将校习用，以壮声威，后逐渐发展，因其所用不同而分为数种。从这一组鼓吹仪仗俑所持乐器看，比较接近"大横吹"。

这些俑摆放的位置，其本来的意义就是对墓主人生前仪仗中鼓吹乐队的模拟，也是希望在死后仍保持显赫地位和奢华风格的反映。（撰文：赵永 供图：杨宏毅）

头戴黑色笼冠，身穿橘红色圆领阔袖袍。双手持排箫作吹奏状。排箫为棕黄色，由9根竹管组成。（撰文：赵永 供图：杨宏毅）

彩绘陶骑马吹排箫俑

唐开元十二年（公元724年）
通高30.8、长23.2厘米
1991年陕西省西安市东郊金乡县主墓出土
西安博物院藏

头戴黑色笼冠，身穿橘红色圆领阔袖袍。双手持排箫作吹奏状。排箫为棕黄色，由9根竹管组成。（撰文：赵永 供图：杨宏毅）

彩绘陶骑马单手吹乐俑

唐开元十二年（公元 724 年）
通高 30.5、长 25 厘米
1991 年陕西省西安市东郊金乡县主墓出土
西安博物院藏

　　头戴橘红色风帽，身穿橘红色阔袖长袍。右手空握，举
于嘴前作吹奏状，所持乐器疑为桃皮筚篥。（撰文：赵永　供图：
杨宏毅）

彩绘陶骑马击鼓俑

唐开元十二年（公元 724 年）
通高 29、长 24.8 厘米
1991 年陕西省西安市东郊金乡县主墓出土
西安博物院藏

　　头戴风帽，身穿橘红色阔袖长袍，袍服上的彩绘多已脱落。
脚蹬高靿靴。左手落下，右手高高举起，双手紧握，中有小
孔，原当持有鼓杖。鞍的左后侧有一小孔，原当置鼓。（撰文：
赵永　供图：杨宏毅）

彩绘陶骑马双手吹乐俑

唐开元十二年（公元 724 年）
通高 29.6、马残长 22 厘米
1991 年陕西省西安市东郊金乡县主墓出土
西安博物院藏

　　头戴黑色笼冠，身着交领阔袖袍。双手半握、右手在上、左手在下、置于胸前，作持物吹奏状。从姿态上看，原持之物应为竖吹的管乐器，当是胡笳。（撰文：赵永　供图：杨宏毅）

彩绘陶舞蹈俑

唐开元十二年（公元 724 年）
高 19 — 20.5 厘米
1991 年陕西省西安市东郊金乡县主墓出土
西安博物院藏

　　头戴幞头，足蹬高靴，身穿圆领窄袖胡服，袍长至膝，利于腾挪跳跃的舞蹈动作，似为专用服装。三件俑粉面朱唇，经过刻意的化妆。

　　唐代的舞蹈有"健舞"和"软舞"之分，凡矫捷劲健、洒脱明朗、快速有力的舞蹈统称为"健舞"，从该墓舞蹈的造型看，当为"健舞"。有学者认为其为"龟兹舞"或"踏歌"。（撰文：赵永 供图：杨宏毅）

彩绘陶参军戏俑

唐开元十二年（公元 724 年）
高均为 6.4 厘米
1991 年陕西省西安市东郊金乡县主墓出土
西安博物院藏

　　头戴黑色幞头，身穿圆领窄袖袍。其中一位右手握拳伸出，左手已残。缩颈歪头，形象滑稽。留有髯，为胡人形象。另一位与之相对，表情机智而滑稽，为汉人形象。这一对俑可能是唐代非常流行的参军戏中的两个角色。

　　参军戏是流行于唐宋时期的一种艺术表演形式，其内容主要是从现实生活中取材，表演上以滑稽调笑为主，故后人又称为滑稽戏。这种带有戏剧性质的表演，只是专供帝王或贵族享受的，在集宴时和歌舞、杂伎同时演出。（撰文：赵永　供图：杨宏毅）

彩绘陶角抵相扑俑

唐开元十二年（公元 724 年）
高 4.7 厘米
1991 年陕西省西安市东郊金乡县主墓出土
西安博物院藏

　　头戴黑色幞头。裸上身，下身穿三角短裤。左腿抬起，右腿半蹲以脚尖着地。右手向后摆，左臂已残。此俑身躯壮实，肥头大耳，其动作似相扑交手时寻找进攻时机的动作，当为唐代流行的角抵相扑的形象。

　　春秋战国时期已有角抵，汉代把一切带武技和争斗的竞技活动统称为角抵，其重点为摔跤。在唐代角抵又称为"相扑"或"角力"，玄宗时期角抵和击球并列为两项最受欢迎的娱乐项目，角抵往往作为压轴戏放在盛大节日喜庆的最后。《文献通考》载："角力戏，壮士裸袒相搏而角胜负。每群戏既毕，左右军擂大鼓而引之。"唐代还在宫廷中专门设了摔跤队，取名"相扑朋"，平时供皇室取乐、观赏。角抵在唐代民间也很流行，往往还有女子参加。（撰文：赵永　供图：杨宏毅）

彩绘陶踑坐说唱女俑

唐开元十二年（公元 724 年）
高 5 厘米
1991 年陕西省西安市东郊金乡县主墓出土
西安博物院藏

　　头梳双垂髻，身穿白色圆领窄袖袍，腰束黑色带。双膝跪地，腰身挺直。右手伸出，置于胸前。表情真实传神，造型生动逼真。（撰文：赵永　供图：杨宏毅）

彩绘陶倒立杂技童俑

唐开元十二年（公元 724 年）
高 4.9 厘米
1991 年陕西省西安市东郊金乡县主墓出土
西安博物院藏

　　头梳双垂髻，髻已残。额上勒短巾。身穿紧身衣裤。右臂直伸以手掌撑地，独臂倒立而起。双腿在空中交叉前伸，弓腰抬头，姿态矫健。从白衣痕迹看，此俑原无左臂，属独臂残疾人。

　　倒立之技在汉代已相当精深，汉画像石上就有单手倒立的形象，山东济南无影山西汉墓出土的彩绘乐舞杂技陶俑群中也有倒立俑。该墓出土的独臂人倒立的形象却是仅见。（撰文：赵永　供图：杨宏毅）

碧波中的帆影

人类很早就开始了对海洋的探索，从考古实物来看，沟通中外的海上交通路线（海上丝绸之路）在汉代已颇具规模。唐朝衰弱之后，失去对陆上丝绸之路的有效控制，而两宋时期，中原王朝与西域的陆上丝绸之路又受到阻隔。这种情况下，已有的海上交通显得更为重要，加之中国经济重心向东南转移、航海技术进步等因素，海上丝绸之路在唐代被积极开拓并在宋元时期达到空前繁盛。明清时期，东西方文化交流及贸易形式出现新变化，海上丝绸之路也逐渐融入世界贸易体系。活跃在海上丝绸之路的各国商船，不仅运输丝绸、瓷器等大宗货物，也运输金银器、漆木器、玻璃、矿物质、香料等商品，在亚、非、欧地区间往来贸易，不同的文化也在这种贸易中相互借鉴、融合。

唐代外销瓷上的异域色彩

中唐以后，海上丝绸之路已与陆上丝绸之路有并驾齐驱之势。扬州、明州（今宁波）、福州、广州等地是唐代对外贸易的重要港口。唐代的瓷器、茶叶、漆器、麻纸、铜镜等商品沿海上丝绸之路可运往东亚的日本、朝鲜以及东南亚、西亚、东非、北非等地。唐代长沙窑、越州窑、邢州窑、广东窑、巩县窑等窑系的瓷器行销海外，开中国瓷器大量外销之始。考古发现的唐代外销瓷既有中国传统，很多又兼具异域色彩，体现了开放包容的大唐王朝与世界其他地区间文化的频繁交流。

青釉褐绿彩阿拉伯文云纹瓷碗
青釉褐绿彩柿蒂纹瓷碗
青釉褐绿彩阿拉伯文云纹瓷碗
青釉褐绿彩莲纹瓷碗
青釉褐绿彩阿拉伯文云纹瓷碗
青釉褐绿彩阿拉伯文水草纹瓷碗

唐（公元 618 — 907 年）
大碗高 6.9 — 7.5、口径 19.8 — 20.8 厘米
小碗高 4.9 — 5.4、口径 14.8 — 15.4 厘米
"黑石号"沉船器物
湖南省博物馆藏

"黑石号"是 1998 — 2001 年由德国公司打捞的一艘沉没在印尼勿里洞岛海域的唐代阿拉伯贸易商船。船上装载着经由东南亚运往西亚、北非的中国货物。船上有陶瓷、金银器、铜镜、玻璃、香料等各类商品多达 6.7 万件。陶瓷器占了绝大部分，约 6 万余件，其中长沙窑的彩瓷 56500 多件，还有越窑青瓷、邢窑白瓷、巩县窑唐代青花瓷、白釉绿彩，以及广东窑系的产品。这些"黑石号"沉船上长沙窑瓷器上既有阿拉伯文图案和阿拉伯地区常见的椰枣纹、水草云纹等图案，又有中国传统的莲纹、柿蒂纹元素，是当时唐朝和阿拉伯帝国阿拔斯王朝（中国史书称"黑衣大食"）两大帝国之间的文化交流与融合的见证。（撰文：陈克双 供图：湖南省博物馆）

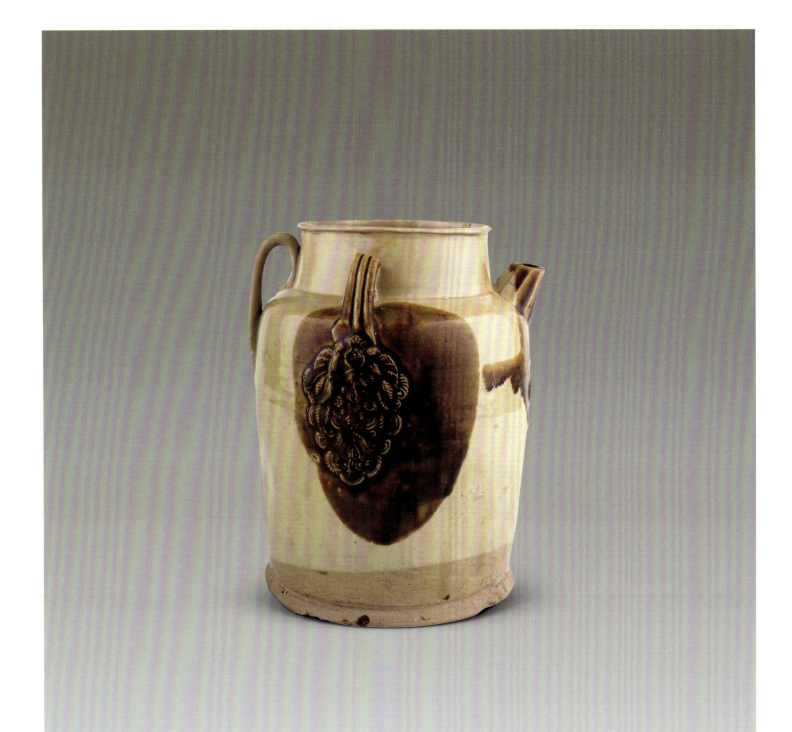

青釉模印贴花椰枣纹瓷壶

唐（公元 618 – 907 年）
高 22.2、口径 11.5、底径 15.8 厘米
"黑石号"沉船器物
湖南省博物馆藏

　　直口，口沿外卷，短颈，丰肩，肩部设八棱形短流、长环錾、双环系，筒形直腹，壶身施青釉，圈足露胎。流及双系下用模印贴花技法饰椰枣纹图案。图案上加施圆形深色酱斑。长沙窑瓷器大量运用酱褐斑模印贴花装饰，贴花纹样具有浓郁的中亚、西亚风格，如坐狮、对鸟、椰枣纹、胡人乐舞等，创作内容丰富，装饰富于变化，色彩搭配协调，使得长沙窑模印贴花独具特色。（撰文：陈克双　供图：金明）

青釉模印贴花人物纹瓷壶

唐（公元 618 – 907 年）
高 24、口径 7、底径 12 厘米
1955 年陕西省西安市东郊经五路出土
陕西历史博物馆藏

　　长沙窑产品，口残，肩部置八棱短流，两侧有系。壶体以贴花装饰出三组图案，分别为尖顶楼台、穿皮袍外域少年及马戏人物，图案具有浓郁西亚风格。模印贴花是长沙窑风行的装饰手法。唐代长沙窑在海外风靡一时，远销至非洲的东海岸。为适应海外市场需求，长沙窑外销瓷器往往带有浓郁的异域风格。有学者认为，"伊斯兰商人可能已经深入我国瓷器生产地区订货，甚至参与管理和瓷器生产"。（撰文／供图：翟晓兰、王建玲）

青釉模印贴花"张"字纹瓷壶

唐（公元 618 – 907 年）
高 22.5、口径 8、底径 15 厘米
长沙窑窑址出土
湖南省博物馆藏

　　该长沙窑瓷壶侈口，肩部置八棱形短流、双系及宽扁錾，鼓腹，平底。壶身用模印贴花技法饰三组图案，一为坐狮，另两组为椰枣纹图案，其中一椰枣纹图案正中有一"张"字，图案上加施圆形深色酱斑。椰枣是西亚常见的果树，椰枣纹也是长沙窑器物上的流行图案，突显了长沙窑外销瓷器的异域风格。概"张"字图案与同类贴花中出现的"王"、"李"等姓一样，盖有"物勒工名"或借工匠名气推销之意。（撰文：陈克双 供图：湖南省博物馆）

青釉模印贴花人物纹瓷壶

唐（公元 618 – 907 年）
高 16.4、口径 5.8、底径 9.9 厘米
1973 年湖南省衡阳市司前街水井出土
湖南省博物馆藏

　　该壶侈口，卷唇，短颈，圆肩，鼓腹，平底。肩部设八棱形短流、宽扁鋬、双环系，壶身施青釉，圈足露胎。流及双系下分别饰三组模印贴花图案，一组为外域女子在蒲团上婆娑起舞，一组为尖顶式建筑，一组为立狮，具有典型的西亚文化风格。西亚人有用大壶、大罐汲水及头顶器物行走的习惯，长沙窑瓷壶造型中多安置双系、鋬，便于携带，很迎合西亚市场的需求。（撰文：陈克双　供图：湖南省博物馆）

青釉模印贴花人物纹瓷壶

唐（公元 618 – 907 年）
高 18、口径 8、底径 10.3 厘米
陕西省安康市出土
陕西历史博物馆藏

　　该壶系长沙窑产品，侈口，卷唇，短颈，圆肩，鼓腹，平底。肩部一侧饰八棱形短流，对侧安置宽扁鋬，另两侧安对称双系。腹部模印贴塑人物纹饰，分别表现胡腾舞、吹奏乐和骑马舞剑的姿态。纹饰上加施圆形深色酱斑，釉下有化妆土。装饰图案具有浓郁的外来文化风格。（撰文：陈克双　供图：翟晓兰、王建玲）

青釉模印贴花人物纹瓷壶

唐（公元 618 – 907 年）
高 18.5、口径 7.5、底径 10 厘米
上海博物馆藏

　　上海市青浦区白鹤镇的青龙镇遗址是唐宋时期长江下游、东南沿海重要的水运枢纽和货物集散地。该执壶出自遗址的一口唐代水井中，同出还有一件青釉褐彩模印贴花椰枣狮子纹执壶，是唐代长沙窑常见的产品。

　　该壶造型端庄典雅：侈口、卷沿、短直颈、鼓弧腹、敛胫、饼形底、八棱形短流、长环錾、双环系、錾与系皆用三根泥条并联而成，内底施透明薄釉，近圈足处露胎。胎色灰白，施白色化妆土。釉色青中带黄，莹润光洁。流和双系下施釉下褐斑，其上粘有模印胡人乐伎贴片。双系下的乐伎头戴圆形毡帽，着窄袖紧衣、裹腿裤、长筒靴，手持拍板，从图像看两者应为同模贴片，其中一片或因操作失误而上下颠倒。流下的胡人乐伎头戴风帽，身穿圆领窄袖短衫，胸前结带，下着长裤，足蹬笏头靴，偏坐于绳床之上，身体前倾，双手抚一长条形琴状乐器。这类胡人伎乐的题材在长沙窑瓷器中十分常见，映射出唐代中外交流的盛况。（撰文：叶倩　供图：张旭东）

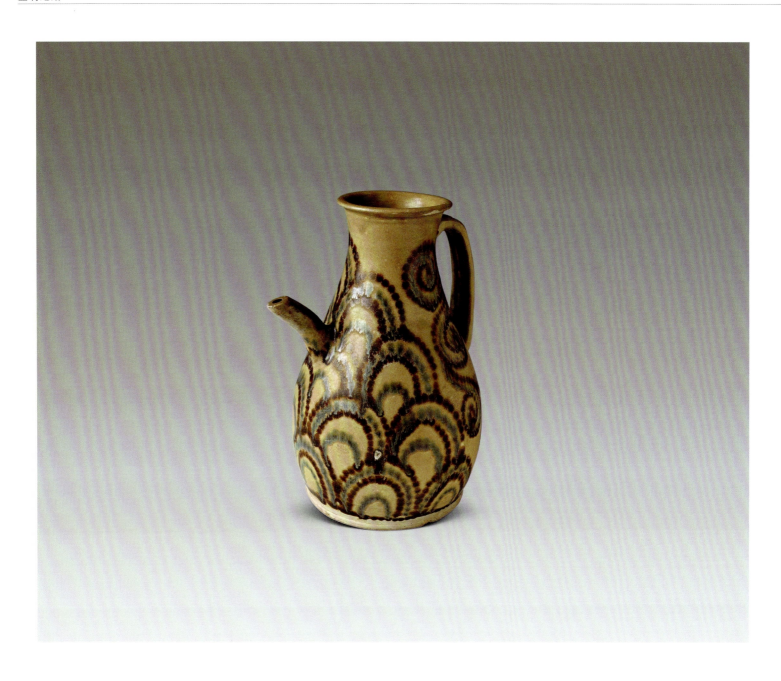

青釉褐绿点彩纹瓷壶

唐（公元 618 — 907 年）
高 22.8、口径 7.8、底径 14 厘米
1975 年湖南省望城县春堂公社右城大队出土
湖南省博物馆藏

　　该壶侈口，高直颈，溜肩，圆鼓腹，腹下部略内收，平底。壶身两侧分置圆管流和长环鋬。通体施釉不及底，釉下以褐、绿点彩绘波浪或重叠山峦图案，鋬部周围点彩图案似旋浪纹或云气纹。点彩是西亚民族常用的装饰纹饰，由圆点（珠）组成如菱形纹、圆圈纹、弧线纹、排点纹等图案，是伊斯兰陶器装饰艺术的显著风格，尤以伊朗尼沙布尔等地的陶器特点最为突出。而这些图案又是由波斯萨珊王朝的联珠纹、圈点纹发展而成的。点彩纹装饰在长沙窑瓷器上习见，反映了西亚伊斯兰文化对长沙窑的影响。（撰文：陈克双 供图：湖南省博物馆）

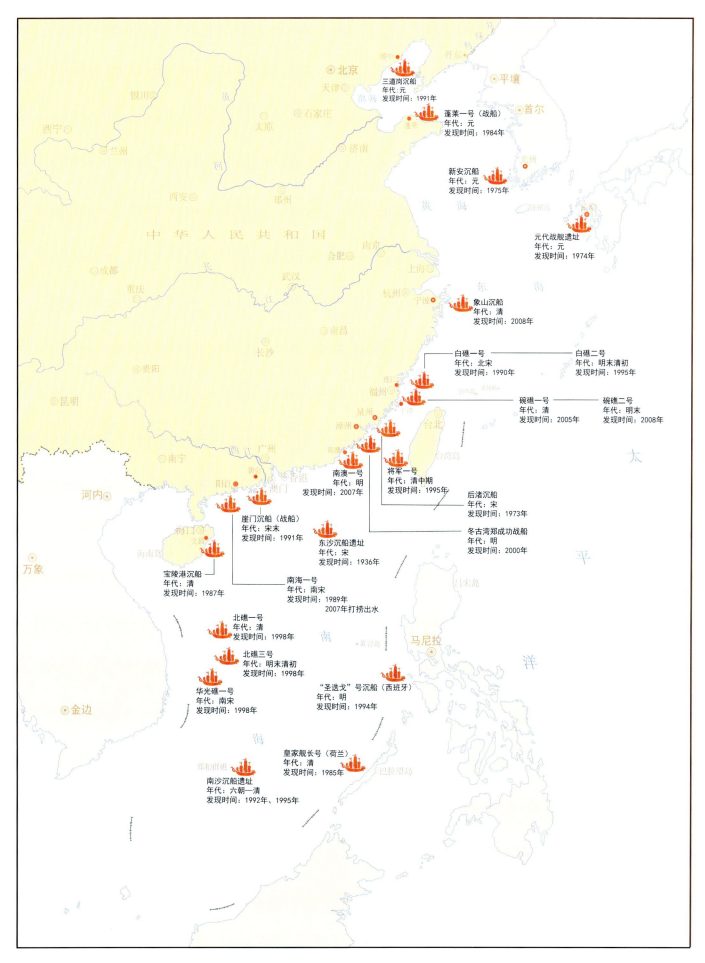

北京

三道岗沉船
年代：元
发现时间：1991年

蓬莱一号（战船）
年代：元
发现时间：1984年

新安沉船
年代：元
发现时间：1975年

元代战舰遗址
年代：元
发现时间：1974年

中 华 人 民 共 和 国

象山沉船
年代：清
发现时间：2008年

白礁一号 ——————— 白礁二号
年代：北宋   年代：明末清初
发现时间：1990年   发现时间：1995年

碗礁一号 ——————— 碗礁二号
年代：清   年代：明末
发现时间：2005年   发现时间：2008年

南澳一号
年代：明
发现时间：2007年

将军一号
年代：清中期
发现时间：1995年

后渚沉船
年代：宋
发现时间：1973年

冬古湾郑成功战船
年代：明
发现时间：2000年

崖门沉船（战船）
年代：宋末
发现时间：1991年

东沙沉船遗址
年代：宋
发现时间：1936年

宝陵港沉船
年代：清
发现时间：1987年

南海一号
年代：南宋
发现时间：1989年
2007年打捞出水

北礁一号
年代：清
发现时间：1998年

北礁三号
年代：明末清初
发现时间：1998年

华光礁一号
年代：南宋
发现时间：1998年

"圣迭戈"号沉船（西班牙）
年代：明
发现时间：1994年

皇家舰长号（荷兰）
年代：清
发现时间：1985年

南沙沉船遗址
年代：六朝—清
发现时间：1992年、1995年

鼎盛的宋代海外贸易

宋代繁荣的商品经济、先进的科技文化，以及当时政府对于海洋管理采取开放的态度，使得经由海上丝绸之路的中外贸易日益繁盛。当时中国通往海外的路线四通八达，中国出口瓷器、丝绸、茶叶等制成品，进口香料、矿物等原料的贸易模式基本定型，这一时期的海外贸易商品，无论是数量还是种类，都达到空前繁盛。海外贸易收入也成为南宋财政的主要收入。宋代龙泉窑、景德镇窑、德化窑、磁灶窑的瓷器等都是当时对外瓷器贸易中的大宗商品。

龙泉窑青釉菊瓣纹盘

南宋（公元 1127 – 1279 年）
口径 18.3、足径 5.7、高 4.3 厘米
"南海一号"出水
中国国家博物馆藏

该盘浅腹，整体设计成菊瓣造型，器型厚重淳朴而不失美观。里外满施青绿釉，圈足底裹釉，足内露胎。釉色莹润丰厚，有"千峰翠色"、"如玉似冰"的神韵。龙泉窑属南方青瓷系，宋代时发展至鼎盛，器型质朴厚重，釉面多呈葱青色，釉层肥厚，莹润如玉，装饰手法简练大气，流行刻划花、堆塑装饰手法。宋代龙泉窑瓷器多生产日用品，工艺精湛、极富盛名，成为当时主要的外销瓷品种。

"南海一号"是一艘南宋时期的木质沉船，沉没于今广东省阳江市南海海域，2007 年底被整体打捞出水，船上各类货品以瓷器为主，包括景德镇窑系、龙泉窑系、德化窑系等产品，也有少量金器、铜器和香料等。据推测，这艘古船曾赴新加坡、印度等东南亚或中东地区进行海外贸易。（撰文：陈克双　供图：王霁、聂政）

景德镇窑青白釉菊瓣纹印花盏

南宋（公元 1127 — 1279 年）
口径 11.4、足径 3.3、高 4.4 厘米
"南海一号"出水
中国国家博物馆藏

　　此盏胎体轻薄，造型呈菊瓣形，弧壁，平底，釉呈影青色，釉色莹润，盏内外根据口沿的花瓣形状凸起，筋脉呈直线至盏底中心，盏心印五瓣花卉纹，整盏加上青白釉色映衬，形状像一朵盛开的菊花，极富立体感。景德镇青白釉瓷器是宋代景德镇制瓷工匠创烧出的瓷器品种。因所用釉料含有较高的钙，高温烧制时，釉料熔融，流动性大，流动的釉料随着花纹凹凸而厚薄不同，釉薄处略显白，釉厚处颜色较深，加之器物刻画或模印的暗雕纹饰，在釉面上产生浓淡相间的装饰效果，又因胎体轻薄，光照之下，呈半透明，器物内外均可见隐约的淡青色，加上纹饰的暗影，故被称为"影青"瓷。景德镇影青瓷釉质细腻莹润，胎质细洁，胎体轻薄，有着"白如玉、薄如纸、明如镜、声如磬"的美誉。南宋时期以景德镇为中心，福建、广东、安徽、浙江等地区的窑场大量仿制青白瓷形成了一个庞大的南方青白窑系。"南海一号"出水大量景德镇青白釉外销瓷器，以碗、碟、盘为主，表明这种瓷器很受海外市场欢迎。（撰文：陈克双 供图：王霁、聂政）

景德镇窑青白釉刻划花卉纹碗

南宋（公元 1127 — 1279 年）
口径 20.6、足径 5.6、高 7.5 厘米
"南海一号"出水
中国国家博物馆藏

龙泉窑青釉刻花卉纹碗

南宋（公元 1127 — 1279 年）
口径 16.2、足径 5.6、高 7.3 厘米
"南海一号"出水
中国国家博物馆藏

景德镇窑青白釉印花花口盘

南宋（公元 1127 — 1279 年）
口径 16.9、足径 4.7、高 3.4 厘米
"南海一号"出水
中国国家博物馆藏

景德镇窑青白釉印叶脉纹花口盘

南宋（公元 1127 — 1279 年）
口径 18、足径 5.6、高 3.4 厘米
"南海一号"出水
中国国家博物馆藏

景德镇窑青白釉芒口印叶脉纹花口盏

南宋（公元 1127 — 1279 年）
口径 10.8、足径 4.6、高 5.5 厘米
"南海一号"出水
中国国家博物馆藏

景德镇窑青白釉刻划花卉纹浅腹碗

南宋（公元 1127 — 1279 年）

口径 19.9、足径 5.5、高 5.4 厘米

"南海一号"出水

中国国家博物馆藏

龙泉窑青釉刻划花卉纹（外刻菊瓣纹）盘

南宋（公元 1127 — 1279 年）

口径 18.8、足径 6.4、高 4.8 厘米

"南海一号"出水

中国国家博物馆藏

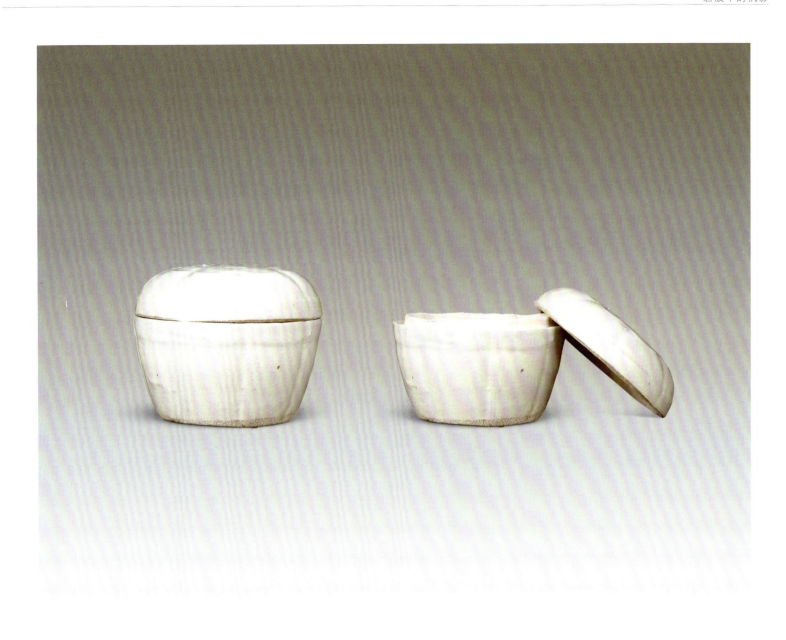

德化窑青白釉瓜棱印花深腹盒

南宋（公元 1127 — 1279 年）
盒身口径 5.8、足径 4.9、盖口径 6.8、通高 5.5 厘米
"南海一号"出水
中国国家博物馆藏

　　此盒作瓜棱形，盒盖与盒身子母扣合，深腹，平底，青白釉，
盒盖印花。德化窑生产的这类外销瓷盒，根据用途，设计出
大盒、中盒、小盒、子母盒（大盒之中套小盒）等多种样式，
东南亚当地人用来盛装香料或妇女化妆用的粉、黛、朱玉等，
款式也有圆式、八角式、瓜棱式等，盒盖上所印纹饰丰富，达
百余种，在当时的东南亚和日本都很畅销。（撰文：陈克双　供图：
王霁、聂政）

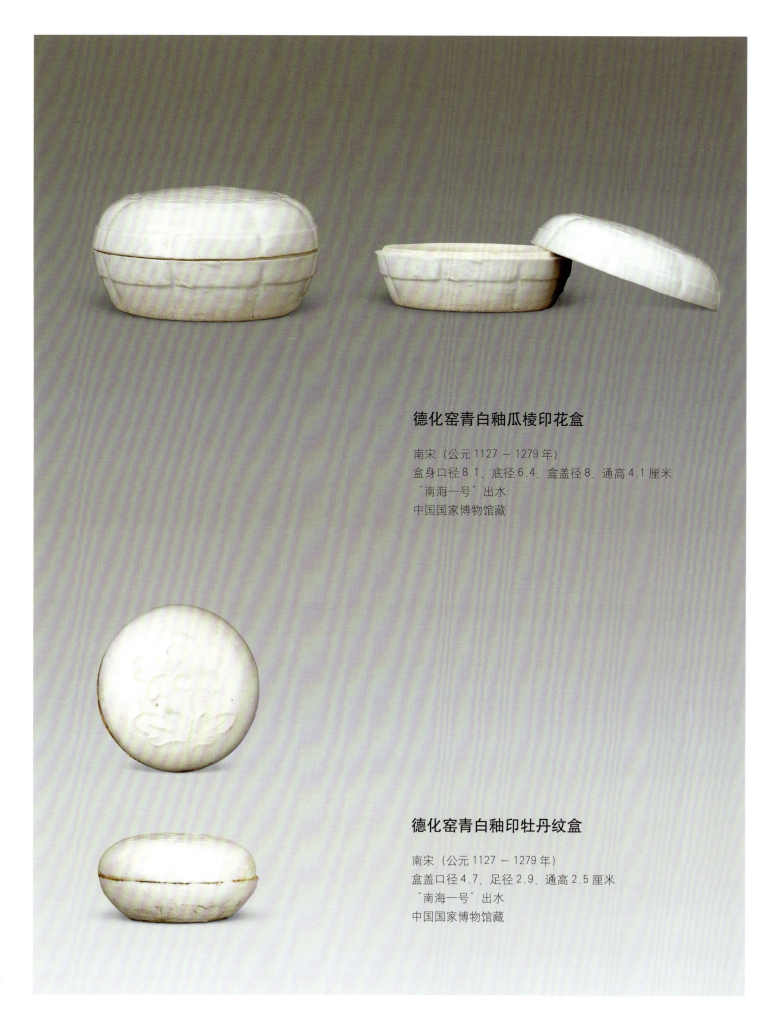

德化窑青白釉瓜棱印花盒

南宋（公元 1127 – 1279 年）
盒身口径 8.1、底径 6.4、盒盖径 8、通高 4.1 厘米
"南海一号"出水
中国国家博物馆藏

德化窑青白釉印牡丹纹盒

南宋（公元 1127 – 1279 年）
盒盖口径 4.7、足径 2.9、通高 2.5 厘米
"南海一号"出水
中国国家博物馆藏

德化窑青白釉印卷草纹双系小瓶

南宋（公元 1127 — 1279 年）
口径 2.4、足径 3.8、高 7.8 厘米
"南海一号"出水
中国国家博物馆藏

德化窑青白釉印缠枝花卉纹四系罐

南宋（公元 1127 — 1279 年）
口径 3.5、足径 5、高 8.4 厘米
"南海一号"出水
中国国家博物馆藏

德化窑青白釉葫芦瓶

南宋（公元 1127 — 1279 年）
口径 1.4、足径 3.8、高 8.9 厘米
"南海一号"出水
中国国家博物馆藏

德化窑青白釉喇叭口印花瓶

南宋（公元 1127 – 1279 年）
口径 5.4、足径 5.5、高 10.7 厘米
"南海一号"出水
中国国家博物馆藏

　　此瓶喇叭形口、鼓腹、圈足，腹部印有重瓣莲花纹，釉色青白。德化窑位于福建德化县，窑址遍布全县及周边，唐代开始烧制瓷器，外销海外始于北宋。宋元时期德化窑外销瓷器规模大、数量多，主要销往东南亚、东北亚。在菲律宾、印度尼西亚、马来西亚、新加坡、日本等国都发现大量德化窑瓷器，与德化窑址考古发现的出土器物一模一样。"南海一号"出水的德化窑瓷器，不仅有碗、盘等，还有大量盒、罐、小瓶等，主要是为了满足东南亚当地市场的需要。（撰文：陈克双 供图：王霁、聂政）

德化窑青白釉喇叭口刻菊瓣纹执壶

南宋（公元 1127 – 1279 年）
口径 6.7、足径 7.4、高 20.5 厘米
＂南海一号＂出水
中国国家博物馆藏

德化窑青白釉印花八棱执壶

南宋（公元 1127 – 1279 年）
壶盖口径 7、足径 8.3、通高 25.4 厘米
＂南海一号＂出水
中国国家博物馆藏

磁灶窑黑釉小口扁腹罐

南宋（公元 1127 – 1279 年）
口径 3.3、足径 8.3、高 8.8 厘米
"南海一号"出水
中国国家博物馆藏

　　小口，扁腹，黑釉不及腹身下部和底部，平底，底有墨书。磁灶窑位于泉州晋江下游，分布在梅溪两岸，舟船可直达晋江，入泉州湾而泛洋。宋代在泉州设有市舶司，是当时重要的贸易港口，便利的地理位置，为磁灶窑瓷器的大量外销提供了条件。宋元时期磁灶窑产品釉色有绿、青、黄、酱色等，其中绿釉瓷和彩绘瓷最有特色。器型除军持，各色碟、盘等外，还烧造各种粗瓷水埕、瓮、坛、罐、瓶等，价格低廉，适合海外市场人民日用之需。宋元时期磁灶窑产品远销东南亚、日本地区，在南亚、非洲、澳洲也有发现。（撰文：陈克双 供图：王霁、聂政）

磁灶窑绿釉葫芦瓶

南宋（公元 1127 – 1279 年）
口径 1、足径 4.8、高 8.1 厘米
"南海一号"出水
中国国家博物馆藏

磁灶窑绿釉小长颈瓶

南宋（公元 1127 – 1279 年）
口径 2.4、足径 3.3、高 7.7 厘米
"南海一号"出水
中国国家博物馆藏

深烟色牡丹纹罗无袖单衣

南宋淳祐三年（公元 1243 年）
通长 78、腰宽 44、下摆宽 42 厘米，重 20.1 克
福州黄昇墓出土
福建博物院藏

　　衣三经相绞花罗、对襟边外层同地纹、斜向纬显花。里层平纹纱，经 48，纬 40。加缝领平纹纱，同襟里。腰下开叉 28.5 厘米。经平纹显牡丹纹。（撰文：黄汉杰 供图：王露）

褐色镶彩绘花边广袖罗袍

南宋淳祐三年（公元 1243 年）
通长 120、通宽 182 厘米
福州黄昇墓出土
福建博物院藏

　　袍，合领对襟，无纽襻或系带。袍的表层为四经绞罗，彩绘鸾凤，云气纹等，印金蔷薇花等彩绘纹饰，同大襟边。
（撰文：黄汉杰　供图：王露）

褐色印花褶裥罗裙

南宋淳祐三年（公元 1243 年）
通长 78、通宽 158 厘米
福州黄昇墓出土
福建博物院藏

　　裙，二经绞罗，经纬密 32 － 36×22 － 24 根／毫米，直径：经 0.05 毫米拈，纬 0.2 毫米无拈，裙面上窄下宽，下摆呈弧形，犹如折扇开展，纵向褶裥 21 道，褶子有疏有密，上横接腰，两端系带，下半部印金小团花。

　　南宋时期，泉州等处的市舶收入成为南宋政府财政收入的重要来源，据史志记载，丝织品是各港口海外贸易货物中的大宗，泉州港出口的丝织物就有绢伞、绢扇、建阳锦、生丝、绵布、缎锦、锦绫、纐绢、丝帛、五色纐绢、皂绫、白绢等多种多样的匹帛和丝织工艺品，华丽的装饰和优良的质地，使中国丝绸畅销海外，闻名于波斯、西亚等地。黄昇墓出土的丝织品和服饰，品种多样，纹样繁多，质地轻薄，反映了宋代福建等东南沿海地区高超的丝织技术水平。（撰文：黄汉杰　陈克双　供图：王露）

盛开在丝路上的元青花

　　元代辽阔的疆域和多元文化特征，使其能继续着宋代以来鼎盛的海外贸易。瓷器成为出口贸易的最大宗，出口地区包括东亚、东南亚、南亚、西亚以及东非广大地区。14世纪，元代的景德镇开始烧制成熟的青花瓷器。这种高温釉下彩瓷器是中外技术交流的产物，使用产自波斯的进口钴料"苏麻离青"作为彩绘用的青料，而运用中国的制瓷技术在中国烧制成型。结合了中国文化和伊斯兰文化审美情趣的精美白地青花瓷器，自诞生后不久就受到了中外广泛欢迎，产品源源不断输出国外，成为元明清一种主要的对外贸易外销商品。大量元青花瓷器通过海上丝路沿南洋群岛以至中东伊斯兰地区，少量元青花则从陆路经蒙古草原、甘肃、新疆抵达中亚、西亚及东非等地区。而各式小罐、军持等具有南洋风格的瓷器流行则主要是为了迎合东南亚当地市场的需要。

青花缠枝牡丹凤穿花卉纹兽耳罐

元（公元1206 — 1368年）
高38.5，口径14.2，足径17.8厘米
上海博物馆藏

　　直口，束颈，溜肩，鼓腹，腹以下渐收，浅圈足。肩部有兽首形耳一对，兽口中空，可放置金属衔环。兽首以青料画出五官，整器则以七层青花纹样装饰，自上而下依次为：卷草纹、缠枝菊、缠枝莲、凤穿菊花、缠枝牡丹、卷草纹及变形莲瓣纹。纹饰满密生动，画法繁而不乱，青花发色纯正，浓重处有铁锈斑，是典型的进口料呈色。

　　兽首双耳大罐既见于国内的出土品，在海外亦有不少发现。土耳其托普卡比宫的藏品中有相似的牡丹纹大罐，而日本冲绳、印度尼西亚、泰国、印度等地，都发现了类似的兽耳大罐，从中可以窥见此类器物在当时的传播及流通范围。（撰文：陈洁 供图：薛皓冰）

青花莲池鸳鸯纹玉壶春瓶

元（公元 1206 － 1368 年）
高 29、口径 7.7、足径 9.3 厘米
1987 年甘肃省临洮县衙下乡寺洼村双上社出土
甘肃临洮县博物馆藏

　　该瓶喇叭口、细长颈、圆腹、圈足，壶身线条流畅。胎质细腻洁白，釉面莹润。青花发色艳丽且有层次感，具有进口青料的呈色特点。整体纹饰分层有序，内口沿绘卷草纹，自上而下分别为焦叶纹、覆莲瓣纹、莲池鸳鸯纹、仰莲瓣纹，每层纹饰之间以一圈卷草纹间隔。腹部主图莲池鸳鸯纹，绘满池盛开的莲花，鸳鸯嬉戏于其间，这种题材的图案元代文人称为"满池娇"，宋金时已见，在元代青花瓷器中颇为流行，也是元代织绣纹样中流行的图案。类似的出土于甘肃河西走廊一带的元青花瓷器，为研究元青花经陆上丝绸之路过往的情况提供了依据。（撰文：陈克双 供图：甘肃临洮县博物馆）

青花缠枝牡丹纹梅瓶

元（公元 1206 – 1368 年）
高 41.9、口径 6.1、底径 13.9 厘米
上海博物馆藏

　　此瓶样式称为"梅瓶"，又称"经瓶"，"酒经"，是宋代开始出现的一种储酒容器，或言兼有计量的功能，一瓶即为"一经"。元青花中常见梅瓶，应与蒙元民族好酒的习性密不可分。瓶身分段粘接，细看可见接痕。纹饰呈水平条带状分布。

　　该瓶唇口、短颈、丰肩，肩部以下渐收，胫部近底处微外撇，浅圈足，足底无釉，线条柔美，端庄典雅。胎质细腻，釉色白中闪青。青花淡雅明快，隐见黑斑。从上到下分布五个环绕装饰带：肩部为卷草纹下接缠枝莲纹；腹部描绘缠枝牡丹，下接卷草纹，与肩部呼应；胫部为变体仰莲纹。花卉均为正、俯、仰三种视图间隔排列，叶片亦用不同形状表示多样视角，枝蔓蜿蜒缠绕，花叶交辉，笔触细腻，线条流畅。不同纹饰带之间皆用浅淡的双弦纹分隔，层次丰富，主次分明。（撰文：叶倩　供图：上海博物馆）

青花串枝菊花纹碗

元（公元 1206 — 1368 年）
高 5.6、口径 11.8、足径 4.4 厘米
上海博物馆藏

　　花卉纹是元青花的常见题材，既可作主题纹饰，又可作边饰，种类、布局、组合灵活多样。卷草纹又称卷枝纹，源于魏晋南北朝时期的忍冬纹，通常用作辅助纹饰。

　　该碗侈口微卷、弧腹、圈足，除足端、足底外通体施釉，白中泛青，釉面侵蚀。外壁上、下两道弦纹中间为主题纹饰带，描绘了四朵以枝叶串联的菊花；内口沿两道线圈间绘卷草纹，碗心双圈内为火珠纹，图案简洁，画风粗朴。青花蓝中泛灰，呈色暗淡，是适应东南亚地区市场需求的外销产品。（撰文：叶倩　供图：上海博物馆）

青花串枝菊花纹执壶

元（公元 1206 — 1368 年）
高 10.5、口径 2.4、底径 4.8 厘米
上海博物馆藏

　　执壶又称注子、注壶，是隋代开始出现的一种酒具，常与注碗搭配使用。元代执壶的壶身有梨形、八方形、葫芦形等，流与颈之间常有"S"形钮相连。

　　此壶尺寸较小，胎质坚细，釉色白中泛青，青花蓝中泛灰，与"至正型"青花差别明显，是输往东南亚地区的外销产品。壶身呈葫芦形，上、下两节和每节上、下两部分均粘接而成，壶身两侧相对位置粘接曲流和耳形环柄，流的中段和壶身上半节粘连，平底无釉，造型别致，线条柔美。纹饰从上到下分为三层：颈部为钱纹锦地，上半部描绘两朵以枝叶串联的栀子花，下半部饰相似构图的串枝菊花，不同纹饰带之间均用双弦纹分隔，图案朴实简洁，清新明快。（撰文：叶倩　供图：上海博物馆）

青花鸾凤纹匜

元（公元 1206 — 1368 年）
高 4.1，口径 13.2，底径 8.4 厘米
甘肃省临洮县衙下乡寺洼村出土
甘肃临洮县博物馆

　　直口，圆腹，平底，口沿处设流，流下有似水浪形装饰系。胎质白细，釉面晶莹，通体饰青花，青花色泽艳丽明亮。内壁绘一圈缠枝花卉，内底绘双凤对舞纹。外壁以八个莲瓣纹（俗称"八大码"）装饰。元代这类匜除瓷器外，也有银、铜制成的，根据安庆元代范文虎墓出土银器和元代蒲城墓葬壁画，这种匜多用作饮器，可与玉壶春瓶等器具配套使用。（撰文：陈克双 供图：甘肃临洮县博物馆）

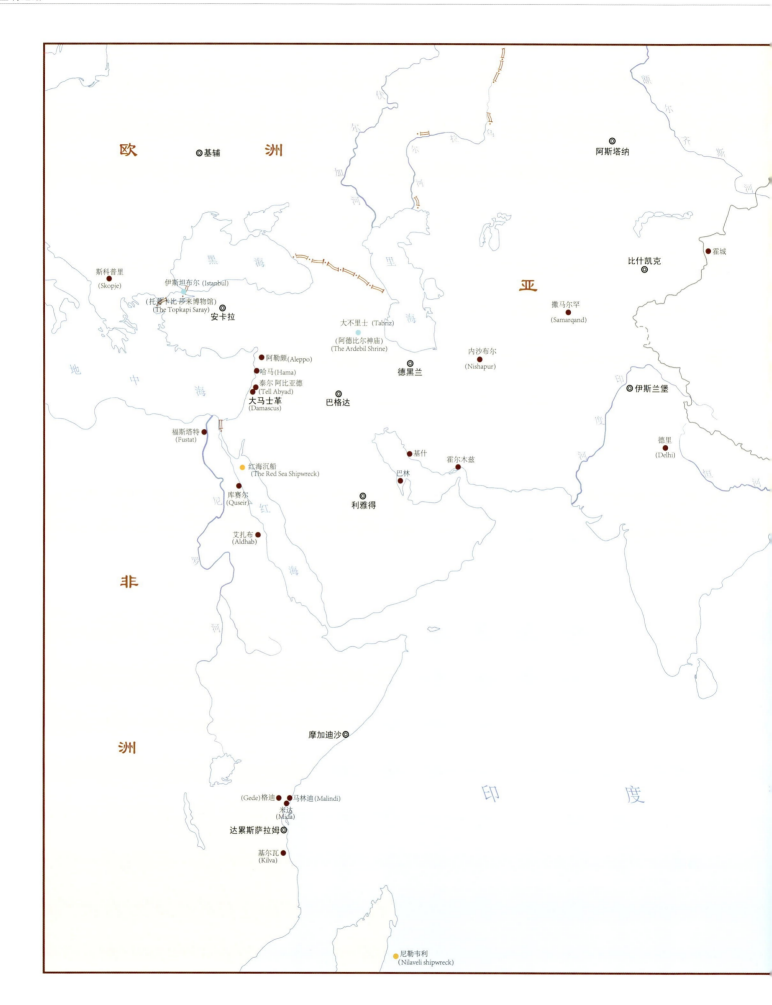

欧　洲

◎基辅

亚

阿斯塔纳

斯科普里
(Skopje)

黑　海

霍城

比什凯克

撒马尔罕
(Samarqand)

伊斯坦布尔 (Istanbul)
(托普卡比·萨来博物馆)
(The Topkapi Saray)
安卡拉

地
中
海

大不里士 (Tabriz)
(阿德比尔神庙)
(The Ardebil Shrine)

内沙布尔
(Nishapur)

德黑兰

阿勒颇(Aleppo)
哈马(Hama)
泰尔·阿比亚德
(Tell Abyad)
大马士革
(Damascus)

巴格达

伊斯兰堡

福斯塔特
(Fustat)

德里
(Delhi)

基什
巴林

霍尔木兹

红海沉船
(The Red Sea Shipwreck)

库赛尔
(Quseir)

利雅得

红
海

非

艾扎布
(Aldhab)

洲

摩加迪沙 ◎

印

度

(Gede)格迪　马林迪(Malindi)
米达
(Mida)
达累斯萨拉姆 ◎

基尔瓦
(Kilva)

尼勒韦利
(Nilaveli shipwreck)

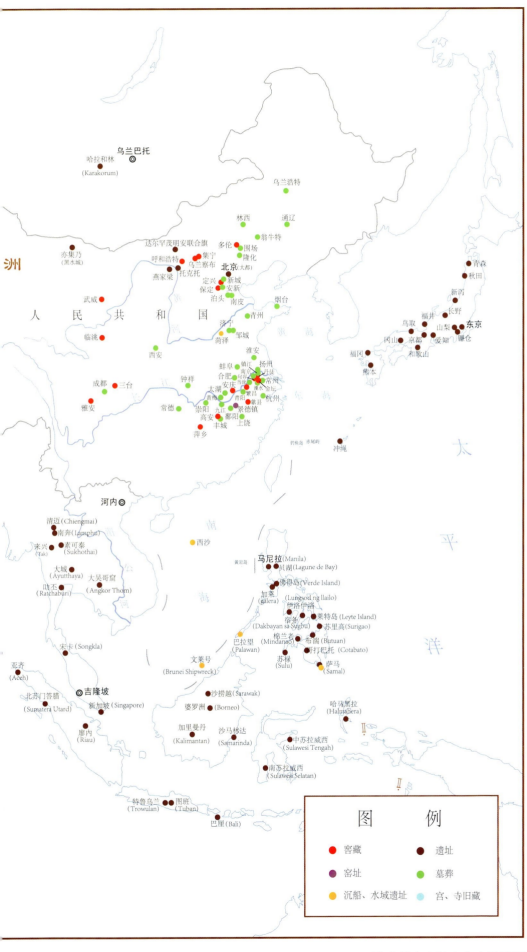

洲

亚集乃
(黑水城)

人 民 共 和 国

哈拉和林
(Karakorum)

乌兰巴托 ◎

乌兰浩特

林西
翁牛特
通辽

达尔罕茂明安联合旗
多伦 围场
集宁 隆化
呼和浩特 乌兰察布
燕家梁 托克托
北京 (大都)

青森
秋田

新潟
长野
山梨
镰仓
东京
爱知
和歌山

福井
京都

鸟取
冈山

福冈

熊本

武威

定兴 新城
保定 安新
泊头 南皮
烟台

临洮

青州
济宁
邹城
菏泽

西安

淮安
蚌埠 镇江 扬州
合肥 南京 丹徒 常州
成都 三台 钟祥 太湖 安庆 句容 青浦 金坛
黄梅 青阳 繁昌 杭州
雅安 崇阳 鄱阳 景德镇
常德 九江 德县
高安 上饶
萍乡 丰城

钓鱼岛 赤尾屿
冲绳

太

河内 ◎

平

清迈 (Chiengmai)
南奔 (Lamphu)
来兴 素可泰
(Tak) (Sukhothai)
大城
(Ayutthaya)
叻丕 大吴哥窟
(Ratchaburi) (Angkor Thom)

西沙

马尼拉 (Manila)
贝湖 (Lagune de Bay)

佛得岛 (Verde Island)
加莱 (Lungsod ng Ilailo)
galera 伊洛伊洛
宿务 莱特岛 (Leyte Island)
(Dakbayan sa Sugbu) 苏里高 (Surigao)
棉兰老 布端 (Butuan)
(Mindanao) 可打巴托 (Cotabato)
苏禄 萨马
(Sulu) (Samal)

黄岩岛

巴拉望
(Palawan)

文莱号
(Brunei Shipwreck)

南

海

宋卡 (Songkla)

亚齐
(Aceh)

北苏门答腊
(Sumatera Utard)

洋

沙捞越 (Sarawak)

哈马黑拉
(Halmahera)

◎ 吉隆坡

新加坡 (Singapore)

婆罗洲 (Borneo)

廖内
(Riau)

加里曼丹
(Kalimantan)

沙马林达
(Samarinda)

中苏拉威西
(Sulawesi Tengah)

南苏拉威西
(Sulawesi Selatan)

Ⅱ

Ⅱ

Ⅱ

特鲁乌兰 图班
(Trowulan) (Tuban)
巴厘 (Bali)

图 例

● 窖藏 ● 遗址

● 窑址 ● 墓葬

● 沉船、水域遗址 ● 宫、寺旧藏

元青花出土地点分布示意图

黄釉军持

元（公元 1206 – 1368 年）
高 17.5、口径 5.8、底径 7.2 厘米
上海博物馆藏

　　军持一名源自梵语的音译，又称"捃稚迦"、"君迟"，是佛教僧侣饮水或净手的器皿，有铜、瓷等各种质地。瓷质军持始见于唐，延续至明清。按造型可分为有流和无流，称呼也随之不同，前者多称"军持"或"净瓶"，后者多称"大吉瓶"或"藏草瓶"。

　　南宋至元代，南方福建德化、磁灶、南坑，广东西村等窑场烧制大量外销到东南亚地区的军持，器型变矮变胖，颈部变短变粗，肩、腹之间有上斜的直流，该黄釉军持即为此类产品，长直颈，鼓腹，平底，腹部中间有一道较深的凹弦纹，口沿一周凸起呈轮状，器型相对修长，胎色泛黄，胎质疏松，黄釉有数处剥落。这类军持的功用已发生变化，成为东南亚地区伊斯兰教徒乃至当地普通民众的日常水器。（撰文：叶倩 供图：上海博物馆）

德化窑青白釉印花军持

元（公元 1206 – 1368 年）
高 10.6、口径 9.1、足径 6.4 厘米
上海博物馆藏

　　喇叭口，束颈，扁圆腹，直流，饼足微内凹。肩腹部模印卷草纹，施青白色釉，腹下部及底足均无釉。

　　军持源自梵文音译，又名军墀、君迟、捃稚迦等，原为东南亚水器，在隋唐时期传入我国，隋代有青釉象首军持，唐代多见，并多在佛寺使用。宋元在福建、广东一带大量生产的军持，与隋唐时期迥然不同，其形态与功用皆发生了显著的变化，是专供东南亚一带的外销器皿，在马来西亚、菲律宾、印度尼西亚等地考古出土品中大量出现。宋元时生产军持的窑口有德化窑、磁灶窑、西村窑等，而以德化窑军持最为多见，在德化坪仑窑、屈斗宫窑、后坑垄和后垄仔等窑址中都有发现。（撰文：陈洁 供图：薛皓冰）

明清外销品上的中国风与异国情调

　　明初，郑和下西洋的远航壮举，促进了中国与国外朝贡贸易的发展。15世纪欧洲"大航海时代"开始，随着西方海上贸易新路线的出现，东西方海外贸易出现新的形式，中国古代海上丝绸之路逐渐没入全球贸易体系。在西方可以与中国直接贸易的模式下，中国的瓷器、茶叶、丝绸、象牙等工艺品自明末开始逐渐大量进入西方，深受欧洲人喜爱和推崇，在欧洲掀起中国风。由于外国商人到中国收购、订制中国瓷器，中国瓷器在釉料、器形、纹饰等方面，逐渐把传统工艺与外来元素结合起来，生产出具有异国情调的瓷器。同时中国瓷器又在外传的过程中，影响了日本、朝鲜、东南亚、欧洲等地区陶瓷业发展的进程。在中国的贸易港口，当地的丝织品、漆器等主要外销品既洋溢着中国传统风格，又散发着异国情调。

青花折枝牡丹纹盘

明（公元 1368 — 1644 年）
高 8、口径 30、底径 13 厘米
"南澳一号"出水
广东省文物考古研究所藏

　　福建省漳州窑产品，此类盘"南澳一号"出水数量最众。盘胎体厚重，较坚密，色白，器型浑圆饱满。圆唇敞口、深腹弧壁、圈足，挖足深而窄，足墙直而厚并黏附有沙粒，足底面下凹。器内底心主题纹绘青花折枝牡丹一束，外围由内及外则分绘青花复线弦纹、青花水波纹和四对称青花折枝花卉纹为饰。而内外壁近口沿与外壁近底足处均各饰一或两周弦纹。青花主题纹饰绘图技法纯熟，主次图案布局疏密有序，花卉开合自如鲜活生动。青花发色浅淡呈灰蓝色。该盘内外壁通体施透明釉，釉面润泽白中略泛灰黄色。大量出水的青花折枝花卉纹盘，是了解明代福建漳州窑青花瓷生产工艺的珍贵研究资料。"南澳一号"沉没于广东省汕头市南澳县云澳镇三点金海域，是一艘明晚期木质沉船，目前打捞出各类瓷器主要是福建漳州窑和江西景德镇窑瓷器，是当时主要的外销瓷品种。（撰文：任卫和 供图：刘谷子）

青花缠枝菊纹盖盅

明（公元 1368 — 1644 年）
高 16、口径 18.5 厘米
"南澳一号"出水
广东省文物考古研究所藏

　　福建漳州窑产品，出水数量较多。该盖盅由碗式盖与钵式身组合而成，胎质色白粗松，胎体厚重，敦实浑圆。平唇敛口，深腹鼓式壁，圈足平削，足墙直而厚薄不均，挖足浅而窄。器盖与器身皆绘青花缠枝菊主题纹图案为饰，盖顶端设圈足式钮，钮内外分饰青花朵菊和弦纹。盖与身两组缠枝菊图案，上下配搭对称，主次分明。青花发色灰蓝。此盅缠枝菊花卉图案绘画技法干练洒脱，花蔓缠绕自然奔放。全盅通体内外施透明釉，釉面润泽开细碎片纹，釉色白中闪灰。此盖盅是了解明代福建漳州窑不同形制陶瓷产品的制作工艺难得一见的实物资料。（撰文：任卫和　供图：刘谷子）

青釉贴塑四耳龙纹罐

明（公元 1368 — 1644 年）
高 28.5、口径 12、底径 12.5 厘米
"南澳一号"出水
广东省文物考古研究所藏

　　福建省漳州窑产品，出水数量较少。此罐胎体粗松较厚重，器型略显修长。平唇直口，凸沿斜短颈，溜肩鼓腹，腹部重心上移，胫缓收，平底足稍外撇内凹。肩部捏塑四对称双条状半环形系，上腹部贴塑浮雕式海水游龙一条，缠绕罐体。器表及内口沿处施浅褐色釉，釉层厚薄不均多含杂质，外壁挂釉不及底，胫与足底露胎，胎色灰白。此器虽说器壁修坯

不甚平整，但从总体造型上来看，其造型仍属规整，做工线条流畅，敦厚古拙；而龙纹贴塑工艺则娴熟粗犷，突兀有序，更显其刚阳雄健之风。该器的出水，为研究明代海上丝绸之路的文化交流以及福建漳州窑陶瓷的制作工艺提供了宝贵的实物资料。（撰文：任卫和　供图：刘谷子）

德化窑白釉双螭壶

明（公元 1368 — 1644 年）
通高 16，口径 6 厘米
上海博物馆藏

壶呈直筒形，微束腰，盖沿平，上有狮钮。壶身束腰处有绳索装饰。执壶两侧各有螭龙一条。一龙向上攀缘，昂首怒视，内部中空，成为壶流；一龙虬曲而下，俯身采视，形成壶把，构思奇巧，造型生动。执壶胎质洁白细腻，釉面肥厚光润，略闪肉红色，使造型显得更加简洁明快。

明清时期，德化白瓷是颇受西方人喜爱的瓷器品种。这类双螭壶，既供国内使用，也外销至欧洲等地，在奥古斯都等欧洲著名的收藏中，可以找到不少类似的执壶。其生产年代应该在明代晚期，哈彻号沉船上出水了两件相似的执壶，同船出水有崇祯十六年（公元 1643 年）"癸未"款瓷器，可以作为断代依据。（撰文：陈洁 供图：薛皓冰）

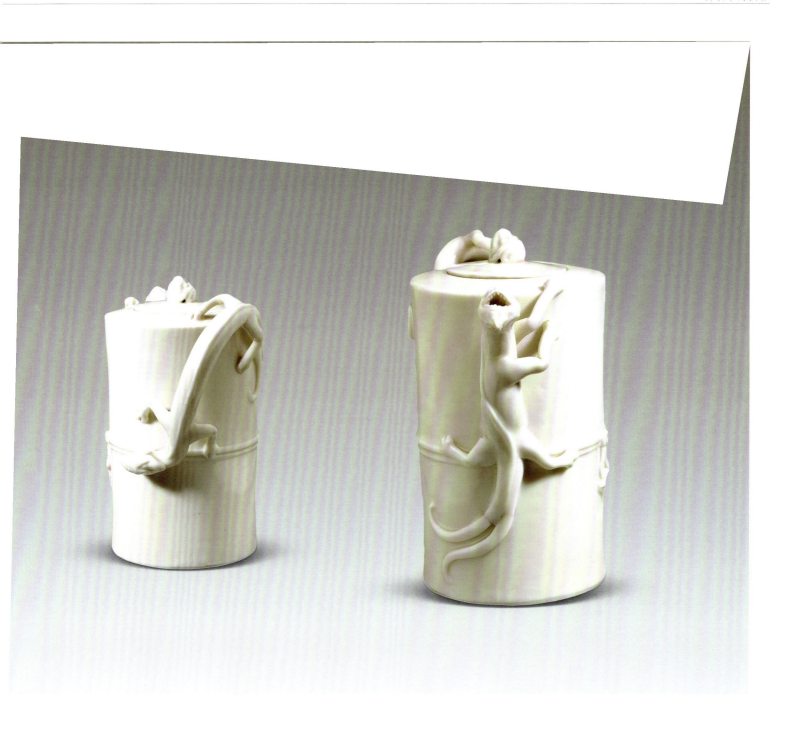

德化窑白釉扁形壶

明（公元 1368 — 1644 年）
高 14.3 厘米
上海博物馆藏

　　壶呈扁圆形，曲流，圈足外撇，盖面隆起，上有狮钮。此壶造型流畅，线条明快，内部可见对接痕迹，系前后对合模制而成。壶身一面刻划"清客汲诗调新茗"诗句，表达了文人吟诗品茗的风雅场景，配上温润如玉的釉色，更显雅致

高洁。从诗句判断，这件执壶应当作为茶具使用。

　　明末清初，德化茶具在国内及外销市场上都颇受欢迎。在荷兰与英国东印度公司的记录中，有不少采购德化白瓷的记录。（撰文：陈洁 供图：薛皓冰）

德化窑白釉印花双螭耳三足炉

明（公元 1368 – 1644 年）
高 8.8、口径 10.2、底径 9.2 厘米
福建博物院藏

　　敛口，丰肩，腹扁鼓，外壁自而下饰内弧状弦纹，肩部凸印横向"S"形纹，间饰四瓣花。双螭首耳腹间，宽圈足，足外壁饰三角重瓣纹一周，下承三兽面爪足。通体施象牙白釉，釉水莹润，柔和光亮。足底露胎，胎质洁白细腻。德化窑位于福建中部，早期以烧制青瓷、青白瓷、白瓷为主，明清时期德化窑制瓷达到鼎盛，产品胎薄透影而质坚，釉色晶莹温润，呈现出"象牙白"、"猪油白"等特质，在国外市场很受欢迎，曾享誉欧洲，成为中国白瓷最高峰的代表之一。（撰文：曾伟希　供图：卢金钊）

德化窑白釉弦纹竹节三足炉

明（公元 1368 — 1644 年）
高 14.3、口径 17.5、底径 12.7 厘米
福建博物院藏

　　直口平沿，筒身，外壁呈九道竹节状，底沿贴饰三扁圆足，状如卷缩的竹节，通体施乳白釉，釉水柔和纯净光亮，器内釉水不均，外底微凸，露胎，胎质洁白细腻。（撰文：曾伟希　供图：卢金钊）

德化窑白釉荷叶洗

明（公元 1368 － 1644 年）
高 6.2、口径长 26.2、口径宽 23.2、底径长 12.3、底径宽 10.5 厘米
福建博物院藏

状如荷叶，叶面向下，边沿自然卷翘，口沿短直，构成
六个不规则弧形，内心微隆起，叶子脉凸起，由中心向边沿
延伸，叶内下凹，组成五个不规则底足。有一枝荷包从外底
中心伸向外壁，通体施乳白釉，釉莹润光亮，足底微露胎，
胎洁白细腻。（撰文：曾伟希　供图：卢金钊）

青花鹬蚌相争纹碗

清康熙（公元 1662 — 1722 年）
口径 15.1、足径 6.5、高 7.7 厘米
"碗礁一号"出水
中国国家博物馆藏

　　小方唇，撇口，弧腹，平底圈足。碗里外满釉，足底刮釉露胎，外壁上下饰青花双圈弦纹，中间绘"鹬蚌相争、渔翁得利"故事场景。内口青花双圈弦纹，内底青花双圈弦纹中绘山水图，圈足外壁饰青花双圈弦纹，外底青花双圈弦纹内有一方形花押款。是中国传统故事纹外销瓷器中重要的一类。

　　2005 年发掘于福建平潭屿头岛附近海域的"碗礁一号"沉船，推测沉没年代为清康熙中期。打捞出水 1.7 万余件外销瓷器，大部分为景德镇民窑青花瓷，还有少量青花釉里红、单色釉、五彩等品种。这些出水瓷器与海外征集的同期景德镇青花瓷器，见证了当时景德镇瓷器出口贸易的兴盛。（撰文：陈克双 供图：王霁、聂政）

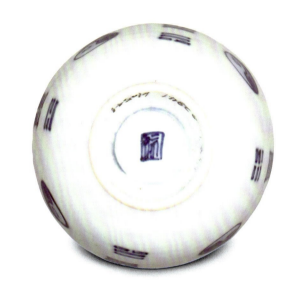

青花太极八卦纹小碗

清康熙（公元 1662 — 1722 年）
口径 8.6、足径 3.9、高 6 厘米
"碗礁一号"出水
中国国家博物馆藏

　　小方唇，敞口，斜直腹，平底圈足。碗内外满釉，足底刮釉露胎，外壁绘太极八卦图，内底绘太极阴阳图，外底青花双圈弦纹内有一方形花押款。（撰文：陈克双　供图：王霁、聂政）

青花开光雏菊纹菱口盘

清康熙（公元 1662 — 1722 年）
口径 21.3、足径 11、高 4.6 厘米
"碗礁一号"出水
中国国家博物馆藏

　　敞口，口、腹作十六瓣菱花形，浅腹，矮圈足。内外满釉，足底刮釉露胎。胎质细腻，内外满饰青花纹饰。盘心单圈弦纹内饰折枝菊花纹，内外壁相呼应，各绘一周十六开光雏菊纹。足底青花双圈弦纹内绘一支菊花，情趣盎然。"半洋礁一号"清代沉船也出水过一样的雏菊纹盘，唯足底内饰青花花押。

（撰文：陈克双　供图：王霁、聂政）

青花开光博古花卉纹杯
青花开光博古花卉纹碟

清康熙（公元 1662 — 1722 年）
杯口径 8.5、足径 3.7、高 7 厘米
碟口径 13.5、足径 7.5、高 2.1 厘米
"碗礁一号"出水
中国国家博物馆藏

杯：尖唇，撇口，斜直腹，平底，圈足。内外满釉，足底刮釉露胎。外沿下青花地半菊纹，外壁青花双线八开光，内绘折枝花卉、博古图。内口沿一圈青花斜线三角形锦地边饰，内底绘一折枝花卉，外底青花双圈弦纹内绘杂宝纹。

碟：浅腹，内沿依次绘青花斜线三角形锦地边饰，青花地半菊纹，花双线八开光折枝花卉、博古图，内底双圈弦纹内绘花卉，外沿绘折枝花卉，外底双圈弦纹内绘杂宝纹。杯、碟图案搭配统一，应是成套制作、销售。（撰文：陈克双 供图：王霁、聂政）

青花双开光人物杂宝纹高足杯

清康熙（公元 1662 － 1722 年）
口径 6.7、盖子口口径 5.8、盖沿口径 7.2、足径 4.6、
足高 9.6、通高 11.7 厘米
"碗礁一号"出水
中国国家博物馆藏

　　盖：子口内敛，方唇，上斜沿，弧顶，青花珠形钮，盖面内外各一道双圈弦纹，内青花地四如意云头纹。
　　杯：圆唇，母口，直弧腹，喇叭形高圈足，二层台足底，刮釉露胎。外壁自上而下青花图案分别绘单圈弦纹、二开光内绘人物及杂宝纹、青花双圈弦纹、青花圈点纹、卷云纹、双圈弦纹。（撰文：陈克双　供图：王霁、聂政）

青花缠枝牡丹纹盖罐

清康熙（公元 1662 － 1722 年）
口径 10.9、盖子口口径 10、盖沿口径 11.4、
足径 6.5、高 7.3、通高 11 厘米
"碗礁一号"出水
中国国家博物馆藏

　　盖：圆唇，平沿，子口，弧腹，平顶上有扁平扣形钮，内外满釉，口沿刮釉露胎。盖顶面内外青花单圈弦纹之间绘缠枝牡丹，钮面绘青花地花卉。
　　罐：圆唇，直敞口，深腹，平底，矮圈足，外足壁二层台。里外满釉，口部和足底刮釉露胎，外壁上下青花单圈弦纹之间绘缠枝牡丹。（撰文：陈克双　供图：王霁、聂政）

青花四开光博古人物花卉纹盖罐

清康熙（公元 1662 — 1722 年）
罐身口径 11、足径 14.5、高 27.4、盖口径 12.8、通高 32.5 厘米
"碗礁一号"出水
中国国家博物馆藏

盖：方唇，平沿，口部刮釉露胎，直弧腹，顶有弧度。外满釉，内素胎。盖顶面青花双圈弦纹内绘博古图，外壁上下错绘八组仰覆青花地莲花云肩，间以花卉纹，最下一道青花单圈弦纹。

罐：方唇，平沿，敛口，口、颈部刮釉露胎。圆肩，鼓腹，平底，足底露胎。肩部内圈为青花地半菊纹边饰，外圈为卷云纹边饰，腹部四开光内绘人物、博古图，开光之间绘折枝荷花、牡丹，最下层一道青花地半菊纹边饰。底部青花双圈弦纹内绘杂宝纹。（撰文：陈克双 供图：王霁、聂政）

青花冰梅纹盖罐

清康熙（公元 1662 – 1722 年）
罐身口径 9.5、足径 11.8、高 20.9、盖口径 11.6、通高 24 厘米
"碗礁一号"出水
中国国家博物馆藏

盖：方唇，平沿，直壁，平顶，口部刮釉露胎，外部满釉，内部素胎。盖顶与盖壁交界处施一圈酱褐釉，盖顶单圈青花弦纹内绘冰梅纹，盖壁也饰一周冰梅纹。

罐：方唇，平沿，敛口，口部刮釉露胎，弧肩，鼓腹，平底，浅凹足，足底露胎，肩、腹部满绘青花地冰梅纹。罐底绘青花双圈弦纹。（撰文：陈克双 供图：王霁、聂政）

青花缠枝花卉纹筒形盖罐

清康熙（公元 1662 — 1722 年）
口径 9.1、足径 9.2、高 10.2、盖子口径 8.3、通高 18.5 厘米
"碗礁一号"出水
中国国家博物馆藏

　　盖：小圆唇，窄沿，子口，弧壁，穹隆顶，葫芦形钮。内外满釉，口沿刮釉露胎。盖面绘缠枝牡丹，钮顶饰青花伞骨纹，束腰处一圈花边纹。
　　罐：方唇，平沿，直口，筒形腹，平底，矮圈足。里外满釉，口沿、足底刮釉露胎。外口沿青花三角形锦地边饰，腹部绘缠枝牡丹纹，外足底绘青花双圈弦纹。（撰文：陈克双　供图：王霁、聂政）

青花黄釉仿哥釉葫芦形长颈瓶

清康熙（公元 1662 — 1722 年）
口径 2.1、足径 4.2、高 17.5 厘米
"碗礁一号"出水
中国国家博物馆藏

　　撇口，长直颈，瓶身作双葫芦形，圆腹、圈足。口沿施酱釉，瓶子肩部以上饰青花图案，自上而下分别是三角形锦地边饰、焦叶纹、覆莲瓣纹、锦地荷花三开光、菱格锦地朵花六开光边饰，腹、足部施酱釉，上腹一道冰裂纹宽弦纹。整体造型美观，釉色层次分明且富于变化，创意精巧。（撰文：陈克双　供图：王霁、聂政）

青花博古纹小胆瓶

清康熙（公元 1662 — 1722 年）
口径 1.5、足径 2、高 9.1 厘米
"碗礁一号"出水
中国国家博物馆藏

　　撇口，长直颈，胆形腹，平底，矮圈足，足底刮釉露胎。颈肩部以上下两圈青花三角纹锦地边饰和双圈弦纹分界，界内绘仰、覆焦叶纹，腹部青花单圈弦纹分界内绘青花博古图。（撰文：陈克双　供图：王霁、聂政）

青花团花纹盒

清康熙（公元 1662 — 1722 年）
盖口径 6.5、身子口径 5.7、足径 3.8、通高 3.2 厘米
"碗礁一号"出水
中国国家博物馆藏

　　盒盖方唇、母口、浅弧顶，盖面外圈饰青花菱格、花朵纹边饰，中间绘一周覆莲瓣纹，以青花单圈弦纹分界，盒顶中心绘一团花。盒身子口，内敛，方唇，立沿，浅腹，平底，矮二层台足。盒身青花纹饰与盒盖对应，上部绘青花菱格、花朵纹边饰，下部绘一周仰莲瓣纹。（撰文：陈克双　供图：王霁、聂政）

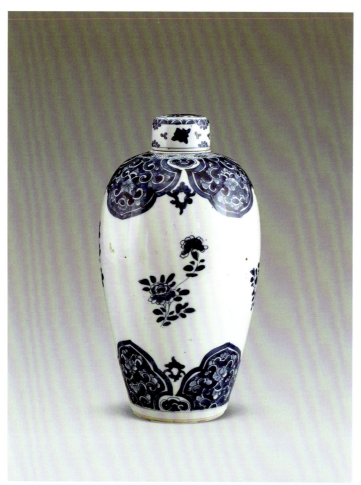

青花如意花卉纹盖瓶

清康熙（公元 1662 — 1722 年）
通高 25.6、口径 3.7、足径 8.3 厘米
荷兰倪汉克先生捐赠
上海博物馆藏

　　小口、圆肩、腹以下渐收，浅圈足。附盖，盖面微鼓。瓶身肩腹上部及胫部各饰有四个如意云头，纹样留白，以青花作地并勾勒细部。器腹大量绘疏朗的四折枝花，与肩、胫部的满密形成鲜明对比。瓶口、肩及盖内涩胎无釉，系置于一处组合烧成，因此，器盖与瓶身的青花发色一致，均清晰浓艳。

　　这类内部饰青地白花的如意云头纹，在康熙一朝的外销瓷器上极为流行。越南海域发现的"头顿号"沉船上，出水过绘此类纹样的执壶，福建平潭附近海域打捞的"碗礁一号"沉船中，也发现不少绘青地白花如意云头纹的器物。欧洲陶瓷，尤其是荷兰代尔夫特瓷厂，在当时亦大量仿制此类纹饰，其受欢迎程度可见一斑。（撰文：陈洁　供图：薛皓冰）

青花螭龙纹瓶

清康熙（公元 1662 — 1722 年）
高 26.1、口径 3.3、足径 6.8 厘米
荷兰倪汉克先生捐赠
上海博物馆藏

　　细长颈，口沿微侈，鼓腹，圈足较高微外撇。颈部绘细长的莲瓣纹和波浪纹。波浪纹以下是一圈交叉缠绕着垂挂的带状纹，末端还有悬挂物，构成类似悬磬的样子。腹部的主题纹饰是两条昂首翘尾的螭龙。螭龙是中国古代传说中一种无角的龙，因其寓意吉祥美好，故而成为一种典型的传统装饰纹样，古代建筑、家具以及青铜器、玉器、瓷器等工艺品上常用它的形状作装饰，也有各种变体。本器的螭龙纹无威严的气势，而是有一些憨态，四爪细长无力，龙尾的画法较为少见，类似于欧洲的鸢尾花。两条螭龙之间以火珠纹、火焰纹、十字祥云以及折枝花卉纹来装饰。器底中间有花押款。

　　整器曲线柔和匀称，釉面光亮洁净，青花色泽浓淡相宜，属于民窑外销瓷中的精品。（撰文：彭涛　供图：薛皓冰）

青花人物图花口盘

清康熙（公元 1662 − 1722 年）
高 3.2、口径 16.5、足径 10 厘米
荷兰倪汉克先生捐赠
上海博物馆藏

　　盘菱口，作花瓣形，圈足露胎，底部施白釉，书"大明成化年制"青花双圈六字楷书款，笔法率性随意，显见是民窑仿款。

　　盘心绘五位耄耋老翁于山石树木间赏玩一幅太极图，意境高雅，情趣横生，这种图案一般称之为五老图。盘沿绘八卦间以杂宝，口沿外壁绘一圈如意云头纹。

　　五老图是中国古代传统的吉祥图案，在陶瓷、绘画、雕刻等作品中屡见不鲜，是国人心目中多寿多福的象征。五老图的原型是北宋时期的五位德才寿兼备的重臣，五老致仕之后，闲居里舍，每日里放歌纵酒，吟诗作对，风流雅韵，为世人所钦羡。后人仰慕其风采，故绘而成图，历代沿用下来。随着时间的推移，五老图的人物形象及其内涵也不断被丰富，成为雅俗共赏的吉祥图案。（撰文：彭涛 供图：薛皓冰）

青花花卉纹盘

清康熙（公元 1662 — 1722 年）
高 4.5、口径 39.2、足径 21.8 厘米
荷兰倪汉克先生捐赠
上海博物馆藏

　　盘呈弧形浅腹，宽沿平折，大平底，浅圈足。器口涂抹一周酱色釉，足端露胎处微微氧化呈米黄色。盘虽然是饮食器里最为常见的器皿，但此盘的浅腹过于平坦，折沿宽而平，与中国传统的盘式显然有所不同，应该是适合欧洲人使用的一种西餐具，可见这类盘是当时景德镇专为外销而烧造的。

　　纹饰以釉下青花绘制而成。宽阔而平坦的折沿上，绘四组折枝花卉纹，牡丹和菊花相拥绽放。盘心以如意云头纹围成一圈，里面左右各绘一株盛开的牡丹和菊花，地面上则种有小花、小草。盘外壁绘二枝对称的折枝纹，简略而舒展。底有青花双圈花押款。（撰文：彭涛　供图：薛皓冰）

青花如意花卉纹执壶

清康熙（公元 1662 − 1722 年）
通高 8、口径 4.4、足径 4.1 厘米
荷兰倪汉克先生捐赠
上海博物馆藏

　　壶直口，溜肩，圆腹，曲柄，直流，矮圈足。盖子口，盖面隆起，附宝珠形钮，钮边有一小透气孔。形制规整，制作精巧，胎质细腻，釉面润泽，有细小开片，冰裂纹遍布器身。

　　通体以釉下青花装饰。盖面以钮为中心，在青花蓝地之上，以留白的线条勾勒出四个如意云头纹。而青花蓝地也并非简单的平涂，而是先用较淡的青花平涂一层，再在上面用较浓艳的青花画出细密的线条，形成一种特殊的、富有图案化的装饰效果。壶身肩腹部的主题纹饰也是以同样的装饰技法来表现的，只不过在如意云头纹里还饰有折枝花朵纹，这些折枝花朵同样是以留白的手法来展示的。器底近圈足处，以一圈花叶纹来装饰，也是以浅淡青花平涂，然后以浓艳青花简单地画出筋脉。底书青花"玉"字款。（撰文：彭涛　供图：薛皓冰）

青花如意花卉纹熏炉

清康熙（公元 1662 – 1722 年）
通高 32.3, 足径 11.9 厘米
荷兰倪汉克先生捐赠
上海博物馆藏

　　此器由器座、承柱、托盘和器盖四部分组合而成。最底层是器座，座底呈喇叭形，器座的口沿为直口；承柱下窄上宽，下端为圆柱形榫，插入器座口沿内而连为一体；承柱口上置托盘，盘平底折沿，内中心有一突起的小管，管下部有两对称的镂空方孔；器盖壁较高，盖面微微隆起，盖面与盖壁各有四个镂空的钱纹，以供香烟溢出。

　　通体以青花装饰，并且使用了白地蓝花和蓝地白花两种装饰技法，以大小组合的如意花卉纹为主要纹样，间以折枝花、杂宝纹等，绘画工整，青花色泽清新明快。

　　此器造型高挑秀美，设计独特，构思巧妙，是一件造型与实用完美结合的佳作。

（撰文：彭涛 供图：薛皓冰）

广彩英国萨里郡黑斯尔米尔镇镇长纹章盘

清乾隆（公元 1736 — 1795 年）
高 4.7、口径 25、底径 15.5 厘米
广东省博物馆藏

　　板沿，浅腹，圈足。板沿处以四组折枝花与鹦鹉纹间隔为饰；内圈饰金彩锦地纹一周；盘内心饰英国萨里郡黑斯尔米尔镇镇长纹章。

　　纹章瓷可分为家族纹章、名人纹章、省城纹章、公司纹章、军队纹章等，它们多装饰于器物的显要部位。16 — 18 世纪，欧美贵族及上层人士都以拥有装饰纹章图案的中国餐具作为荣耀与权威的象征。据记载 18 世纪中国销往欧洲市场的纹章瓷约 60 万件，约 300 个欧洲家族到中国订制过纹章瓷。（撰文：刘叶枝　供图：区智荣）

青花粉彩纹章盘

清乾隆（公元 1736 — 1795 年）
高 3、口径 22.5、底 12 厘米
广东省博物馆藏

　　敞口、板沿、浅腹、浅圈足。口沿饰青花锦地纹一周；沿内壁粉彩绘缠枝花卉、瓜果、纹章纹饰；内圈饰青花锦地纹、双弦纹；盘内心绘纹章，为荷兰银行家克利福德家族定制，销往荷兰市场。（撰文：刘叶枝　供图：区智荣）

广彩罗杰斯家族纹章八角形盘

清乾隆（公元 1736 — 1795 年）
高 2、口径 21.5、底径 12.7 厘米
广东省博物馆藏

　　盘八角形，板沿，浅腹，圈足。板沿饰竹子花纹边饰。这种边饰是由一根竹竿和绸带将竹叶和菊花、茶花等花卉串联起来，流行于 1755 年至 1780 年间。内圈饰一周金彩缨络纹边饰，盘心饰花卉纹。纹章出自罗杰斯（Rogers）家族，是理查德·罗杰斯（Richard Rogers）为其夫人 Mary Lynch 定制的。（撰文：刘叶枝　供图：董锐）

广彩帕里斯裁判图盘

清乾隆（公元 1736 – 1795 年）
高 2.5、口径 13、底径 8 厘米
广东省博物馆藏

　　敞口，弧腹，圈足。边沿用金彩饰卷草纹，盘内心绘希腊神话故事——《帕里斯的裁判》。特洛伊君主之子帕里斯要在天后赫拉、智慧女神雅典娜与美神维纳斯之间选出最美丽的女神，并赐予金苹果。帕里斯最终将金苹果授予维纳斯，宣称维纳斯为最美的女子，因而触发特洛伊城之战。
　　宗教题材的订烧瓷多描写《圣经》内容，大部分来自《新约》，主要绘制在茶具、碟及盘上，产品大多销往基督教国家，作为装饰用于宗教场合，一般不作实用。（撰文：刘叶枝　供图：董锐）

广彩堆白开光人物纹杯碟

清嘉庆（公元 1796 – 1820 年）
碟：高 2、口径 11.6、底 6.8 厘米
杯：高 2.8、口径 7.2、底 3.8 厘米
广东省博物馆藏

　　碟敞口，弧腹，矮圈足；杯敞口，深腹，高圈足。杯碟一套，纹饰相近。边沿饰青花锦地纹、杯腹及碟内面饰堆白装饰，开光内绘人物纹饰。（撰文：刘叶枝　供图：区智荣、董锐）

十九世纪广州佚名画家绘黄埔港

纸本水彩，19 世纪 30 年代早期
纵 19.8、横 27.9 厘米
广东省博物馆藏

　　黄埔港是"广州贸易"体制下官方许可的外国商船碇泊之所，也是外销画中常见的港口风光题材之一。画面前方是长洲岛，又名"Dane's Island"，是英国海员水手散步游玩休憩之所；画面中部的琶洲塔与左方的赤岗塔是外国商船进入省城的两大重要航标；河道上碇泊着英国、美国、法国等国商船，中式舢板船穿梭其间，往来于省城，装卸货物。该画色彩饱满，绘制精细，阴暗对比、远近虚实处理得当，逼真写实地记录了 19 世纪 30 年代早期的黄埔古港风貌。（撰文：白芳　供图：刘谷子）

新呱绘十三行

布本油彩，19 世纪
纵 45、横 58 厘米
广东省博物馆藏

　　该画描绘的是 1839 年至 1842 年之间广州商馆区的景物，具有珍贵的历史价值。画作右下方有甚为罕见的中英文款识："广州洋画店有章顺呱写"、"SUNQUA"、"广东"、"CANTON"。

　　Sunqua，活跃于 1830 年至 1870 年，广州知名外销画家，善长油画，题材多为商埠景色、船只等，也善画水彩小品，作品多有英文"SUNQUA"签名，中文多译音为"新呱"。根据此中文款识，可知"顺呱"实为"新呱"本名，其画室店号为"有章"。（撰文：白芳　供图：刘谷子）

银制"钊记"、"KC"款捶胎人物故事图茶具

19世纪
茶壶通高13.6、口径8.5、底径9.3厘米，重485克
糖盅通高10、口径7、底径7.6厘米，重255克
奶杯通高9、口径5.3、底径5.8厘米，重180克
广东省博物馆藏

此套银质茶具由茶壶、糖盅、奶杯组成。器身均为直腹，腹由上往下渐宽，以竹节为形做柄，平底。壶面錾刻一周竹纹，铆接竹节形盖钮，盖与壶面做活页式连接，长流，流下部錾一龟背形开光，捶揲錾刻人物图。竹节纹壶柄上下两端各嵌一细牙圈用以隔热；糖盅直口，竹节形双柄。奶杯匜口，竹节形单柄；茶壶、糖盅、奶杯器身装饰相同，上唇和底边双

弦纹装饰，中间为六个龟背形开光，开光内捶揲錾刻竹鸟纹、庭院人物场景、云龙纹相间为饰，腹壁上方正中饰一盾形留白徽章；余地錾绣球花纹。茶壶、糖盅、奶杯底均錾"KC"、"钊记"款。整组茶具雕琢精细，捶揲凸起，立体感强，从腹壁上方正中的盾形留白徽章可知，是中国当时为外销而专门制作的银质茶具。（撰文：胡小明 供图：刘谷子）

黑漆描金开光戏曲人物故事图办公文具盒

19世纪
长42.5、宽24.8、高15厘米
广东省博物馆藏

　　木胎，长方形文具盒，通体髹黑漆地描金制作，盖五面
绘海棠形开光人物图，边缘绘花卉纹。盒子打开后呈斜坡状
写字台，边缘绘连枝卷草纹两周，台面两块活页板用紫红色
绒布装裱，板下空间可以放文具，盒的上方有一长三短隔断，
中间为弧形长方格，绘黑漆描金花卉人物图，左右各放置两
个墨水玻璃瓶；漆盒两侧各有一个铜提手，盒左侧下方有一
配钥长方形抽屉。此件器物反映了中国外销品，既有中华民
族的传统风格，又散发着西洋的异国情调，中西融合，工艺
布局严谨，制作精美。（撰文：王国梅　供图：刘谷子）

红漆描金绘庭院人物图八棱形长方缝纫盒

清后期
长 35.3、宽 25.8、高 16.4 厘米
广东省博物馆

　　木胎，八棱形长方盒，底承蝙蝠形兽足，通体髹红漆描金装饰。整件器物装饰由中心作八面向底足呈放射延伸，盖面中心"亚"字形长方开光饰面凸起，绘庭院人物图，四周呈内外低中微鼓，两边起脊线的八个饰面对称间隔绘庭院人物和花蝶、佛手、瑞兽纹八组画面；器身八面均绘庭院人物图，两侧各置一铜提手；盒内部通体髹光素红漆，内置八角形盘，榄绿色髹漆，盘内大小十五个隔断，左右两长方格以红漆描金花卉纹板为盖，象牙佛手盖钮，内承 27 件象牙制线轴、线梭、纺锤、针筒等形状各异的女红工具；底层设一扁长抽屉，配置锁孔及钥匙，抽屉内设大小六格，居中一格配红漆描金绘人物图板盖。此盒造型独特、构图严谨，画工细腻，传统中国红与金色的结合给人雍容华贵之感。（撰文：李蔚　供图：刘谷子）

473

英国产代尔夫特式釉陶青花花果纹盘

18 世纪
口径 23 厘米
拉斯洛·帕拉克维茨、孙建伟夫妇捐赠
上海市历史博物馆藏

　　17 世纪，大量的中国瓷器被运往欧洲，为进口商聚敛了大量财富。于是欧洲人开始千方百计地尝试仿制中国瓷器，这其中最出色的当属荷兰代尔夫特（Delft）的锡釉陶器。这种仿制陶技艺在英、法等国广为应用，生产了一大批仿制瓷器，其风格样式也大多模仿中国进口陶瓷。此时的欧洲仿瓷风靡一种"球体"纹样或称之为"蓝色洋葱"，历史学家认为，这极有可能是模仿中国瓷器上桃子和石榴的变体。（撰文：邵文菁　供图：汪文梅、张毅）

英国产代尔夫特式釉陶青花花卉纹盘

18 世纪
口径 23 厘米
拉斯洛·帕拉克维茨、孙建伟夫妇捐赠
上海市历史博物馆藏

英国产中国风格五彩开光山水楼阁图八方盘

18 世纪
口径 22 厘米
拉斯洛·帕拉克维茨、孙建伟夫妇捐赠
上海市历史博物馆藏

从 17 世纪后半期开始，代尔夫特锡釉陶瓷的制陶工艺一直在欧洲处于领先地位。而在仿瓷的纹样和款型上，代尔夫特陶器也明显模仿了中国的青花、五彩等瓷器。所谓的"中国样式"装饰纹样，就是从大量进口的中国瓷器纹样中，选择欧洲人能理解的形态，加工改造重组而成。因此，花鸟鱼虫、亭台楼阁以及龙、狮、凤等瑞兽都被装饰在此一时期的欧洲陶器上。（撰文：邵文菁 供图：汪文梅、张毅）

荷兰代尔夫特青花花卉烛台

19 世纪
长 20、宽 20、高 24.5 厘米
拉斯洛·帕拉克维茨、孙建伟夫妇捐赠
上海市历史博物馆藏

英国产青花山水楼阁图哺婴勺

18 世纪
长 11.7、宽 6.8、高 4 厘米
拉斯洛·帕拉克维茨、孙建伟夫妇捐赠
上海市历史博物馆藏

英国韦奇伍德青花山水楼阁图罐

19 世纪
长 24.8、宽 17.5、高 28.2 厘米
拉斯洛·帕拉克维茨、孙建伟夫妇捐赠
上海市历史博物馆藏

　　英国是欧洲著名的瓷器生产国。早在 16 世纪就受中国青花瓷影响，开始烧制低温锡釉陶器。1759 年创立的韦奇伍德陶瓷工厂，是欧洲最负盛名的陶瓷品牌，并被赐名"皇后御用"瓷器。韦奇伍德早期的瓷器产品带有浓郁的中国青花瓷特征，其中有一款著名的青花柳树图案，相传这其中蕴含着一段凄美的爱情故事。在 18 世纪起的 150 年里，柳树图案被大量复制反复出现在瓷器装饰中，几乎成为每个英国瓷器商的必备图案，也成了英国民众最熟悉和喜爱的瓷器纹样。（撰文：邵文菁　供图：汪文梅、张毅）

德国迈森彩绘花卉动物纹盘

仿 18 世纪中国图样
口径 19 厘米
拉斯洛·帕拉克维茨、孙建伟夫妇捐赠
上海市历史博物馆藏

德国迈森彩绘花鸟纹盘

19 世纪末至 20 世纪初仿 18 世纪中国图样
口径 20 厘米
拉斯洛·帕拉克维茨、孙建伟夫妇捐赠
上海市历史博物馆藏

　　18 世纪初，著名的德国迈森瓷器厂因成功烧制出欧洲第一件瓷器而开业。因当时的国王奥古斯都酷爱东方瓷器，因此早期的迈森瓷器有着浓郁的东方色彩。它以清康、雍、乾时期的瓷器为模仿对象，首先试制成功釉下蓝彩，后又烧制了彩瓷，并创新融入镀金装饰。迈森在制瓷工艺上的创新为欧洲瓷器的本土化发展迈进了一大步。在相当长一段时期内，整个欧洲瓷器制造业都受迈森瓷器风格的影响。

（撰文：邵文菁　供图：汪文梅、张毅）

德国迈森青花花卉纹瓷咖啡具

20 世纪初
通高 25 厘米
拉斯洛·帕拉克维茨、孙建伟夫妇捐赠
上海市历史博物馆藏

　　到了 19、20 世纪，欧洲的制瓷技艺日益精湛，各国各地涌现出一批知名瓷器制造商，生产出一批纯正欧式风格的新瓷器产品，而瓷器也被应用到更多的装饰及实用物品上，真正融入到欧洲人的日常起居饮食中。老牌知名瓷器品牌如迈森，至今依旧是欧洲餐桌和优良饮食文化的典范。（撰文：邵文菁　供图：汪文梅、张毅）

英文图版索引

Bronze Warrior （Page 083）

Warring States Period (403 – 221B.C.)
H. 40cm
Xinjiang Uyghur Autonomous Region Museum

Bronze Ring with Design of Winged Animals （Page 084）

Warring States Period (403 – 221B.C.)
D. 42.5cm
Unearthed from southern bank of Gongnaisi River, Xinyuan, Xinjiang, 1983
Xinjiang Uyghur Autonomous Region Museum

Gold Tiger–shaped Ornamental Piece （Page 085）

Warring States Period (403 – 221B.C.)
L. 20.7cm; W. 10.2cm
Unearthed from Tomb 30 at Alagou, Xinjiang, 1977
Xinjiang Uyghur Autonomous Region Museum

Gold Roundel with Design of Tiger （Page 086）

Warring States Period (403 – 221B.C.)
D. 5.2cm
Unearthed from Tomb 30 at Alagou, Xinjiang, 1977
Xinjiang Uyghur Autonomous Region Museum

Gold Buckle with Design of a Tiger Biting a Deer （Page 086）

Warring States Period (403 – 221B.C.)
D. 3.1cm
Unearthed from Pingle village, Touying, Ningxia, 1981
Guyuan Museum, Ningxia

Gold Foil Ornament with Design of Confronting Tigers （Page 087）

Warring States Period (403 – 221B.C.)
L. 25.6cm; W. 3.3cm
Unearthed from Tomb 30 at Alagou, Xinjiang, 1977
Xinjiang Uyghur Autonomous Region Museum

Bronze Belt Plaque with Design of a Mythical Beast Biting a Deer （Page 088）

Warring States Period (403 – 221B.C.)
L. 12.4cm; W. 6.5cm
Unearthed from Chenyangchuan village, Xiji, Ningxia, 1987
Guyuan Museum, Ningxia

Bronze Belt Plaque with Design of a Mythical Beast Biting a Deer （Page 089）

Warring States Period (403 – 221B.C.)
L. 8cm; W. 4.5cm
Unearthed from Baiyanglin village, Pengyang, Ningxia, 1984
Guyuan Museum, Ningxia

Gold Human–face–shaped Ornaments （Page 090）

Late Warring States Period (beginning of 3rd century – 221B.C.)
H. 1.6cm
Unearthed from Tomb 6, Majiayuan cemetery, Gansu, 2007 – 2008
Zhangjiachuan Hui Autonomous County Museum, Gansu

Gold Armlet （Page 091）

Late Warring States Period (beginning of 3rd century – 221B.C.)
L. 9.5cm; D. 4.8 – 6.6cm
Unearthed from Tomb 16, Majiayuan cemetery, Gansu, 2008 – 2009
Gansu Provincial Institute of Archaeology

Gold Belt Hooks （Page 092）

Late Warring States Period (beginning of 3rd century – 221B.C.)
L. 9cm; W. 3.25cm; Thickness 1cm
L. 6.3cm; W.3.47cm; Thickness 1cm
Unearthed from Tomb 14, Majiayuan cemetery, Gansu, 2007 – 2008
Gansu Provincial Institute of Archaeology

Blue–glazed Pottery Cup （Page 093）

Late Warring States Period (beginning of 3rd century – 221B.C.)
H. 11.6cm; Rim D. 6.6cm
Unearthed from Tomb 1, Majiayuan cemetery, Gansu, 2006
Zhangjiachuan Hui Autonomous County Museum

Gold Belt Plaques and Ornaments （Page 094）

Late Warring States Period (beginning of 3rd century – 221B.C.)
Belt plaque L. 9.7cm; W. 6.1cm
Belt ornament L. 6.3cm; W. 4.2cm
Unearthed from Tomb 14, Majiayuan cemetery, Gansu, 2007 – 2008
Zhangjiachuan Hui Autonomous County Museum

Gold Bird–shaped Ornamental Piece （Page 096）

Warring States Period (403 – 221B.C.)
L. 6.5cm; W. 5.2cm
Collected
Gansu Provincial Museum

Gold Mythical Beast–shaped Ornamental Piece （Page 096）

Warring States Period (403 – 221B.C.)
L. 11.2cm; W. 6.1cm
Collected
Gansu Provincial Museum

Triangular Silver Ornamental Piece with Design of Birds（Page 097）

Warring States Period (403 – 221B.C.)
Side L. 9.2cm
Collected
Gansu Provincial Museum

Triangular Silver Ornamental Piece with Design of Tigers（Page 097）

Warring States Period (403 – 221B.C.)
Side L. 10.6 – 16.1cm
Collected
Gansu Provincial Museum

Gold Tiger–shaped Ornaments （Page 098）

Late Warring States Period (beginning of 3rd century – 221B.C.)
H. 5.2cm; L. 7.6cm
H. 5cm; L. 7.6cm
Unearthed from Tomb 3, Majiayuan cemetery, Gansu, 2006
Zhangjiachuan Hui Autonomous County Museum, Gansu

Pottery Belt Plaque Mold with Design of a Mythical Beast
(*Page 100*)

Late Warring States Period to Qin Dynasty (3rd century B.C.)
L. 9.4 cm; W. 7cm
Unearthed from Tomb 34 at Lebaishi, northern suburb of
Xi'an, Shaanxi, 1999
Shaanxi Provincial Institute of Archaeology

Pottery Mold with Design of Two Sheep (*Page 100*)

Late Warring States Period to Qin Dynasty (3rd century B.C.)
L. 7.7 – 7.9 cm; W. 6.2 – 6.7cm
Unearthed from Tomb 34 at Lebaishi, northern suburb of
Xi'an, Shaanxi, 1999
Shaanxi Provincial Institute of Archaeology

Gold Belt Plaque with Design of a Mythical Beast (*Page 101*)

Warring States Period (403 – 221B.C.)
L. 6.2 cm; W. 4.7cm
Collected at Zhonghe town, Yuanzhou district, Ningxia, 1996
Guyuan Museum, Ningxia

Gold Belt Plaque with Design of a Mythical Beast (*Page 101*)

Late Warring States Period to Qin Dynasty (3rd century B.C.)
L. 6.9 cm; W. 4.5cm
Unearthed from Sanying town, Yuanzhou district, Ningxia, 1980
Guyuan Museum, Ningxia

Gold Ornament with a Standing Mythical Beast (*Page 102*)

Warring States Period (403 – 221B.C.)
H. 11.5cm
Unearthed from Nalingaotu, Shenmu, Shaanxi, 1957
Shaanxi History Museum

Gold Belt Plaques and Pin (*Page 104*)

Early Western Han Dynasty (2nd century B.C.)
Plaque W. 13.3 cm; W. 6cm
Pin L. 3.3cm
Unearthed from the Chu King's tomb at Shizishan, Xuzhou,
Jiangsu, 1994 – 1995
Xuzhou Museum

Painted Pottery Figure with a Belt Decorated with Shells (*Page 105*)

Early Western Han Dynasty (2nd century B.C.)
H. 50.5cm
Unearthed from the Chu King's tomb at Beidongshan, Xuzhou,
Jiangsu, 1986
Xuzhou Museum

Bowl-shaped Lacquer Box with Design of Mythical Beasts
(*Page 106*)

Early Western Han Dynasty (2nd century B.C.)
Total H. 9.6cm; Rim D. 13.7cm
Unearthed from Tomb 1, Beishantou, Chaohu, Anhui, 1997
Chaohu Han Tomb Museum

Silver Box (*Page 107*)

Early Western Han Dynasty (2nd century B.C.)
Total H. 11.4 cm; Rim D. 11.2 cm, Belly D. 12.3cm
Unearthed from Tomb 1, Beishantou, Chaohu, Anhui, 1997
Chaohu Han Tomb Museum

Gilt Bronze *Hu* Vessel (*Page 108*)

Late Warring States Period (beginning of 3rd century – 221B.
C.)
H. 27.3 cm; Rim D.9.9 cm, Belly D. 19.2cm
Unearthed from Tomb 1, Majiayuan cemetery, Gansu, 2006
Gansu Provincial Institute of Archaeology

Bronze Tripod *Ding* Vessel (*Page 109*)

Late Warring States Period (beginning of 3rd century – 221B.
C.)
H. 15.1 cm; Rim D. 14.6cm, Belly D. 18.1cm
Unearthed from Tomb 19MS, Majiayuan cemetery, Gansu,
2010 – 2011
Gansu Provincial Institute of Archaeology

Bronze *Yan* Vessel (*Page 109*)

Late Warring States Period (beginning of 3rd century – 221B.
C.)
Total H. 19.4cm
Unearthed from Tomb 18MS, Majiayuan cemetery, Gansu,
2010 – 2011
Gansu Provincial Institute of Archaeology

Bronze *Ge* Dagger (*Page 110*)

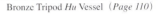

Late Warring States Period (beginning of 3rd century – 221B.
C.)
L. 17.7cm
Unearthed from Tomb 20MS, Majiayuan cemetery, Gansu,
2010 – 2011
Gansu Provincial Institute of Archaeology

Bronze Tripod *Hu* Vessel (*Page 110*)

Late Warring States Period (beginning of 3rd century – 221B.
C.)
H. 24.5cm; Belly D. 18.1cm
Unearthed from Tomb 18MS, Majiayuan cemetery, Gansu,
2010 – 2011
Gansu Provincial Institute of Archaeology

Tinned Bronze Cocoon–shaped *Hu* Vessel (*Page 111*)

Late Warring States Period (beginning of 3rd century – 221B.
C.)
H. 25.6 cm; Rim D. 9.3 cm, Max belly D. 28.4cm
Unearthed from Tomb 1, Majiayuan cemetery, Gansu, 2006
Gansu Provincial Institute of Archaeology

Lute (*Page 115*)

Western Han Dynasty (202B.C. – 8 A.D.)
Side L. 2.2 cm; Thickness 0.4cm
Unearthed from Zhang Qian's tomb, Chenggu, Shaanxi, 1938
National Museum of China

Zhang Qian Visiting the Western Regions (mural painting
duplication) (*Page 116*)

Early Tang Dynasty (618 – 704 A.D.)
H. 136cm; W. 163cm
Cave 323, Mogao Grottoes
Copied by Shao Hongjiang
Dunhuang Academy China

Jet Official Seal (*Page 117*)

Eastern Han Dynasty (25 – 220 A.D.)
H. 1.5cm; Side L. 1.9cm
Unearthed from Niya site, Minfeng, Xinjiang, 1959
Xinjiang Uygur Autonomous Region Museum

Bronze Figures and Horses on Procession (*Page 118*)

Eastern Han Dynasty (25 – 220 A.D.)
Unearthed from Leitai, Wuwei, Gansu, 1969
Gansu Provincial Museum

Wooden Slip Recording Mileage of Gaoping Post Road (*Page 120*)

Western Han Dynasty (202B.C. – 8 A.D.)
L. 19cm; W. 2.2cm; Thickness 0.5cm
Unearthed from Pochengzi, Juyan, Ejina banner, Inner
Mongolia
Gansu Provincial Institute of Archaeology

Wooden Slip Recording Mileage of Hexi Post Road（*Page 121*）

Western Han Dynasty (202B.C. – 8 A.D.)
L. 13.5cm; W. 1.5cm; Thickness 0.5cm
Unearthed from Xuanquanzhi, Dunhuang, Gansu
Gansu Provincial Institute of Archaeology

Grey Pottery Standing Camel（*Page 132*）

Han Dynasty (202B.C. – 220 A.D.)
H. 76 cm; L. 97cm
Unearthed from Han tomb at Shapo village, Xi'an, Shaanxi, 1982
Xi'an City Museum

Wooden Passport for *Jiaquhouguan* Pass（*Page 122*）

Western Han Dynasty (202B.C. – 8A.D.)
L. 18.6cm; W. 5cm; Thickness 2.6cm
L. 15.4cm; W. 2.6cm; Thickness 0.3cm
Unearthed from Pochengzi, Ejina banner, Inner Mongolia
Gansu Provincial Institute of Archaeology

Painted Pottery Camel with Cargo（*Page 132*）

Western Wei Dynasty (532 – 556 A.D.)
H. 21 cm; L. 20cm
Unearthed from Houyi's tomb, Hujiagou, Xianyang, Shaanxi, 1984
Shaanxi History Museum

Wooden Slips Inscribed with Chinese Characters（*Page 123*）

Wei–Jin Dynasty (220 – 420 A.D.)
L. 6.2 – 15.5cm; W. 1 – 2.2cm
Unearthed from Loulan city site, Ruoqiang, Xinjiang, 1980
Xinjiang Uygur Institute of Archaeology

Grey Pottery Camel with Cargo（*Page 133*）

Northern Dynasties (386 – 581 A.D.)
H. 20 cm; L. 19cm
Collected
Shaanxi History Museum

Silk Certificate of Zhangye Governor（*Page 124*）

Western Han Dynasty (202B.C. – 8 A.D.)
H. 21.5cm; W. 16cm
Unearthed from Jianshuijinguan, Juyan, Gansu, 1973
Gansu Provincial Museum

Painted Pottery Kneeling Camel with Cargo（*Page 134*）

Northern Zhou Dynasty (557 – 581 A.D.)
H. 30 cm; L. 30cm
Collected
Shaanxi History Museum

Painted Brick with Design of Postman（*Page 124*）

Wei–Jin Dynasty (220 – 420 A.D.)
L. 35 cm; W. 17cm
Unearthed from Tomb 5 of Wei–Jin Dynasty, Jiayuguan, Gansu
Gansu Provincial Museum

Tri–colored Pottery Arabian Camel（*Page 135*）

Tang Dynasty (618 – 907 A.D.)
H. 82 cm; L. 70cm
Unearthed from Qibi Ming's tomb, Xianyang, Shaanxi, 1970
Xianyang Museum

Linen Recording the Regular Tax of He Sijing（*Page 125*）

Tang Dynasty (618 – 907 A.D.)
L.245 cm; W. 58.5cm
Unearthed from Tomb 108, Astana, Turfan, Xinjiang, 1968
Xinjiang Uygur Autonomous Region Museum

Tri–colored Pottery Camel with Rider（*Page 136*）

Tang Dynasty (618 – 907 A.D.)
H. 38 cm; L. 32cm
Unearthed from Tomb 59, Guanlin, Luoyang, Henan, 1965
Luoyang Museum

Registration Record of Gaochang County（*Page 126*）

Tang Dynasty (618 – 907 A.D.), dated 640 – 649 A.D.
L. 29cm; W. 19cm
Unearthed from Tomb 39, Halahezhuo, Turfan, Xinjiang, 1969
Xinjiang Uygur Autonomous Region Museum

Painted Pottery Camel with Cargo（*Page 138*）

Tang Dynasty (618 – 907 A.D.), dated 647 A.D.
H. 43 cm; L. 38cm
Unearthed from Zhang Shigui's tomb, Liquan, Shaanxi, 1972
Zhaoling Museum

Document of Anxi Protectorate Recording Cao Lushan's Sue against Li Shaojin（*Page 128*）

Tang Dynasty (618 – 907 A.D.)
L. 50 cm; W. 40cm
Unearthed from Tomb 61, Astana, Turfan, Xinjiang, 1966
Xinjiang Uygur Autonomous Region Museum

Foreign Merchant Leading a Loaded Camel (Mural Painting)（*Page 139*）

Tang Dynasty (618 – 907 A.D.), dated 706
H. 210 cm; W. 193cm
Unearthed from Tang Shi's tomb, Luonan new district, Luoyang, Henan, 2005
Luoyang Museum of Ancient Art

Passport（*Page 129*）

Tang Dynasty (618 – 907 A.D.), dated 732
L. 78 cm; W. 28.5cm
Unearthed from Tomb 509, Astana, Turfan, Xinjiang, 1973
Xinjiang Uygur Autonomous Region Museum

Tri–colored Pottery Camel with Cargo（*Page 140*）

Tang Dynasty (618 – 907 A.D.)
H. 51 cm; L. 45cm
Unearthed from Mechanised Chicken Farm, Xi'an, Shaanxi, 1983
Xi'an City Museum

Painted Pottery Camel with Rider（*Page 130*）

Sui Dynasty (581 – 618 A.D.)
H. 45.5cm; L. 30cm; W. 20.8cm
Unearthed from Hulü Che's tomb, Taiyuan, Shanxi, 1980
Shanxi Provincial Museum

Tri–colored Pottery Kneeling Camel with Cargo（*Page 142*）

Tang Dynasty (618 – 907 A.D.)
H. 29.1 cm; L. 45cm
Unearthed from Tomb 30, Guodu town, Changan district, Xi'an, Shaanxi, 2002
Xi'an City Museum

Brocade Quilt with Chinese Characters (*Page 144*)

Han–Jin Dynasty (202 B.C. – 420 A.D.)
L. 168 cm; W. 93.5cm
Unearthed from Tomb 3, Niya, Minfeng, Xinjiang, 1995
Xinjiang Institute of Archaeology

Brocade Armlet with Chinese Characters (*Page 146*)

Han–Jin Dynasty (202 B.C. – 420 A.D.)
L. 18.5 cm; W. 12.5cm
Unearthed from Tomb 8, Niya, Minfeng, Xinjiang, 1995
Xinjiang Institute of Archaeology

Brocade Trousers with Chinese Characters (*Page 148*)

Han–Jin Dynasty (202 B.C. – 420 A.D.)
L. 118cm
Unearthed from Tomb 3, Niya, Minfeng, Xinjiang, 1995
Xinjiang Institute of Archaeology

Brocade Robe (*Page 149*)

Han–Jin Dynasty (202 B.C. – 420 A.D.)
L. 122cm
Unearthed from Tomb 3, Niya, Minfeng, Xinjiang, 1995
Xinjiang Institute of Archaeology

Brocade Pillow with Chinese Characters (*Page 150*)

Eastern Han Dynasty (25 – 220 A.D.)
H. 13.5 cm; L. 50 cm; W. 9cm
Unearthed from Tomb 1, Niya, Minfeng, Xinjiang, 1995
Xinjiang Uygur Autonomous Region Museum

Brocade with Designs of Trees, Birds, and Mountain Goats (*Page 151*)

Northern Dynasties (386 – 589 A.D.)
Warp 21 cm; Weft 24cm
Unearthed from Tomb 186, Astana, Turfan, Xinjiang, 1972
Xinjiang Uygur Autonomous Region Museum

Brocade with Figures and Camels (*Page 152*)

Gaochang Period (499 – 640 A.D.)
Warp 14 cm; Weft 16.5cm
Unearthed from Tomb 169, Astana, Turfan, Xinjiang, 1972
Xinjiang Uygur Autonomous Region Museum

Brocade with Confronted Birds and Flowers (*Page 153*)

Tang Dynasty (618 – 907 A.D.), dated 778
Warp 36.5 cm; Weft 24.4cm
Unearthed from Tomb 48, Astana, Turfan, Xinjiang, 1966
Xinjiang Uygur Autonomous Region Museum

Silk with Confronted Dragons in Pearl Roundel (*Page 154*)

Tang Dynasty (618 – 907 A.D.)
Warp 21 cm; Weft 25cm
Unearthed from Tomb 221, Astana, Turfan, Xinjiang, 1972
Xinjiang Uygur Autonomous Region Museum

Brocade with Double Lions in Floral Roundel (*Page 154*)

Tang Dynasty (618 – 907 A.D.)
Warp 17cm; Weft 27cm
Unearthed from Reshui cemetery, Dulan, Qinghai, 1983 – 1985
Qinghai Institute of Archaeology

Saddle Blanket with Floral Pattern (*Page 155*)

Tang Dynasty (618 – 907 A.D.)
H. 38 cm; W. 50cm
Unearthed from Reshui cemetery, Dulan, Qinghai, 1983 – 1985
Qinghai Institute of Archaeology

Brocade with Design of Helios against Yellow Background (*Page 156*)

Tang Dynasty (618 – 907 A.D.)
Warp 42cm; Weft 23.5cm
Unearthed from Reshui cemetery, Dulan, Qinghai, 1983
Qinghai Provincial Museum

Brocade Face Cover with Boar's Head in Pearl Roundel (*Page 157*)

Tang Dynasty (618 – 907 A.D.)
L. 45cm; W. 36cm
Unearthed from Tomb 138, Astana, Turfan, Xinjiang, 1969
Xinjiang Uygur Autonomous Region Museum

Brocade with Raptor in Roundel (*Page 157*)

Tang Dynasty (618 – 907 A.D.)
Warp 33cm; Weft 45cm
Unearthed from Reshui cemetery, Dulan, Qinghai, 1983
Qinghai Institute of Archaeology

Brocade with Confronted Sheep and Birds in Pearl Roundel (*Page 158*)

Tang Dynasty (618 – 907 A.D.)
L. 45.5cm; W. 11cm
Unearthed from Reshui cemetery, Dulan, Qinghai, 1983
Qinghai Provincial Museum

Thin Silk with Hunting Scene (*Page 159*)

Tang Dynasty (618 – 907 A.D.)
Warp 44cm; Weft 29cm
Unearthed from Tomb 191, Astana, Turfan, Xinjiang, 1973
Xinjiang Uygur Autonomous Region Museum

Clam Shell Ear–cup with Gold–mounted Rim (*Page 160*)

Wei–Jin Dynasty (220 – 420 A.D.)
H. 4.2cm; L. 13.7cm; W. 10cm
Unearthed from Brick and Tile Factory, Nantan, Xining, Qinghai, 1985
Qinghai Provincial Museum

Gilt Silver Plate with Hunting Scene (*Page 161*)

Northern Wei Dynasty (386 – 534 A.D.)
H: 4.1cm; D. 18cm
Unearthed from the tomb of Feng Hetu, Datong, Shanxi, 1981
Datong City Museum

Gilt Silver Plate with Figure of Dionysus (*Page 161*)

4th – 6th century A.D.
H. 4.6cm; Rim D. 31cm, Bottom D. 10.9cm
Unearthed from Beitan, Jingyuan, Gansu, 1988
Gansu Provincial Museum

Gilt Bronze Stem Cup with Figures and Grapevine (*Page 162*)

Northern Wei Dynasty (386 – 534 A.D.)
H. 11.5cm; Rim D. 9.6cm
Unearthed from Datong, Shanxi, 1970
Shanxi Museum

Eight–lobed Silver Bowl （*Page 163*）

Northern Wei Dynasty (386 – 534 A.D.)
H. 4.5cm; Rim D. 23.8×14.5cm
Unearthed from Datong, Shanxi, 1970
Datong City Museum

Bronze Ewer with Women Faces （*Page 172*）

Tang Dynasty (618 – 907 A.D.)
H. 29.5cm; Belly D. 14.5cm
Unearthed from Qingshan Temple site, Lintong, Shaanxi, 1985
Lintong District Museum, Xi'an

Gilt Silver Stem Cup with Animal and Human Figures （*Page 164*）

Northern Wei Dynasty (386 – 534 A.D.)
H. 10.3cm; Rim D. 9.4cm
Unearthed from Datong, Shanxi, 1970
Datong City Museum

Bronze "*Wuzhu*" Coin （*Page 173*）

Han Dynasty (202 B.C. – 8 A.D.)
D. 2.6cm
Collected at Loulan city site, Xinjiang, 1980
Xinjiang Institute of Archaeology

Gilt Silver Bowl with Portrait Medallions and Plant Motif（*Page 165*）

Northern Wei Dynasty (386 – 534 A.D.)
H. 4.6cm; Rim D. 10.2cm
Unearthed from Datong, Shanxi, 1988
Datong City Museum

Bronze "*Huo Quan*" Coin （*Page 173*）

Xin Dynasty (8 – 23 A.D.)
D. 2.4cm
Collected at Hami, Xinjiang, 1965
Xinjiang Uygur Autonomous Region Museum

Silver Plate with Lion （*Page 166*）

Southern and Northern Dynasties (386 – 589 A.D.)
H. 3.3cm; Rim D. 21.3cm
Unearthed from Laocheng village, Yanqi, Xinjiang, 1989
Bayangol Mongolian Autonomous Prefecture Museum, Xinjiang

Gold Coin （*Page 174*）

Western Han Dynasty (202 B.C. – 8 A.D.)
D. 6.3cm
Unearthed from Shilipu village, Xi'an, Shaanxi, 1999
Shaanxi History Museum

Silver Plate with Seven Ostriches （*Page 167*）

Southern and Northern Dynasties (386 – 589 A.D.)
H. 4.5cm; Rim D. 21cm
Unearthed from Laocheng village, Yanqi, Xinjiang, 1989
Bayangol Mongolian Autonomous Prefecture Museum, Xinjiang

Toe–shaped Gold Object （*Page 175*）

Han Dynasty (202 B.C. – 220 A.D.)
H. 3.5cm; Bottom D. 5.6cm
Unearthed from Beishiqiao village, Yuhua town, Xi'an, Shaanxi, 1974
Xi'an City Museum

Silver Bowl with Pahlavi Characters （*Page 167*）

Southern and Northern Dynasties (386 – 589 A.D.)
H. 7.4cm; Rim D. 20.5cm
Unearthed from Laocheng village, Yanqi, Xinjiang, 1989
Bayangol Mongolian Autonomous Prefecture Museum, Xinjiang

Hoof–shaped Gold （*Page 175*）

Han Dynasty (202 B.C. – 220 A.D.)
H. 3.4cm; Bottom D. 6.4×5.2cm
Unearthed from Beishiqiao village, Yuhua town, Xi'an, Shaanxi, 1974
Xi'an City Museum

Gold Covered Jar with Inlaid Ruby （*Page 168*）

5th – 6th century A.D.
H. 14cm; Rim D. 7cm, Belly D. 12.3cm, Bottom D. 5.7cm
Unearthed from an ancient tomb at Boma, Ili, Xinjiang, 1997
Ili Kasak Autonomous Prefecture Museum, Xinjiang

Bronze Cut Round "*Wuzhu*" Coins （*Page 176*）

Southern and Northern Dynasties (386 – 589 A.D.)
D. 0.5 – 1.5cm
Collected at Kuche, Xinjiang, 1950
Xinjiang Uygur Autonomous Region Museum

Gold Cup with a Handle in the Shape of a Tiger （*Page 170*）

5th – 6th century A.D.
H. 16cm; Rim D. 8.8, Bottom D.7cm
Unearthed from an ancient tomb at Boma, Ili, Xinjiang, 1997
Ili Kasak Autonomous Prefecture Museum, Xinjiang

Bronze Qiuci "*Wu Zhu*" Coin （*Page 177*）

Southern and Northern Dynasties (386 – 589 A.D.)
D. 1.5cm
Unearthed from Kuche, Xinjiang
Xinjiang Uygur Autonomous Region Museum

Gilt Silver Octagonal Cup with Handle and Musicians （*Page 171*）

Tang Dynasty (618 – 907 A.D.)
H. 6.7cm; Rim D. 6.9 – 7.4cm
Unearthed from Hejiacun cache, Xi'an, Shaanxi, 1970
Shaanxi History Museum

Bronze Coin with Chinese and Kharosthi Characters （*Page 177*）

Han Dynasty (202 B.C. – 220 A.D.)
D. 2cm
Unearthed from the ruins of Akspir, Xinjiang
Hotan Prefecture Museum

Silver Pot–shaped Cup with Handle （*Page 171*）

Tang Dynasty (618 – 907 A.D.)
H. 9.9cm; Rim D. 9cm
Unearthed from Hejiacun cache, Xi'an, Shaanxi, 1970
Shaanxi History Museum

Parthian Lead Coin （*Page 178*）

Han Dynasty (202 B.C. – 220 A.D.)
D. 5.5cm
Unearthed from Kangjiagou cache, Lingtai, Gansu
Lingtai County Museum, Gansu

Kushan Heraios Silver Coin（*Page 178*）

5 B.C. – 45 A.D.
D. 1cm
Donated by Shanghai Museum in 2005
Xinjiang Uygur Autonomous Region Museum

Kushan Kujula Kadphises Copper Coin（*Page 179*）

30 – 80 A.D.
D. 2cm
Donated by Shanghai Museum in 2005
Xinjiang Uygur Autonomous Region Museum

Kushan Gold Coin（*Page 179*）

300 – 340 A.D.
D. 1.7cm
Donated by Shanghai Museum in 2005
Xinjiang Uygur Autonomous Region Museum

Sassanian Silver Coins（*Page 180*）

Sassanian King Peroz Period (457 – 483 A.D.)
D. 2.5 – 3cm
Unearthed from Huangmiao street, Xining, Qinghai, 1956
Qinghai Provincial Museum

Sassanian Persian Silver Coins（*Page 181*）

7th century A.D.
D. 3.1cm
Unearthed from Wuqia, Xinjiang
Xinjiang Uygur Autonomous Region Museum

Imitation of Sassanian Gold Coin（*Page 182*）

Tang Dynasty (618 – 907 A.D.)
D. 2cm
Unearthed from Shi Tiebang's tomb (670A.D.), Guyuan, Ningxia, 1986
Guyuan Museum, Ningxia

Roman Gold Coin（*Page 182*）

Byzantine Emperor Justinian I "the Great" Period (527 – 565 A.D.)
D. 2.1cm
Unearthed from Dananwan, Tongpu, Haixi, Qinghai, 1999
Qinghai Provincial Museum

Bayzantine Gold Coin（*Page 183*）

Byzantine Emperor Justinian II Period (567 – 578 A.D.)
D. 1cm
Unearthed from Shi Daoluo's tomb (658A.D.), Guyuan, Ningxia, 1995
Guyuan Museum, Ningxia

Imitation of Bayzantine Gold Coin（*Page 184*）

Ca. 6th century A.D.
D. 1.9cm
Unearthed from Shi Hedan's tomb (669A.D.), Guyuan, Ningxia, 1986
Guyuan Museum, Ningxia

Imitation of Bayzantine Gold Coin（*Page 184*）

Ca. 6th century A.D.
D. 2.4cm
Unearthed from Shi Suoyan's tomb (664A.D.), Guyuan, Ningxia, 1985
Guyuan Museum, Ningxia

Agate Horn Rhyton（*Page 185*）

Tang Dynasty (618 – 907 A.D.)
H. 6.5cm; L. 15.6cm; Rim D. 5.9cm
Unearthed from Hejiacun cache, Xi'an, Shaanxi, 1970
Shaanxi History Museum

Glass Plate（*Page 186*）

Northern Zhou Dynasty (557 – 581 A.D.)
H. 3cm; Rim D. 10.8cm
Unearthed from Xianyang, Shaanxi, 1988
Shaanxi Institute of Archaeology

Agate Seal（*Page 187*）

Han Dynasty to Northern Dynasties (202 B.C. – 581 A.D.)
H. 2.2cm; L. 2.5cm; W. 1.5cm
Unearthed from Tuokuzisalai site, Bachu, Xinjiang, 1959
Xinjiang Uygur Autonomous Region Museum

Glass Bowl（*Page 188*）

Northern Wei Dynasty (386 – 534 A.D.)
H: 7.5cm; Rim D. 10.3cm, Belly D. 11.4cm
Unearthed from Northern Wei Dynasty Tomb 107, Datong, Shanxi, 1988
Datong City Museum

Glass Pitcher（*Page 188*）

Sui Dynasty (581 – 618 A.D.)
H. 15cm
Collected
Shaanxi History Museum

Green Glass Bottle（*Page 189*）

Sui Dynasty (581 – 618 A.D.)
H. 8.4cm; Belly D.7cm
Unearthed from sarīra tomb, eastern suburb of Xi'an, Shaanxi, 1986
Shaanxi History Museum

Glass Goblet with Applied Decoration（*Page 190*）

Tang Dynasty (618 – 907 A.D.)
H. 9.7cm; Rim D. 12.1cm
Unearthed from Akesu, Xinjiang
Xinjiang Uygur Autonomous Region Museum

Blue Glass Plate（*Page 191*）

Tang Dynasty (618 – 907 A.D.)
H: 2.3; Rim D. 15.7cm
Unearthed from basement of Famen Temple, Fufeng, Shaanxi, 1987
Famen Temple Museum

Glass Bottle（*Page 192*）

Tang Dynasty (618 – 907 A.D.)
H. 21.3cm; Rim D. 4.7cm, Belly D. 16cm
Unearthed from basement of Famen Temple, Fufeng, Shaanxi, 1987
Famen Temple Museum

Wool Skirt with Animals（*Page 194*）

2nd century B.C.
L. 57.5cm; W. 39cm
Unearthed from M1, Shanpula, Lop, Xinjiang, 1984
Xinjiang Uygur Autonomous Region Museum

Mummy of a Man（Page 195）

Han–Jin Dynasty (202B.C. – 420 A.D.)
Body H. 180cm
Unearthed from M15, Yingpan cemetery, Weili, Xinjiang, 1995
Xinjiang Institute of Archaeology

Life of the Tomb Owner (ink and color on paper)（Page 205）

Sixteen Kingtoms Period (304 – 439 A.D.)
L. 105cm; W. 46.2cm
Unearthed from Tomb 13, Astana, Turfan, Xinjiang, 1964
Xinjiang Uygur Autonomous Region Museum

Wool Trousers with Brocade Edge（Page 196）

Han–Jin Dynasty (202B.C. – 420 A.D.)
L. 112cm; Waist W: 61cm
Collected in 2003
Xinjiang Uygur Autonomous Region Museum

Woman Playing *Go* Game (silk painting)（Page 206）

Tang Dynasty (618 – 907 A.D.)
L. 63cm; W. 54.3cm
Unearthed from Tomb 187, Astana, Turfan, Xinjiang, 1972
Xinjiang Uygur Autonomous Region Museum

Pottery Winged Horse（Page 197）

Han Dynasty (202 B.C. – 220 A.D.)
H. 39cm; L. 55cm; W. 19cm
Unearthed from Baqiao, Xi'an, Shaanxi, 1991
Xi'an City Museum

Wood *Go* Gameboard（Page 207）

Tang Dynasty (618 – 907 A.D.)
H. 7cm; Side L. 18cm
Unearthed from Tomb 206, Astana, Turfan, Xinjiang, 1973
Xinjiang Uygur Autonomous Region Museum

Pottery Rhyton in the shape of a Human Head（Page 197）

3rd – 5th century A.D.
L. 19.5cm
Unearthed from Yotkan, Hotan, Xinjiang, 1976
Xinjiang Uygur Autonomous Region Museum

Painted Pottery Figures Performancing as a Lion（Page 208）

Tang Dynasty (618 – 907 A.D.)
H. 13cm; L. 11.6cm; W. 5.5cm
Unearthed from Tomb 336, Astana, Turfan, Xinjiang, 1960
Xinjiang Uygur Autonomous Region Museum

Jar with Three Handles（Page 198）

Tang Dynasty (618 – 907 A.D.)
H. 57cm; Rim D. 28.5cm
Unearthed from Yawuluke site, Kashi, Xinjiang, 1985
Kashgar Prefecture Museum

Fuxi and *Nüwa* (silk painting)（Page 209）

Tang Dynasty (618 – 907 A.D.)
L. 221.5cm; Top W. 105.5cm, Bottom W. 80.9cm
Unearthed from Tomb 19, Astana, Turfan, Xinjiang, 1964
Xinjiang Uygur Autonomous Region Museum

Wooden Slip with Tibetan Characters（Page 200）

Tang Dynasty (618 – 907 A.D.)
L. 18.5cm; W. 3cm
Unearthed from Milan site, Ruoqiang, Xinjiang, 1959
Xinjiang Uygur Autonomous Region Museum

Painted Wood Guardian Warriors（Page 210）

Tang Dynasty (618 – 907 A.D.)
H. 86cm
Unearthed from Tomb 206, Astana, Turfan, Xinjiang, 1973
Xinjiang Uygur Autonomous Region Museum

The Play *Meeting with Maitreya* in Uygur（Page 201）

Tang Dynasty (618 – 907 A.D.)
L. 48.6cm; W. 21.5cm
Unearthed from the site of Tuomierdi Temple, Hami, Xinjiang, 1959
Xinjiang Uygur Autonomous Region Museum

Painted Clay Tomb Guardian with Human Head（Page 213）

Tang Dynasty (618 – 907 A.D.)
H. 86cm
Unearthed from Tomb 224, Astana, Turfan, Xinjiang, 1973
Xinjiang Uygur Autonomous Region Museum

Fragment of the Play *Meeting with Maitreya* in Tocharian（Page 202）

Tang Dynasty (618 – 907 A.D.)
Remaining L. 31.5cm; W. 18.5cm
Unearthed from the site of Xikeqin Temple, Hami, Xinjiang, 1959
Xinjiang Uygur Autonomous Region Museum

Glass Bowl（Page 217）

Northern Zhou Dynasty (557 – 581 A.D.), dated 569 A.D.
H. 8cm; Rim D. 9.5cm
Unearthed from the tomb of Lixian and his wife, Guyuan, Ningxia, 1983
Guyuan Museum, Ningxia

Cooked Wheaten Foods（Page 203）

Tang Dynasty (618 – 907 A.D.)
Unearthed from Astana, Turfan, Xinjiang
Xinjiang Uygur Autonomous Region Museum

Gilt Silver Ewer（Page 218）

Northern Zhou Dynasty (557 – 581 A.D.), dated 569 A.D.
H. 37.5cm; Belly D. 12.8cm
Unearthed from the tomb of Lixian and his wife, Guyuan, Ningxia, 1983
Guyuan Museum, Ningxia

Painted Wood Coffin（Page 204）

Han–JinDynasty (202 B.C. – 220 A.D.)
H. 42.8cm; L. 201cm; W. 50 – 59cm
Unearthed from Loulan city site, Ruoqiang, Xinjiang, 1998
Xinjiang Institute of Archaeology

Gold Ring Inlaid with Gem（Page 220）

Northern Zhou Dynasty (557 – 581 A.D.), dated 569 A.D.
Outer D. 2.4cm, Inner D. 1.75cm
Unearthed from the tomb of Lixian and his wife, Guyuan, Ningxia, 1983
Guyuan Museum, Ningxia

Iron Sword with Scabbard （*Page 221*）

Northern Zhou Dynasty (557 – 581 A.D.), dated 569 A.D.
L. 86cm
Unearthed from the tomb of Lixian and his wife, Guyuan,
Ningxia, 1983
Guyuan Museum, Ningxia

Painted Pottery Camel with Cargo （*Page 222*）

Northern Zhou Dynasty (557 – 581 A.D.), dated 569 A.D.
H. 18.4cm; L. 20.5cm
Unearthed from the tomb of Lixian and his wife, Guyuan,
Ningxia, 1983
Guyuan Museum, Ningxia

Painted Pottery Foreign Figures （*Page 222*）

Northern Zhou Dynasty (557 – 581 A.D.), dated 569 A.D.
Each H. 13.2cm
Unearthed from the tomb of Lixian and his wife, Guyuan,
Ningxia, 1983
Guyuan Museum, Ningxia

Warrior with a Blade (mural painting, 2 pieces) （*Page 223*）

Northern Zhou Dynasty (557-581 A.D.), dated 569 A.D.
Each H.134cm; W. 63.5cm
Unearthed from the tomb of Lixian and his wife, Guyuan,
Ningxia, 1983
Guyuan Museum, Ningxia

Stone Epitaph and Cover of Shi Shewu （*Page 226*）

Sui Dynasty (581 – 618 A.D.), dated 609 A.D.
Cover L. 46.5cm; W. 47cm; Thickness 10cm
Epitaph L. 46.4cm; W. 45cm; Thickness 6cm
Unearthed from Shi Shewu's tomb, Guyuan, Ningxia, 1987
Guyuan Museum, Ningxia

Warrior with a Blade (mural painting) （*Page 227*）

Sui Dynasty (581 – 618 A.D.), dated 609 A.D.
L. 164cm
Unearthed from Shi Shewu's tomb, Guyuan, Ningxia, 1987
Guyuan Museum, Ningxia

Gilt Pendant Inlaid with Blue Crystal （*Page 228*）

Tang Dynasty (618 – 907 A.D.), dated 664 A.D.
L. 4cm; W. 2.6cm
Unearthed from Shi Suoyan's tomb, Guyuan, Ningxia, 1985
Guyuan Museum, Ningxia

Gem Seal （*Page 228*）

Tang Dynasty (618 – 907 A.D.)
D. 1.6cm
Unearthed from Shi Hedan's tomb (669 A.D.), Guyuan,
Ningxia, 1986
Guyuan Museum, Ningxia

Gilt Bronze Mask (a set) （*Page 229*）

Tang Dynasty (618 – 907 A.D.), dated 678 A.D.
H. 30.5cm; W. 18.5cm
Unearthed from Shi Daode's tomb, Guyuan, Ningxia, 1982
Guyuan Museum, Ningxia

Painted Stone Figure with a Ewer （*Page 230*）

Sui Dynasty (581 – 618 A.D.)
H. 68cm
Unearthed from Yu Hong's tomb, Wangguo village, Taiyuan,
Shanxi, 1999
Shanxi Provincial Museum

Painted Stone Female Musician （*Page 231*）

Sui Dynasty (581 – 618 A.D.)
Residue H. 58.5cm
Unearthed from Yu Hong's tomb, Wangguo village, Taiyuan,
Shanxi, 1999
Shanxi Provincial Museum

Painted Relief Sarcophagus （*Page 232*）

Sui Dynasty (581 – 618 A.D.)
Total H. 236cm
Body L. 247cm; W. 136cm
Unearthe3d from Yu Hong's tomb, Wangguo village, Taiyuan,
Shanxi, 1999
Shanxi Museum

Painted Pottery Civil Official （*Page 239*）

TangDynasty (618 – 907 A.D.), dated 730A.
H. 59cm
Unearthed from MuTai's tomb, Qingcheng, Gansu, 2001
QingchengCounty Museum

Tri–colored Pottery Military Official （*Page 240*）

Tang Dynasty (618 – 907 A.D.)
H. 49.2cm
Unearthed from tomb of Tang Dynasty, southern suburb of
Xi'an, Shaanxi, 2002
Xi'an Gity Museum

Painted Pottery Warrior with Shield （*Page 240*）

Tang Dynasty (618 – 907 A.D.)
H. 49cm
Unearthed from Wang June's tomb, Liquan, Shaanxi
Zhaoling Museum

Painted Pottery Warrior （*Page 241*）

Tang Dynasty (618 – 907 A.D.)
H. 60cm; W. 17.2 cm
Unearthed from Dou Dan's tomb, Xianyang, Shaanxi, 1985
Shaanxi Provincial Institute of Archaeology

Painted Pottery Foreign Figure with Exposed Belly （*Page 242*）

Tang Dynasty (618 – 907 A.D.), dated 730 A.D.
H. 50cm
Unearthed from MuTai's tomb, Qingcheng, Gansu, 2001
Qingcheng County Museum

Tri–colored Pottery Foreign Figure （*Page 242*）

Tang Dynasty (618 – 907 A.D.)
H. 18cm
Unearthed from Princess Yongtai' s tomb, Qian county,
Shaanxi, 1960
Shaanxi History Museum

Tri–colored Pottery Foreign Female Figure （*Page 243*）

Tang Dynasty (618 – 907 A.D.)
H. 20cm
Unearthed from Princess Yongtai's tomb, Qian county,
Shaanxi, 1960
Shaanxi History Museum

Painted Pottery Foreign Merchant （*Page 244*）

Tang Dynasty (618 – 907 A.D.)
H. 23.5cm
Unearthed from Luoyang, Henan, 1952
Luoyang Museum

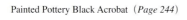

Painted Pottery Black Acrobat（*Page 244*）

Tang Dynasty (618 – 907 A.D.)
H. 13cm
Unearthed from Tomb 336, Astana, Turfan, Xinjiang, 1960
Xinjiang Uygur Autonomous Region Museum

Painted Pottery Foreign Figure（*Page 253*）

Tang Dynasty (618 – 907 A.D.), dated 730 A.D.
H. 53cm
Unearthed from MuTai's tomb, Qingcheng, Gansu, 2001
Qingcheng County Museum

Gilt Bronze *Huteng* Dancer（*Page 245*）

Tang Dynasty (618 – 907 A.D.)
H. 13.5cm
Collected in Shandan county, Gansu,1940
Shandan County Louis Eli Donated Relics Museum

Painted Pottery Horse and the Trainer（*Page 254*）

Tang Dynasty (618 – 907 A.D.)
Trainer H. 35cm
Horse H. 40cm; L. 47cm
Unearthed from Luoyang, Henan, 1978
Luoyang Museum

Stone Tomb Gate with *Huteng* Dance Performance（*Page 246*）

Tang Dynasty (618 – 907 A.D.)
Door H. 89cm; W. 43cm
Pivot H. 13cm; D. 10cm
Unearthed from Yinziliang, Yanchi, Ningxia
Ningxia Hui Autonomous Region Museum

Tri–colored Pottery Foreign Figure（*Page 256*）

Tang Dynasty (618 – 907 A.D.)
H. 62cm
Unearthed from An Pu's tomb, Luoyang, Henan, 1981
Luoyang Museum

Painted Pottery Musicians on Horseback（*Page 247*）

Tang Dynasty (618 – 907 A.D.)
H. 29cm; W. 24cm
Unearthed from a Tang tomb at Yanshi County Government Hotel, Luoyang, Henan, 1988
Luoyang Museum

Painted Pottery Foreign Leader Figure（*Page 257*）

Tang Dynasty (618 – 907 A.D.)
H. 46.5cm
Unearthed from Dizhangwan, Xianyang, Shaanxi
Shaanxi History Museum

Painted Pottery Foreign Rider on Kneeling Camel and the Foreign Camel Leader（*Page 248*）

Tang Dynasty (618 – 907 A.D.)
Camle H. 48.2cm; L. 83cm
Rider H. 49cm; Leader H. 78cm
Unearthed from Li Xian's tomb, Pucheng, Shaanxi, 2000
Shaanxi Provincial Institute of Archaeology

Painted Wood Camel Leader（*Page 257*）

Tang Dynasty (618 – 907 A.D.)
H. 56cm
Unearthed from Zhangxiong Couple's tomb, Astana, Turfan, Xinjiang, 1973
Xinjiang Uygur Autonomous Region Museum

Painted Pottery Girl Resting on a Camel（*Page 249*）

Tang Dynasty (618 – 907 A.D.)
H. 73cm; L. 60cm
Unearthed from Hansenzhai, Xi'an, Shaanxi, 1987
Xi'an City Museum

Painted Pottery Mounted Foreign Figure（*Page 258*）

Tang Dynasty (618 – 907 A.D.)
H. 32cm; L. 26cm
Unearthed from Princess Yongtai's tomb, Qian county, Shaanxi, 1960
Shaanxi History Museum

Tri–colored Pottery Camel and the Camel Leader（*Page 250*）

Tang Dynasty (618 – 907 A.D.)
The leader H. 72.7cm
Camel H. 95.5cm; L. 65cm
Unearthed from Yejiabao, Gansu
Gansu Provincial Museum

Painted Pottery Mounted Foreign Figure（*Page 259*）

Tang Dynasty (618 – 907 A.D.)
H. 30cm
Unearthed from Princess Yongtai's tomb, Qian county, Shaanxi, 1960
Shaanxi History Museum

Painted Pottery Foreign FIgure（*Page 251*）

Tang Dynasty (618 – 907 A.D.), dated 730 A.D.
H. 54cm
Unearthed from MuTai's tomb, Qingcheng, Gansu, 2001
Qingcheng County Museum

Tri–colored Pottery Mounted Foreign Hunter（*Page 260*）

Tang Dynasty (618 – 907 A.D.), dated 706 A.D.
H. 39cm; L. 32cm
Unearthed from Prince Zhanghuai's tomb, Qian county, Shaanxi, 1972
Qianling Museum

Tri–colored Pottery Foreign Figure（*Page 252*）

Tang Dynasty (618 – 907 A.D.)
H. 28cm
Unearthed from Xi'an, Shaanxi
Xi'an City Museum

Painted Wood Female Figure in Silk Dress（*Page 264*）

Tang Dynasty (618 – 907 A.D.)
H. 35.8cm
Unearthed from Zhangxiong Couple's tomb, Astana, Turfan, Xinjiang, 1973
Xinjiang Uygur Autonomous Region Museum

Painted Pottery Foreign Figure（*Page 253*）

Tang Dynasty (618 – 907 A.D.), dated 730 A.D.
H. 50cm
Unearthed from MuTai's tomb, Qingcheng, Gansu, 2001
Qingcheng County Museum

Tri–colored Pottery Female Figure（*Page 265*）

Tang Dynasty (618 – 907 A.D.)
H. 54.6cm
Unearthed from Prince Jiemin's tomb, Fuping, Shaanxi, 1995
Shaanxi Provincial Institute of Archaeology

Tri–colored Pottery Female Figure （Page 266）

Tang Dynasty (618 – 907 A.D.)
H. 50cm
Unearthed from the Textile Factory, Xi'an, Shaanxi
Shaanxi History Museum

Painted Pottery Female Figure in Foreign Suit （Page 267）

Tang Dynasty (618 – 907 A.D.)
H. 50.3cm
Unearthed from Yang Jianchen's tomb, Xianyang, Shaanxi,
1952
Shaanxi History Museum

Painted Pottery Female Figure in Man's Suit （Page 267）

Tang Dynasty (618 – 907 A.D.)
H. 39cm
Unearthed from Guojiatan, Xi'an, Shaanxi, 1955
Shaanxi History Museum

Tri–colored Pottery Mounted Female Figure Wearing a Foreign
Hat （Page 268）

Tang Dynasty (618 – 907 A.D.)
H. 33cm; L. 28.5cm
Unearthed from Li Zhen's tomb, Liquan, Shaanxi, 1972
Zhaoling Museum

Painted Pottery Mounted Female Figure Wearing a Hat and a
Veil （Page 270）

Tang Dynasty (618 – 907 A.D.)
H. 37.3cm; L.26cm
Unearthed from Zheng Rentai's tomb, Liquan, Shaanxi, 1972
Shaanxi History Museum

Tri–colored Pottery Mounted Female Figure in Foreign Suit
（Page 271）

Tang Dynasty (618 – 907 A.D.)
H. 33cm
Unearthed from Princess Yongtai's tomb, Qian county,
Shaanxi, 1960
Shaanxi History Museum

Tri–colored Pottery Mounted Hunter in Foreign Suit with an
Eagle （Page 272）

Tang Dynasty (618 – 907 A.D.)
H. 35.5cm; L. 28.5cm
Unearthed from Princess Yongtai's tomb, Qian county,
Shaanxi, 1960
Shaanxi History Museum

Female Figures (silk painting) （Page 273）

Tang Dynasty (618 – 907 A.D.)
L. 80cm; W. 75cm
Unearthed from Tomb 187, Astana, Turfan, Xinjiang, 1972
Xinjiang Uygur Autonomous Region Museum

Stone Stupa Donated by Gao Shanmu （Page 277）

Beiliang Dynasty (401 – 439 A.D.), dated 428 A.D.
H. 44.6cm
Unearthed from Shifowanzi, Jiuquan, Gansu
Gansu Provincial Museum

Gilt Bronze Buddha （Page 278）

Later Qin Dynasty (384 – 417 A.D.)
H. 19cm
Unearthed from Yudu town, Jingchuan, Gansu
Gansu Provincial Museum

Bronze Standing Buddha Shakyamuni （Page 279）

Northern Wei Dynasty (386 – 534 A.D.)
H. 45cm; W. 18cm
Gansu Provincial Museum

Stone Stele with Shakyamuni and Bodhisattvas （Page 280）

Northern Wei Dynasty (386 – 534 A.D.)
H. 96cm; W. 43.5cm
Unearthed from Qi county, Henan, 1973
Henan Museum

PaintedStone Stele with Maitreya Buddha and Bodhisattvas
Donated by Han Xiaohua （Page 282）

Northern Wei Dynasty (386 – 534 A.D.)
H.55cm; W. 51cm
Unearthed from the cache at Longxing Temple, Qingzhou,
Shandong, 1996
Qingzhou Museum

Gypsum Mould of Buddha （Page 284）

Southern and Northern Dynasties (386 – 589 A.D.)
H. 41cm; W. 34cm
Collected at the site of Kaladun, Yutian, Xinjiang, 1989
Hotan Prefecture Museum

Gilt Bronze Buddhist Altar （Page 285）

Eastern Wei Dynasty (534 – 550 A.D.)
H. 35cm
Unearthed from Liubao village, Xi'an, Shaanxi, 1999
Shaanxi History Museum

Gilded Stone Stele with Twin Seated Buddhas （Page 286）

Liang Dynasty (502 – 557 A.D.), dated 545 A.D.
H. 43cm; W. 29.5cm
Unearthed from Xi'an Road, Chengdu, Sichuan, 1995
Chengdu Museum

Painted and Gilded Sandstone Standing Ashoka–type Buddha
（Page 287）

Liang Dynasty (502 – 557 A.D.), dated 551 A.D.
Remaining H. 48cm
Unearthed from Xi'an Road, Chengdu, Sichuan, 1995
Chengdu Museum

Painted and Gilded Stone Standing Buddha （Page 288）

Northern Qi Dynasty (550 – 577 A.D.)
H. 116cm
Unearthed from the cache at Longxing Temple, Qingzhou,
Shandong, 1996
Qingzhou Museum

Painted and Gilded Stone Standing Boddha （Page 289）

Northern Qi Dynasty (550 – 577 A.D.)
H. 142cm
Unearthed from the cache at Longxing Temple, Qingzhou,
Shandong, 1996
Qingzhou Museum

Painted and Gilded Stone Standing Buddha （Page 290）

Northern Qi Dynasty (550 – 577 A.D.)
H. 115cm
Unearthed from the cache at Longxing Temple, Qingzhou,
Shandong, 1996
Qingzhou Museum

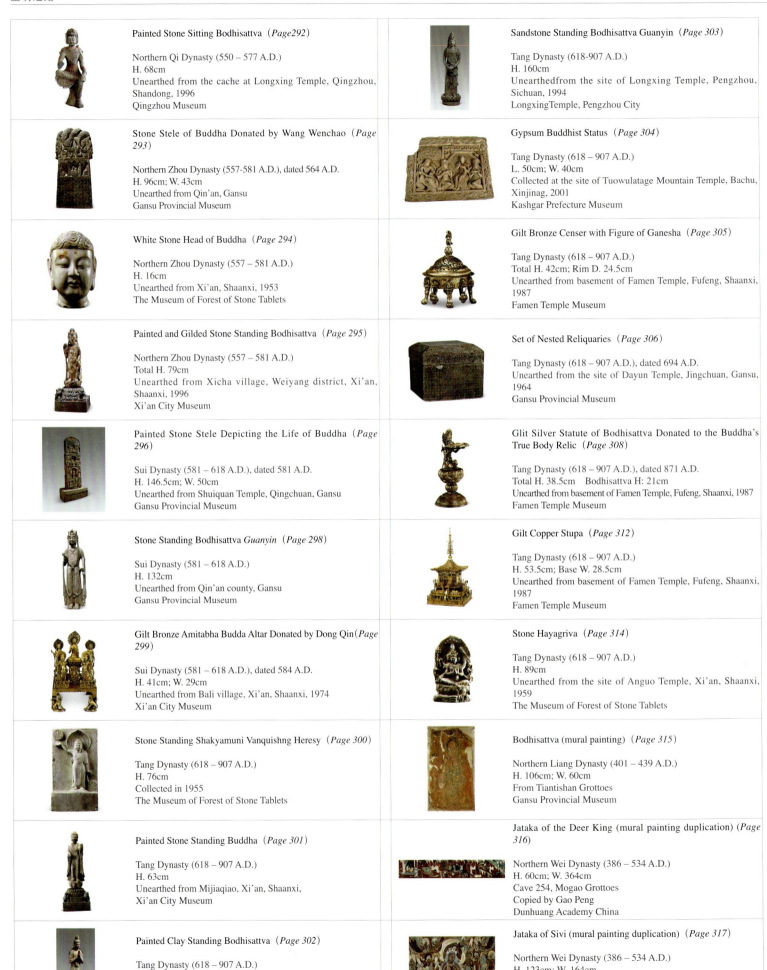

Painted Stone Sitting Bodhisattva（*Page292*）

Northern Qi Dynasty (550 – 577 A.D.)
H. 68cm
Unearthed from the cache at Longxing Temple, Qingzhou, Shandong, 1996
Qingzhou Museum

Stone Stele of Buddha Donated by Wang Wenchao（*Page 293*）

Northern Zhou Dynasty (557-581 A.D.), dated 564 A.D.
H. 96cm; W. 43cm
Unearthed from Qin'an, Gansu
Gansu Provincial Museum

White Stone Head of Buddha（*Page 294*）

Northern Zhou Dynasty (557 – 581 A.D.)
H. 16cm
Unearthed from Xi'an, Shaanxi, 1953
The Museum of Forest of Stone Tablets

Painted and Gilded Stone Standing Bodhisattva（*Page 295*）

Northern Zhou Dynasty (557 – 581 A.D.)
Total H. 79cm
Unearthed from Xicha village, Weiyang district, Xi'an, Shaanxi, 1996
Xi'an City Museum

Painted Stone Stele Depicting the Life of Buddha（*Page 296*）

Sui Dynasty (581 – 618 A.D.), dated 581 A.D.
H. 146.5cm; W. 50cm
Unearthed from Shuiquan Temple, Qingchuan, Gansu
Gansu Provincial Museum

Stone Standing Bodhisattva *Guanyin*（*Page 298*）

Sui Dynasty (581 – 618 A.D.)
H. 132cm
Unearthed from Qin'an county, Gansu
Gansu Provincial Museum

Gilt Bronze Amitabha Budda Altar Donated by Dong Qin（*Page 299*）

Sui Dynasty (581 – 618 A.D.), dated 584 A.D.
H. 41cm; W. 29cm
Unearthed from Bali village, Xi'an, Shaanxi, 1974
Xi'an City Museum

Stone Standing Shakyamuni Vanquishng Heresy（*Page 300*）

Tang Dynasty (618 – 907 A.D.)
H. 76cm
Collected in 1955
The Museum of Forest of Stone Tablets

Painted Stone Standing Buddha（*Page 301*）

Tang Dynasty (618 – 907 A.D.)
H. 63cm
Unearthed from Mijiaqiao, Xi'an, Shaanxi,
Xi'an City Museum

Painted Clay Standing Bodhisattva（*Page 302*）

Tang Dynasty (618 – 907 A.D.)
H. 170cm
From Tiantishan Grottoes, Wuwei, Gansu
Gansu Provincial Museum

Sandstone Standing Bodhisattva Guanyin（*Page 303*）

Tang Dynasty (618-907 A.D.)
H. 160cm
Unearthedfrom the site of Longxing Temple, Pengzhou, Sichuan, 1994
LongxingTemple, Pengzhou City

Gypsum Buddhist Status（*Page 304*）

Tang Dynasty (618 – 907 A.D.)
L. 50cm; W. 40cm
Collected at the site of Tuowulatage Mountain Temple, Bachu, Xinjinag, 2001
Kashgar Prefecture Museum

Gilt Bronze Censer with Figure of Ganesha（*Page 305*）

Tang Dynasty (618 – 907 A.D.)
Total H. 42cm; Rim D. 24.5cm
Unearthed from basement of Famen Temple, Fufeng, Shaanxi, 1987
Famen Temple Museum

Set of Nested Reliquaries（*Page 306*）

Tang Dynasty (618 – 907 A.D.), dated 694 A.D.
Unearthed from the site of Dayun Temple, Jingchuan, Gansu, 1964
Gansu Provincial Museum

Glit Silver Statute of Bodhisattva Donated to the Buddha's True Body Relic（*Page 308*）

Tang Dynasty (618 – 907 A.D.), dated 871 A.D.
Total H. 38.5cm　Bodhisattva H: 21cm
Unearthed from basement of Famen Temple, Fufeng, Shaanxi, 1987
Famen Temple Museum

Gilt Copper Stupa（*Page 312*）

Tang Dynasty (618 – 907 A.D.)
H. 53.5cm; Base W. 28.5cm
Unearthed from basement of Famen Temple, Fufeng, Shaanxi, 1987
Famen Temple Museum

Stone Hayagriva（*Page 314*）

Tang Dynasty (618 – 907 A.D.)
H. 89cm
Unearthed from the site of Anguo Temple, Xi'an, Shaanxi, 1959
The Museum of Forest of Stone Tablets

Bodhisattva (mural painting)（*Page 315*）

Northern Liang Dynasty (401 – 439 A.D.)
H. 106cm; W. 60cm
From Tiantishan Grottoes
Gansu Provincial Museum

Jataka of the Deer King (mural painting duplication)（*Page 316*）

Northern Wei Dynasty (386 – 534 A.D.)
H. 60cm; W. 364cm
Cave 254, Mogao Grottoes
Copied by Gao Peng
Dunhuang Academy China

Jataka of Sivi (mural painting duplication)（*Page 317*）

Northern Wei Dynasty (386 – 534 A.D.)
H. 123cm; W. 164cm
Cave 254, Mogao Grottoes
Copied by Duan Wenjie
Dunhuang Academy China

Vanquishing Mara (mural painting duplication) (*Page 318*)

Northern Wei Dynasty (386 – 534 A.D.)
H. 118cm; W. 229cm
Cave 254, Mogao Grottoes
Copied by Duan Wenjie and Gao Shan
Dunhuang Academy China

Silver Bowl with Grape, Dragon and Phoenix Design (*Page 333*)

Tang Dynasty (618 – 907 A.D.)
H. 4.2cm; Rim D. 12.9cm
Unearthed from Hejiacun cache, Xi'an, Shaanxi, 1970
Shaanxi History Museum

Vimalakivti (mural painting duplication) (*Page 319*)

Early Tang Dynasty (618 – 705 A.D.)
H. 231cm; W. 180cm
Cave 220, Mogao Grottoes
Copied by Deng Heng and Zhao Junrong
Dunhuang Academy China

Gilt Silver Plate with Double Phoenixes Design (*Page 334*)

Tang Dynasty (618 – 907 A.D.)
H. 3.5cm; D. 55cm
Unearthed from Kengdi village, Xi'an, Shaanxi, 1962
Shaanxi History Museum

Dhammapada Sutra (*Page 320*)

Former Liang Dynasty (320 – 376 A.D.), before 368 A.D.
H. 27.4cm; W. 641cm
Unearthed from the Hidden Library Cave
Gansu Provincial Museum

Gold Pot with Lid (*Page 335*)

Tang Dynasty (618 – 907 A.D.)
H. 21.5cm; D. 6.7cm
Unearthed from the construction site of Xianyang Northwest Medical Instrument Factory, Shaanxi, 1969
Xianyang City Museum

Buddha's Utterance of Da Yao Shan Qiao Fang Bian Jing (Sūtra) (*Page 322*)

Tang Dynasty (618 – 907 A.D.)
L. 25cm; W. 158cm
Unearthed from the Hidden Library Cave
Dunhuang Academy China

Gilt Silver Bottle with a Handle and Design of Parrot (*Page 336*)

Tang Dynasty (618 – 907 A.D.)
H. 24.1; Rim D. 12, Bottom D. 14.4cm
Unearthed from Hejiacun cache, Xi'an, Shaanxi, 1970
Shaanxi History Museum

Letter in Sogdian Written by a Manichean (*Page 324*)

Tang Dynasty (618 – 907 A.D.)
H. 26cm; W. 268cm
Unearthed from Cave 65, Bezeklik Grottoes, Turfan, Xinjiang, 1980
Turfan Prefecture Museum

Gilt Silver *Yi* with Wild Geese Design (*Page 336*)

Tang Dynasty (618 – 907 A.D.)
H. 8.4cm; Rim D. 20.2cm
Unearthed from Hejiacun cache, Xi'an, Shaanxi, 1970
Shaanxi History Museum

Nestorian Stone Pillar Inscribed with a Sūtra Titled "Daqin Jingjiao Xuanyuan Zhiben Jing" (*Page 325*)

Tang Dynasty (618 – 907 A.D.), dated 814 A.D.
Max L. 80cm, Min L.59cm
Unearthed from Chengjiao village, Luoyang, Henan, 2006
Luoyang Museum

Gilt Silver Jar with Dancing Horse Design (*Page 337*)

Tang Dynasty (618 – 907 A.D.)
H. 14.8cm
Unearthed from Hejiacun cache, Xi'an, Shaanxi, 1970
Shaanxi History Museum

Gold Cup with *Mojie* Design (*Page 329*)

Tang Dynasty (618 – 907 A.D.)
H. 3.5cm; Rim D. 7 – 13.1cm
Unearthed from Taiyi road, Xi'an, Shaanxi, 1983
Shaanxi History Museum

Gilt Silver Basin with Mandarin Duck and Floral Medallion Designs (*Page 338*)

Tang Dynasty (618 – 907 A.D.)
H. 14.5cm; Rim D. 46cm
Unearthed from basement of Famen Temple, Fufeng, Shaanxi, 1987
Famen Temple Museum

Gold Bowl with Mandarin Duck and Lotus Designs (*Page 330*)

Tang Dynasty (618 – 907 A.D.)
H. 5.5cm; Rim D. 13.5cm
Unearthed from Hejiacun cache, Xi'an, Shaanxi, 1970
Shaanxi History Museum

Gilt Silver Perfume Bag with Birds (*Page 340*)

Tang Dynasty (618 – 907 A.D.)
Bag D. 5.8cm
Chain L. 17.7cm
Unearthed from basement of Famen Temple, Fufeng, Shaanxi, 1987
Famen Temple Museum

Gilt Silver Eight–lobed Cup with Female Figures and Hunting Scenes (*Page 331*)

Tang Dynasty (618 – 907 A.D.)
H. 5.4cm; Rim D. 9.2cm
Unearthed from Hejiacun cache, Xi'an, Shaanxi, 1970
Shaanxi History Museum

Gilt Silver Box (*Page 340*)

Tang Dynasty (618 – 907 A.D.)
H. 5cm; D. 7.5cm
Unearthed from Jiaotong University, Xi'an, Shaanxi, 1979
Xi'an City Museum

Gilt Silver Six–lobed Plate with a *Feilian* Beast (*Page 332*)

Tang Dynasty (618 – 907 A.D.)
H. 1.4cm; D. 15.3cm
Unearthed from Hejiacun cache, Xi'an, Shaanxi, 1970
Shaanxi History Museum

Gilt Bronze Iron Rearing Dragon (*Page 341*)

Tang Dynasty (618 – 907 A.D.)
H. 34cm; L. 28cm
Unearthed from Caochangpo, southern suburb of Xi'an, Shaanxi, 1975
Shaanxi History Museum

Gilt Silver Jar with Design of Figures in a Landscape (*Page 342*)

Tang Dynasty (618 – 907 A.D.)
H. 24.7cm; Rim D. 13.2cm
Unearthed from basement of Famen Temple, Fufeng, Shaanxi, 1987
Famen Temple Museum

Gilt Silver Storage Container with Bird Designs for Holding Brick Tea (*Page 344*)

Tang Dynasty (618 – 907 A.D.)
H. 17.8cm; D. 16.1cm
Unearthed from basement of Famen Temple, Fufeng, Shaanxi, 1987
Famen Temple Museum

Silver Belt with Gold–mounted Ornaments (*Page 346*)

Tang Dynasty (618 – 907 A.D.)
L. 95cm
Collected
Qinghai Provincial Museum

Jade Belt Ornaments with Inlaid Gold and Gem Design (*Page 347*)

Tang Dynasty (618 – 907 A.D.)
L. 150cm (reproduction)
Unearthed from Dou Jiao's tomb, Nanliwang village, Xi'an, Shaanxi, 1992
Shaanxi Provincial Institute of Archaeology

Tri–colored Pottery Mule (*Page 348*)

Tang Dynasty (618 – 907 A.D.)
H. 26cm; L. 32.5cm
Unearthed from Xi'an Pharmaceutical Factory, Shaanxi, 1966
Xi'an City Museum

Tri–colored Pottery Horse and the Leader (*Page 350*)

Tang Dynasty (618 – 907 A.D.)
Horse H. 93cm; L. 96cm
Leader H.78 cm
Unearthed from Prince Jiemin's tomb, Fuping , Shaanxi, 1995
Shaanxi Provincial Institute of Archaeology

Tri–colored Pottery Horse (*Page 351*)

Tang Dynasty (618 – 907 A.D.)
H. 56.5cm; L. 58cm
Unearthed from Banpo village, Eastern Suburb of Xi'an, Shaanxi
Xi'an City Museum

Tri–colored Pottery Horse (*Page 352*)

Tang Dynasty (618 – 907 A.D.)
H. 32.5cm; L. 36cm
Unearthed from Tang tomb at Guanlin, Luoyang, Henan
Luoyang Museum

Tri–colored Pottery Camel with Cargo (*Page 354*)

Tang Dynasty (618 – 907 A.D.)
H. 81.2; L. 69.7cm
Unearthed from Guanlin, Luoyang, Henan, 1963
Luoyang Museum

Tri–colored Pottery Mounted Hunter (*Page 356*)

Tang Dynasty (618 – 907 A.D.)
H. 36.2cm; L. 30cm
Unearthed from Prince Yide's tomb, Qian county, Shaanxi, 1971
Shaanxi History Museum

Tri–colored Pottery Ewer in the Shape of Double Fish (*Page 357*)

Tang Dynasty (618 – 907 A.D.)
H. 28cm; Rim D. 9cm
Unearthed from Sanqiao, Xi'an, Shaanxi, 1957
Shaanxi Provincial Institute of Archaeology

Tri–colored Pottery Ewer with a Phoenix Head (*Page 358*)

Tang Dynasty (618 – 907 A.D.)
H. 30.9cm
Unearthed from Xi'an, Shaanxi, 1959
Shaanxi History Museum

Tri–colored Pottery Cup with a Beast Head (*Page 359*)

Tang Dynasty (618 – 907 A.D.)
H. 8cm; Rim D. 5.5 – 7cm
Collected in 1982
Shaanxi History Museum

Tri–colored Pottery Camel with Musicians (*Page 360*)

Tang Dynasty (618 – 907 A.D.)
Total H. 58.4cm; L. 43.4cm
Unearthed from Xianyu Lian's tomb, Xi'an, Shaanxi, 1957
National Museum of China

Silk Paintings Depicting Grooms and Horses (*Page 362*)

Tang Dynasty (618 – 907 A.D.)
Each H. 53.5cm; W. 22cm
Unearthed from Tomb 188, Astana, Turfan, Xinjiang, 1972
Xinjiang Uygur Autonomous Region Museum

Silk Painting Depicting Two Boys (*Page 364*)

Tang Dynasty (618 – 907 A.D.)
H. 58.8cm; W. 47.3cm
Unearthed from Tomb 187, Astana, Turfan, Xinjiang, 1972
Xinjiang Uygur Autonomous Region Museum

Donor Portrait of Lady Wang from Taiyuan (mural painting duplication) (*Page 365*)

Tang Dynasty (618 – 907 A.D.), dated 706 A.D.
H. 337cm; W. 336cm
Cave 130, Mogao Grottoes
Copied by Duan Wenjie
Dunhuang Academy China

Preparing for a Riding (mural Painting) (*Page 366*)

Tang Dynasty (618 – 907 A.D.)
H. 114cm; W. 176cm
Unearthed from Princess Wei's tomb, Liquan, Shaanxi, 1990
Zhaoling Museum

Polo Match (mural Painting) (*Page 368*)

Tang Dynasty (618 – 907 A.D.)
H. 130cm; W. 305cm
Unearthed from Li Yong's tomb, Fuping, Shaanxi, 2004
Shaanxi Provincial Institute of Archaeology

Painted Pottery Tomb–guarding Animal (*Page 370*)

Tang Dynasty (618 – 907 A.D.), dated 724 A.D.
H. 58.5cm
Unearthed from Jinxiang county governess's tomb, Xi'an, Shaanxi, 1991
Xi'an City Museum

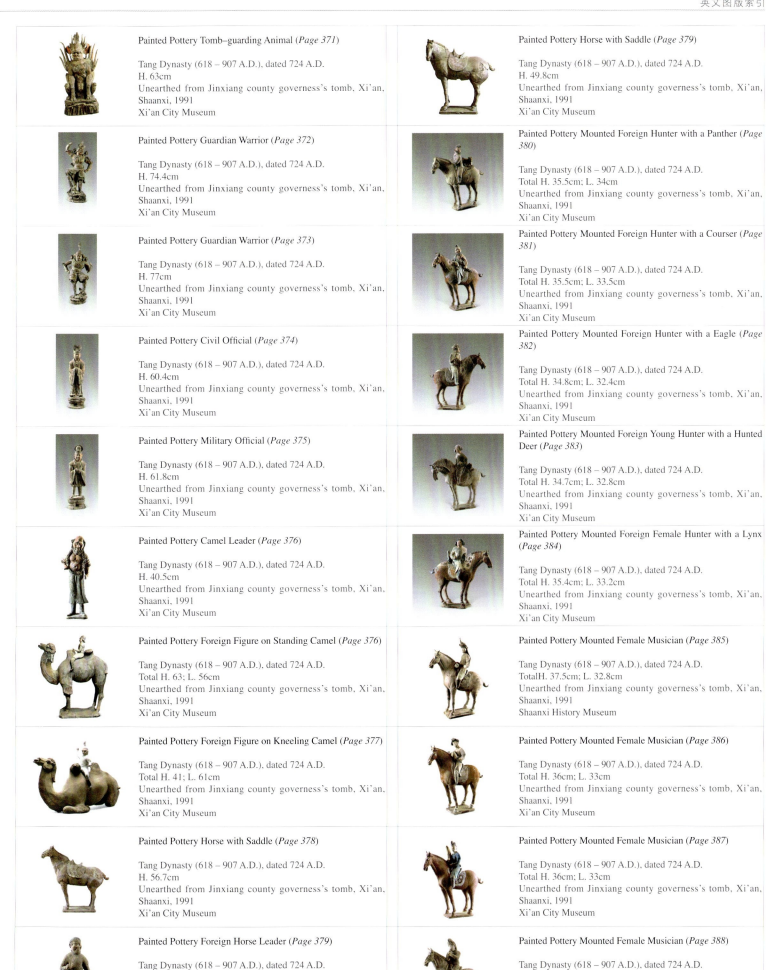

Painted Pottery Tomb–guarding Animal (*Page 371*)

Tang Dynasty (618 – 907 A.D.), dated 724 A.D.
H. 63cm
Unearthed from Jinxiang county governess's tomb, Xi'an, Shaanxi, 1991
Xi'an City Museum

Painted Pottery Guardian Warrior (*Page 372*)

Tang Dynasty (618 – 907 A.D.), dated 724 A.D.
H. 74.4cm
Unearthed from Jinxiang county governess's tomb, Xi'an, Shaanxi, 1991
Xi'an City Museum

Painted Pottery Guardian Warrior (*Page 373*)

Tang Dynasty (618 – 907 A.D.), dated 724 A.D.
H. 77cm
Unearthed from Jinxiang county governess's tomb, Xi'an, Shaanxi, 1991
Xi'an City Museum

Painted Pottery Civil Official (*Page 374*)

Tang Dynasty (618 – 907 A.D.), dated 724 A.D.
H. 60.4cm
Unearthed from Jinxiang county governess's tomb, Xi'an, Shaanxi, 1991
Xi'an City Museum

Painted Pottery Military Official (*Page 375*)

Tang Dynasty (618 – 907 A.D.), dated 724 A.D.
H. 61.8cm
Unearthed from Jinxiang county governess's tomb, Xi'an, Shaanxi, 1991
Xi'an City Museum

Painted Pottery Camel Leader (*Page 376*)

Tang Dynasty (618 – 907 A.D.), dated 724 A.D.
H. 40.5cm
Unearthed from Jinxiang county governess's tomb, Xi'an, Shaanxi, 1991
Xi'an City Museum

Painted Pottery Foreign Figure on Standing Camel (*Page 376*)

Tang Dynasty (618 – 907 A.D.), dated 724 A.D.
Total H. 63; L. 56cm
Unearthed from Jinxiang county governess's tomb, Xi'an, Shaanxi, 1991
Xi'an City Museum

Painted Pottery Foreign Figure on Kneeling Camel (*Page 377*)

Tang Dynasty (618 – 907 A.D.), dated 724 A.D.
Total H. 41; L. 61cm
Unearthed from Jinxiang county governess's tomb, Xi'an, Shaanxi, 1991
Xi'an City Museum

Painted Pottery Horse with Saddle (*Page 378*)

Tang Dynasty (618 – 907 A.D.), dated 724 A.D.
H. 56.7cm
Unearthed from Jinxiang county governess's tomb, Xi'an, Shaanxi, 1991
Xi'an City Museum

Painted Pottery Foreign Horse Leader (*Page 379*)

Tang Dynasty (618 – 907 A.D.), dated 724 A.D.
H. 38.7cm
Unearthed from Jinxiang county governess's tomb, Xi'an, Shaanxi, 1991
Xi'an City Museum

Painted Pottery Horse with Saddle (*Page 379*)

Tang Dynasty (618 – 907 A.D.), dated 724 A.D.
H. 49.8cm
Unearthed from Jinxiang county governess's tomb, Xi'an, Shaanxi, 1991
Xi'an City Museum

Painted Pottery Mounted Foreign Hunter with a Panther (*Page 380*)

Tang Dynasty (618 – 907 A.D.), dated 724 A.D.
Total H. 35.5cm; L. 34cm
Unearthed from Jinxiang county governess's tomb, Xi'an, Shaanxi, 1991
Xi'an City Museum

Painted Pottery Mounted Foreign Hunter with a Courser (*Page 381*)

Tang Dynasty (618 – 907 A.D.), dated 724 A.D.
Total H. 35.5cm; L. 33.5cm
Unearthed from Jinxiang county governess's tomb, Xi'an, Shaanxi, 1991
Xi'an City Museum

Painted Pottery Mounted Foreign Hunter with a Eagle (*Page 382*)

Tang Dynasty (618 – 907 A.D.), dated 724 A.D.
Total H. 34.8cm; L. 32.4cm
Unearthed from Jinxiang county governess's tomb, Xi'an, Shaanxi, 1991
Xi'an City Museum

Painted Pottery Mounted Foreign Young Hunter with a Hunted Deer (*Page 383*)

Tang Dynasty (618 – 907 A.D.), dated 724 A.D.
Total H. 34.7cm; L. 32.8cm
Unearthed from Jinxiang county governess's tomb, Xi'an, Shaanxi, 1991
Xi'an City Museum

Painted Pottery Mounted Foreign Female Hunter with a Lynx (*Page 384*)

Tang Dynasty (618 – 907 A.D.), dated 724 A.D.
Total H. 35.4cm; L. 33.2cm
Unearthed from Jinxiang county governess's tomb, Xi'an, Shaanxi, 1991
Xi'an City Museum

Painted Pottery Mounted Female Musician (*Page 385*)

Tang Dynasty (618 – 907 A.D.), dated 724 A.D.
TotalH. 37.5cm; L. 32.8cm
Unearthed from Jinxiang county governess's tomb, Xi'an, Shaanxi, 1991
Shaanxi History Museum

Painted Pottery Mounted Female Musician (*Page 386*)

Tang Dynasty (618 – 907 A.D.), dated 724 A.D.
Total H. 36cm; L. 33cm
Unearthed from Jinxiang county governess's tomb, Xi'an, Shaanxi, 1991
Xi'an City Museum

Painted Pottery Mounted Female Musician (*Page 387*)

Tang Dynasty (618 – 907 A.D.), dated 724 A.D.
Total H. 36cm; L. 33cm
Unearthed from Jinxiang county governess's tomb, Xi'an, Shaanxi, 1991
Xi'an City Museum

Painted Pottery Mounted Female Musician (*Page 388*)

Tang Dynasty (618 – 907 A.D.), dated 724 A.D.
Total H. 36cm; L. 33cm
Unearthed from Jinxiang county governess's tomb, Xi'an, Shaanxi, 1991
Xi'an City Museum

Painted Pottery Mounted Female Musician (*Page 389*)

Tang Dynasty (618 – 907 A.D.), dated 724 A.D.
Total H. 37cm; L. 32cm
Unearthed from Jinxiang county governess's tomb, Xi'an, Shaanxi, 1991
Xi'an City Museum

Painted Pottery Mounted Female Figure (*Page 390*)

Tang Dynasty (618 – 907 A.D.), dated 724 A.D.
Total H. 35cm; L. 30.4cm
Unearthed from Jinxiang county governess's tomb, Xi'an, Shaanxi, 1991
Xi'an City Museum

Painted Pottery Mounted Female Figure (*Page 391*)

Tang Dynasty (618 – 907 A.D.), dated 724 A.D.
Total H. 35.6cm; L. 33cm
Unearthed from Jinxiang county governess's tomb, Xi'an, Shaanxi, 1991
Xi'an City Museum

Painted Pottery Mounted Female Figure (*Page 392*)

Tang Dynasty (618 – 907 A.D.), dated 724 A.D.
Total H. 35.8cm; L. 33cm
Unearthed from Jinxiang county governess's tomb, Xi'an, Shaanxi, 1991
Xi'an City Museum

Painted Pottery Mounted Female Figure (*Page 393*)

Tang Dynasty (618 – 907 A.D.), dated 724 A.D.
Total H. 36.4cm; L. 31.8cm
Unearthed from Jinxiang county governess's tomb, Xi'an, Shaanxi, 1991
Xi'an City Museum

Painted Pottery Standing Female Figure (*Page 394*)

Tang Dynasty (618 – 907 A.D.), dated 724 A.D.
H. 43.3cm
Unearthed from Jinxiang county governess's tomb, Xi'an, Shaanxi, 1991
Xi'an City Museum

Painted Pottery Standing Female Figure (*Page 395*)

Tang Dynasty (618 – 907 A.D.), dated 724 A.D.
H. 42.7cm
Unearthed from Jinxiang county governess's tomb, Xi'an, Shaanxi, 1991
Xi'an City Museum

Painted Pottery Standing Female Figure (*Page 396*)

Tang Dynasty (618 – 907 A.D.), dated 724 A.D.
H. 40.3cm
Unearthed from Jinxiang county governess's tomb, Xi'an, Shaanxi, 1991
Xi'an City Museum

Painted Pottery Standing Foreign Female Figure (*Page 397*)

Tang Dynasty (618 – 907 A.D.), dated 724 A.D.
H. 26cm
Unearthed from Jinxiang county governess's tomb, Xi'an, Shaanxi, 1991
Xi'an City Museum

Painted Pottery Standing Female Figure (*Page 398*)

Tang Dynasty (618 – 907 A.D.), dated 724 A.D.
H. 24.2cm
Unearthed from Jinxiang county governess's tomb, Xi'an, Shaanxi, 1991
Xi'an City Museum

Painted Pottery Standing Female Figure (*Page 398*)

Tang Dynasty (618 – 907 A.D.), dated 724 A.D.
H. 25.5cm
Unearthed from Jinxiang county governess's tomb, Xi'an, Shaanxi, 1991
Xi'an City Museum

Painted Pottery Standing Female Figure (*Page 398*)

Tang Dynasty (618 – 907 A.D.), dated 724 A.D.
H. 25cm
Unearthed from Jinxiang county governess's tomb, Xi'an, Shaanxi, 1991
Xi'an City Museum

Painted Pottery Mounted Male Musician (*Page 399*)

Tang Dynasty (618 – 907 A.D.), dated 724 A.D.
Total H. 30.2cm; L. 25cm
Unearthed from Jinxiang county governess's tomb, Xi'an, Shaanxi, 1991
Xi'an City Museum

Painted Pottery Mounted Male Musician (*Page 400*)

Tang Dynasty (618 – 907 A.D.), dated 724 A.D.
Total H. 30.8cm; L. 23.2cm
Unearthed from Jinxiang county governess's tomb, Xi'an, Shaanxi, 1991
Xi'an City Museum

Painted Pottery Mounted Male Musician (*Page 401*)

Tang Dynasty (618 – 907 A.D.), dated 724 A.D.
Total H. 30.5cm; L. 25cm
Unearthed from Jinxiang county governess's tomb, Xi'an, Shaanxi, 1991
Xi'an City Museum

Painted Pottery Mounted Male Musician (*Page 402*)

Tang Dynasty (618 – 907 A.D.), dated 724 A.D.
Total H. 29cm; L. 24.8cm
Unearthed from Jinxiang county governess's tomb, Xi'an, Shaanxi, 1991
Xi'an City Museum

Painted Pottery Mounted Male Musician (*Page 403*)

Tang Dynasty (618 – 907 A.D.), dated 724 A.D.
Total H. 29.6cm; L. 22cm
Unearthed from Jinxiang county governess's tomb, Xi'an, Shaanxi, 1991
Xi'an City Museum

Painted Pottery Male Dancer (*Page 404*)

Tang Dynasty (618 – 907 A.D.), dated 724 A.D.
H. 19 – 20.5cm
Unearthed from Jinxiang county governess's tomb, Xi'an, Shaanxi, 1991
Xi'an City Museum

Painted Pottery Solider Actors (*Page 405*)

Tang Dynasty (618 – 907 A.D.), dated 724 A.D.
Each H. 6.4cm
Unearthed from Jinxiang county governess's tomb, Xi'an, Shaanxi, 1991
Xi'an City Museum

Painted Pottery Sumo Wrestler (*Page 406*)

Tang Dynasty (618 – 907 A.D.), dated 724 A.D.
H. 4.7cm
Unearthed from Jinxiang county governess's tomb, Xi'an, Shaanxi, 1991
Xi'an City Museum

Painted Pottery Kneeling Actress (*Page 406*)

Tang Dynasty (618 – 907 A.D.), dated 724 A.D.
H. 5cm
Unearthed from Jinxiang county governess's tomb, Xi'an, Shaanxi, 1991
Xi'an City Museum

Painted Pottery Handstand Child Acrobat (*Page 407*)

Tang Dynasty (618 – 907 A.D.), dated 724 A.D.
H. 4.9cm
Unearthed from Jinxiang county governess's tomb, Xi'an, Shaanxi, 1991
Xi'an City Museum

Celadon–glazed Brown–and–green Pigment Bowl with Inscriptions and Clouds (*Page 411*)

Tang Dynasty (618–907A.D.)
Big bowl: H. 6.9 – 7.5cm; D. 19.8 – 20.8cm
Small bowl:H. 4.9 – 5.4cm; D. 14.8 – 15.4cm
Retrieved from *Batu Hitam* Shipwreck
Hunan Provincial Museum

Celadon–glazed Brown–and–green Pigment Bowl with Calyx Kaki (*Page 411*)

Tang Dynasty (618–907A.D.)
Big bowl: H. 6.9 – 7.5cm; D. 19.8 – 20.8cm
Small bowl:H. 4.9 – 5.4cm; D. 14.8 – 15.4cm
Retrieved from *Batu Hitam* Shipwreck
Hunan Provincial Museum

Celadon–glazed Brown–and–green Pigment Bowl with Inscriptions and Clouds (*Page 411*)

Tang Dynasty (618–907A.D.)
Big bowl: H. 6.9 – 7.5cm; D. 19.8 – 20.8cm
Small bowl:H. 4.9 – 5.4cm; D. 14.8 – 15.4cm
Retrieved from *Batu Hitam* Shipwreck
Hunan Provincial Museum

Celadon–glazed Brown–and–green Pigment Bowl with Lotus (*Page 411*)

Tang Dynasty (618–907A.D.)
Big bowl: H. 6.9 – 7.5cm; D. 19.8 – 20.8cm
Small bowl:H. 4.9 – 5.4cm; D. 14.8 – 15.4cm
Retrieved from *Batu Hitam* Shipwreck
Hunan Provincial Museum

Celadon–glazed Brown–and–green Pigment Bowl with Inscriptions and Clouds (*Page 411*)

Tang Dynasty (618–907A.D.)
Big bowl: H. 6.9 – 7.5cm; D. 19.8 – 20.8cm
Small bowl:H. 4.9 – 5.4cm; D. 14.8 – 15.4cm
Retrieved from *Batu Hitam* Shipwreck
Hunan Provincial Museum

Celadon–glazed brown–and–green Pigment Bowl with Inscriptions and Waterweeds (*Page 411*)

Tang Dynasty (618–907A.D.)
Big bowl: H. 6.9 – 7.5cm; D. 19.8 – 20.8cm
Small bowl:H. 4.9 – 5.4cm; D. 14.8 – 15.4cm
Retrieved from *Batu Hitam* Shipwreck
Hunan Provincial Museum

Celadon–glazed Ewer with Appliqué Palms (*Page 412*)

Tang Dynasty (618–907A.D.)
H. 22.2cm; D. of opening11.5cm; D. of base15.8cm
Retrieved from *Batu Hitam* Shipwreck
Hunan Provincial Museum

Celadon–glazed Ewer with Appliqué Figures (*Page 413*)

Tang Dynasty (618–907A.D.)
H. 24cm; D. of opening7cm; D. of base12cm
Unearthed from the eastern suburb of xi'an, Shaanxi, 1955
Shaanxi History Museum

Celadon–glazed Ewer with Brown Appliqué Design and Signature (*Page 413*)

Tang Dynasty (618–907A.D.)
H. 22.5cm; D. of opening8cm; D. of base15cm
Unearthed from Changsha-kiln site
Hunan Provincial Museum

Celadon–glazed Ewer with Appliqué Figures (*Page 414*)

Tang Dynasty (618–907A.D.)
H. 16.4cm; D. of opening5.8cm; D. of base16.4cm
Unearthed from Hengyang, Hunan,1973
Hunan Provincial Museum

Celadon–glazed Ewer with Appliqué Figures (*Page 414*)

Tang Dynasty (618–907A.D.)
H. 19cm; D. of opening8cm; D. of base10.3cm
Unearthed from Ankang, Shaanxi
Shaanxi History Museum

Celadon–glazed Ewer with Brown Appliqué Figures (*Page 415*)

Tang Dynasty (618–907A.D.)
H. 18.5cm; D. of opening7.5cm; D. of base10cm
Shanghai Museum

Celadon–glazed Ewer with Brown and Green Pointillism (*Page 416*)

Tang Dynasty (618–907A.D.)
H. 22.8cm; D. of opening7.8cm; D. of base14cm
Unearthed from Wangcheng, Hunan, 1975
Hunan Provincial Museum

Longquan–Kiln Celadon–glazed Dish with Chrysanthemum Petals (*Page 418*)

Southern Song Dynasty (1127–1279A.D.)
H. 4.3cm; D.18.3cm; D. of base4.3cm
Retrieved from *South China Sea No.1* Shipwreck
National Museum of China

Jingdezhen–Kiln Greenish–white–glazed Bowl with Chrysanthemum Petals (*Page 419*)

Southern Song Dynasty (1127–1279A.D.)
H. 4.4cm; D.11.4cm; D. of base5.7cm
Retrieved from *South China Sea No.1* Shipwreck
National Museum of China

Jingdezhen–Kiln Greenish–white–glazed Bowl with Incised Floral Design (*Page 420*)

Southern Song Dynasty (1127–1279A.D.)
H. 7.5cm; D.20.6cm; D. of base5.6cm
Retrieved from *South China Sea No.1* Shipwreck
National Museum of China

Longquan–Kiln Celadon–glazed Bowl with Incised Floral Design (*Page 420*)

Southern Song Dynasty (1127–1279A.D.)
H. 7.3cm; D.16.2cm; D. of base5.6cm
Retrieved from *South China Sea No.1* Shipwreck
National Museum of China

Jingdezhen–Kiln Greenish–white–glazed Dish with Sunflower–shaped Rim (*Page 421*)

Southern Song Dynasty (1127–1279A.D.)
H. 3.4cm; D.16.9cm; D. of base4.7cm
Retrieved from *South China Sea No.1* Shipwreck
National Museum of China

Jingdezhen–Kiln Greenish–white–glazed Dish with Sunflower–shaped Rim (*Page 421*)

Southern Song Dynasty (1127–1279A.D.)
H. 3.4cm; D.18cm; D. of base5.6cm
Retrieved from *South China Sea No.1* Shipwreck
National Museum of China

Jingdezhen–Kiln Greenish–white–glazed Bowl with Leaf Vein Design (*Page 421*)

Southern Song Dynasty (1127–1279A.D.)
H. 5.5cm; D.10.8cm; D. of base4.6cm
Retrieved from *South China Sea No.1* Shipwreck
National Museum of China

Jingdezhen–Kiln Greenish–white–glazed Bowl with Incised Floral Design (*Page 422*)

Southern Song Dynasty (1127–1279A.D.)
H. 5.4cm; D.19.9cm; D. of base5.5cm
Retrieved from *South China Sea No.1* Shipwreck
National Museum of China

Longquan–Kiln Celadon–glazed Dish with Incised Floral Design (*Page 422*)

Southern Song Dynasty (1127–1279A.D.)
H. 4.8cm; D.18.8cm; D. of base6.4cm
Retrieved from *South China Sea No.1* Shipwreck
National Museum of China

Dehua–Kiln Greenish–white–glazed Case (*Page 423*)

Southern Song Dynasty (1127–1279A.D.)
H. 5.5cm; D. of opening5.8cm; D. of base4.9cm
Retrieved from *South China Sea No.1* Shipwreck
National Museum of China

Dehua–Kiln Greenish–white–glazed Case (*Page 424*)

Southern Song Dynasty (1127–1279A.D.)
H. 4.1cm; D. of opening8.1cm
Retrieved from *South China Sea No.1* Shipwreck
National Museum of China

Dehua–Kiln Greenish–white–glazed Case (*Page 424*)

Southern Song Dynasty (1127–1279A.D.)
H. 2.5cm; D. of opening4.7cm
Retrieved from *South China Sea No.1* Shipwreck
National Museum of China

Dehua–Kiln Greenish–white–glazed Bottle With Floral Design (*Page 425*)

Southern Song Dynasty (1127–1279A.D.)
H. 7.8cm; D. of opening2.4cm; D. of base3.8cm
Retrieved from *South China Sea No.1* Shipwreck
National Museum of China

Dehua–Kiln Greenish–white–glazed Jarlet with Floral Design (*Page 425*)

Southern Song Dynasty (1127–1279A.D.)
H. 8.4cm; D. of opening3.5cm; D. of base5.0cm
Retrieved from *South China Sea No.1* Shipwreck
National Museum of China

Dehua–Kiln Greenish–white–glazed and Gourd–shaped Bottle (*Page 425*)

Southern Song Dynasty (1127–1279A.D.)
H. 8.9cm; D. of opening1.4cm; D. of base3.8cm
Retrieved from *South China Sea No.1* Shipwreck
National Museum of China

Dehua–Kiln Greenish–white–glazed Bottle with Floral Design (*Page 426*)

Southern Song Dynasty (1127–1279A.D.)
H. 10.7cm; D. of opening5.4cm; D. of base5.5cm
Retrieved from *South China Sea No.1* Shipwreck
National Museum of China

Dehua–Kiln Greenish–white–glazed Ewer (*Page 427*)

Southern Song Dynasty (1127–1279A.D.)
H. 20.5cm; D. of opening6.7cm; D. of base7.4cm
Retrieved from *South China Sea No.1* Shipwreck
National Museum of China

Dehua–Kiln Greenish–white–glazed Ewer (*Page 427*)

Southern Song Dynasty (1127–1279A.D.)
H. 25.4cm; D. of opening7.8cm; D. of base8.3cm
Retrieved from *South China Sea No.1* Shipwreck
National Museum of China

Cizao–Kiln Black–glazed Jarlet (*Page 428*)

Southern Song Dynasty (1127–1279A.D.)
H. 8.8cm; D. of opening3.3cm; D. of base8.3cm
Retrieved from *South China Sea No.1* Shipwreck
National Museum of China

Cizao–Kiln Green–glazed Gourd–shaped Bottle (*Page 428*)

Southern Song Dynasty (1127–1279A.D.)
H. 8.1cm; D. of opening1.0cm; D. of base4.8cm
Retrieved from *South China Sea No.1* Shipwreck
National Museum of China

Cizao–Kiln Green–glazed Bottle (*Page 428*)

Southern Song Dynasty (1127–1279A.D.)
H. 7.7cm; D. of opening2.4cm; D. of base3.3cm
Retrieved from *South China Sea No.1* Shipwreck
National Museum of China

Brown Crocheted and Sleeveless Peony–pattern Silk Shirt (*Page 429*)

Southern Song dynasty, 3rd year of Chunyou Era (1243A.D.)
L.78cm; Waist W.44cm; Lower – hem W.46cm; Wt.20g
Unearthed in the Tomb of Huang Sheng in Fuzhou
Fujian Museum

Brown Crocheted and Broad–sleeved Silk Robe with Colored Patterns (*Page 430*)

Southern Song dynasty, 3rd year of Chunyou Era (1243A.D.)
L.120cm; W.182cm
Unearthed in the Tomb of Huang Sheng in Fuzhou
Fujian Museum

Brown Silk Pleated Skirt with Printed Patterns (*Page 431*)

Southern Song dynasty, 3rd year of Chunyou Era (1243A.D.)
L.78cm; W.158cm
Unearthed in the Tomb of Huang Sheng in Fuzhou
Fujian Museum

Blue–and–white Jar with Peony Scrolls and Lion–head Handles (*Page 432*)

Yuan Dynasty (1206—1368A.D.)
H. 38.5cm; D. of opening14.2cm; D. of base17.8cm
Shanghai Museum

Blue–and–white Bottle with Mandarin Ducks in a Lotus Pond (*Page 434*)

Yuan Dynasty (1206—1368A.D.)
H. 29cm; D. of opening7.7cm; D. of base9.3cm
Unearthed from Lintao, Gansu , 1987
Lintao County Museum

Dehua–kiln white–glazed Ewer with Dragons Design (*Page 444*)

Ming Dynasty (1368—1644A.D.)
H. 16cm; D. of opening6cm
Shanghai Museum

Blue–and–white Vase with Peony Scrolls (*Page 435*)

Yuan Dynasty (1206—1368A.D.)
H. 41.9cm; D. of opening6.1cm; D. of base13.9cm
Shanghai Museum

Dehua–kiln White–glazed Ewer (*Page 446*)

Ming Dynasty (1368—1644A.D.)
H. 14.3cm
Shanghai Museum

Blue–and–white Bowl with Chrysanthemum Sprays (*Page 436*)

Yuan Dynasty (1206—1368A.D.)
H. 5.6cm; D. of opening11.8cm; D. of base4.4cm
Shanghai Museum

Dehua–kiln White–glazed Censer with Imprinted Design and two Dragon–shaped Ears (*Page 447*)

Ming Dynasty (1368—1644A.D.)
H. 8.8cm; D. of opening10.2cm; D. of base9.2cm
Fujian Museum

Blue–and–white Ewer with Chrysanthemum Sprays (*Page 436*)

Yuan Dynasty (1206—1368A.D.)
H. 10.5cm; D. of opening2.4cm; D. of base4.8cm
Shanghai Museum

Dehua–kiln White–glazed Censer (*Page 448*)

Ming Dynasty (1368—1644A.D.)
H. 14.2cm; D. of opening17.5cm; D. of base12.7cm
Fujian Museum

Blue–and–white Spouted Bowl with Phoenixes (*Page 437*)

Yuan Dynasty (1206—1368A.D.)
H. 4.1cm; D. of opening13.2cm; D. of base8.4cm
Unearthed from Lintao, Gansu, 1987
Lintao County Museum

Dehua–kiln White–glazed Lotus–leaf–shaped Brush Washer (*Page 449*)

Ming Dynasty (1368—1644A.D.)
H. 6.2cm; L. 26.2cm; W.23.2cm

Yellow–glazed Kundika (Ewer) (*Page 440*)

Yuan Dynasty (1206—1368A.D.)
H. 17.5cm; D. of opening5.8cm; D. of base7.2cm
Shanghai Museum

Blue–and–white Bowl with a Scene of a Snipe Grappling with a Clam (*Page 450*)

Qing dynasty; Kangxi Era (1662–1722)
H. 7.7cm; D. of opening15.1cm; D. of base6.5cm
Retrieved from *Wanjiao No.1* Shipwreck
National Museum of China

Dehua–Kiln Greenish–white–glazed Kundika (Ewer) (*Page 440*)

Yuan Dynasty (1206—1368A.D.)
H. 10.6cm; D. of opening9.1cm; D. of base6.4cm
Shanghai Museum

Blue–and–white bowl with Eight Diagrams (*Page 451*)

Qing dynasty; Kangxi Era (1662–1722)
H. 6cm; D. of opening8.6cm; D. of base3.9cm
Retrieved from *Wanjiao No.1* Shipwreck
National Museum of China

Blue–and–white Plate with Peony Design (*Page 441*)

Ming Dynasty (1368—1644A.D.)
H. 8cm; D. of opening30cm; D. of base13cm
Retrieved from Nan'ao No.1 Shipwreck
Guangdong Provincial Institute of Archaeology

Blue–and–white Plate with Daisy Desigh (*Page 452*)

Qing dynasty; Kangxi Era (1662–1722A.D.)
H. 4.6cm; D. of opening21.3cm; D. of base11cm
Retrieved from *Wanjiao No.1* Shipwreck
National Museum of China

Blue–and–white Container With Chrysanthemum Sprays (*Page 442*)

Ming Dynasty (1368—1644A.D.)
H. 16cm; D. of opening18.5cm
Retrieved from Nan'ao No.1 Shipwreck
Guangdong Provincial Institute of Archaeology

Blue–and–white Cup and Dish with Antiques and Flowers in Panels (*Page 453*)

Qing dynasty; Kangxi Era (1662–1722A.D.)
Cup: H. 7cm; D. of opening8.5cm; D. of base3.7cm
Dish: H. 2.1cm; D. of opening13.5cm; D. of base7.5cm
Retrieved from *Wanjiao No.1* Shipwreck
National Museum of China

Celadon–glazed Jar with Dragon Design (*Page 443*)

Ming Dynasty (1368—1644A.D.)
H. 28.5cm; D. of opening12cm; D. of base12.5cm
Retrieved from Nan'ao No.1 Shipwreck
Guangdong Provincial Institute of Archaeology

Blue–and–white Cup with Human Figures and Treasures in Panels (*Page 454*)

Qing dynasty; Kangxi Era (1662–1722A.D.)
H. 11.7cm; D. of opening7.2cm; D. of base4.6cm
Retrieved from *Wanjiao No.1* Shipwreck
National Museum of China

Blue–and–white covered Jar with Peony Scrolls (*Page 454*)

Qing dynasty; Kangxi Era (1662–1722A.D.)
H. 11cm; D. of opening11.4cm; D. of base6.5cm
Retrieved from *Wanjiao No.1* Shipwreck
National Museum of China

Blue–and–white Plate with Floral Design (*Page 463*)

Qing dynasty; Kangxi Era (1662–1722A.D.)
H. 4.5cm; D. of opening39.2cm; D. of base21.8cm
Donated by Henk B. Nieuwenhuys
Shanghai Museum

Blue–and–white covered Jar with Human Figures and Antiques in Panels (*Page 455*)

Qing dynasty; Kangxi Era (1662–1722A.D.)
H. 32.5cm; D. of opening11cm; D. of base14.5cm
Retrieved from *Wanjiao No.1* Shipwreck
National Museum of China

Blue–and–white Ewer with Floral Design (*Page 464*)

Qing dynasty; Kangxi Era (1662–1722A.D.)
H. 8cm; D. of opening4.4cm; D. of base4.1cm
Donated by Henk B. Nieuwenhuys
Shanghai Museum

Blue–and–white Covered Jar with Plum Blossoms (*Page 456*)

Qing dynasty; Kangxi Era (1662–1722A.D.)
H. 32.5cm; D. of opening11cm; D. of base14.5cm
Retrieved from *Wanjiao No.1* Shipwreck
National Museum of China

Blue–and–white Cense Burner with Floral Design (*Page 465*)

Qing dynasty; Kangxi Era (1662–1722A.D.)
H. 32.3cm; D. of base11.9cm
Donated by Henk B. Nieuwenhuys
Shanghai Museum

Blue–and–white covered Jar with Flowers Scrolls (*Page 457*)

Qing dynasty; Kangxi Era (1662–1722A.D.)
H. 18.5cm; D. of opening9.1cm; D. of base9.2cm
Retrieved from *Wanjiao No.1* Shipwreck
National Museum of China

Kwon–glazed Plate with The Badge Pattern (*Page 466*)

Qing dynasty; Qianlong Era (1736–1795A.D.)
H. 4.7cm; D. of opening25cm; D. of base15.5cm
Guangdong Museum

Gourd–shaped Vase with Blue–and–white Design and Yellow Galze (*Page 458*)

Qing dynasty; Kangxi Era (1662–1722A.D.)
H. 17.5cm; D. of opening2.1cm; D. of base4.2cm
Retrieved from *Wanjiao No.1* Shipwreck
National Museum of China

Kwon–glazed Plate with The Badge Pattern (*Page 467*)

Qing dynasty; Qianlong Era (1736–1795A.D.)
H. 4.7cm; D. of opening25cm; D. of base15.5cm
Guangdong Museum

Blue–and–white Vase with Antiques (*Page 458*)

Qing dynasty; Kangxi Era (1662–1722A.D.)
H. 9.1cm; D. of opening1.5cm; D. of base2cm
Retrieved from *Wanjiao No.1* Shipwreck
National Museum of China

Kwon–glazed Plate with the Badge Pattern (*Page 467*)

Qing dynasty; Qianlong Era (1736–1795A.D.)
H. 2cm; D. of opening21.5cm; D. of base12.7cm
Guangdong Museum

Blue–and–white Case with Posy Design (*Page 459*)

Qing dynasty; Kangxi Era (1662–1722A.D.)
H. 3.2cm; D. of opening6.5cm; D. of base3.8cm
Retrieved from *Wanjiao No.1* Shipwreck
National Museum of China

Kwon–glazed Plate with the Design of the Judgment of Paris (*Page 468*)

Qing dynasty; Qianlong Era (1736–1795A.D.)
H. 2.5cm; D. of opening13cm; D. of base8cm
Guangdong Museum

Blue–and–white Covered Vase with Flowers (*Page 460*)

Qing dynasty; Kangxi Era (1662–1722A.D.)
H. 25.6cm; D. of opening3.7cm; D. of base8.3cm
Donated by Henk B. Nieuwenhuys
Shanghai Museum

Kwon–glazed Cup and Dish with the Design of Figures Qing dynasty; Jiaqing Era (1796–1820A.D.) (*Page 468*)

Dish: H. 2cm; D. of opening11.6cm; D. of base6.8cm
Cup: H. 2.8cm; D. of opening7.2cm; D. of base3.8cm
Guangdong Museum

Blue–and–white Vase with Dragons (*Page 461*)

Qing dynasty; Kangxi Era (1662–1722A.D.)
H. 26.1cm; D. of opening3.3cm; D. of base6.8cm
Donated by Henk B. Nieuwenhuys
Shanghai Museum

Painting of the Whampoa (*Page 469*)

Anonymous; watercolor on paper
Early 1830's
19.8×27.9cm
Guangdong Museum

Blue–and–white Plate with Figures and Flower–shaped Rim (*Page 462*)

Qing dynasty; Kangxi Era (1662–1722A.D.)
H. 3.2cm; D. of opening16.5cm; D. of base10cm
Donated by Henk B. Nieuwenhuys
Shanghai Museum

Painting of the Thirteen Hongs of Guangzhou (*Page 470*)

Sunqua; oil on linen
Early 1830's
45×58cm
Guangdong Museum

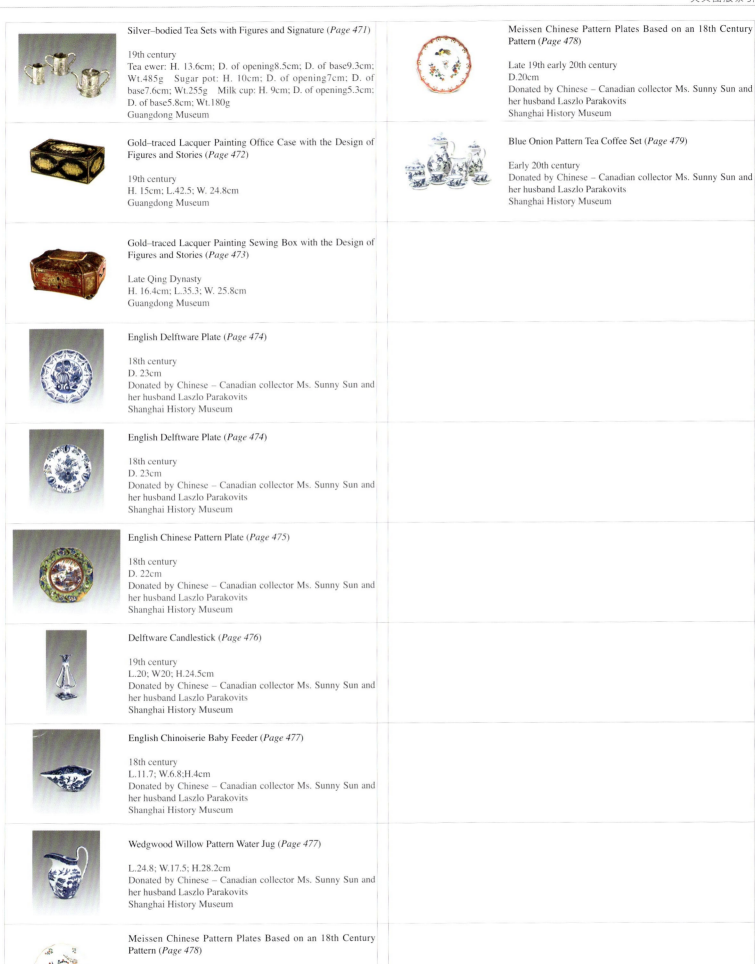

Silver–bodied Tea Sets with Figures and Signature (*Page 471*)

19th century
Tea ewer: H. 13.6cm; D. of opening8.5cm; D. of base9.3cm; Wt.485g   Sugar pot: H. 10cm; D. of opening7cm; D. of base7.6cm; Wt.255g   Milk cup: H. 9cm; D. of opening5.3cm; D. of base5.8cm; Wt.180g
Guangdong Museum

Gold–traced Lacquer Painting Office Case with the Design of Figures and Stories (*Page 472*)

19th century
H. 15cm; L.42.5; W. 24.8cm
Guangdong Museum

Gold–traced Lacquer Painting Sewing Box with the Design of Figures and Stories (*Page 473*)

Late Qing Dynasty
H. 16.4cm; L.35.3; W. 25.8cm
Guangdong Museum

English Delftware Plate (*Page 474*)

18th century
D. 23cm
Donated by Chinese – Canadian collector Ms. Sunny Sun and her husband Laszlo Parakovits
Shanghai History Museum

English Delftware Plate (*Page 474*)

18th century
D. 23cm
Donated by Chinese – Canadian collector Ms. Sunny Sun and her husband Laszlo Parakovits
Shanghai History Museum

English Chinese Pattern Plate (*Page 475*)

18th century
D. 22cm
Donated by Chinese – Canadian collector Ms. Sunny Sun and her husband Laszlo Parakovits
Shanghai History Museum

Delftware Candlestick (*Page 476*)

19th century
L.20; W20; H.24.5cm
Donated by Chinese – Canadian collector Ms. Sunny Sun and her husband Laszlo Parakovits
Shanghai History Museum

English Chinoiserie Baby Feeder (*Page 477*)

18th century
L.11.7; W.6.8;H.4cm
Donated by Chinese – Canadian collector Ms. Sunny Sun and her husband Laszlo Parakovits
Shanghai History Museum

Wedgwood Willow Pattern Water Jug (*Page 477*)

L.24.8; W.17.5; H.28.2cm
Donated by Chinese – Canadian collector Ms. Sunny Sun and her husband Laszlo Parakovits
Shanghai History Museum

Meissen Chinese Pattern Plates Based on an 18th Century Pattern (*Page 478*)

D.19cm
Donated by Chinese – Canadian collector Ms. Sunny Sun and her husband Laszlo Parakovits
Shanghai History Museum

Meissen Chinese Pattern Plates Based on an 18th Century Pattern (*Page 478*)

Late 19th early 20th century
D.20cm
Donated by Chinese – Canadian collector Ms. Sunny Sun and her husband Laszlo Parakovits
Shanghai History Museum

Blue Onion Pattern Tea Coffee Set (*Page 479*)

Early 20th century
Donated by Chinese – Canadian collector Ms. Sunny Sun and her husband Laszlo Parakovits
Shanghai History Museum

后 记

为配合国家"一带一路"战略，弘扬中华民族优秀传统文化，国家文物局于2014年4月在甘肃兰州召开协调会，决定由中国国家博物馆负责筹办《丝绸之路》这一重大的主题展览。

为了做好展览的筹备工作，文化部副部长、国家文物局局长励小捷同志亲自部署，确定展览方向；宋新潮副局长揆定了大纲构架和重点展品；段勇司长进行了全面的规划和协调；郭长虹处长做了大量扎实而细致的沟通工作。在国家文物局的统一组织下，来自全国16个省（自治区、直辖市）44家文物收藏单位的400余件（组）精品文物得以汇聚一堂，从而扩展了由陕西历史博物馆、甘肃省博物馆、宁夏回族自治区博物馆、青海省博物馆、新疆维吾尔自治区博物馆联合西北五省区多家文博单位共同举办、已在国内巡展九站的《丝绸之路——大西北遗珍》展览内容，更为全面地向观众展示了丝绸之路的历史过往与灿烂成就，传达了人类平等、对话、包容、交流与互惠的理念。

为了圆满完成这一展览，中国国家博物馆吕章申馆长多次召开会议，强调要以大局为重，克服各种困难。他亲自调整原定的全馆展览计划，精心指导《丝绸之路》展览的各项工作，为展览设计的顺利完成创造了良好的条件；黄振春书记提出许多宝贵意见；陈成军副馆长多方沟通联络；馆内各部门通力合作，大力协助。

在展览成功开幕和图录出版之际，我们要诚挚地感谢陕西省人民政府、甘肃省人民政府、宁夏回族自治区人民政府、青海省人民政府、新疆维吾尔自治区人民政府、河南省人民政府、参展各省（市、区）文物局对展览工作的关怀和协助；感谢各参展单位的大力支持，他们本着围绕中心、服务大局的意识，克服实际困难，尽全力支持展览，很多单位做出了巨大牺牲，撤下本馆已在展线上的精品文物支援展览；感谢陕西历史博物馆、甘肃省博物馆、福建博物院和华协国际珍品货运公司为展品运输、集中所付出的努力；感谢葛承雍、荣新江、齐东方、张德芳、赵丰、王辉诸位先生拨冗为展览撰写专业论文；感谢各位文字和图片作者；感谢文物出版社葛承雍总编辑、杨冠华责任编辑对图录出版工作的尽心尽力。

《丝绸之路》展览项目工作组

图书在版编目（ＣＩＰ）数据

丝绸之路 / 国家文物局编. -- 北京：文物出版社，2014.11（2015.5重印）
ISBN 978-7-5010-4121-3

Ⅰ. ①丝⋯ Ⅱ. ①国⋯ Ⅲ. ①丝绸之路—历史文物—介绍 Ⅳ. ①K872.45

中国版本图书馆CIP数据核字(2014)第241902号

责任编辑

杨冠华

责任印制

张道奇

丝 绸 之 路

编　者：国家文物局

出版发行：文物出版社

社　址：北京市东城区东直门内北小街2号楼

邮　编：100007

网　址：www.wenwu.com

邮　箱：web@wenwu.com

印　刷：文物出版社印刷厂

开　本：635×965　1/16

印　张：31.375

版　次：2014年11月第1版　2015年5月第2次印刷

书　号：ISBN 978-7-5010-4121-3

定　价：480.00元